CPA会計学院 編著

第 I 部

はしがき

本書を手に取る方の多くは、いま日商簿記３級２級の勉強中、もしくは、すでに合格したという方でしょう。

日商簿記１級は日商簿記検定の最高峰に位置づけられる試験です。

簿記２級合格後の新たな目標として、簿記１級は非常におすすめです。

簿記２級においても多くのことを学習しますが、簿記会計分野の領域は非常に広く、簿記２級においてまだ学習できてないことは多々あります。

この点、簿記１級では幅広くそして奥深く学習することになるため、簿記会計に関する大きな強みを身につけることができます。

事実、簿記１級合格者は企業において高く評価されています。しかし、現状簿記１級合格者は多くないため、非常に重宝されます。合格したあかつきには、昇進や転職などキャリアアップに大きく活きることでしょう。

また簿記１級は、国家資格である公認会計士試験や税理士試験の登竜門でもあり、最終的に公認会計士を目指すという方にもおすすめです。

しかし、その分難しい試験であるという点も事実です。

そこで本書においては、難しい内容でもしっかりと身につけられ、かつ、効率的に学習できるよう以下のような特徴を持たせました。

・図や表を積極的に用いることで、理解・定着ができる。

・各論点に例題を設けることで、解く力を養うことができる。

・学習上の重要性を付すことで、効率的に学習できる。

上記に加えて最大の強みは、CPAラーニングと連動している点です。

CPAラーニングでは本書を用いた講義を実施しています。

講義動画は、CPA会計学院の公認会計士講座の講師が担当しており、本書の内容を、かみ砕いてわかりやすく解説しています。正しく理解し、効率的に学習を進めるためにも、講義を受講することをおすすめいたします。

簿記1級はその内用面、試験範囲の広さから、完全独学が難しい試験となっています。本書と合わせて、ぜひCPAラーニングをご活用して頂き、簿記１級の合格を勝ち取って下さい。

本書は、会計資格の最高峰である公認会計士試験で高い合格実績を誇るCPA会計学院が自信を持ってお贈りする一冊です。本書で学習された皆様が、日商簿記検定１級に合格されることを心より願っております。

2023年５月吉日

CPA会計学院　講師一同

■CPAラーニングを活用しよう！

いつでも、どこでも、何度でも
Web受講で理解が深まる!

CPAラーニングの特徴

✓ プロ講師による「理解できるWEB講義」

簿記1級を熟知した講師が試験に出やすいポイントやつまづきやすい問題などを丁寧に解説しているので、忙しい社会人の方や就活生でも効率的に最短合格を目指せます。また、WEB講義形式のため、いつでも、どこでも、何度でもご視聴いただけます。

✓ 実務で役立つ講義も受けられる

日商簿記1級講座の受講生は経理、会計、税務、財務などスキルアップできる実務講座を学ぶことができます。基礎的な講座から応用力を鍛える講座まであるため、学習者はレベルにあった講座を選ぶことができます。資格+実務講義でキャリアアップへ導きます。

✓ 模擬試験が受け放題

本番さながらの実力をチェックできる模擬試験を何度でも受験することができます。もちろん、分かりやすい解説付きなので苦手な論点を得意に繋げることができます。

✓ 簿記3級2級もすべて無料開放

簿記1級にチャレンジする前に簿記3級2級の復習がすべて無料でできます。WEB講義から教科書・問題集（PDF）のダウンロードまで必要なものをご用意しています。

✓ 運営元は大手公認会計士スクール「CPA会計学院！」

CPAラーニングは公認会計士講座を50年以上運営してきた実績あるCPA会計学院が講義を提供しています。講義は公認会計士講座の講師が担当しているので、本質が理解できるわかりやすい講義を展開します。

ご利用はこちらから

cpa-learning.com

■合格への道

1．学習を始める前に知っておくべき1級の特徴

特徴１　試験科目は４つあるが、実質２科目！

簿記１級の試験科目は「商業簿記」、「会計学」、「工業簿記」、「原価計算」の４つに分けられています。しかし、実際は「商業簿記と会計学」、「工業簿記と原価計算」がそれぞれセットであり、実質２科目です。簿記２級で言えば前者が商業簿記、後者が工業簿記です。簿記１級は、簿記２級の商業簿記と工業簿記の延長線上にあると言えます。

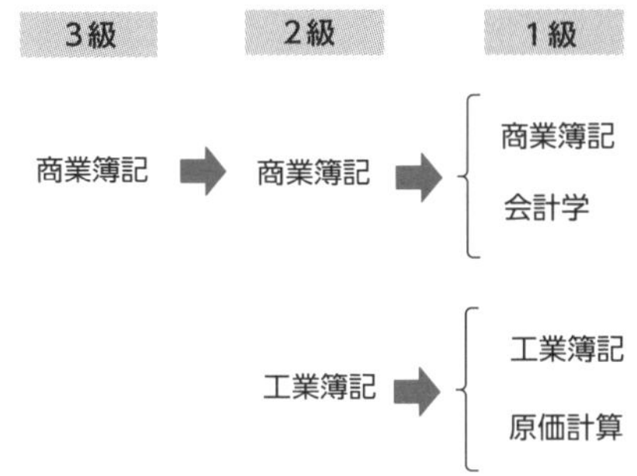

特徴２　試験範囲が広いが、得点調整がなされる！

簿記１級は試験範囲が非常に広く、時にはテキストに記載されてないような論点が出題されることもあります。しかし、簿記１級は得点調整（傾斜配点）がなされると言われます。具体的には、試験が難しく受験生の多くが点数を取れなかった場合、正答率が低い問題の配点は小さくなり、正答率が高い問題の配点が大きくなるよう調整されます。このため、難しい問題をいかに正答するかよりも、正答すべき基本的な問題をいかに失点しないかが大事な試験と言えます。

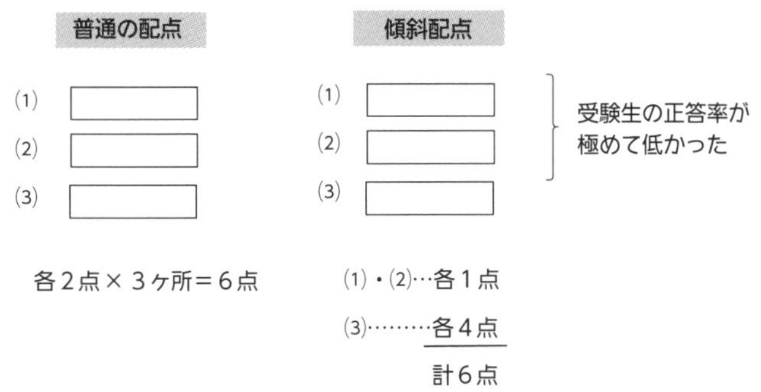

特徴３　理論問題も出題されるが、計算問題を最優先で！

簿記１級では計算問題（金額を解答する問題）だけでなく、理論問題（文章の正誤を判定する問題や語句補充問題）も出題されます。理論の出題範囲は幅広く、完璧な対応は不可能に近いです。しかし、配点は計算問題の方が多く、また、計算問題が解ければ正答できるレベルの理論問題も多いです。そのため、計算問題をしっかり解けるようにすることを最大限意識して学習するようにしましょう。

2．短期で確実に合格するために！

①　CPAラーニングの動画を見る！

簿記１級は内容的にも分量的にも、独学で合格を目指すのは非常に大変です。合格への最短ルートは、講義動画を見ることです。CPAラーニングでは、CPA会計学院の人気講師が本テキストを使用してわかりやすく講義しています。講義は、「商業簿記・会計学」と「工業簿記・原価計算」の２つありますが、並行して学習することをおすすめします。

②　重要度を意識する！

本書は「論点の説明→例題で確認」という構成にしていますが、全ての例題に重要度を明示しています。簿記１級は試験範囲が広く、網羅的に学習することは非常に大変です。また、得点調整が行われる可能性も考慮すると、難しい論点に勉強時間を充てるのは非効率な勉強とも言えます。効率的に学習するために、重要度を活用して下さい。

重要度Ａ	どんな方も解けるようにすべき論点
重要度Ｂ	基本的に解けるようにすべきだが、余裕がない方はやらなくてよい論点
重要度Ｃ	余裕がある方のみ解けるようにすべき論点

基本的には重要度Ｂまでをしっかりと復習して、正答できる力を身につけるのがおすすめです。

もし、時間がない方は重要度Ａまでをしっかりとやって、簡単な論点のみ重要度Ｂまで手を出すようにして下さい。

③　計算問題をスラスラ解けるようにする！

上述の通り、簿記１級では理論問題も出題されますが、合格への最短ルートは計算問題をできるようにすることです。計算問題は１回復習しただけではスラスラ解けるようにはなりません。講義後、最低でも３回は例題を解くようにしましょう。

	タイミング	ここに注意！
１回目	講義後すぐに	講義を聞いただけでは解けないので、最初は解答解説を見ながらやりましょう。その後に、解答解説を見ずに自力で解いてみるようにして下さい。
２回目	１回目の復習の３日後	３日しか経ってなくても結構忘れてるので、解けなくなってるかもしれません。でも、それで大丈夫です。知識は、「忘れかけた頃に思い出す」ことで身についていくものだからです。
３回目	２回目の復習の１週間後	３回目なので論点によってはスラスラ解けるかもしれません。ただ、やっぱりすっかり忘れて解けないことも多いです。でも、それで大丈夫です。知識は、「忘れかけた頃に思い出す」ことで身についていくものだからです。

また、３回目以降も継続して復習するようにして下さい。１ヶ月～1.5ヶ月おきに復習するのがおすすめです。３回目の復習で完璧に解けるようになったとしても、時間の経過によりだんだんと忘れてしまうので解けなくなってるかもしれません。でも、それで大丈夫です。知識は、「忘れかけた頃に思い出す」ことで身についていくものだからです。

④　基礎固めを大事にする！

簿記１級では応用的な問題も出題されます。応用的な問題は無限にパターンがあるので、全てのパターンを事前に演習することは不可能です。では､応用問題への対応力はどのように身につけるのでしょうか？

それは、基礎を徹底的に固めることです。基礎固めこそが応用力獲得の一番の近道です。そして、そのために例題を何回も反復するようにして下さい。

何回も反復すると解答数字を覚えてしまうかもしれません。しかし例題で大事なのは、解答数字を算定することよりも、「自分が何を分かっていて、何が分かってないのか」を明確にすることです。例題が解けなかったり、解けたけど解き方でちょっと迷ったり、問題文の意味が読み取れなかったり、ちょっとした勘違いをしたり、などなどスラスラ解けないことがあるはずです。

ちょっとでもスラスラ解けなかったら、そこは理解不足・定着不足という認識を持つようにして下さい。基礎をしっかりと固め、理解不足や定着不足をゼロに近づけることで合格に近づいていきます。

理解するためのコツ～自分に問いかけてみよう～

- なぜそうするのかを説明できる？
- 似た論点の違いがわかってる？
- 問題文の指示の意味がわかってる？（問題文読まずに、単にその例題の解き方を覚えちゃってない？）
- 計算式の意味がわかっている？（単に計算式を公式のように覚え、そこに数値を当てはめるだけになっていない？）

⑤　講義を受講し終えたらあとは総復習！

講義が全部終わってからは総復習の段階に入ります。全範囲を学習してみると、簿記１級の試験範囲の広さが実感でき、多くのことを学習してきたことがわかるでしょう。それは「全範囲を勉強したぞ」という自信にもつながりますが、一方で、試験範囲の広さを目の当たりにして自信をなくすかもしれません。

しかし、講義が全部終わったのなら合格まであと一歩です。合格できるかどうかは、講義を受講し終えてからの総復習にかかっています。まだ完全に身についてない論点を再度復習し、穴を一つひとつ埋めていきましょう。また、完全に身についた論点についても、忘れてしまっていないかという点を確認するようにして下さい。

これを繰り返すことで、基礎が固まり、合格するための力を身につけることができます。簿記１級は合格率の低い試験ではありますが、難しい問題を解けるようにしないと受からない試験ではありません。

講義が終われば合格まであと少しです。合格に向けて総復習、頑張って下さい。

■日商簿記検定１級について

試験概要

受験資格	なし
試験形式	年2回のペーパー試験
申込期日	受験日の約2か月前から約1か月間 (受験希望地の商工会議所によって、申込期日や申し込み方法は異なる)
受験日	6月中旬（第2日曜日）、11月下旬（第3日曜日）
受験料	税込7,850円
試験科目	商業簿記・会計学・工業簿記・原価計算
試験時間	商業簿記・会計学（90分） 工業簿記・原価計算（90分） 合計180分（途中休憩あり）
合格基準	70%以上 ただし、1科目ごとの得点は40%以上
合格発表日	受験後、約1か月後に発表（商工会議所により異なる）
筆記用具について	試験では、HBまたはBの黒鉛筆、シャープペン、消しゴムが使用可 (ラインマーカー、色鉛筆、定規等は使用不可)
計算器具について	電卓の持ち込み可（ただし、計算機能（四則演算）のみのものに限り、例えば、次の機能があるものは持ち込み不可。印刷（出力）機能、メロディー（音の出る）機能、プログラム機能（例）：関数電卓等の多機能な電卓、辞書機能（文字入力を含む）ただし、次のような機能は、プログラム機能に該当しないものとして、試験会場での使用を可とします。日数計算、時間計算、換算、税計算、検算（音のでないものに限る）
合格率	10%前後であることが多い

※　本書の刊行時のデータです。最新の情報は商工会議所のWEBサイトをご確認ください。(https://www.kentei.ne.jp/bookkeeping)

■書籍の訂正及び試験の改正情報について

発行後に判明した誤植や試験の改正については、下記のURLに記載しております。

cpa-learning.com/correction-info

目　次

第 I 部

第1章　原価計算総論

第2章　材料費会計

第5章　製造間接費会計

第6章　部門別計算

第7章　個別原価計算

第8章　単純総合原価計算

第9章　工程別総合原価計算

第10章　組別総合原価計算

第11章　等級別総合原価計算

第12章　連産品

第13章　標準原価計算

第14章　直接原価計算

付　録　原価計算基準

第Ⅱ部

第 1 章

原価計算総論

第1節　原価計算の基礎知識

1　原価計算とは

原価計算とは、製品を製造･販売するのにかかった金額を計算することである。すなわち、**製品原価（製造原価）の計算だけでなく営業費（販売費および一般管理費）の計算も、原価計算**である。

なお、単に「**原価**」といった場合には、製品製造のための費用である「**製造原価**」を指す場合と、製造原価に営業費を加えた「**総原価**」を指す場合がある。

2　原価計算の基本的な考え方

原価計算の根拠となる基本的な考え方を原価発生原因主義という。

基本的な考え方	内容
原価発生原因主義	かかったもの（原価）は、それを発生させる原因となったもの（給付）に集計し負担させる、という考え方

※　給付とは、経営が作り出す一定の財貨であり、最終給付たる製品やサービスだけでなく、中間的給付たる仕掛品や半製品も含む概念である。

3　原価計算の目的「原価計算基準」一

(1)　財務諸表作成目的

製品を販売したとしても、その製品原価を計算しなければ、損益計算書の売上原価の金額をいくらにすればよいのかが分からないし、貸借対照表の材料、仕掛品、製品等の棚卸資産の金額をいくらにすればよいのかが分からない。そのため、**適切な財務諸表を作成するため**には、原価計算を行い、**真実の原価を集計する必要がある。**→「基準」六（一）参照

⑵　価格計算目的

政府がその納入価格を決定するためには、原価資料を基礎にする必要がある。原価計算基準設定当時は、政府が戦車等の軍事兵器を納入することもあり非常に重要な目的であったが、今日では価格計算の必要性は薄れてきており、特殊な防衛産業や教科書製作などで必要とされるにすぎない。

なお、**個々の企業が行う価格政策のための原価計算は**予算編成過程で行われるため、**予算管理目的に含まれる。**

⑶　原価管理目的

「原価管理（コスト・マネジメント）」といっても、その言葉を広く捉えるか狭く捉えるかで意味が変わってくる。

①　狭義の原価管理

原価管理を狭く捉えた場合、**生産条件を所与として、生産現場での能率向上**を図る「**原価統制（コスト・コントロール）**」を示すことになる。なお、原価計算基準が想定する原価管理はこの原価統制である。

②　広義の原価管理

原価管理を広く捉えた場合、**生産条件自体を変更**するような「**原価計画（コスト・プランニング）**」ないし「**原価低減（コスト・リダクション）**」**も含む**ことになる。なお、生産現場での原価計画・低減を「**原価改善**」といい、企画設計段階での原価計画・低減を「**原価企画**」という。

	原価管理（コスト・マネジメント）		
	原価計画（コスト・プランニング） 原価低減（コスト・リダクション）		原価統制 （コスト・コントロール）
	原価企画	原価改善	原価維持
実施段階	企画・設計段階	生産段階	
管理機能	意思決定		業績評価
経営構造	変革を伴う		所与
中心手法	ＶＥ（Value Engineering）等		標準原価計算

⑷ 予算（利益）管理目的

① 予算の意義

予算とは、一定期間（予算期間）における利益の達成目標を詳細に計画したものを、貨幣価値的に表現したものである。

② 予算管理の意義

予算管理とは、予算によって企業の諸活動を計画・調整・統制する経営管理の手法をいい、**予算編成**と**予算統制**からなる。

予算編成	大綱的利益計画に基づく利益を達成するように、部門等の責任区分別に予算を割当・調整することをいう。	計画機能 調整機能
予算統制	責任区分別の予算と実績を比較して、差異の原因分析をした上で業績評価を行い、必要に応じて責任者に対して次期への修正行動を促すことをいう。	統制機能

⑸ 基本計画設定目的

① 経営計画の意義

企業において作成される計画を経営計画という。

② 経営計画の分類

経営計画は、その対象が「プロジェクト」であるか「期間」であるかによって、**個別計画**と**期間計画**に分類される。

個別計画 （プロジェクト・プラン）	個々のプロジェクトについて必要に応じて随時的に行われる意思決定
期間計画 （ピリオド・プラン）	一定期間についてのさまざまな経営活動を一つにして、全体の計画として統合化した計画

※　期間計画はさらに、その期間の長さにより**短期利益計画**、**中期利益計画**、**長期利益計画**に分類される。

経営計画は、その対象が「経営構造」であるか「経営プロセス」であるかによって、**基本計画**と**業務計画**に分類される。原価計算は、この基本計画を設定する際に必要となる原価情報を提供することが期待されているのである。

基本計画	生産設備等の経営構造に関する基本的事項について、経営意思を決定し、経営構造そのものを組成することについての計画
業務計画	経営構造を所与とし、これによってどのような経営プロセスを行うかについての計画

※　基本計画についての個別計画が戦略的意思決定となる。

※　業務計画についての個別計画が戦術的意思決定となる。

※　業務計画は最終的には予算として貨幣価値的に表現される。そのため、**予算編成の過程には戦術的意思決定が当然に含まれる**ことになる。

第2節　原価計算制度論

1 原価計算制度と特殊原価調査「原価計算基準」二

原価計算制度は、**財務諸表の作成、原価管理、予算統制等**の異なる目的が、重点の相違はあるが**相ともに達成されるべき一定**の計算秩序であり、**財務会計機構と有機的に結びつき常時継続的に行われる**計算体系である。

特殊原価調査は、財務会計機構のらち外において随時断片的に行われる原価の統計的、技術的計算ないし調査である。

	原価計算制度	特殊原価調査
主要目的	財務諸表作成 原価管理 予算管理（利益管理）	経営意思決定
財務会計機構との関係	財務会計と有機的に結合	財務会計機構のらち外
計算の継続性	常時継続的	随時断片的
特徴	上記目的が相ともに達成 されるべき一定の計算秩序	統計的、技術的計算ないし調査
原価概念	実際原価・標準原価	未来原価・機会原価等

2 実際原価計算制度と標準原価計算制度

原価計算制度において計算される原価の種類およびこれと財務会計機構との結びつきは、単一でない。しかし原価計算制度を大別して実際原価計算制度と標準原価計算制度に分類することができる。

(1) 実際原価計算制度

実際原価計算制度は、**製品の実際原価**を計算し、これを財務会計の主要帳簿に組み入れ、**製品原価の計算と財務会計**とが、**実際原価をもって有機的に結合**する原価計算制度である。**原価管理上必要ある場合に**は、実際原価計算制度においても**必要な原価の標準を勘定組織のわく外において設定**し、これと実際との差異を分析し、報告することがある。

(2) 標準原価計算制度

標準原価計算制度は、**製品の標準原価**を計算し、これを財務会計の主要帳簿に組み入れ、**製品原価の計算と財務会計**とが、**標準原価をもって有機的に結合**する原価計算制度である。標準原価計算制度は、**必要な計算段階において実際原価を計算**し、これと標準との差異を分析し、報告する計算体系である。

	実際原価計算制度	標準原価計算制度
実際原価	主要帳簿に組み入れる	必要な計算段階で必ず計算する
標準原価	必要ある場合にのみ計算する	主要帳簿に組み入れる

3 生産形態における原価計算の分類

個別原価計算　製品別計算の一形態であり、**種類を異にする製品**を**個別的**に生産する生産形態に適用する。

総合原価計算　製品別計算の一形態であり、**同種かつ同一規格の製品**を**反復継続して大量生産**する生産形態に適用する原価計算方法である。

4 原価計算制度における原価とは「原価計算基準」三・五

(1) 原価の要件

原価計算制度において、原価とは、**経営における一定の給付**にかかわらせて、**把握された財貨又は用役の消費**を、**貨幣価値的**に表したものである。原価計算基準には、以下のような要件が示されている。

原価の要件	内容
経済価値消費性	原価は、経済価値の消費である。経済価値のないもの（空気、海水）の消費や、経済価値があっても消費していないもの（土地）は原価にならない
給付関連性	原価は、一定の給付（製品、仕掛品及び半製品）に関わらせて把握されるものである
経営目的関連性	原価は、経営目的（作って、売って、儲けること）に関連したものである。経営目的に関連しない財務活動（資本の調達、返還、剰余金の処分等）に関する費用は、原則として原価を構成しない
正常性	原価は、正常な状態のもとにおける経営活動を前提として把握された価値の消費であり、異常な状態を原因とする価値の消費（異常仕損等）を含まない

(2) 非原価項目

非原価項目とは、原価計算制度において、**原価に算入しない項目**をいう。原価計算基準には、以下の項目が示されている。

項目	具体例
経営目的に関連しない価値の減少	①投資不動産や未稼働の固定資産及び長期にわたり休止している設備の減価償却費　②寄付金　③財務費用
異常な状態を原因とする価値の減少	①異常仕損等　②偶発的事故による損失　③予期し得ない陳腐化等による償却費　④損害賠償金等　⑤偶発債務損失　⑥訴訟費　⑦臨時多額の退職手当　⑧固定資産売却損及び除却損　⑨異常な貸倒損失
税法上とくに認められている損金算入項目	租税特別措置法による償却額のうち通常の償却範囲額を超える部分
その他の利益剰余金に課する項目	①法人税、所得税、都道府県民税、市町村民税　②配当金　③任意積立金繰入額

5 原価の諸概念「原価計算基準」四

原価計算制度においては、原価の本質的規定に従い、さらに各種の目的に規定されて、具体的には、次のような諸種の原価概念が生ずる。

(1) 実際原価と標準原価

原価はその消費量および価格の算定基準を異にするにしたがって実際原価と標準原価とに区別される。

実際原価とは、原価財の実際価格（又は予定価格・正常価格）に**実際消費量**を乗じて計算した原価である。これに対して、**標準原価**とは、原価財の標準価格（予定価格・正常価格）に**標準消費量**を乗じて計算した原価である。

	算定方法（価格×消費量）		原価計算制度
	価格	消費量	
実際原価	実際・予定・正常価格	実際消費量	実際原価計算制度
標準原価	予定・正常価格	標準消費量	標準原価計算制度

※　実際消費量には、異常な状態を原因とする異常な消費量は含まれない。

※　標準消費量とは、科学的・統計的調査に基づいて能率の尺度として算定された消費量である。

(2) 製品原価と期間原価

原価は財務諸表上収益との対応関係に基づいて、製品原価と期間原価とに区別される。

製品原価とは、一定単位の製品に集計された原価をいい、**期間原価**とは、**一定期間における発生額を、当期の収益に直接対応させて、把握した原価**をいう。

	財務諸表上収益との対応関係	具体例	
		全部原価計算	直接原価計算
製品原価	製品に集計	すべての製造原価	変動製造原価
期間原価	収益に直接対応	販売費及び一般管理費	固定製造原価 販売費及び一般管理費

※　製品原価と期間原価との範囲の区別は相対的である。

(3) 全部原価と部分原価

原価は集計される原価の範囲によって、全部原価と部分原価とに区別される。

全部原価とは、一定の給付に対して生ずる**全部の製造原価又はこれに販売費及び一般管理費を加えて集計したもの**をいい、**部分原価**とは、**そのうち一部分のみを集計したもの**をいう。なお、部分原価は計算目的によって様々なものを計算できるが、**最も重要な部分原価は、直接原価（変動原価）**である。

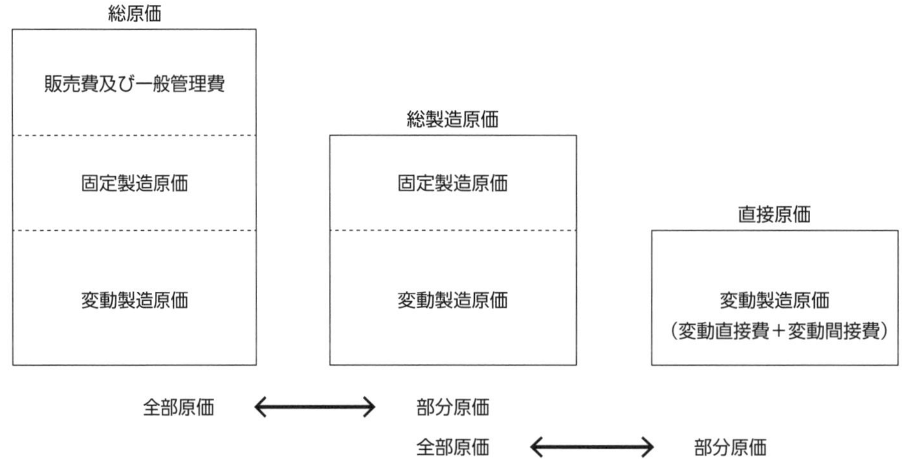

全部原価と部分原価の区分は比較対象により異なる。例えば、総製造原価は変動製造原価と比較した場合には全部原価であるが、総原価と比較した場合には部分原価となる。

6 原価計算の一般的基準「原価計算基準」六

原価計算の一般的基準とは、**原価計算制度において**、財務諸表の作成や原価管理、予算管理といった目的を達成するために**原価計算を行う際に遵守すべき原則的事項**である。

(1) 財務諸表作成のための一般的基準

「基準」六（一）をまとめると、以下のようになる。

全部原価の原則	すべての製造原価要素を製品原価とし、販売費および一般管理費は期間原価として処理すること
信憑性の原則	客観性や検証可能性のある基礎資料により原価計算を行うこと
差異適正処理の原則	原価差異は、財務会計上適正に処理すること
財務会計と有機的結合の原則	原価に関する諸勘定を設け、複式簿記により記帳すること

(2) 原価管理のための一般的基準

「基準」六（二）をまとめると、以下のようになる。

責任区分明確化の原則	管理者の権限と責任の区分に応じて、原価部門を設定したり、作業単位を設定すること
管理的原価分類の原則	形態別分類だけでは、原価管理に役立たないため、必要に応じてその他の分類を行うこと
物量管理の原則	価格面については、外部要因によって左右されることが多いため、物量面の管理に重点を置くこと
標準設定の原則	目標値としての原価の標準を設定することが、管理上もっとも有効であること
比較性の原則	比較しうるように、実績も標準に対応して分類測定されるべきであること
差異分析報告の原則	原価差異発生の原因分析を行い、その結果を経営管理者に報告することで、必要な改善措置を講じることができるようにすること
計算能率の原則	問題箇所を中心に、原価管理の必要性に応じて重点的、経済的に、かつ迅速に行うこと

(3) 予算管理のための一般的基準

「基準」六（三）には、以下のように記されている。

原価計算は、予算期間において期待されうる条件に基づく予定原価又は標準原価を計算して、予算とくに**費用予算の編成**に資料を提供するとともに、予算と対照比較しうるように原価の実績を計算し、もって予算統制に資料を提供する。

※　内容は原価管理の一般的基準とほぼ同様である。

7 製造原価要素の分類基準「原価計算基準」八

(1) 形態別分類

① 形態別分類の意義

形態別分類とは、**どのような資源を消費したか**を基礎とする分類である。

形態別分類により、**原価要素は、材料費、労務費、経費に大別**され、さらにそれぞれの原価要素を発生形態により細分する。

② 形態別分類の役割

形態別分類は、**財務会計における費用の発生を基礎とする分類**である。そして、原価計算は、財務会計から原価に関するこの形態別分類による基礎資料を受け取り、これを出発点にして原価を計算する。

(2) 機能別分類

① 機能別分類の意義

機能別分類とは、原価要素が、**いかなる目的又は機能のために消費されたか**に基づく分類である。

形態別分類は、どのような資源を消費したかによる分類であるが、その**資源がどのような機能に消費されたかによって再分類する**のが**機能別分類**である。

② 機能別分類の役割

機能別分類は、補助的機能を有する部門の近似値を示すことができるため、特に**部門別計算を行わない中小企業における原価管理**に役立つ。

(3) 製品との関連における分類

① 製品との関連における分類の意義

製品との関連における分類とは、原価要素が**一定単位の製品ごとにどれだけ消費されたのかを把握できるか否か**による分類であり、直接費と間接費に分類される。ここで、一定単位の製品とは、個別原価計算では「**特定製造指図書の生産命令数量**」を示し、総合原価計算の場合には、通常「**1単位の製品**」を示している。

② 製品との関連における分類の役割

製品の種類が2種類以上のケース（個別原価計算・組別総合原価計算）において、**(組) 直接費**は各指図書（組）に**賦課**し、**(組) 間接費**は各指図書（組）に**配賦**する必要性があるため、重要である。

(4) 操業度との関連における分類

① 操業度との関連における分類の意義

操業度との関連における分類とは、**操業度の増減に対する原価発生の態様**による分類であり、原価要素は、この分類基準によって**固定費**と**変動費**に分類される。ここに操業度とは、生産設備を一定とした場合におけるその利用度をいう。

固定費	操業度の増減にかかわらず変化しない原価要素
変動費	操業度の増減に応じて比例的に増減する原価要素

なお、固定費と変動費の中間的性質を持つ、**準固定費**及び**準変動費**は、固定費又は変動費とみなして、これを**いずれかに帰属させる**か、もしくは**固定費部分と変動費部分に分解**する。

準固定費	ある範囲内の操業度の変化では固定的であり、これを超えると急増し、再び固定化する原価要素　ｅｘ）監督者給料
準変動費	操業度が零の場合にも一定額が発生し、同時に操業度の増加に応じて比例的に増加する原価要素　ｅｘ）電力量

<各原価要素のコストビヘイビア>

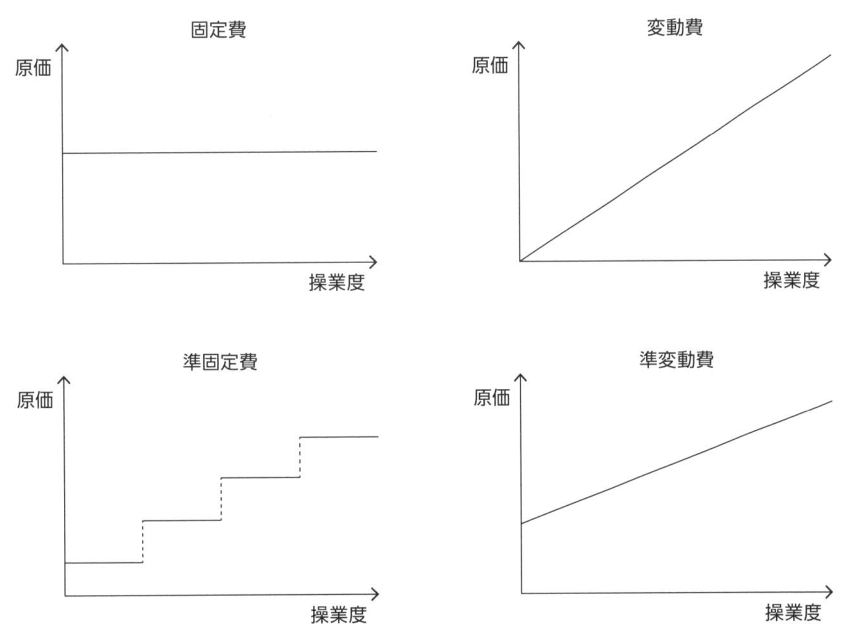

②　操業度との関連における分類の役割

操業度との関連における分類は、操業度の短期的な変化に対する原価の反応の分析結果によってなされるものである。そのため、**ＣＶＰ分析や変動予算の設定、直接原価計算などにおいて不可欠な分類**となる。すなわち、**利益管理や原価管理に有用な分類**となる。

(5)　原価の管理可能性に基づく分類

①　原価の管理可能性に基づく分類の意義

原価の管理可能性に基づく分類とは、原価の発生が**一定の管理者層によって管理しうるかどうか**による分類であり、原価要素は、この分類基準によって**管理可能費**と**管理不能費**とに分類される。

②　原価の管理可能性に基づく分類の役割

標準原価計算や予算による原価管理では、目標を設定し、**事後的に達成度合いを評価**するが、これはその管理者にとって**管理可能な範囲の原価で行う必要がある**。業績評価の対象となる原価に**管理不能な原価まで含めてしまうと、原価管理に対する動機付けが弱まってしまうから**である。

8 実際原価計算の手続「原価計算基準」七

実際原価の計算においては、**製造原価は原則として、**その**実際発生額**を、まず**費目別に計算**し、**次いで原価部門別に計算**し、**最後に製品別に集計**する。**販売費及び一般管理費は、原則として、一定期間における実際発生額**を、**費目別に計算**する。

⑴ **費目別計算**

原価の費目別計算とは、一定期間における**原価要素を費目別に分類測定する手続**をいい、財務会計における費用計算であると同時に、原価計算における第一次の計算段階である。

→第２章（材料費会計）～第４章（経費会計）にて学習。

⑵ **部門別計算**

原価の部門別計算とは、費目別計算において把握された原価要素を、**原価部門別に分類集計する手続**をいい、原価計算における第二次の計算段階である。

→第６章（部門別計算）にて学習。

⑶ **製品別計算**

原価の製品別計算とは、原価要素を一定の製品単位に集計し、**単位製品の製造原価を算定する手続**をいい、原価計算における第三次の計算段階である。

→第７章（個別原価計算）～第11章（等級別総合原価計算）にて学習。

（参考）「原価計算基準」の体系

1．「原価計算基準」の体系

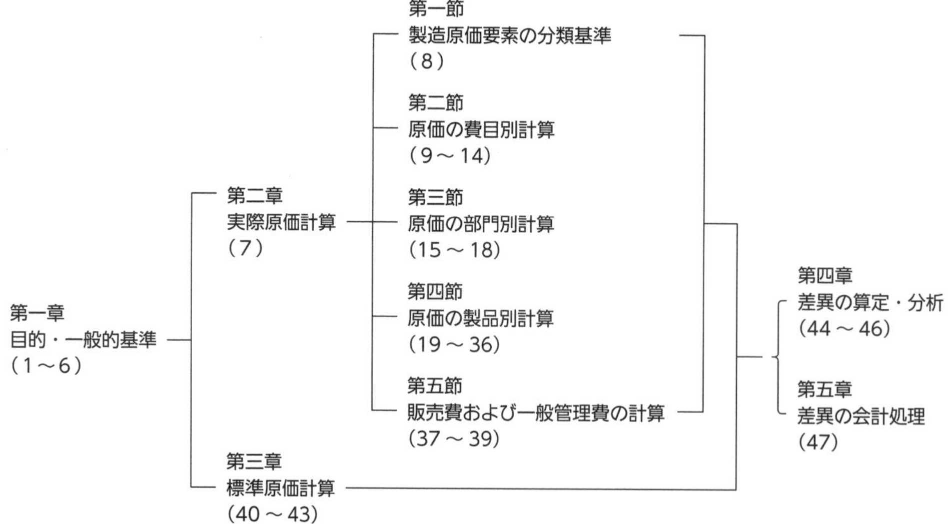

2．原価計算の目的と原価計算の一般的基準の体系

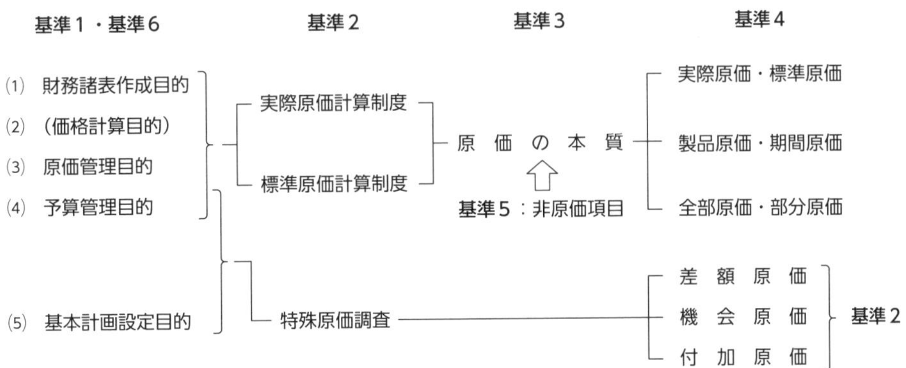

第 2 章

材料費会計

第１節　費目別計算総論

1 費目別計算の意義

原価の費目別計算とは、一定期間における**原価要素を費目別に分類測定する手続**をいい、**財務会計における費用計算**であると同時に、原価計算における**第一次の計算段階**である。

2 計算

費目別計算は、材料費、労務費、経費の別に計算される。

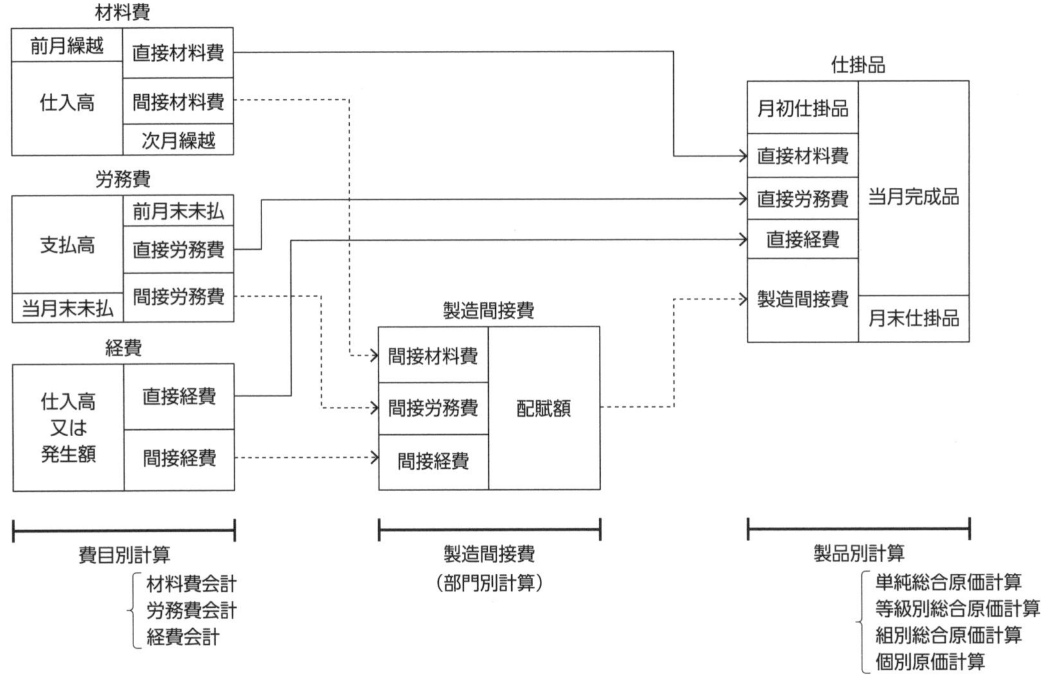

第２節　材料費とは

1　材料費とは

材料費とは、**物品を消費することによって発生する原価**をいい、製品を製造するために使用される物品の消費額である。

2　材料費の分類

費目別計算において、材料費は以下のように分類される。

材料費は、**形態別分類を基に、機能別分類を加味し、最終的には**製品に原価を集計するために**直接材料費と間接材料費に分類**される。

<table>
<tr><th>形態別分類</th><th>機能別分類</th><th>製品との関連による分類</th><th>出入記録</th></tr>
<tr><td>買入部品費</td><td>買入部品費</td><td rowspan="2">直接材料費</td><td rowspan="4">行う</td></tr>
<tr><td rowspan="2">素材費</td><td>主要材料費</td></tr>
<tr><td rowspan="2">補助材料費</td><td rowspan="4">間接材料費</td></tr>
<tr><td>燃料費</td></tr>
<tr><td>工場消耗品費</td><td>工場消耗品費</td><td rowspan="2">行わない</td></tr>
<tr><td>消耗工具器具備品費</td><td>消耗工具器具備品費</td></tr>
</table>

(1)　形態別分類

形態別分類とは原価発生の形態による分類であり、**どのような資源を消費したか**を基礎とする分類である。

形態別分類	内容
素材費	製品の基本的実体を形づくる材料の消費高である。 素材費は一般に原料費や材料費と呼ばれる。
買入部品費	工場の外部から購入し、そのまま自社の製品に取り付ける部品の消費高である。
燃料費	石炭、重油など燃料として使用した物品の消費高である。
工場消耗品費	製品の実体を構成するものではなく、薬品・油脂・雑品（作業帽など）のように、 製品の製造に際し消耗的に消費される物品の消費高である。
消耗工具器具備品費	耐用年数が１年未満、又は取得原価が10万円未満で固定資産として扱われない 工具や器具、備品の消費高である。

(2) 機能別分類

機能別分類とは、原価要素が、いかなる目的又は機能のために消費されたかに基づく分類である。

機能別分類	内容
主要材料費	主要材料とは、製品の本体となる物品をいい、その消費額を主要材料費という。
補助材料費	補助材料とは、製品を製造するために補助的に消費される物品をいい、その消費額を補助材料費という。

※ 素材費と主要材料費及び補助材料費

素材費は、その素材が製品の生産のために直接に消費されれば主要材料費となり、設備等の修繕用に消費された修繕材料費や、試験研究用に消費された試験研究材料費は、補助材料費となる。

(3) 製品との関連による分類

製品との関連による分類とは、原価要素が一定単位の製品ごとにどれだけ消費されたのかを把握できるか否かによる分類であり、直接材料費と間接材料費に分類される。

製品との関連による分類	内容
直接材料費	特定の製品ごとに、どれだけ消費されたかが把握できる材料費のことを直接材料費という。
間接材料費	特定の製品ごとに、どれだけ消費されたかが把握できない材料費のことを間接材料費という。

第３節　購入原価の決定

1　材料の購入原価

材料を購入した場合、材料勘定の借方に購入原価を記入する。

購入原価とは、購入代価（材料主費）に付随費用（材料副費）を加算したものである。

購入原価 ＝ 購入代価 ＋ 付随費用（材料副費）

※　購入代価＝材料の購入に際し、仕入先に支払う代価。

※　材料副費＝材料の購入から消費までの間に付随的に発生する費用。

（借方）	材　　料	（購入原価）	（貸方）	買　掛　金	（購入代価）
			（ 〃 ）	現　　　金	（付随費用）

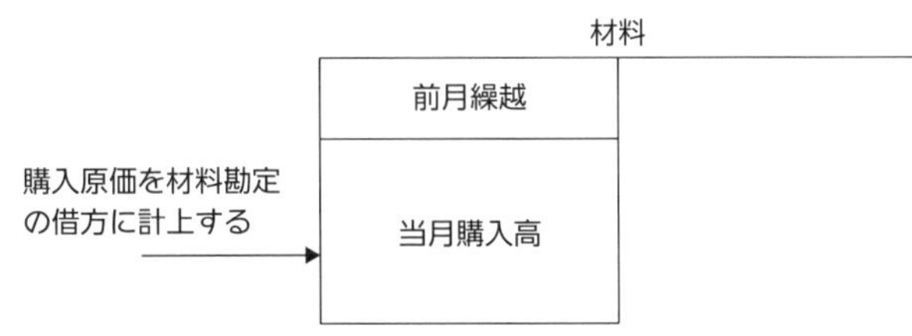

2 材料副費

(1) 材料副費の分類

材料副費とは、**材料を購入してから、材料を消費するまでに付随的に発生する費用**をいう。さらに、材料副費は外部材料副費と内部材料副費に分類される。

外部材料副費とは、**企業外部で生じる付随費用**であり、**引取費用**ともいう。具体的には、**買入手数料、引取運賃、荷役費、保険料、関税**などがある。

内部材料副費とは、**企業内部で生じる付随費用**であり、材料取扱費用ともいう。具体的には、**購入事務費、検収費、保管料、整理費、選別費、手入費**などがある。

購入原価	材料主費	購入代価
	材料副費	外部材料副費 買入手数料　引取運賃　荷役費　保険料　関税等
		内部材料副費 購入事務費　検収費　保管料　整理費　選別費　手入費等

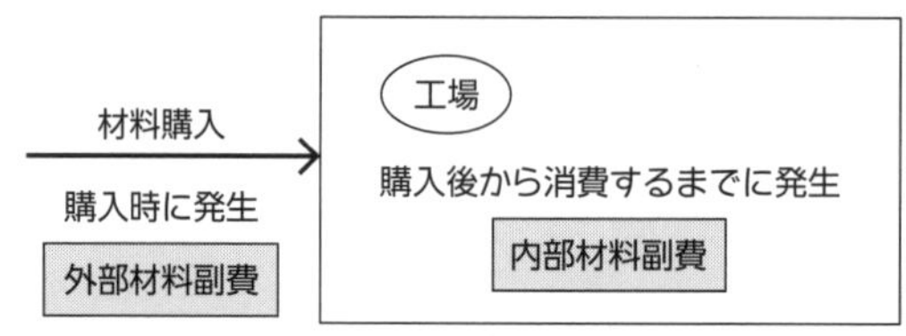

(2) 購入原価に含める範囲

理論的には、購入原価は、材料の購入代価に**すべての材料副費を加算した金額で計算されるべき**である。しかし、**内部材料副費の全部または一部を購入原価に含めないことができる**。この理由は、内部材料副費は購入後に生じ、集計に時間がかかるものや複数の材料に共通して発生するものが多く、計算が煩雑になるためである。

	購入代価	外部副費	内部副費	
Ⅰ　購入原価＝				基準11⑷1
Ⅱ　購入原価＝				基準11⑷2
Ⅲ　購入原価＝				基準11⑷2但書

<材料副費の会計処理>

購入原価に含めるもの	材料購入時に購入原価に含め、材料消費時に直接材料分は仕掛品勘定へ、間接材料分は製造間接費勘定へ振り替える。
購入原価に含めないもの	間接経費として処理し、製造間接費勘定へ振り替える。

具体例

材料を10kg（@1,000円）購入し、直接材料として８kg、間接材料として２kg使用した。なお、材料関連の付随費用として、外部材料副費が2,000円、内部材料副費が800円発生した。

〔ケース１〕 材料副費をすべて購入原価に算入する場合

<材料購入時>

（借）	材料	10,000円	（貸）	買掛金	10,000円
（借）	材料副費	2,800円	（貸）	現金	2,800円
（借）	材料	2,800円	（貸）	材料副費	2,800円

<材料消費時>

（借）	仕掛品	10,240円	（貸）	材料	12,800円
（〃）	製造間接費	2,560円			

※　材料の消費価格を、@1,280円/kg（12,800円÷10kg）とする。

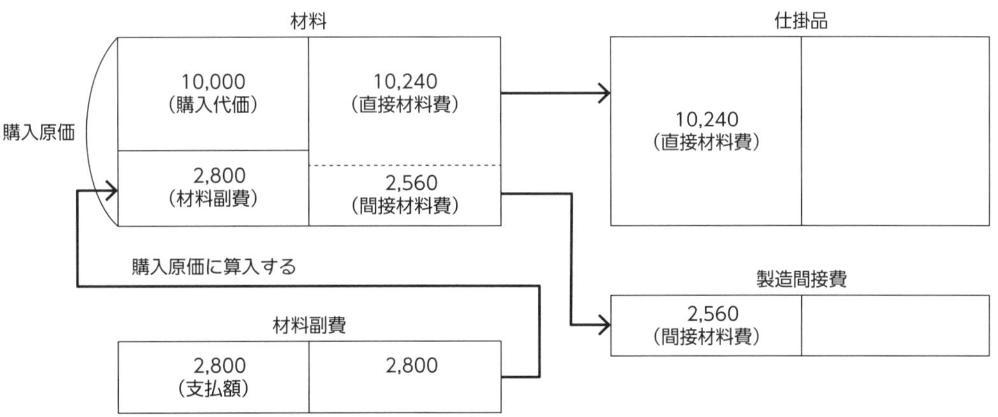

〔ケース２〕 外部材料副費のみ購入原価に算入する場合

<材料購入時>

（借）	材料	10,000円	（貸）	買掛金	10,000円
（借）	材料副費	2,800円	（貸）	現金	2,800円
（借）	材料	2,000円	（貸）	材料副費	2,800円
（〃）	製造間接費	800円			

<材料消費時>

（借）	仕掛品	9,600円	（貸）	材料	12,000円
（〃）	製造間接費	2,400円			

※　材料の消費価格を、@1,200円/kg（12,000円÷10kg）とする。

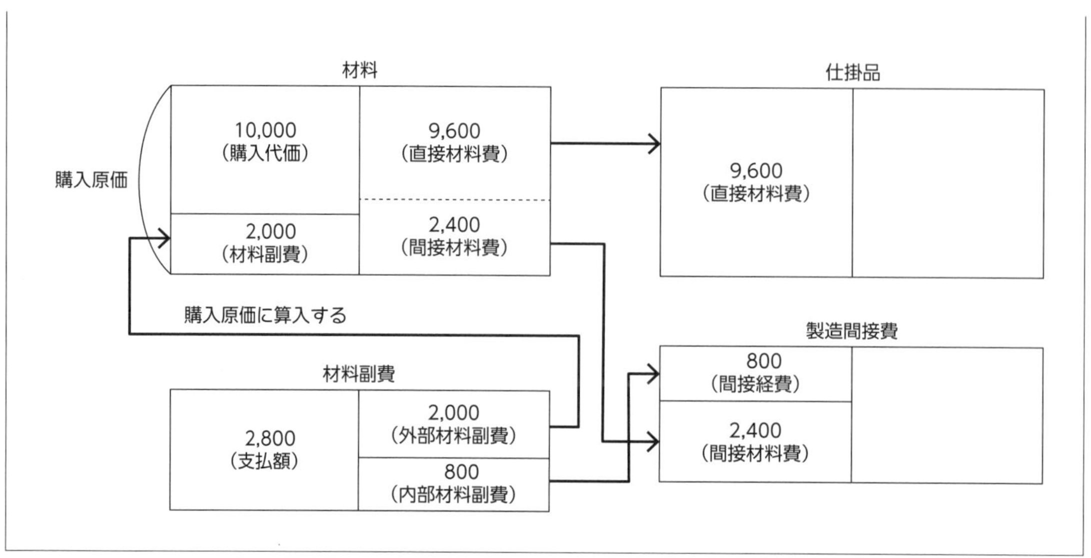
材料
購入原価
10,000
（購入代価）
2,000
（材料副費）
9,600
（直接材料費）
2,400
（間接材料費）
仕掛品
9,600
（直接材料費）
購入原価に算入する
材料副費
2,800
（支払額）
2,000
（外部材料副費）
800
（内部材料副費）
製造間接費
800
（間接経費）
2,400
（間接材料費）

⑶　購入原価に算入する材料副費の予定配賦

材料副費は、**原則的**には、**実際発生額**をもって購入原価に算入する。しかしながら、材料副費（特に内部材料副費）の実際発生額の確定には、時間を要するものもあるため、**予定配賦も容認**されている。この場合には材料副費配賦差異が生じることになる。

材料副費の予定配賦率は、予算における材料副費発生予定額を、予定購入代価総額もしくは予定購入数量で除すことで算定する。なお、通常は、年間予算に基づいて算定するが、その他の方法も考えられる。

※　差異は、借方（不利）差異と貸方（有利）差異に分けられる。

予定配賦額 < 実際発生額　→　借方（不利）差異
実際発生額 < 予定配賦額　→　貸方（有利）差異

①　$材料副費予定配賦率 = \frac{年間の材料副費発生予定額}{年間の材料予定購入代価総額}$

②　$材料副費予定配賦率 = \frac{年間の材料副費発生予定額}{年間の材料予定購入数量}$

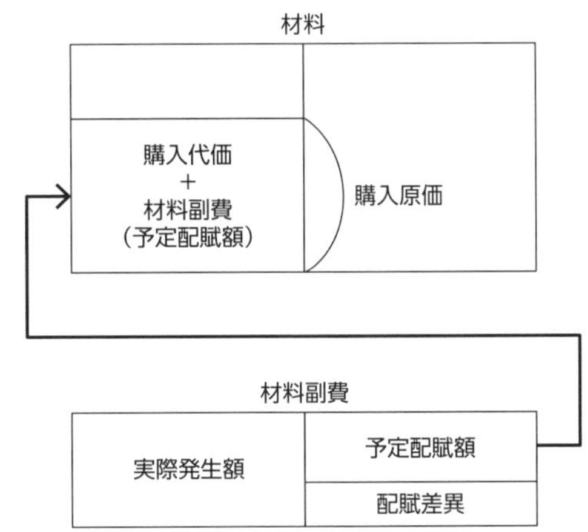

具体例

1．年間予定材料購入総額は135,000円（150kg）、年間の材料副費予定額は36,450円である。
2．当月実際材料購入額は、10,000円（10kg）、当月の材料副費実際発生額は2,800円であった。
3．当月に材料を直接材料として８kg、間接材料として２kg使用した。
4．材料副費は、購入代価を基準に予定配賦する。

材料副費予定配賦率：36,450円÷135,000円＝0.27
材料副費予定配賦額：10,000円×0.27＝2,700円

＜材料購入時＞

（借）	材料	10,000円	（貸）	買掛金	10,000円
（借）	材料副費	2,800円	（貸）	現金	2,800円
（借）	材料	2,700円	（貸）	材料副費	2,800円
（〃）	材料副費配賦差異	100円			

＜材料消費時＞

（借）	仕掛品	10,160円	（貸）	材料	12,700円
（〃）	製造間接費	2,540円			

※　材料の消費価格を、@1,270円/kg（12,700円÷10kg）とする。

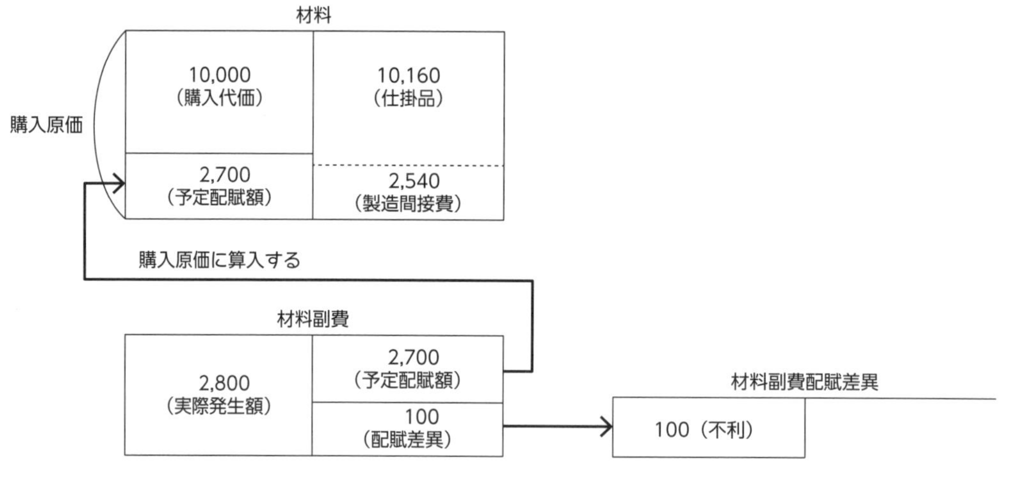

⑷　購入原価に算入しない材料副費

購入原価に算入しない材料副費（特に内部副費）については、**間接経費に属する費目として処理**する。

間接経費として処理する場合には、**実際発生額を製造間接費勘定の借方に記入**する。

（借方）製　造　間　接　費	（実際発生額）	（貸方）材　料　副　費	（実際発生額）

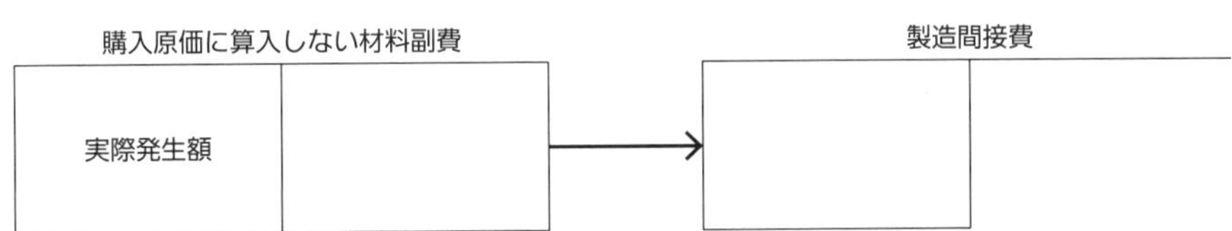

■ 例題１　材料副費の処理

以下の資料に基づいて、各設問に答えなさい。

1．材料Xの当月購入数量は415kgであり、送り状価額は667,000円であった。

2．当月の材料副費の実際発生額は、以下のとおりである。

引取運賃	12,000円	保険料	7,000円	買入手数料	8,500円
保管費	4,000円	購入事務費	4,500円	関税	6,000円

3．購入原価に算入しない材料副費は、間接経費に属する費目として処理する。

4．材料Xの年間予算は、予算購入額が送り状価額で8,000,000円、予算購入数量が5,000kgである。

5．材料副費の年間予算額は以下の通りである。

引取運賃	150,000円	保険料	80,000円	買入手数料	100,000円
保管費	50,000円	購入事務費	50,000円	関税	70,000円

問１　購入原価に算入する材料副費を、全ての材料副費の実際発生額とした場合に、材料Xの購入原価を答えなさい。　重要度A

問２　購入原価に算入する材料副費を、引取費用の実際発生額とした場合に、①材料Xの購入原価を求め、②材料副費勘定の記入をしなさい。　重要度A

問３　外部材料副費を購入代価に基づいて、一括して材料に予定配賦する場合の①材料Xの購入原価、②材料副費配賦差異を求めなさい。　重要度B

問４　外部材料副費を購入数量に基づいて、一括して材料に予定配賦する場合の①材料Xの購入原価、②材料副費配賦差異を求め、③材料副費勘定の記入をしなさい。　重要度B

■ 解答解説

外部材料副費：12,000円（引取運賃）＋7,000円（保険料）＋8,500円（買入手数料）＋6,000円（関税）＝33,500円

内部材料副費：4,000円（保管費）＋4,500円（購入事務費）＝8,500円

問１

購入原価：709,000円

購入原価

667,000円（購入代価）＋33,500円（外部材料副費）＋8,500円（内部材料副費）＝709,000円

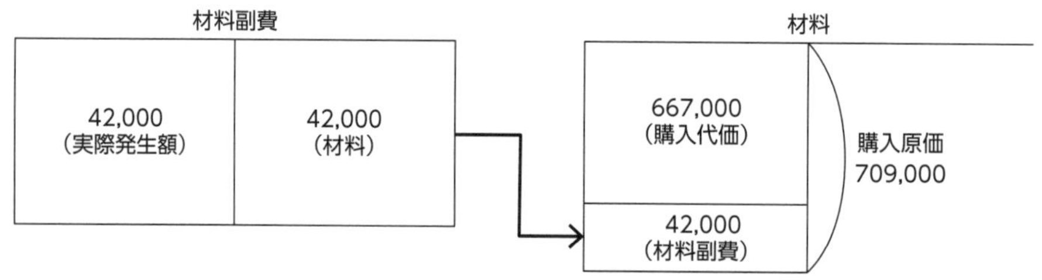

問2

購入原価：700,500円

	材料副費		（単位：円）
引取運賃	12,000	材料	33,500
保険料	7,000	製造間接費	8,500
買入手数料	8,500		
関税	6,000		
購入事務費	4,500		
保管費	4,000		

購入原価

667,000円（購入代価）＋33,500円（外部材料副費）＝700,500円

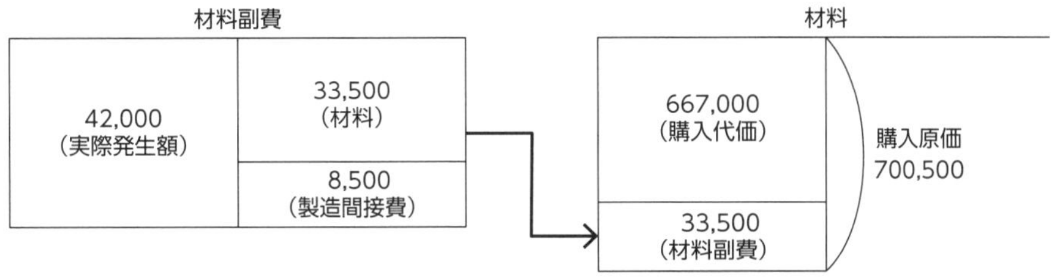

問3

購入原価：700,350円

材料副費配賦差異：－150円（不利）

外部材料副費予算額

150,000円＋80,000円＋100,000円＋70,000円＝400,000円

外部材料副費予定配賦率

400,000円÷8,000,000円＝5％

購入原価

667,000円（購入代価）＋667,000円×5％（外部材料副費予定配賦額）＝700,350円

材料副費配賦差異

667,000円×5％（外部材料副費予定配賦額）－33,500円（外部材料副費実際発生額）＝－150円（不利）

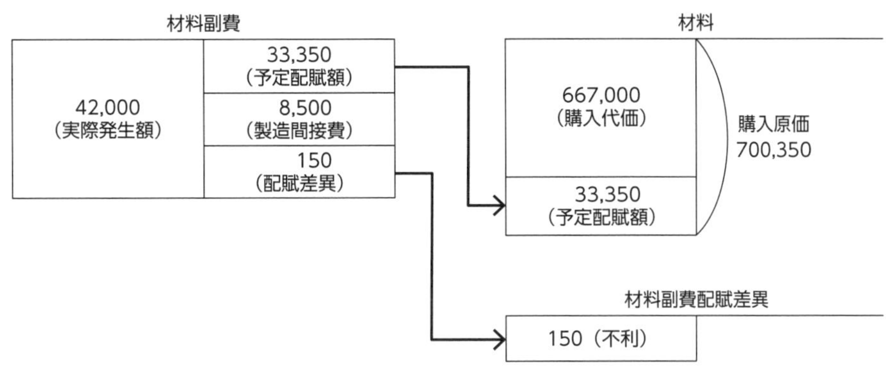

問4

購入原価：700,200円

材料副費配賦差異：－300円（不利）

材料副費　（単位：円）

借方	金額	貸方	金額
引取運賃	12,000	材料	33,200
保険料	7,000	製造間接費	8,500
買入手数料	8,500	材料副費配賦差異	300
関税	6,000		
購入事務費	4,500		
保管費	4,000		

材料副費予定配賦率

400,000円（年間外部材料副費予算額）÷5,000kg（年間予定材料購入数量）＝80円/kg

購入原価

667,000円（購入代価）＋80円/kg×415kg（外部材料副費予定配賦額）＝700,200円

材料副費配賦差異

80円/kg×415kg（外部材料副費予定配賦額）－33,500円（外部材料副費実際発生額）＝－300円（不利）

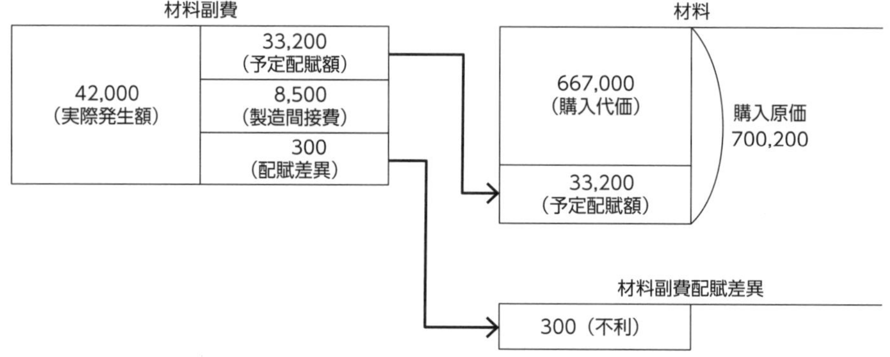

3 値引・割戻の処理

購入した材料について、値引又は割戻を受けた場合の処理は、以下のように分類される。

原則	値引又は割戻を受けた場合には、これを値引等を受けた材料の購入原価から控除する。
例外①	値引又は割戻が材料消費後に判明した場合には、これを同種材料の購入原価から控除する。
例外②	値引又は割戻を受けた材料が判明しない場合には、これを当期の材料副費等から控除する、もしくはその他適当な方法によってこれを処理する。

※　原則的処理：値引等を受けた材料の購入原価から控除する

購入原価 ＝ 送り状記載価額 － 値引・割戻 ＋ 材料副費
（送り状記載価額 － 値引・割戻：購入代価）

値引等を受けた場合には、仕入先から送付される「送り状」に記載されている請求額から、値引等の金額を控除して、購入代価を算定する。

<仕訳>

(借方) 買　掛　金	×××	(貸方) 材　　料	×××

■ 例題2　値引・割戻の処理

重要度B

以下の資料に基づいて、各設問に答えなさい。

1．材料Xの当月購入数量は415kgであり、送り状価額は667,000円であった。

2．当月の材料副費の実際発生額は、以下のとおりである。

引取運賃	12,000円	保険料	7,000円	買入手数料	8,500円
保管費	4,000円	購入事務費	4,500円	関税	6,000円

3．値引が1,000円、割戻が1,500円、割引が1,000円発生している。

4．購入原価に算入しない材料副費は、間接経費に属する費目として処理する。

問　購入原価の範囲を、購入代価に材料副費の全てを加えたものとし、値引・割戻が材料Xから生じた場合の材料X購入原価を答えなさい。

■ 解答解説

問　706,500円

667,000円＋33,500円（外部材料副費）＋8,500円（内部材料副費）－2,500円（値引等）＝706,500円

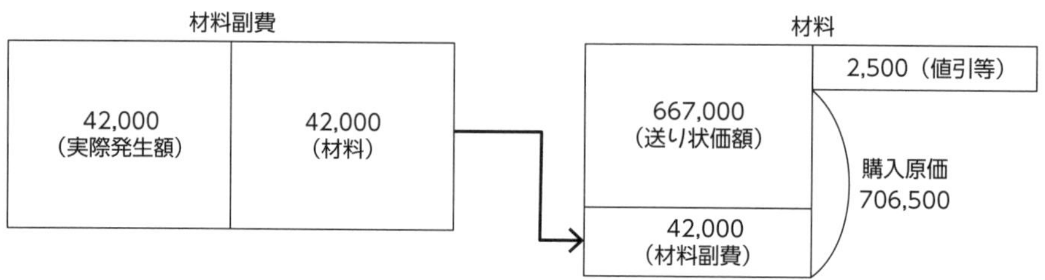

＜値引・割戻の仕訳＞

（借）買掛金	2,500円	（貸）材料	2,500円

4　予定受入価格

購入原価は、**原則**として**実際の購入原価**としなければならないが、**必要ある場合**には、**予定購入価格（予定受入価格）**を使用することが認められている。なお、予定受入価格を使用した場合には材料受入価格差異が発生する。

(1)　材料受入価格差異の算定

予定受入価格を使用した場合には、材料勘定の借方には予定受入価格で計上される。そのため、実際購入原価との差額で、材料受入価格差異が算定される。

> 材料受入価格差異 ＝ 予定受入価格 × 実際購入数量 － 実際購入原価
> 　　　　　　　　 ＝（予定受入価格－実際購入価格）× 実際購入数量

具体例

材料予定受入価格は@100円/kgであり、当月の材料実際購入価額は1,200円（10kg）であった。

＜材料購入時の仕訳＞

(借)	材　　料	1,000円	(貸)	買　掛　金	1,200円
(〃)	材料受入価格差異	200円			

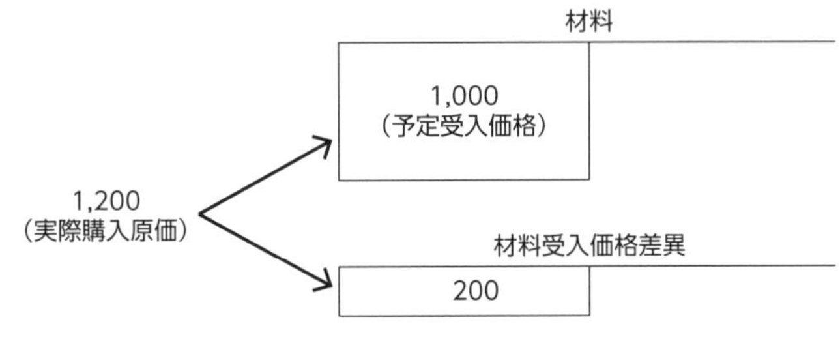

■ 例題３　予定受入価格

重要度Ａ

以下の資料に基づいて、各設問に答えなさい。

1．当月における材料甲実際購入価格は@321円/kgであり、実際購入数量は600kgであった。

2．当月における材料乙実際購入価格は@588円/kgであり、実際購入数量は400kgであった。

3．当社では、材料について予定受入価格を使用している。その価格は、材料甲が@300円/kg、材料乙が600円/kgである。

問１　材料購入時の仕訳を答えなさい。

問２　材料購入時の勘定記入をしなさい。

■ 解答解説

問１

<材料甲購入時の仕訳>

(借)	材料甲	180,000円	(貸) 買掛金	192,600円
(〃)	材料受入価格差異	12,600円		

<材料乙購入時の仕訳>

(借)	材料乙	240,000円	(貸) 買掛金	235,200円
			(〃) 材料受入価格差異	4,800円

問２

材料甲　(単位：円)

借方		貸方	
買掛金	180,000		

材料乙　(単位：円)

借方		貸方	
諸口	240,000		

買掛金　(単位：円)

借方		貸方	
		諸口	192,600
		材料乙	235,200

材料受入価格差異　(単位：円)

借方		貸方	
買掛金	12,600	材料乙	4,800

⑵　予定受入価格使用における利点

①	記帳の簡略化	材料元帳の受払記録は数量のみに止めることができ、計算手続を簡素化できる。
②	製品原価の変動の排除	生産活動以外の要因から生じる変動が排除され、製品原価の変動が排除される。これにより、財務諸表上の比較性を確保することができる。
③	計算の迅速化	実際価格が確定する月末まで待つことなく実際消費高の計算が可能。

第４節　材料の消費額の決定

1 材料消費時の会計処理

材料の消費とは、購入した材料を製品製造のために使用することであり、消費時に材料勘定の貸方に記入し、**直接材料費は仕掛品勘定へ、間接材料費は製造間接費勘定へ**振り替える。

(借方) 仕　掛　品	(直接材料費)	(貸方) 材　料	(材料消費額)
(〃) 製造間接費	(間接材料費)		

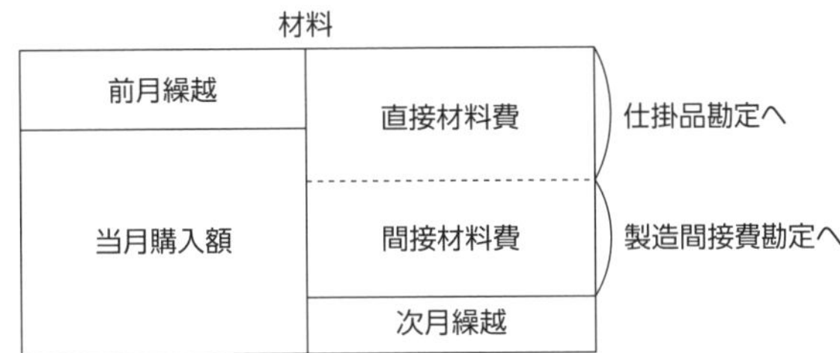

2 材料の消費額の算定

出入記録を行う材料の消費額は、原則として、各種の材料につき原価計算期間における**実際の消費量に、その消費価格を乗じて計算**する。また、間接材料費であって、**出入記録を行わない材料の消費額は、原則として、当該原価計算期間における買入額をもって計算**する。

※　出入記録とは、**継続記録法**または**棚卸計算法**に基づく**帳簿（材料元帳）**への**記録**を行うことである。

出入記録を行う材料　・・・実際の消費数量 × 消費価格
出入記録を行わない材料・・・当該原価計算期間における買入額

具体例

1．材料Ｘ（素材費）@700円/kgを主要材料として30kg消費した。

(借) 仕　掛　品	21,000円	(貸) 材　料　Ｘ	21,000円

2．材料Ｘ（素材費）@700円/kgを補助材料として10kg消費した。

(借) 製造間接費	7,000円	(貸) 材　料　Ｘ	7,000円

3．材料Ｙ（工場消耗品費）の当月の買入額が3,000円であった。

(借) 製造間接費	3,000円	(貸) 材　料　Ｙ	3,000円

具体例

1．当月購入高は600,000円（3,000kg）であった。なお、月初に材料は保有していない。
2．月末の実地棚卸数量は400kgである。

〔ケース１〕　棚卸計算法を採用した場合

月末材料原価：600,000円 ÷ 3,000kg × 400kg = 80,000円
当月材料消費額：600,000円 − 80,000円 = 520,000円

〔ケース２〕　継続記録法を採用した場合（月末材料の帳簿棚卸数量450kg）

月末材料原価：600,000円 ÷ 3,000kg × 400kg = 80,000円
棚卸減耗費：600,000円 ÷ 3,000kg × 50kg = 10,000円
当月材料消費額：600,000円 − 80,000円 − 10,000円 = 510,000円

3 実際消費価格

材料の消費価格は、**原則として購入原価**をもって計算する。しかし、同種材料の購入単価が異なる場合、その消費価格を計算する必要がある。

① **個別法**

個別法とは、材料の購入原価を個々に区別して記録・保管し、その個々の実際原価によって消費価格を計算しようとする方法である。

② **先入先出法**

先入先出法とは、先に仕入れた材料から順次払い出しがおこなわれたと仮定し、払出単価を決定する方法である。

③ **総平均法**

総平均法とは、一定期間の平均単価を計算し、平均単価をもって払出単価とする方法である。

④ **移動平均法**

移動平均法とは、単価の異なる材料を受け入れた都度、平均単価を計算し、平均単価をもって払出単価とする方法である。

4 予定消費価格

⑴ **意義**

材料の消費価格は、**必要ある場合**には、購入原価によらずに**予定消費価格**をもって計算することができる。この場合、**材料消費価格差異が発生**する。

材料消費価格差異 ＝ 予定消費価格 × 実際消費数量 － 実際消費額
＝（予定消費価格 － 実際消費価格）× 実際消費数量

具体例

1．材料Ｘの月初在高は201,600円（200kg）、当月購入高は1,005,000円（1,000kg）であった。
2．材料Ｘの消費数量は900kgであり、月末在高は300kgである。
3．材料Ｘの予定消費価格は@1,000円/kgである。

〔ケース１〕 材料消費価格の計算として、先入先出法を採用した場合

予定消費額：@1,000円/kg × 900kg = 900,000円
月末材料在高：1,005,000円 ÷ 1,000kg × 300kg = 301,500円
実際消費額：201,600円 + 1,005,000円 − 301,500円 = 905,100円
材料消費価格差異：900,000円 − 905,100円 = − 5,100円（不利）

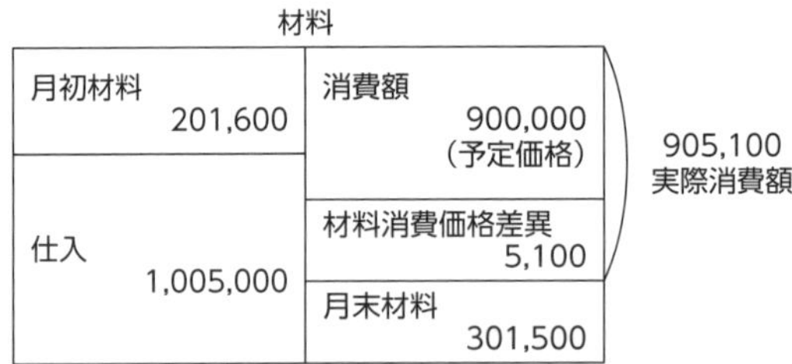

〔ケース２〕 材料消費価格の計算として、総平均法を採用した場合

予定消費額：@1,000円/kg × 900kg = 900,000円
月末材料在高：（1,005,000円 + 201,600円） ÷ 1,200kg × 300kg = 301,650円
実際消費額：201,600円 + 1,005,000円 − 301,650円 = 904,950円
材料消費価格差異：900,000円 − 904,950円 = − 4,950円（不利）

⑵ 予定消費価格使用の利点

①	製品原価の変動の排除	生産活動以外の要因から生じる変動が排除され、製品原価の変動が排除される。これにより、財務諸表上の比較性を確保することができる。
②	計算の迅速化	実際価格が確定する月末まで待つことなく実際消費高の計算が可能。

5 棚卸減耗費

(1) 意義

棚卸減耗費とは、出入記録を行う材料について、継続記録法を採用した場合の、帳簿棚卸高と実地棚卸高との差額である。

(2) 棚卸減耗費の計算

棚卸減耗費は帳簿棚卸高と実地棚卸高との差額で計算される。よって材料価格の影響を受けることになる。

① 実際消費価格により、材料消費額を算定する場合

月末材料在高が、実際購入原価を適当な原価配分の仮定により按分して計算されるため、**棚卸減耗も実際価格**で計算する。

② 予定消費価格により、材料消費額を算定する場合

月末材料在高が、実際購入原価を適当な原価配分の仮定により按分して計算されるため、**棚卸減耗も実際価格**で計算する。

③ 予定受入価格により、材料消費額を計算する場合

月末材料在高が、予定購入価格により計算されるため、**棚卸減耗も予定価格**で計算する。

(3) 棚卸減耗費の会計処理

棚卸減耗費はその発生が**正常なもの**である限り、**間接経費**（製造間接費）として処理する。つまり、棚卸減耗費は、原価性を有する場合には、間接経費として処理するが、**原価性が無い場合**には、**非原価項目**として処理する。

＜棚卸減耗発生時の仕訳＞

(借方)	棚卸減耗費	×××	(貸方)	材料	×××
(〃)	非原価項目	×××			

＜棚卸減耗費の会計処理＞

(借方)	製造間接費	×××	(貸方)	棚卸減耗費	×××

＜直接に間接経費処理する場合の会計処理（参考）＞

(借方)	製造間接費	×××	(貸方)	材料	×××

上記仕訳は、棚卸減耗費勘定を通さずに、直接に製造間接費勘定に振り替えている。

具体例

1．月初在庫　10kg（@1,000円/kg）
2．当月購入　90kg（@1,200円/kg）
3．月末在高・・・帳簿棚卸数量　15kg
　　　　　　・・・実地棚卸数量　13kg
4．材料85kgを直接材料として消費した。
5．材料の消費価格の計算は、先入先出法を採用している。

〔ケース1〕　実際消費価格を用いた場合

＜材料購入時の仕訳＞

（借）	材　　料	108,000円	（貸）買　掛　金	108,000円

※　@1,200円×90kg＝108,000円

＜材料消費時の仕訳＞

（借）	仕　掛　品	100,000円	（貸）材　　料	100,000円

※　@1,000円×10kg＋@1,200円×75kg＝100,000円

＜月末の仕訳＞

（借）	棚 卸 減 耗 費	2,400円	（貸）材　　料	2,400円

※　@1,200円×（15kg－13kg）＝2,400円
※　棚卸減耗費は実際価格で計算される。

材料

借方	貸方
月初材料 10,000	仕掛品 100,000
仕入 108,000	棚卸減耗費 2,400
	月末材料 15,600

〔ケース2〕　予定消費価格（@1,000円）を用いた場合

＜材料購入時の仕訳＞

（借）	材　　料	108,000円	（貸）買　掛　金	108,000円

＜材料消費時の仕訳＞

（借）	仕　掛　品	85,000円	（貸）材　　料	100,000円
（〃）	材料消費価格差異	15,000円		

※　@1,000円×85kg＝85,000円
※　材料消費価格差異は差額

＜月末の仕訳＞

(借) 棚卸減耗費	2,400円	(貸) 材料	2,400円

※　@1,200円×（15kg－13kg）＝2,400円
※　棚卸減耗費は実際価格で計算される。

材料

借方		貸方	
月初材料	10,000	仕掛品	85,000
仕入	108,000	材料消費価格差異	15,000
		棚卸減耗費	2,400
		月末材料	15,600

〔ケース3〕　予定受入価格（@1,000円）を用いた場合

＜材料購入時の仕訳＞

(借) 材料	90,000円	(貸) 買掛金	108,000円
(〃) 材料受入価格差異	18,000円		

※　@1,000円×90kg＝90,000円
※　材料受入価格差異は差額

＜材料消費時の仕訳＞

(借) 仕掛品	85,000円	(貸) 材料	85,000円

※　@1,000円×85kg＝85,000円

＜月末の仕訳＞

(借) 棚卸減耗費	2,000円	(貸) 材料	2,000円

※　@1,000円×（15kg-13kg）＝2,000円
※　棚卸減耗費は予定価格で計算される。

材料

借方		貸方	
月初材料	10,000	仕掛品	85,000
仕入	90,000	棚卸減耗費	2,000
		月末材料	13,000

■ 例題4　予定価格法

重要度B

以下の資料に基づいて、各設問に答えなさい。

1．当月の材料受払記録

受入			払出		
日付	数量(kg)	購入原価(円)	日付	数量(kg)	備　考
5	1,500	1,830,000	19	1,480	主要材料費
15	1,200	1,476,600	24	560	補助材料費

※　月初に材料在庫は無かった。

2．材料の消費数量の計算としては継続記録法を採用し、月末材料の計算は先入先出法を用いる。

3．当月末の材料の実地棚卸数量は600kgであった。なお、当月において発生した棚卸減耗の90%は正常な範囲内とされている。

問1　材料の消費価格として、予定消費価格（@1,200円/kg）を用いた場合における、材料勘定を作成しなさい。

問2　材料の購入時において、予定受入価格（@1,200円/kg）を用いた場合における、当月の材料勘定を作成しなさい。また、材料受入価格差異を答えなさい。

■ 解答解説

問1

材　料　（単位：円）

借方	金額	貸方	金額
買掛金	3,306,600	仕掛品	1,776,000
		製造間接費	672,000
		棚卸減耗費	66,447
		非原価項目	7,383
		材料消費価格差異	46,470
		次月繰越	738,300

15日受入単価：1,476,600円÷1,200kg＝@1,230.5円/kg

仕掛品：@1,200円/kg（予定消費価格）×1,480kg＝1,776,000円

製造間接費：@1,200円/kg（予定消費価格）×560kg＝672,000円

棚卸減耗費：@1,230.5円/kg（実際単価）×60kg×90%＝66,447円

※　60kg（棚卸減耗数量）＝（1,500kg＋1,200kg－1,480kg－560kg－600kg）

非原価項目：@1,230.5円/kg（実際単価）×60kg×10%＝7,383円

次月繰越：@1,230.5円/kg（実際単価）×600kg＝738,300円

材料消費価格差異：貸借差額

問２

材料			(単位：円)
買掛金	3,240,000	仕掛品	1,776,000
		製造間接費	672,000
		棚卸減耗費	64,800
		非原価項目	7,200
		次月繰越	720,000

購入原価：@1,200円/kg（予定受入価格）×2,700kg＝3,240,000円

仕掛品：@1,200円/kg（予定受入価格）×1,480kg＝1,776,000円

製造間接費：@1,200円/kg（予定受入価格）×560kg＝672,000円

棚卸減耗費：@1,200円/kg（予定受入価格）×60kg×90%＝64,800円

非原価項目：@1,200円/kg（予定受入価格）×60kg×10%＝7,200円

次月繰越：@1,200円/kg（予定受入価格）×600kg＝720,000円

材料受入価格差異：1,200円/kg×2,700kg－1,830,000円－1,476,600円＝－66,600円（不利）

6 材料元帳（参考）

意義

材料元帳とは、継続記録法（又は棚卸計算法）で材料の消費数量を算定する場合に、材料の種類別に購入原価を基にして受入・払出・残高を記録するために作成される補助元帳である。

先入先出法の場合

日付	摘要	受入			払出			残高		
		数量	単価	金額	数量	単価	金額	数量	単価	金額
		kg	円/kg	円	kg	円/kg	円	kg	円/kg	円
6/1	前月繰越	50	75	3,750				50	75	3,750
		40	78	3,120				40	78	3,120
/5	受入	15	81	1,215				50	75	3,750
								40	78	3,120
								15	81	1,215
/9	払出				50	75	3,750	30	78	2,340
					10	78	780	15	81	1,215
/10	払出				10	78	780	20	78	1,560
								15	81	1,215
/15	返品	▲5	81	405				20	78	1,560
								10	81	810
/16	返品	▲5	78	390				15	78	1,170
								10	81	810
/18	残材戻入				▲10	78		25	78	1,950
								10	81	810
/20	残材戻入				▲10	75		10	75	750
					▲10	78		35	78	2,730
								10	81	810

※　6/15に材料5kg（6/5購入分@81円/kg）を仕入先に返品した。

※　6/16に材料5kg（前月購入分@78円/kg）を仕入先に返品した。

※　6/18に工場から材料10kg（払出日不明）の返還を受けた。

※　6/20に工場から材料20kg（6/9払出分）の返還を受けた。

第 3 章

労務費会計

第１節　労務費とは

1　労務費とは

労務費とは、**労働力を消費することによって発生する原価**をいい、製品を製造するための労働用役の消費額である。なお、労務費とは、従業員ごとに把握できるものを指し、福利施設負担額、厚生費、従業員募集費等の従業員ごとに把握できないものは経費に分類される。

2　労務費の分類

費目別計算において、労務費は以下のように分類される。

労務費は、**形態別分類を基に、機能別分類を加味し、最終的には**製品に原価を集計するために**直接労務費と間接労務費に分類**される。

<table>
<tr><th>形態別分類</th><th colspan="2">機能別分類</th><th>製品との関連による分類</th><th>作業時間の測定</th></tr>
<tr><td rowspan="4">賃金</td><td rowspan="3">直接工賃金</td><td>直接作業賃金</td><td>直接労務費</td><td rowspan="3">行う</td></tr>
<tr><td>間接作業賃金</td><td rowspan="8">間接労務費</td></tr>
<tr><td>手待賃金</td></tr>
<tr><td colspan="2">間接工賃金</td><td rowspan="6">行わない</td></tr>
<tr><td>給料</td><td colspan="2">給料</td></tr>
<tr><td>雑給</td><td colspan="2">雑給</td></tr>
<tr><td>従業員賞与手当</td><td colspan="2">従業員賞与・手当</td></tr>
<tr><td>退職給付費用</td><td colspan="2">退職給付費用</td></tr>
<tr><td>（法定）福利費</td><td colspan="2">（法定）福利費</td></tr>
</table>

直接工：直接に製品の製造に携わる工員

間接工：製品製造には直接携わらずに、資材運搬や修繕など間接的な作業に従事する工員

(1) 形態別分類

形態別分類により、労務費に大別された原価要素は、発生形態により以下のように細分される。

分類	内容
賃金	工員に対して支払われる給与で、基本給と加給金（割増賃金）からなる。
給料	工場監督者や事務員、工場関係の知的職種に支払われる給与である。
雑給	日雇労働者や、臨時雇いの工員に対して支払われる給与である。
従業員賞与・手当	工場従業員に対して支払われる賞与や作業には直接関係のない手当（家族手当、通勤手当、住宅手当等）の支給額である。
退職給付費用	工場関係の従業員の退職金を、在職中の各期間に計算上割り当てた金額である。
（法定）福利費	健康保険料、厚生年金等の社会保険料の内、企業側が負担する金額である。

※　加給金（割増賃金）とは、残業（定時間外）手当、深夜作業手当、危険作業手当、不快作業手当等の作業に直接関係のある割増賃金のことをいい、作業に直接関係のない従業員手当（家族手当、通勤手当、住宅手当等）とは明確に区別しなければならない。

(2) 機能別分類

形態別に分類された労務費は、どのような機能に消費されたかを加味して、以下のように分類される。

分類		内容
直接工賃金	直接作業賃金	直接工賃金とは、主に製品製造のために、直接に加工作業（直接作業）を行う工員の給与である。なお、直接作業に対して支払われる給与、間接作業に対して支払われる給与、手待時間に対して支払われる給与をそれぞれ直接作業賃金、間接作業賃金、手待賃金という。
	間接作業賃金	
	手待賃金	
間接工賃金		間接工賃金とは、直接作業を行わない工員の給与である。

⑶　製品との関連による分類

製品との関連による分類により、労務費は以下のように分類される。

分類	内容
直接労務費	特定の製品ごとに、どれだけ消費されたかが把握できる労務費のことを直接労務費という。なお、直接労務費となるのは、直接工の直接作業に対する賃金のみである。
間接労務費	特定の製品ごとに、どれだけ消費されたかが把握できない労務費のことを間接労務費という。なお、間接労務費となるのは、直接工の直接作業に対する賃金以外の全ての労務費である。

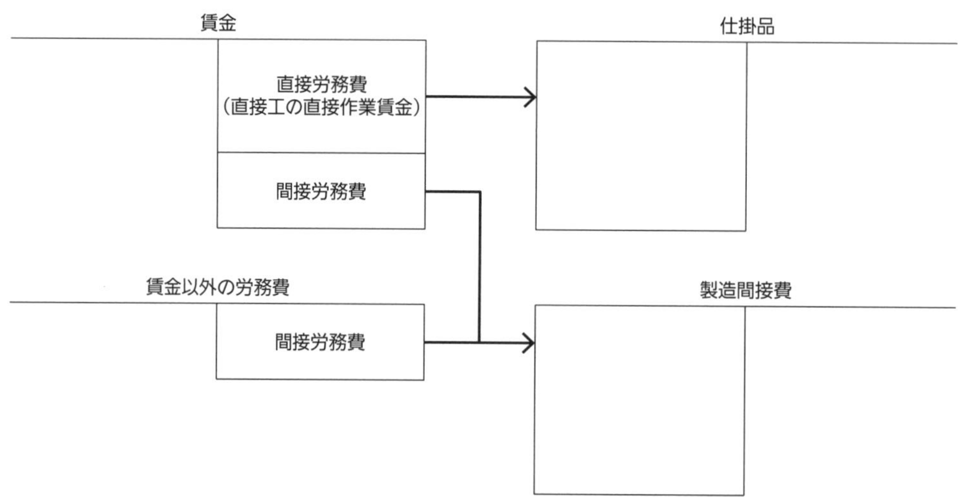

第2節　賃金の支払額の決定

1　支払賃金の計算式

工員に賃金を支払った場合は、賃金勘定の借方に支払賃金を記入する。また、支払賃金は、基本給に加給金を加えることで計算される。なお、基本給は、１時間当たりの賃金である支払賃率に、就業時間を乗じることで計算される。

支払賃金 ＝ 基本給（基本賃金）＋ 加給金
＝（支払賃率 × 就業時間）＋ 加給金

※　加給金（割増賃金）とは、残業（定時間外）手当、深夜作業手当、危険作業手当等の作業に直接関係のあるため賃金として処理されるものをいう。

具体例

1．支払賃率は@1,000円／ｈであり、当月の就業時間は400ｈであった。
2．当月の残業手当は20,000円、危険作業手当は5,000円であった。

支払賃金：@1,000円／ｈ × 400ｈ ＋ 20,000円 ＋ 5,000円 ＝ 425,000円

賃金	
支払賃金 425,000円 基本給＋加給金	

第3章　労務費会計

2 給与支給総額の計算式

支払賃金以外に、その他の諸手当も給与を構成する。よって、給与支給総額は、支払賃金に諸手当を加えたものとなる。なお、諸手当は、間接労務費として、各諸手当勘定の借方に記入される。

給与支給総額 ＝ 支払賃金 ＋ 諸手当

※　諸手当とは、作業に直接関係のない従業員手当（家族手当、通勤手当、住宅手当等）のことである。

具体例

1．支払賃率は@1,000円／hであり、当月の就業時間は400 hであった。
2．当社の加給金および諸手当は以下のとおりである。
　加給金：25,000円　　諸手当：22,000円

　支払賃金：@1,000円／h × 400 h + 25,000円 = 425,000円
　給与支給総額：425,000円 + 22,000円 = 447,000円

3 現金支給総額の計算式

通常、給与支給総額の全てが支払われるわけではなく、社会保険料や所得税等の源泉徴収がなされた後の手取額が支給される。よって、現金支給総額は、社会保険料や所得税等の源泉徴収額を差し引いたものとなる。

現金支給総額 ＝ 給与支給総額 － 社会保険料預り金 － 所得税等預り金

※　この場合の社会保険料は預り金（従業員負担分）であり、会社負担分として間接労務費となる社会保険料（法定福利費）は、別途明示される。

具体例

1．支払賃率は@1,000円/ｈであり、当月の就業時間は400ｈであった。
2．当社の加給金および諸手当は以下のとおりである。
　加給金：25,000円　　諸手当：22,000円
3．所得税等の預り金が21,000円、社会保険料の預り金が26,000円ある。
4．当社は社会保険料を従業員と１：１で負担している。

支払賃金：@1,000円/ｈ×400ｈ＋25,000円（加給金）＝425,000円
給与支給総額：425,000円＋22,000円（諸手当）＝447,000円
現金支給総額：447,000円－（21,000円＋26,000円）＝400,000円

＜賃金支払時の仕訳＞

(借)	賃　　金	425,000円	(貸)	現 金 預 金	400,000円
(〃)	諸 手 当	22,000円	(〃)	所得税等預り金	21,000円
			(〃)	社会保険料預り金	26,000円

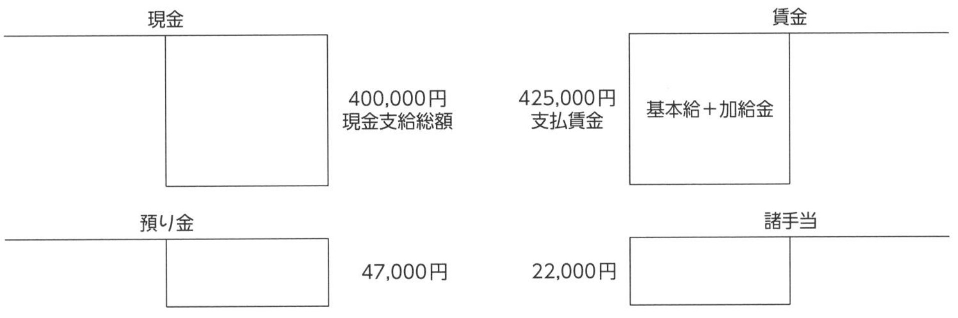

＜社会保険料支払時の仕訳＞

(借)	社会保険料預り金	26,000円	(貸)	現　　金	52,000円
(〃)	法 定 福 利 費	26,000円			

■ 例題1　賃金（未払が無い場合）

重要度B

以下の資料に基づいて、各設問に答えなさい。

1．当月の直接工の支払賃率は@800円／hであり、直接作業時間は400 h、就業時間は600 hであった。

2．当月における各種諸手当は以下のとおりである。

①　住宅手当　25,000円　②　家族手当　30,000円　③　通勤手当　10,000円
④　危険作業手当　40,000円　⑤　定時間外作業手当　20,000円

3．当月の現金支給額は565,000円であった。なお、社会保険料預り金が15,000円、給与支給総額を除いた残りが所得税等預り金である。当社は社会保険料を従業員と1：1で負担している。

4．当月及び前月に、未払の賃金はない。

5．消費賃率は、基本給と加給金を基に算定するものとする。

問1　給与支払時の仕訳を答えなさい。

問2　上記資料から判明する直接労務費、間接労務費の金額を答えなさい。

問3　賃金勘定の記入をしなさい。

■ 解答解説

問1　<給与支払時の仕訳>

(借)	賃金	540,000円※1	(貸)	現金預金	565,000円
(〃)	諸手当	65,000円※2	(〃)	所得税等預り金	25,000円
			(〃)	社会保険料預り金	15,000円

※1　賃金：800 × 600 + 40000 + 20000
※2　諸手当：25000 + 30000 + 10000

問2

消費賃率：540,000円 ÷ 600 h ＝@900円／h

直接労務費：@900円／h × 400 h ＝ 360,000円

間接労務費：@900円／h ×（600 h － 400 h）＋ 65,000円（諸手当）＋ 15,000円（法定福利費）
＝ 260,000円

製造間接費　（単位：円）

借方	金額	貸方	金額
賃金	180,000		
諸手当	65,000		
法定福利費	15,000		

問3

賃金　（単位：円）

借方	金額	貸方	金額
諸口	540,000	仕掛品	360,000
		製造間接費	180,000

第３節　消費額の決定

1　直接工消費賃金の算定

⑴　直接工の消費賃金

直接工賃金の原則的な消費額の計算は、作業時間と消費賃率の積で計算される（直接労務費と間接労務費が発生する）。

ただし、作業時間の測定を行わない場合や、その必要が無いものについては、当該原価計算期間に属する要支払額により計算される（全額直接労務費又は間接労務費として処理する）。

直接工の消費賃金：（原則）作業時間 × 消費賃率
　　　　　　　　：（例外）当該原価計算期間に属する要支払額

⑵　直接工の実際消費賃率

直接工の消費賃率は、原則として、実際の消費賃率を用いる。

$$\text{直接工の実際消費賃率} = \frac{\text{実際基本給（基本賃金）} + \text{実際加給金}}{\text{実際の就業時間}}$$

※　従業員賞与手当を生活給の一部と捉え、消費賃率算定の分子に含める場合がある点に注意。

⑶　直接工の予定消費賃率

直接工の消費賃率は、必要ある場合には、予定消費賃率をもって計算することができる。

$$\text{直接工の予定消費賃率} = \frac{\text{年間予定基本給} + \text{年間予定加給金}}{\text{年間の予定就業時間}}$$

⑷　予定消費賃率使用の利点

①	計算の迅速化	実際賃率が確定する月末まで待つことなく実際消費高の計算が可能
②	製品原価の変動の排除	一会計期間で同一の賃率を用いることで、季節的変動などの製品原価の変動を排除できる。これにより、財務諸表上の比較性を確保することができる

⑸　賃率差異

予定消費賃率を使用した場合には賃率差異が発生することになる。

賃率差異 ＝ 予定消費賃金 － 実際消費賃金
　　　　 ＝（予定消費賃率 － 実際消費賃率）× 就業時間

<不利差異の場合>

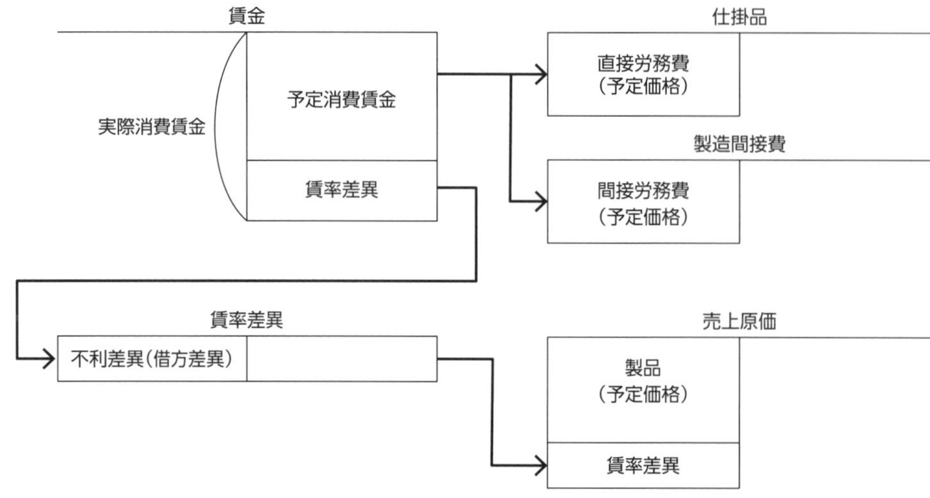

⑹ 消費賃率の分類

消費賃率は、個人別か職種別か工場全体かという観点、および予定賃率か実際賃率かという観点から、次のように区分することができる。

<table>
<tr><td colspan="5">消費賃率</td></tr>
<tr><td colspan="4">平均賃率</td><td rowspan="4">個別賃率</td></tr>
<tr><td colspan="2">総平均賃率</td><td colspan="2">職種別平均賃率</td></tr>
<tr><td>実際
総平均賃率</td><td>予定
総平均賃率</td><td>実際
職種別平均賃率</td><td>予定
職種別平均賃率</td></tr>
</table>

⑺ 最も望ましい消費賃率

個別賃率を用いると、作業者の相違が製品原価に影響してしまい望ましくない。また、総平均賃率を用いると経営の実態を適切に反映させることができなくなる。そこで**職種別平均賃率が望ましい**とされる。

また、計算を迅速に行え、なおかつ製品原価の季節的変動を排除できる等の利点から、実際賃率を用いるよりも、**予定賃率を用いたほうがよい**。

よって、**最も望ましい消費賃率は予定職種別平均賃率**であるといえる。

2 直接工の就業時間の構成とその内容

直接工の就業時間の構成とその内容は以下のとおりである。

(1) 就業時間の構成

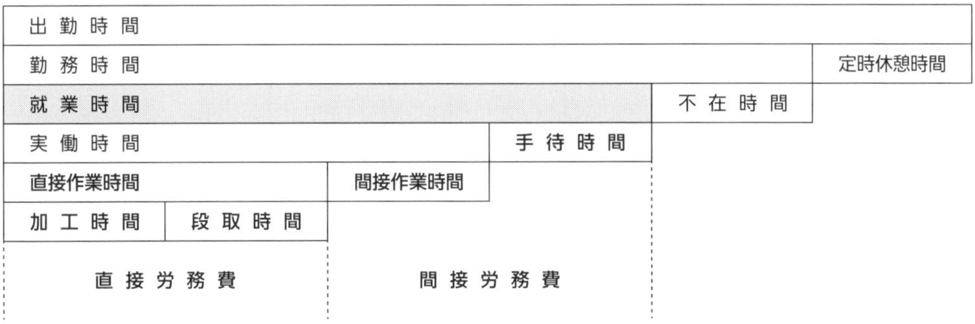

<table>
<tr><td colspan="6">出勤時間</td></tr>
<tr><td colspan="5">勤務時間</td><td>定時休憩時間</td></tr>
<tr><td colspan="4">就業時間</td><td>不在時間</td></tr>
<tr><td colspan="3">実働時間</td><td>手待時間</td></tr>
<tr><td colspan="2">直接作業時間</td><td>間接作業時間</td></tr>
<tr><td>加工時間</td><td>段取時間</td></tr>
<tr><td colspan="2">直接労務費</td><td colspan="2">間接労務費</td></tr>
</table>

(2) 就業時間の内容

<table>
<tr><td rowspan="4">就業時間</td><td>加工時間</td><td>製品を直接製造する正味の作業時間</td><td rowspan="2">直接労務費</td></tr>
<tr><td>段取時間</td><td>加工作業をできるようにするための準備作業時間</td></tr>
<tr><td>間接作業時間</td><td>製品生産に対する間接的な作業に従事する時間</td><td rowspan="2">間接労務費</td></tr>
<tr><td>手待時間</td><td>材料待ち等の工場側の都合により無作業となった時間</td></tr>
</table>

※　手待時間が工場側の都合により無作業となった時間であるのに対し、不在時間は作業者側の都合で職場を離脱した時間であるため、不在時間は賃金の支払対象とはならない（就業時間を構成しない）。

※　手待時間のうち、工場側で管理不能な原因（災害等）により生じたものは、非原価項目として、営業外費用もしくは特別損失として処理することになる。

具体例

1．直接工の予定支払賃率は@800円／hである。
2．年間予算における直接工の就業時間は8,000 hである。
3．直接工の加給金に関する年間予算は、定時間外作業手当が300,000円、危険作業手当が300,000円である。なお、予定消費賃率は基本給と加給金から算定する。
4．当月の実際支払賃金は540,000円、実際就業時間は600 hであり、内訳は以下のとおりである。

加工時間	段取時間	間接作業時間	手待時間
320 h	80 h	180 h	20 h

予定消費賃率：（@800円／h × 8,000 h ＋ 300,000円 ＋ 300,000円）÷ 8,000 h ＝ @875円／h
直接労務費：@875円／h ×（320 h ＋ 80 h）＝ 350,000円
間接労務費：@875円／h ×（180 h ＋ 20 h）＝ 175,000円
賃率差異：@875円／h × 600 h － 540,000円 ＝ － 15,000円（不利）

賃　金　（単位：円）

諸　口	540,000	仕掛品	350,000
		製造間接費	175,000
		賃率差異	15,000

3 間接工消費賃金の算定

間接工の消費賃金

間接工賃金の消費額の計算は、**当該原価計算期間に属する要支払額**により計算される（全額間接労務費として処理する）。

間接工の消費賃金：当該原価計算期間に属する要支払額

4 給与計算期間に基づいて支払われる労務費

(1) 給与計算期間と原価計算期間の不一致の調整

給与を支払う対象とする期間を給与計算期間という。例えば、毎月21日～20日を給与計算期間とし、25日に支払うといったケースを考える。

この場合には給与計算期間と原価計算期間が一致しないことになるため、賃金や給料については、以下のような計算が必要となる。

原価計算期間の要支払額 ＝ 当月支払賃金等 ＋ 当月末未払額 － 前月末未払額

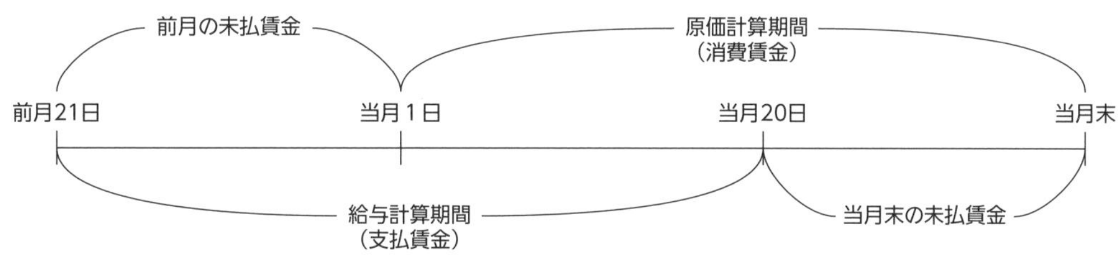

具体例

1．当月に支払った支払賃金は500,000円であり、支払給料は250,000円であった。

2．当工場では、毎月21日から20日を給与計算期間としており、これに基づいて計算した給与を25日に支払っている。

3．前月末時点で、未払の賃金が82,000円あり、未払の給料が43,000円ある。

4．当月末時点で、未払の賃金が80,000円あり、未払の給料が40,000円ある。

賃金の原価計算期間の要支払額：500,000円＋80,000円－82,000円＝498,000円

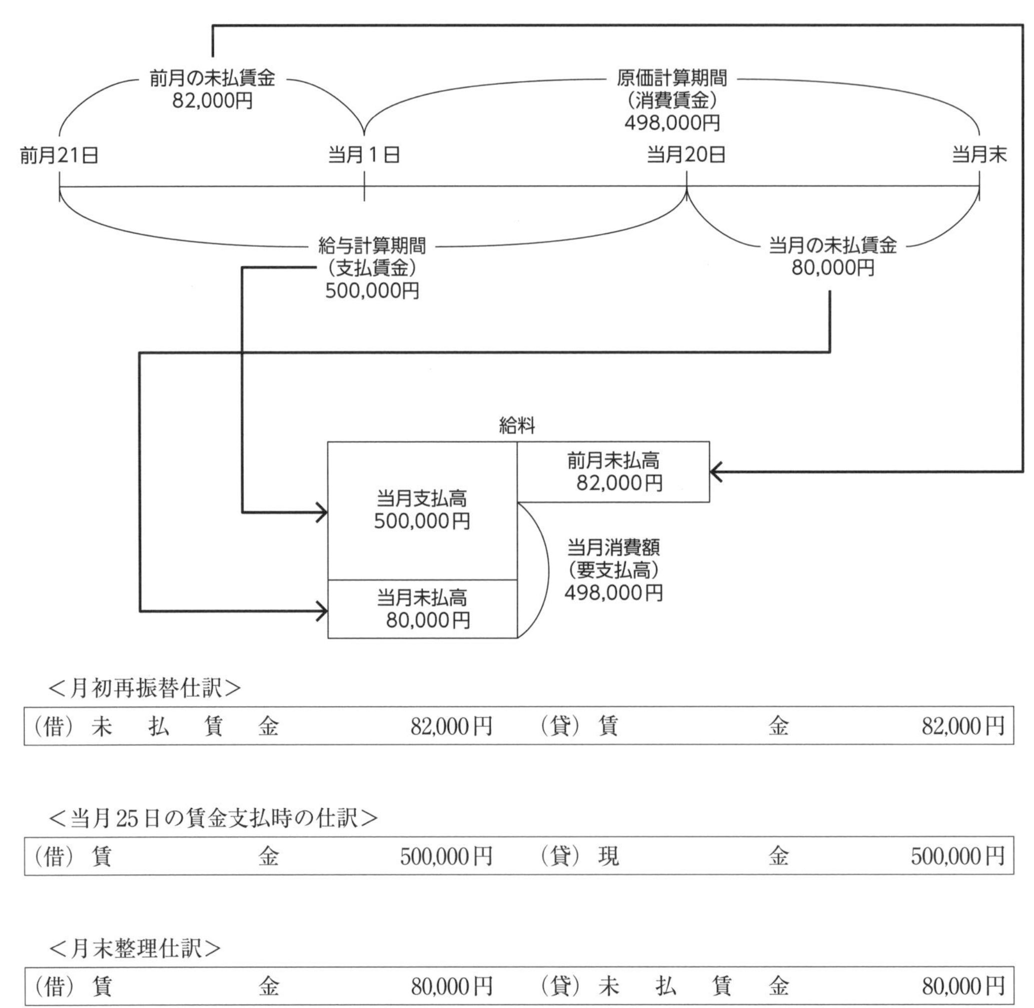

<月初再振替仕訳>

(借) 未払賃金	82,000円	(貸) 賃金	82,000円

<当月25日の賃金支払時の仕訳>

(借) 賃金	500,000円	(貸) 現金	500,000円

<月末整理仕訳>

(借) 賃金	80,000円	(貸) 未払賃金	80,000円

給料の原価計算期間の要支払額：250,000円 + 40,000円 − 43,000円 = 247,000円

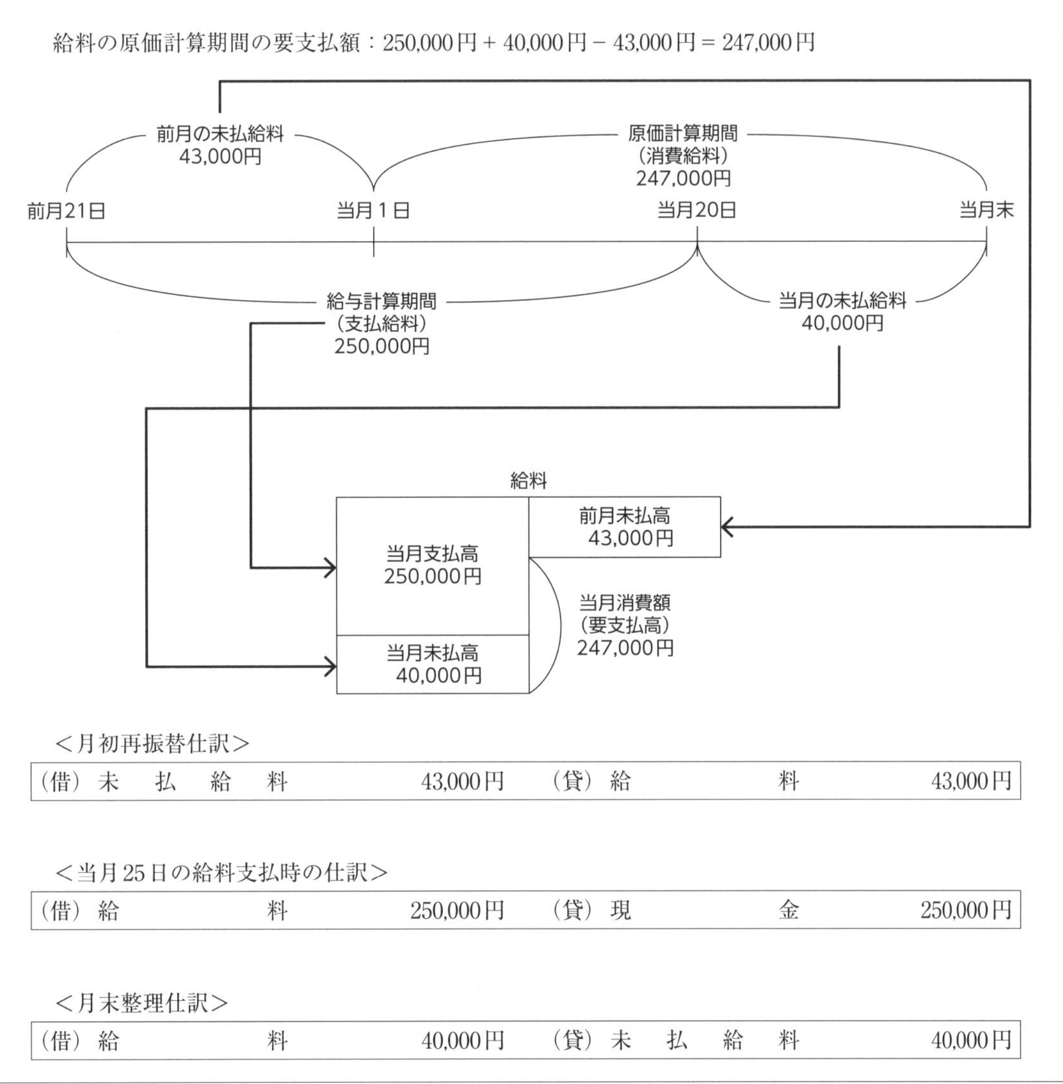

<月初再振替仕訳>

(借) 未　払　給　料	43,000円	(貸) 給　　　　　料	43,000円

<当月25日の給料支払時の仕訳>

(借) 給　　　　　料	250,000円	(貸) 現　　　　　金	250,000円

<月末整理仕訳>

(借) 給　　　　　料	40,000円	(貸) 未　払　給　料	40,000円

■ 例題２　賃金（未払がある場合）

重要度Ａ

以下の資料に基づいて、各設問に答えなさい。

1．当月の直接工の支払賃金は、800,000円であった。なお、この他に諸手当が200,000円ある。
2．当月の間接工の支払賃金は、300,000円であった。なお、この他に諸手当が100,000円ある。
3．当月の直接工の就業時間は1,000ｈであった。なお、この内直接作業時間は800ｈである。
4．直接工の未払賃金が、前月末に250,000円、当月末に200,000円ある。
5．間接工の未払賃金が、前月末に80,000円、当月末に100,000円ある。

問１　上記資料から判明する、当月の直接労務費を答えなさい。
問２　上記資料から判明する、当月の間接労務費を答えなさい。
問３　当月の賃金勘定を答えなさい。

■ 解答解説

問１

直接工消費賃金：800,000円＋200,000円（当月末未払）－250,000円（前月末未払）＝750,000円
直接工賃金の消費賃率：750,000円÷1,000ｈ＝@750円／ｈ
直接労務費：@750円／ｈ×800ｈ＝600,000円

問２

直接工からの間接労務費：@750円／ｈ×（1,000ｈ－800ｈ）＝150,000円
間接工賃金の要支払額：300,000円＋100,000円（当月末未払）－80,000円（前月末未払）＝320,000円
諸手当：200,000円＋100,000円＝300,000円
間接労務費合計：150,000円＋320,000円＋300,000円＝770,000円

製造間接費（単位：円）

借方	金額	貸方	金額
賃金	470,000		
諸手当	300,000		

問３

賃金（単位：円）

借方	金額	貸方	金額
当月末未払	300,000	仕掛品	600,000
諸口	1,100,000	製造間接費	470,000
		前月末未払	330,000

(2) 予定消費賃率を使用した場合の未払賃金の計算

直接工の未払賃金は特に指示がない場合には、予定消費賃率で計算される。

具体例

1．直接工の消費賃率は、基本給に加給金を含めた予定消費賃率を用いている。
予定消費賃率は、下記の年間予算データから算定すること。

支払賃率	就業時間	定時間内作業時間	残業時間
@900円／h	60,000 h	50,000 h	10,000 h

※　残業手当は、支払賃率の40%を支払っている。

2．当月の直接工の作業時間に関する実際データは以下のとおりである。

	6/21～6/30	7/1～7/20	7/21～7/31
直接作業時間	1,250 h	2,400 h	1,300 h
就 業 時 間	1,500 h	3,520 h	1,700 h

3．給与計算期間は毎月21日～20日である。
4．当月の直接工の支払賃金は4,831,200円である。
5．直接工の未払賃金は予定消費賃率を用いて計算するものとする。

予定消費賃率：（@900円／h×60,000 h＋@900円／h×40%×10,000 h）÷60,000 h＝@960円／h

当月末未払賃金：@960円／h×1,700 h＝1,632,000円
前月末未払賃金：@960円／h×1,500 h＝1,440,000円
直接労務費：@960円／h×（2,400 h＋1,300 h）＝3,552,000円
間接労務費：@960円／h×（3,520 h＋1,700 h－2,400 h－1,300 h）＝1,459,200円
賃率差異：@960円／h×（1,500 h＋3,520 h）－4,831,200円＝－12,000円（不利）又は貸借差額

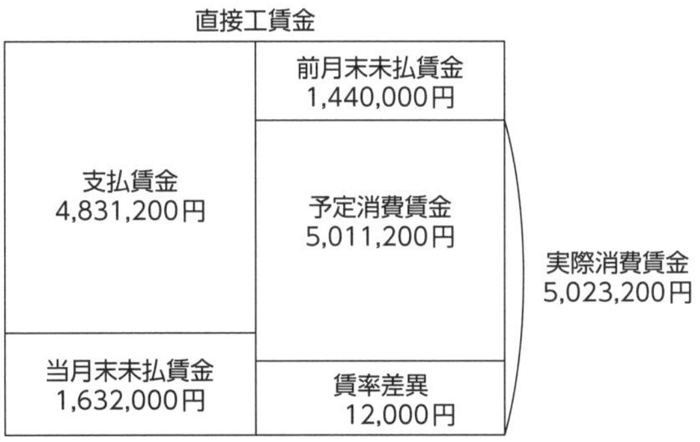

直接工賃金

借方	貸方
支払賃金 4,831,200円	前月末未払賃金 1,440,000円
	予定消費賃金 5,011,200円
当月末未払賃金 1,632,000円	賃率差異 12,000円

（予定消費賃金＋賃率差異）実際消費賃金 5,023,200円

■ 例題３　賃金（予定消費賃率の使用）

重要度B

以下の資料に基づいて、各設問に答えなさい。

1．直接工の消費賃率は予定消費賃率を用いている。予定消費賃率は、下記の年間予算データの基本給と加給金に基づいて算定する。

支払賃率	就業時間	定時間外作業時間
@1,000円／h	250,000 h	50,000 h

※　定時間外作業割増賃金は、支払賃率の40％を支払っている。

2．当月の直接工の作業時間に関する実際データは以下のとおりである。

	8/21～8/31	9/1～9/20	9/21～9/30
加工時間	5,100 h	11,030 h	4,220 h
段取時間	620 h	990 h	630 h
間接作業時間	2,130 h	3,200 h	1,910 h
手待時間	50 h	※80 h	40 h
就 業 時 間	7,900 h	15,300 h	6,800 h
定時間外作業時間	1,320 h	2,600 h	1,290 h

※　この内、20 h が工場側にとって管理不能な原因により発生したものである。

3．給与計算期間は毎月21日～20日である。

4．当月の直接工の支払賃金は25,520,000円である。

問１　直接工の予定消費賃率を答えなさい。

問２　未払賃金を予定消費賃率に基づいて計算する場合の、当月の①直接労務費、②間接労務費、③非原価項目及び④賃率差異を求め、賃金勘定の記入をしなさい。

■ 解答解説

問1

予定消費賃率：(@1,000円／h×250,000h＋50,000h×@1,000円／h×40%)÷250,000h
＝@1,080円／h

問2

① 直接労務費：@1,080円／h×（11,030h＋4,220h＋990h＋630h）＝18,219,600円

② 間接労務費：@1,080円／h×（3,200h＋1,910h＋80h－20h＋40h）＝5,626,800円

③ 非原価項目：@1,080円／h×20h＝21,600円

④ 賃率差異：貸借差額：464000不利差異（下記賃金勘定参照）

賃　金　（単位：円）

借方	金額	貸方	金額
諸口	25,520,000	前月末未払	8,532,000
当月末未払	7,344,000	仕掛品	18,219,600
		製造間接費	5,626,800
		非原価項目	21,600
		賃率差異	464,000

※　当月末未払：@1,080円／h×6,800h＝7,344,000円
※　前月末未払：@1,080円／h×7,900h＝8,532,000円

(3)　定時間外作業割増賃金の処理

通常、定時間外作業割増賃金は、加給金として消費賃率の計算に含めて処理するため、作業時間に応じて、仕掛品や製造間接費勘定に振り替えることになる。しかし、**残業が経常的に行われていない場合**には、**消費賃率の計算に含めずに、適切に処理**する必要がある。

残業が経常的に行われている場合　→　消費賃率の計算に含める。
残業が経常的に行われていない場合
　①　特定指図書との関係が判明している場合　→　直接労務費として処理する。
　②　特定指図書との関係が不明な場合　→　間接労務費として処理する。

第3章　労務費会計

具体例

1．直接工の支払賃率は@1,000円／hであり、当月の就業時間は400hであった。
2．当月は定時間外作業が100hであり、40％増しで計算する。
3．危険作業手当：20,000円
4．当月の直接作業時間は300hであった。
5．給与計算期間と原価計算期間は一致している。

〔ケース1〕　残業が経常的に行われている場合（通常の場合）

消費賃率：（@1,000円／h×400h＋@1,000円／h×100h×0.4＋20,000円）÷400h＝@1,150円／h

直接労務費：@1,150円／h×300h＝345,000円

間接労務費：@1,150円／h×（400h－300h）＝115,000円

賃金

基本給 400,000円 ＋ 加給金 60,000円	345,000円 直接労務費
	115,000円 間接労務費

〔ケース2〕　残業が経常的に行われておらず、特定指図書との関係が判明している場合

消費賃率：（@1,000円／h×400h＋20,000円）÷400h＝@1,050円／h

直接労務費：@1,050円／h×300h＋@1,000円／h×100h×0.4＝355,000円

間接労務費：@1,050円／h×100h＝105,000円

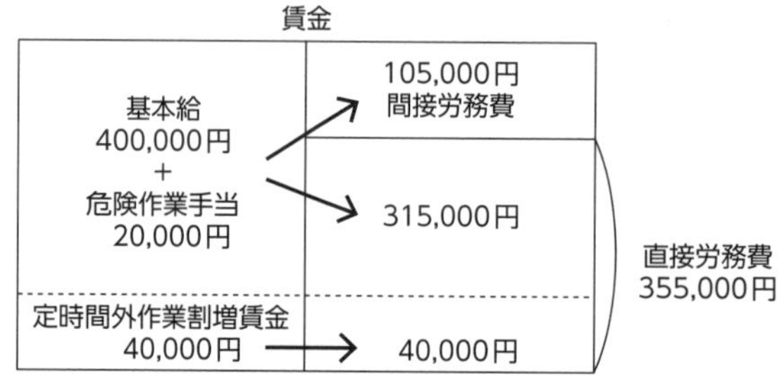

〔ケース3〕　残業が経常的に行われておらず、特定指図書との関係が判明していない場合

消費賃率：（@1,000円／h×400h＋20,000円）÷400h＝@1,050円／h

直接労務費：@1,050円／h×300h＝315,000円

間接労務費：@1,050円／h×100h＋@1,000円／h×100h×0.4＝145,000円

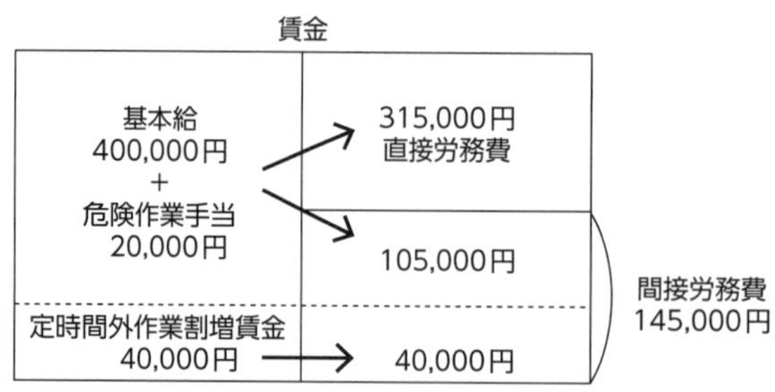

■ 例題４　定時間外作業割増賃金

重要度C

以下の資料に基づいて、各設問に答えなさい。

１．直接工作業票の要約（９／１～９/30）

加　工　時　間	7,210 h
段　取　時　間	1,320 h
間接作業時間	2,150 h
手　待　時　間	220 h
	10,900 h

２．直接工出勤票の要約（９／１～９/30）

定時間内作業	10,300 h
定時間外作業	600 h
	10,900 h

３．直接工給与支給総額（８/21～９/20）

支　払　賃　金	11,150,000円
諸　　手　　当	590,000円
	11,740,000円

４．間接工給与支給総額

支　払　賃　金	4,250,000円
諸　　手　　当	350,000円
	4,600,000円

５．その他の資料

① 直接工の支払賃率は@1,000円／ｈである。

② 直接工の定時間外作業割増賃金は原価計算上、当該作業時間に支払賃率の40％を乗じて計算する。

③ 直接工の８月末の未払賃金は3,760,000円であり、９月末の未払賃金は3,850,000円である。

④ 間接工の８月末の未払賃金は1,499,000円であり、９月末の未払賃金は1,535,000円である。

問　直接工の消費賃率の計算に、定時間外作業割増賃金を含めずに製造間接費として処理する場合の、当月の賃金勘定の記入をしなさい。なお、予定消費賃率は@1,000円／ｈである。

■ 解答解説

問

賃　金			(単位：円)
諸　　　　　口	15,400,000	前　月　末　未　払	5,259,000
当　月　末　未　払	5,385,000	仕　　　掛　　　品	8,530,000
		製　造　間　接　費	6,896,000
		賃　　率　　差　　異	100,000

諸　　口：11,150,000円（直接工）＋4,250,000円（間接工）＝15,400,000円

当月末未払：3,850,000円（直接工）＋1,535,000円（間接工）＝ 5,385,000円

前月末未払：3,760,000円（直接工）＋1,499,000円（間接工）＝ 5,259,000円

仕 掛 品：(7,210 h ＋1,320 h）×@1,000円／h＝8,530,000円

製造間接費：①　直接工の間接作業と手待時間に対する賃金

(2,150 h ＋220 h）×@1,000円／h＝2,370,000円

②　直接工の定時間外作業割増賃金

@1,000円／h×40%×600 h＝240,000円

③　間接工賃金の要支払額

1,535,000円＋4,250,000円－1,499,000円＝4,286,000円

④　①～③合計　6,896,000円

賃率差異：貸借差額

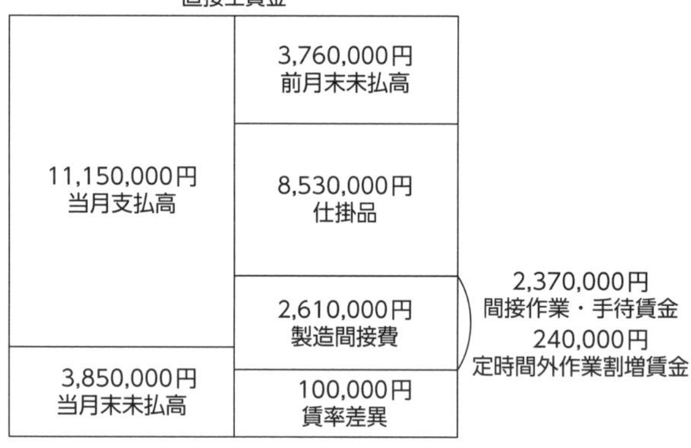

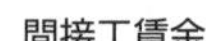

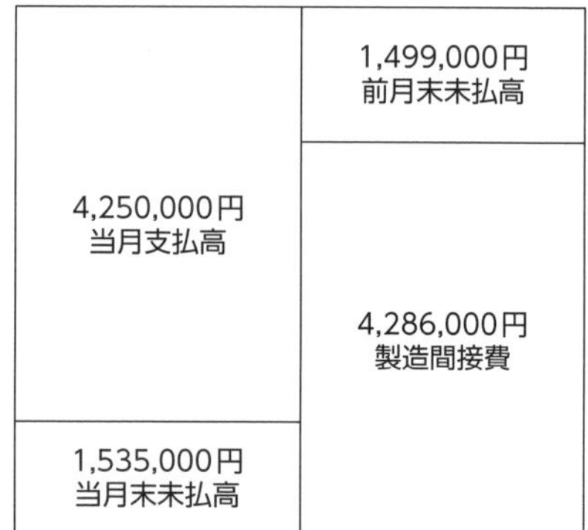

5 賃金・給料以外の労務費の処理

従業員賞与・手当や退職給付費用、法定福利費等の賃金・給料以外の労務費については、通常は未払の問題が生じないため、当月の実際発生額を消費額とする。なお、未払の指示があればこの限りではない。

■ 例題5　賃金以外の労務費

以下の資料から判明する、当月の間接労務費を答えなさい。

1．当月に支払った工場事務員の給料は700,000円であった。

2．工場事務員の未払給料が、前月末に220,000円、当月末に250,000円ある。

3．従業員賞与引当金600,000円（6ヶ月分）を設定した。なお、この内30％が本社職員に対するもので、70％が工場職員に対するものである。

4．その他の諸手当が150,000円であった。

5．従業員から預かった社会保険料45,000円とともに、事業所負担分を支払った。なお負担割合は1：1である。

■ 解答解説

工場事務員給料：700,000円＋250,000円－220,000円＝730,000円

従業員賞与引当金：600,000円÷6×70％＝70,000円

その他の諸手当：150,000円

法定福利費：45,000円

間接労務費合計：730,000円＋70,000円＋150,000円＋45,000円＝995,000円

第 4 章

経費会計

第1節　経費とは

1　経費とは

経費とは、**材料費、労務費以外の原価要素**をいう。

なお、販売費および一般管理費の多くが経費となる点に注意。

2　経費の分類

費目別計算において、経費は以下のように分類される。

なお、最終的には製品に原価を集計するために**直接経費**と**間接経費**に分類される。

形態別分類	製品との関連による分類
外注加工賃※1	直接経費
特許権使用料※2	直接経費／間接経費
減価償却費※3、福利施設負担額 厚生費、賃借料、保険料、修繕料、電力料 ガス代、水道料、租税公課、旅費交通費 通信費、保管料、棚卸減耗費、雑費	間接経費

※1　無償支給で、かつ製造現場に直接引き渡される場合以外には、直接材料費となる。

※2　生産数量に応じて支払う場合には直接経費となり、特定期間で支払額が固定されているものについては間接経費となる。

※3　特定の製品製造のためにのみ使用される機械等の減価償却費は、直接経費となる。

補足

外注加工賃：下請業者に材料、半製品を無償で支給して加工させ、製造現場に直接引き渡される場合の加工賃をいう。

特許権使用料：他人の有する特許権を用いて製品を製造する場合に、支払う使用料をいう。なお、生産数量に応じて支払う場合と固定金額を支払う場合がある。

福利施設負担額：福利施設を維持・運営するために必要な費用で、企業が負担する金額である。

厚生費：従業員の医療や衛生、保険などのために企業が支払う諸費用である。

第２節　経費の消費額の計算

1 経費の消費額の算定

経費の消費額は、原則として、当該原価計算期間の実際の発生額をもって計算する。ただし、必要ある場合には、予定価格等をもって計算する。予定価格等とは、予定価格又は予定額を意味している。

経費の消費額：（原則）当該原価計算期間の実際の発生額
　　　　　　：（例外）予定価格等

2 経費の消費額の計算方法による４分類

経費は、その消費額の計算方法の違いにより、⑴　支払経費、⑵　測定経費、⑶　月割経費、⑷　発生経費に分けられる。

⑴　支払経費

支払経費とは、支払額に基づいて消費額を計算することのできる経費をいい、例えば外注加工賃、修繕料、旅費交通費、通信費などがある。

支払経費の消費額は、当月の支払額に未払額や前払額を加減することで計算される。

支払経費の消費額（前払の場合）＝当月支払額 ＋ 前月末前払額 － 当月末前払額

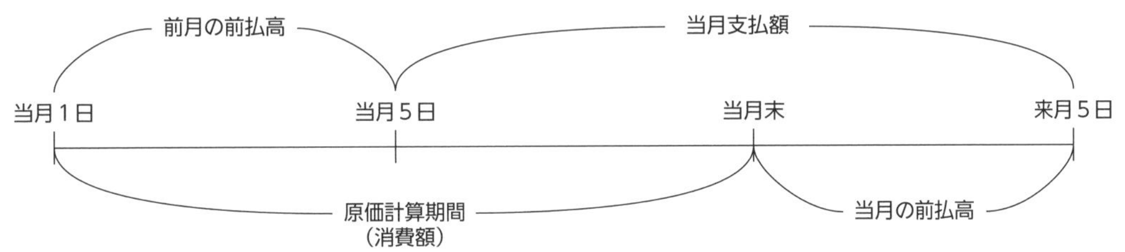

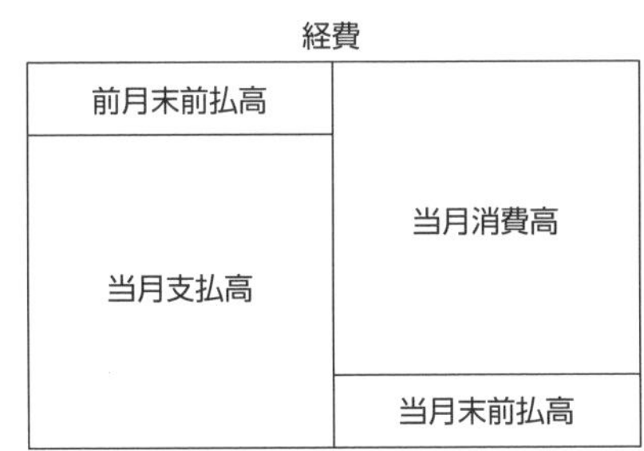

支払経費の消費額（未払の場合）＝当月支払額＋当月末未払額－前月末未払額

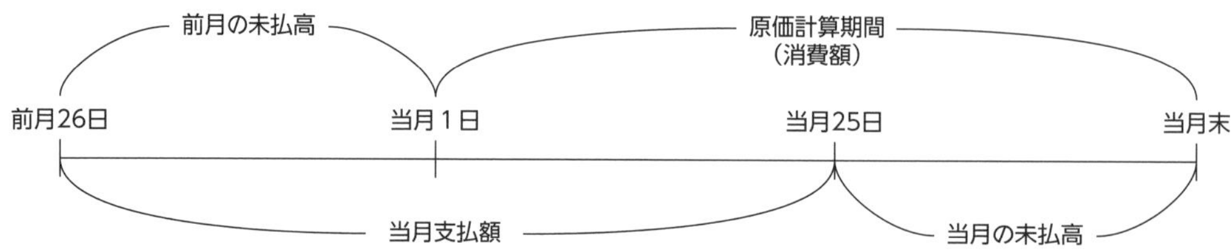

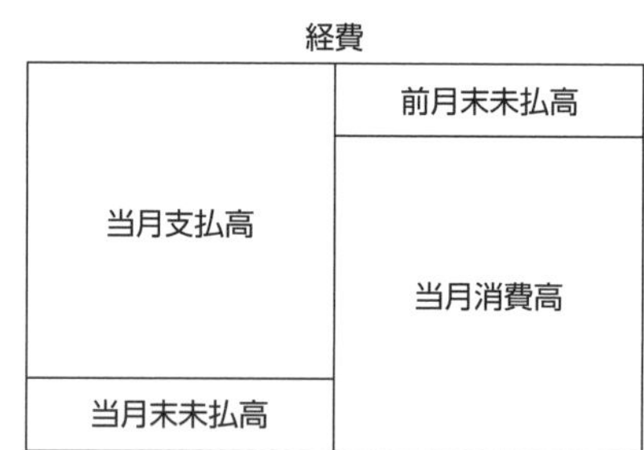

⑵　測定経費

測定経費とは、計量器による測定量に基づいて消費額を計算することのできる経費をいい、例えば電力料、ガス代、水道料などがある。

測定経費の消費額は、その単価に当月の測定量を乗じたものに基本料金を加算することで計算される。

測定経費の消費額＝単価×当月分の測定量＋基本料金

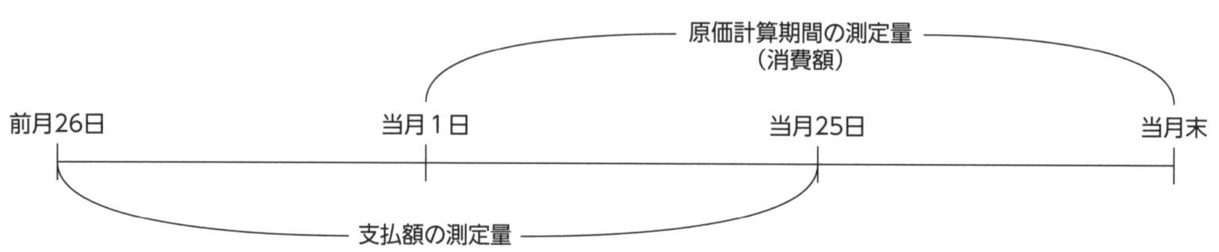

具体例

1．当月の水道料の請求額は22,500円であった。なお、この内基本料金が1,000円ある。

2．水道会社と自社の検針の結果は以下のとおりである。なお、検針は毎月20日に行っている。

前月20日	前月末	当月20日	当月末
12,400㎥	13,120㎥	14,550㎥	15,360㎥

従量料金の単価：(22,500円－1,000円)÷(14,550m^3－12,400m^3)＝@10円/m^3

当原価計算期間に属する従量料金：@10円/m^3×(15,360m^3－13,120m^3)＝22,400円

当月の水道料の消費額：22,400円＋1,000円＝23,400円

(3) 月割経費

月割経費とは、数ヶ月分ないし１年分について発生した費用を月割計算することで計算できる経費をいう。減価償却費、賃借料、保険料、租税公課などがある。

月割経費の消費額は、一定期間の支払（発生）額をその月数で除すことで計算される。

月割経費の消費額 ＝ 一定期間の支払（発生）額 ÷ その期間の月数

具体例

1．期首に１年分の保険料240,000円を前払いしている。
2．工場建物の取得原価は24,000,000円である。なお、残存価額はゼロ、耐用年数10年の定額法により減価償却している。

当月の保険料：240,000円÷12ヶ月＝20,000円

当月の減価償却費：24,000,000円÷10年÷12ヶ月＝200,000円

(4) 発生経費

発生経費とは、発生したが、直接的な支払を伴わない経費をいい、例えば棚卸減耗費、仕損費等がある。

発生経費の消費額は、その月に発生した金額を経費とする。

発生経費の消費額 ＝ 当該原価計算期間の発生額

具体例

材料の帳簿棚卸高は1,500円であり、実地棚卸高は1,200円であった。

棚卸減耗費：1,500円－1,200円＝300円

■ 例題1　経費の消費額の計算

重要度B

以下の資料に基づいて、当月の各費目別の勘定から他の勘定へ振り替える仕訳を行いなさい。

1．支払経費　①　当月の外注加工賃の支払額は180,000円である。

②　当月の修繕料の支払額は800,000円である。

（未払いの修繕料が前月に100,000円、当月に200,000円ある。）

2．月割経費　①　半年分の保険料600,000円を期首に前払いしている。

②　工場で使用している機械の取得原価は12,000,000円である。減価償却は、耐用年数8年、残存価額10％の定額法により行っている。

3．測定経費　①　当月に支払った電力料は22,600円である。（うち、基本料金3,000円）

②　当月に支払った水道料は14,080円である。（うち、基本料金2,000円）

上記の測定経費は、業者の毎月の検針日（20日）における測定値に基づいて支払請求がなされている。

	前月20日	前月末	当月20日	当月末
電力量	2,200千kw	2,235千kw	2,480千kw	2,520千kw
水道料	15,320㎥	15,810㎥	16,830㎥	17,340㎥

4．発生経費　当月の材料帳簿棚卸高は320,000円、材料実地棚卸高は316,000円である。

5．各経費は月末にまとめて振替処理する。

■ 解答解説（単位：円）

1．支払経費

（借）仕　掛　品	180,000	（貸）外注加工賃	180,000
（借）製造間接費	900,000	（貸）修　繕　料	900,000

※　修繕料　800,000円＋200,000円－100,000円＝900,000円

2．月割経費

（借）製造間接費	212,500	（貸）保　険　料	100,000
		（〃）減価償却費	112,500

※　保険料　600,000円÷6ヶ月＝100,000円

※　減価償却費　12,000,000円×0.9÷8年÷12ヶ月＝112,500円

3．測定経費

（借）製造間接費	37,190	（貸）電　力　料	22,950
		（〃）水　道　料	14,240

※　電力料　（22,600円－3,000円）÷（2,480千kw－2,200千kw）＝@70円/千kw（従量料金の単価）
@70円/千kw×（2,520千kw－2,235千kw）＋3,000円＝22,950円

※　水道料　（14,080円－2,000円）÷（16,830㎥－15,320㎥）＝@8円/㎥（従量料金の単価）
@8円/㎥×（17,340㎥－15,810㎥）＋2,000円＝14,240円

4．発生経費

（借）製造間接費	4,000	（貸）棚卸減耗費	4,000

※　棚卸減耗費　320,000円－316,000円＝4,000円

3 外注加工賃

(1) 意義

外注加工とは、材料や部品等の加工を外注として下請業者に依頼して、これを部品や半製品として引き取ることをいう。この外注加工のうち、**材料を無償で**下請け業者に**支給する場合の対価の支払額**を**外注加工賃**という。

(2) 外注加工の会計処理の分類

外注加工の会計処理は、外注加工の形態によって異なる。具体的には、加工の対象となる材料等を無償で支給するか有償で支給するか、加工された材料等が直ちに製造現場に引渡されるか一旦保管するかによって異なることとなる。なお、有償支給の場合には、外注加工賃は買入部品の買取原価に含まれるため発生しない。

<table>
<tr><th>無償支給か
有償支給か</th><th>外注加工賃の
発生の有無</th><th>引渡先</th><th>処理方法</th></tr>
<tr><td rowspan="2">無償支給</td><td rowspan="2">発生する</td><td>製造現場</td><td>直接経費</td></tr>
<tr><td>倉庫</td><td rowspan="3">直接材料費
(部品原価)</td></tr>
<tr><td rowspan="2">有償支給</td><td rowspan="2">発生しない</td><td>製造現場</td></tr>
<tr><td>倉庫</td></tr>
</table>

⑶　無償支給でかつ、加工された材料（加工部品）等が製造現場に直接引き渡されるケースの会計処理

加工部品が製造現場に直接引き渡されるということは、加工部品を、どの製品に投入するかが予め決められているケースである。そのため、材料を無償支給した段階で材料費を仕掛品勘定（製造指図書）に振り替える。なお、特段の指示が無い限り、製造現場に直接引き渡されるものとして計算することになる。

また、加工部品が製造現場に引き渡された段階で、外注加工賃を直接経費として仕掛品勘定（製造指図書）に振り替える。

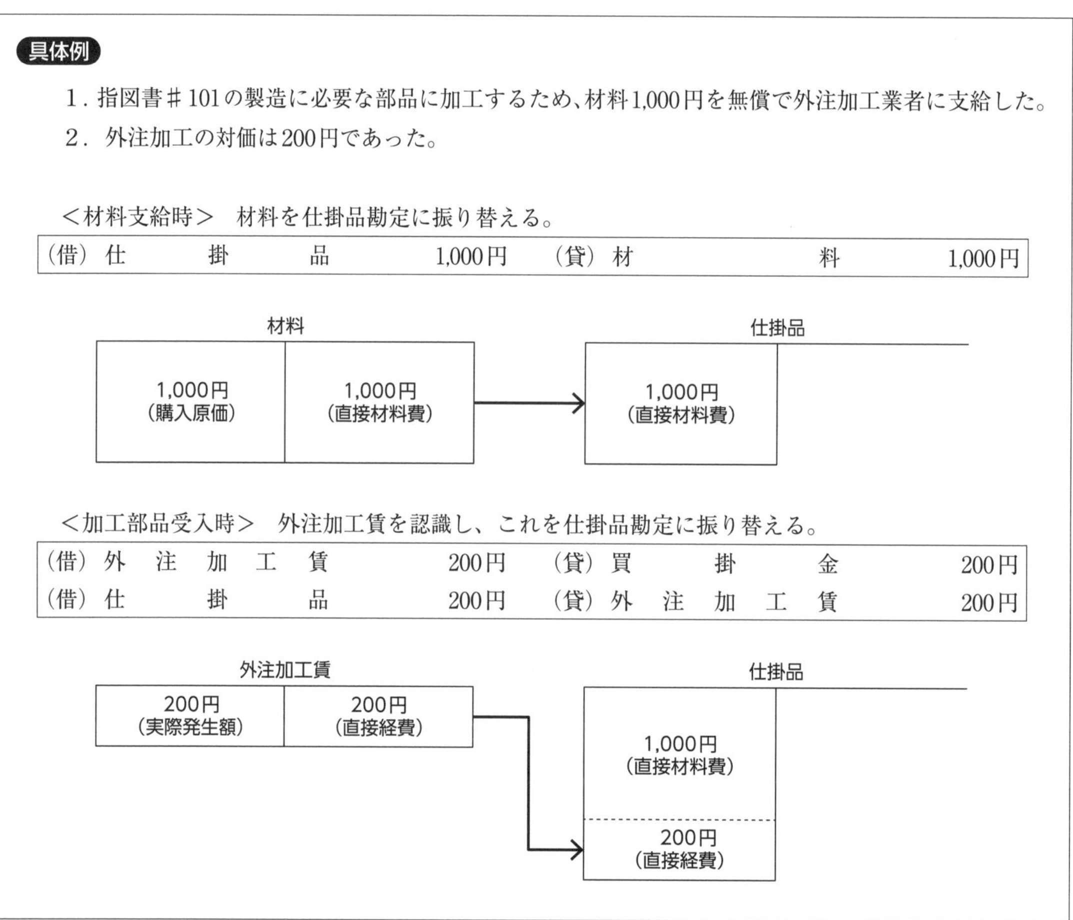

具体例

1．指図書＃101の製造に必要な部品に加工するため、材料1,000円を無償で外注加工業者に支給した。

2．外注加工の対価は200円であった。

＜材料支給時＞　材料を仕掛品勘定に振り替える。

（借）	仕掛品	1,000円	（貸）材料	1,000円

＜加工部品受入時＞　外注加工賃を認識し、これを仕掛品勘定に振り替える。

（借）	外注加工賃	200円	（貸）買掛金	200円
（借）	仕掛品	200円	（貸）外注加工賃	200円

(4)　無償支給でかつ、加工された材料（加工部品）等が一旦倉庫に引き渡されるケースの会計処理

加工部品が一旦倉庫に引き渡されるということは、加工部品を、どの製品に投入するかが予め決められていないケースである。そのため、材料を無償支給した段階では会計処理は行わず、**加工部品が倉庫に引き渡された段階で、材料と外注加工賃を部品原価に振り替える**。なお、この加工部品が倉庫から出庫され**製造現場に引き渡された段階で、直接材料費（部品費）として仕掛品勘定（製造指図書）に振り替える**ことになる。

具体例

1．材料1,000円を部品に加工するため、無償で外注加工業者に支給した。
2．外注加工の対価は200円であった。
3．外注加工された部品は、一旦倉庫に搬入され、その後に製品製造のために搬出された。

＜材料支給時＞　仕訳なし

＜加工部品受入時＞　外注加工賃を認識し、材料とともに部品原価に振り替える。

（借）	外注加工賃	200円	（貸）	買掛金	200円
（借）	部品	1,200円	（貸）	材料	1,000円
			（〃）	外注加工賃	200円

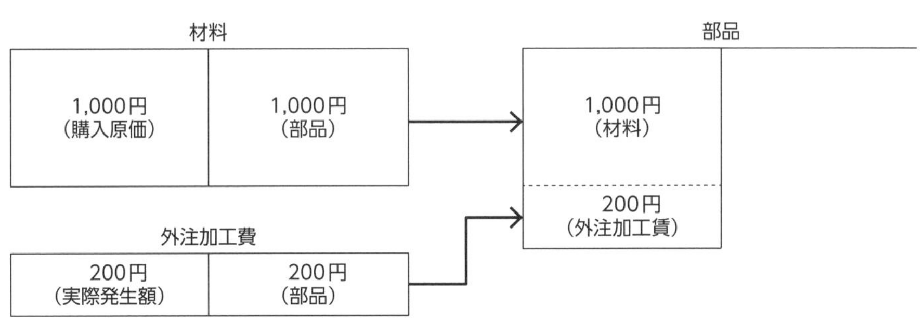

＜製造現場への引渡時＞　部品勘定から仕掛品勘定へ振り替える

（借）	仕掛品	1,200円	（貸）	部品	1,200円

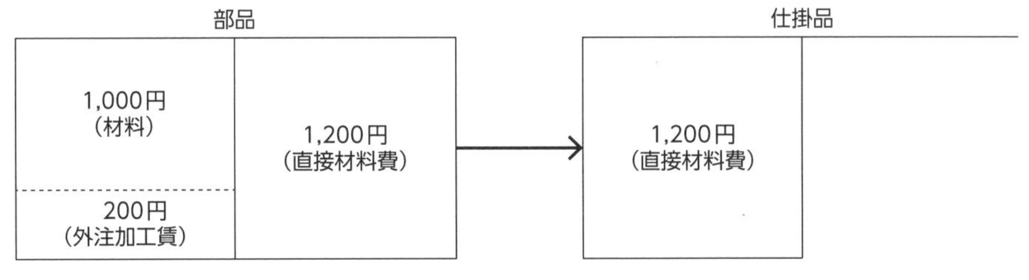

■ 例題2　外注加工賃（無償支給）

重要度C

以下の資料に基づいて、各設問に答えなさい。

1．当社では、材料について外注加工を依頼して部品を製造し、この部品を製品Aの製造工程に投入している。

2．当月の材料の購入価格は@800円/kgである。

3．当月に材料100kgについて外注加工を依頼した。外注加工の方法は、材料を外部業者に無償で提供して、加工部品の引取時に外注加工賃@300円/kgを掛で支払うというものである。なお、当月に依頼した外注加工は全て完了している。

問1　部品を直ちに製造工程に投入する場合の一連の仕訳を行いなさい。

問2　部品を倉庫で一旦保管する場合の一連の仕訳を行いなさい。

■ 解答解説（単位：円）

問1

＜材料支給時＞

（借）	仕掛品	80,000	（貸）	材料	80,000

＜部品受入時＞

（借）	外注加工賃	30,000	（貸）	買掛金	30,000
（借）	仕掛品	30,000	（貸）	外注加工賃	30,000

問2

＜材料支給時＞　材料を仕掛品勘定に振り替える。

仕訳なし

＜部品受入時＞

（借）	外注加工賃	30,000	（貸）	買掛金	30,000
（借）	仕掛品	110,000	（貸）	外注加工賃	30,000
			（〃）	材料	80,000

第 5 章

製造間接費会計

第１節　製造間接費とは

1　製造間接費とは

製造間接費とは、その発生が**一定単位の製品の生成に関して直接的に認識することができないため**、直接製品に負担させない原価要素をいう。

2　配賦計算の必要性

製造直接費は、どの製品（指図書）によって発生したかを直接に識別することができるため、把握された事実に基づいて、それを生じさせた製品に集計すればよい。これを製造直接費の賦課という。

これに対して、**製造間接費**は、**どの製品によって発生したかを直接に識別することができない**。よって、これを製品に負担させるために**按分計算**をする必要がある。これを製造間接費の**配賦**という。

	製品（指図書）との関連	会計処理
直接材料費	製造直接費	各製品へ賦課する。
直接労務費		
直接経費		
間接材料費	製造間接費	各製品へ配賦する。
間接労務費		
間接経費		

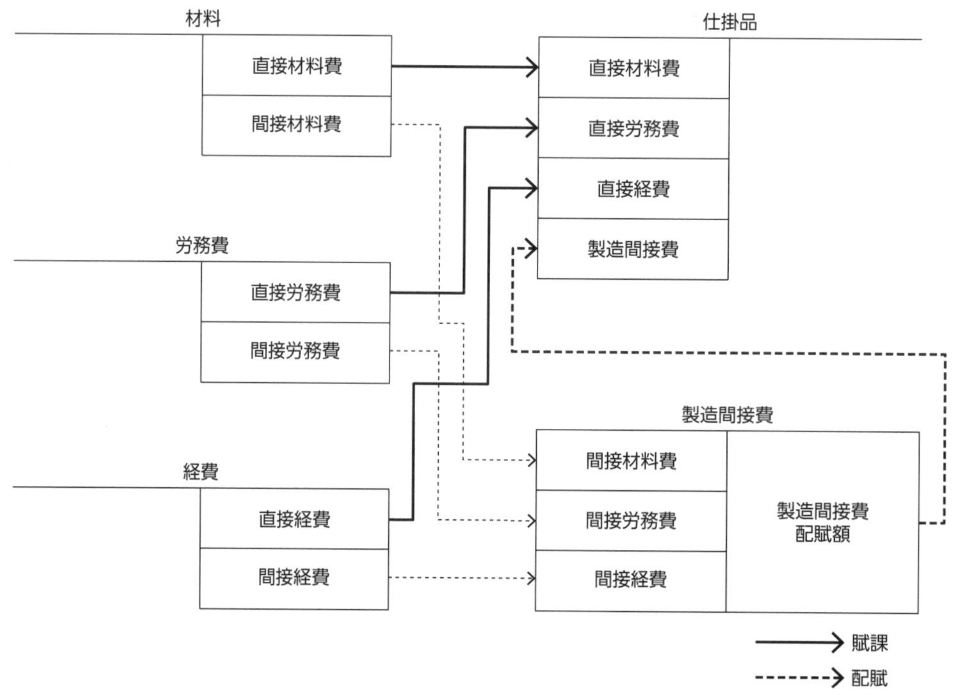

第２節　製造間接費の配賦方法

1　配賦基準

⑴　意義

製造間接費を各製品（指図書）に按分する際の、適当な基準のことを配賦基準という。

⑵　配賦基準の種類

工場での製造は、通常、労働力や機械設備が利用され、製造間接費もそれらの利用に応じて発生すると考えられる。そのため、**製造間接費は、労働力や生産設備の利用度合いに応じて配賦されるべきであり**、配賦基準には、以下のような種類がある。

なお、金額基準よりも、物量基準の方が望ましいため、**原則**として**物量基準**を使用する。なぜなら、金額基準では価格変化の影響を受けるのに対し、物量基準では価格変化の影響を排除できるからである。

種類		具体例
金額基準		直接材料費基準：各製品の直接材料費の金額割合に応じて配賦する。 直接労務費基準：各製品の直接労務費の金額割合に応じて配賦する。 素価基準：各製品の素価の金額割合に応じて配賦する。
物量基準	時間基準	直接作業時間基準：各製品の直接作業時間の割合に応じて配賦する。 機械稼働時間基準：各製品の機械稼働時間の割合に応じて配賦する。
	生産量基準	生産量基準：各製品の生産量割合に応じて配賦を行う。

※　素価とは、直接材料費と直接労務費の合計、もしくはこれに直接経費を加えたものである。

具体例

1．当月の指図書＃101の製造費用は以下のとおりである。
直接材料費　45,000円　　直接労務費　20,000円（20ｈ）　直接経費　10,000円

2．当月の指図書＃102の製造費用は以下のとおりである。
直接材料費　15,000円　　直接労務費　10,000円（10ｈ）　直接経費　20,000円

3．当工場の製造間接費発生額は以下のとおりである。
間接材料費　50,000円　　間接労務費　30,000円　　間接経費　10,000円

〔ケース１〕　直接材料費基準の場合

製造間接費合計額：50,000円＋30,000円＋10,000円＝90,000円

＃101に配賦される製造間接費：90,000円÷（45,000円＋15,000円）×45,000円＝67,500円

＃102に配賦される製造間接費：90,000円÷（45,000円＋15,000円）×15,000円＝22,500円

〔ケース２〕　直接作業時間基準の場合

＃101に配賦される製造間接費：90,000円÷（20ｈ＋10ｈ）×20ｈ＝60,000円

＃102に配賦される製造間接費：90,000円÷（20ｈ＋10ｈ）×10ｈ＝30,000円

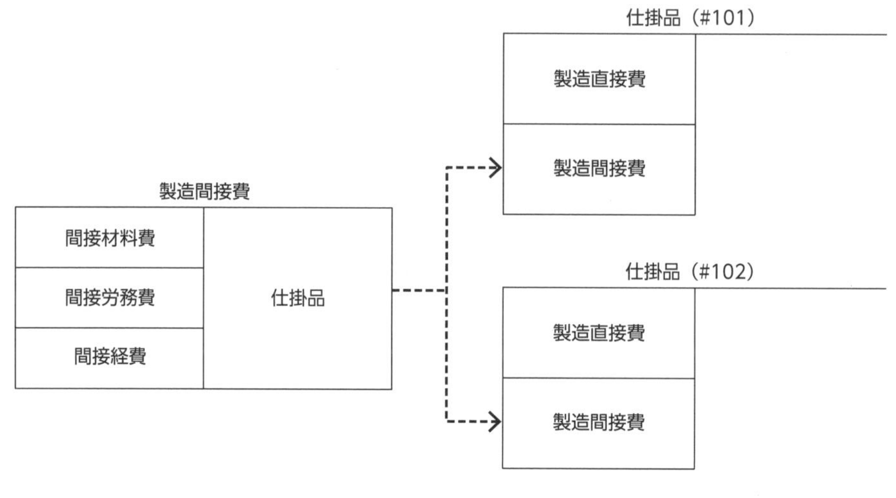

(3) 配賦基準の選択において留意すべきこと

配賦基準を選択する際には、以下の点に留意する必要がある。

	内容
相関性	製造間接費の発生とある程度相関関係のある配賦基準を選ぶこと。
経済性	経済的に求めることができる配賦基準を選ぶこと。
共通性	配賦すべき各製品（指図書）に共通して発生する配賦基準を選ぶこと。

⑷　配賦基準の使用方法

製造間接費の配賦基準の使用方法には以下のようなものがある。

	内容
原価要素別配賦法	個々の原価要素別に配賦基準を設定して配賦する方法である。
原価要素群別配賦法	原価要素を各グループに分類し、そのグループ毎に配賦基準を設定して配賦する方法である。
一括配賦法	製造間接費を一括して１つの配賦基準で配賦する方法である。

※　これらの分類は、製造間接費を部門別に配賦する場合も同様である。

※　理論的には、費目ごとに性質が異なるため、原価要素別又は原価要素群別に適切な配賦基準を設定することが望ましい。しかし、これらの方法は手間がかかるため、**一括配賦法を用いるのが一般的**である。

⑸　総括配賦と部門別配賦

製造間接費の**総括配賦**とは、費目別計算によって把握された**工場全体の製造間接費を**、適切な配賦基準によって**各製品に配賦する方法**である。この場合に使用される配賦率を総括配賦率という。製造間接費の総括配賦は、部門別計算を行う必要のない小規模経営の工場などで採用される。この章では、総括配賦について学習していく。

これに対し、製造間接費の**部門別配賦**とは、**工場全体の製造間接費を部門別計算の手続によって、各製造部門に集計し**、これを製造部門毎の適切な配賦基準によって**各製品に配賦する方法**である。この場合に使用される配賦率を部門別配賦率という。→　第６章（部門別計算）で学習

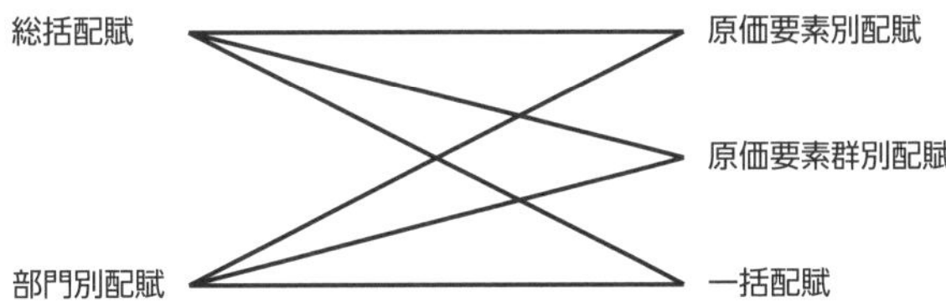

2 製造間接費の実際配賦

(1) 意義

製造間接費の実際発生額を、各製品に負担させる手続を実際配賦という。

(2) 実際配賦の方法

製造間接費を各製品に実際配賦する場合には、製造間接費の実際発生額を実際配賦基準数値で除すことにより、配賦数値当たりの実際配賦率を計算する。そして、各製品の実際配賦基準数値に実際配賦率を乗じて、各製品に配賦される製造間接費の実際配賦額を算定する。

$$実際配賦率 = \frac{当月の製造間接費実際発生額}{当月の実際配賦基準数値}$$

各製品への実際配賦額 ＝ 実際配賦率 × 各製品別の実際配賦基準数値

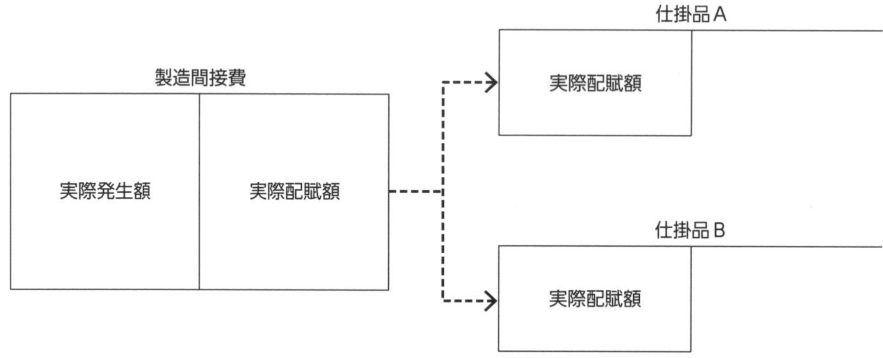

3 製造間接費の予定（正常）配賦

⑴ 意義

製造間接費を、予算に基づいて算定した予定配賦率をもって、各製品に配賦する手続を予定配賦という。

⑵ 製造間接費を予定（正常）配賦する理由

製造間接費は予定配賦することが多い。なぜなら、製造間接費は毎期一定額発生する固定費を多く含んでおり、これを実際配賦すると、同種製品であったとしても、その生産された時期によって製品原価が大きく変動してしまうからである。また、実際配賦するには、月末まで実際発生額の集計を待たなければならず、計算が遅延する点も予定配賦をする理由である。

なお、**製造間接費は原則として予定配賦**する旨が規定されている。

製造間接費を予定配賦する利点
①　製造間接費を予定配賦することで、製品原価の季節的変動を排除できる。
②　製造間接費の実際発生額の集計を月末まで待つ必要がないため、計算が迅速化する。

⑶ 実際配賦の欠点

1　製品原価の季節的変動の排除

実際配賦によると、一定額発生する固定費を月々の生産量（実際操業度）で除すことによって実際配賦率を算定する。そのため、実際配賦率が月々の生産量の季節的変動の影響を受け、結果として製品原価が大きく変動してしまい、比較可能性が損なわれてしまう。

2　計算の迅速化

実際配賦率の算定は、製造間接費の実際発生額および実際操業度が確定する月末に行う。例えば、ある指図書の製品が月の途中で完成したとしても、製品原価の算定は実際配賦率が確定する月末以降となり、計算が著しく遅延してしまう。

具体例

1．前月の製品甲生産量は1,000個である。
2．前月の製造間接費実際発生額は、変動費が@50円/個であり、固定費が100,000円であった。
3．当月の製品甲生産量は100個である。
4．当月の製造間接費実際発生額は、変動費が@50円/個であり、固定費が100,000円であった。

問1　製造間接費を実際配賦する場合の各月の配賦率。

前月の製品甲1個当たりの製造原価：@50円/個＋100,000円÷1,000個＝@150円/個
当月の製品甲1個当たりの製造原価：@50円/個＋100,000円÷100個＝@1,050円/個

問2　製造間接費を予定配賦する場合の各月の配賦率。なお、年間予算額は変動費が50円/個、固定費が1,200,000円、年間予定生産量が12,000個である。

前月の製品甲1個当たりの製造原価：@50円/個＋1,200,000円÷12,000個＝@150円/個
当月の製品甲1個当たりの製造原価：@50円/個＋1,200,000円÷12,000個＝@150円/個

第5章　製造間接費会計

⑷　製造間接費の予定配賦方法

製造間接費の各製品への予定配賦の方法は、まず、年間予算における製造間接費の予定発生額を予定配賦基準数値（基準操業度）で除すことで予定配賦率を算定する。予定配賦額は、この予定配賦率に各製品の実際配賦基準数値を乗じることで計算される。

なお、この場合には**製造間接費配賦差異が発生**することになる。

$$予定配賦率 = \frac{年間予算における製造間接費の予定発生額（予算）}{年間予算における予定配賦基準数値（基準操業度）}$$

各製品への予定配賦額 ＝ 予定配賦率 × 各製品別の実際配賦基準数値

製造間接費配賦差異 ＝ 各製品への製造間接費予定配賦額 － 製造間接費実際発生額

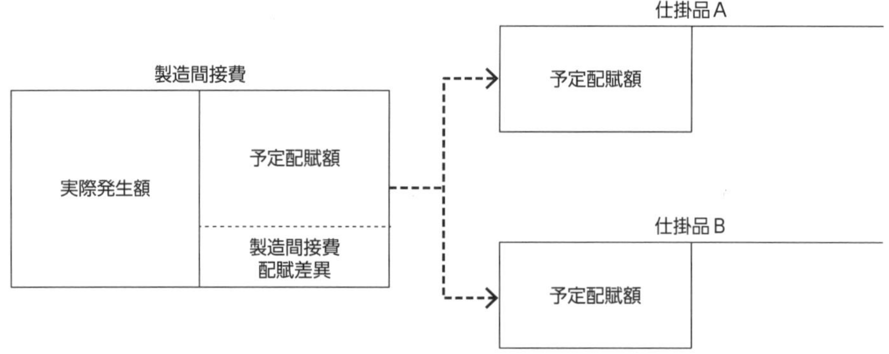

■ 例題1　製造間接費の予定配賦　重要度A

以下の資料に基づいて、各設問に答えなさい。

1．当工場では、製造間接費を直接作業時間に基づいて各製品に予定配賦している。

2．当年度の製造間接費予算額は36,000,000円である。

3．基準操業度は24,000 hである。

4．当月の製造間接費の実際発生額は2,951,000円であった。

5．当月の実際直接作業時間は以下のとおりであった。

指図書	＃102	＃103	合計
直接作業時間	1,030 h	860 h	1,890 h

問1　当年度の製造間接費予定配賦率を答えなさい。

問2　当月の各製品への製造間接費予定配賦額を答えなさい。

問3　当月の製造間接費配賦差異を答えなさい。

■ 解答解説

問1

予定配賦率：36,000,000円 ÷ 24,000 h ＝@1,500円／h

問2

＃102に予定配賦される製造間接費：@1,500円／h × 1,030 h ＝ 1,545,000円

＃103に予定配賦される製造間接費：@1,500円／h × 860 h ＝ 1,290,000円

問3

製造間接費配賦差異：@1,500円／h × 1,890 h － 2,951,000円＝－116,000円（不利差異）

製造間接費　(単位：円)

実際発生額		予定配賦額	
	2,951,000		2,835,000
		製造間接費配賦差異	116,000

第5章　製造間接費会計

4 基準操業度

(1) 意義

基準操業度とは、予定配賦率算定の基礎となる操業度であり、その操業水準が100%であるという意味で「基準操業度」という。

(2) 基準操業度の種類

基準操業度には種々のものがあり、具体的には以下のようなものがある。

最大操業度 (理論的生産能力)	最高の能率で操業が全く中断されることのない理想的な状態においてのみ達成される操業水準であり、理論上計算できる操業度である。
実現可能操業度 (実際的生産能力)	理論的生産能力から、機械の故障、修繕等の不可避的な作業休止による生産量の減少分を差し引くことで得られる実現可能な操業度である。
正常操業度 (長期平均操業度)	販売上予想される季節的および景気変動の影響による波を長期的（3年から5年）に平準化し、生産と販売の長期的均衡を考慮した操業度である。
短期予定操業度 (期待実際操業度)	向こう1年間の販売計画も含めた需要予測に基づく操業度である。なお、原価計算基準では、原則として、短期予定操業度を採用することとしている。

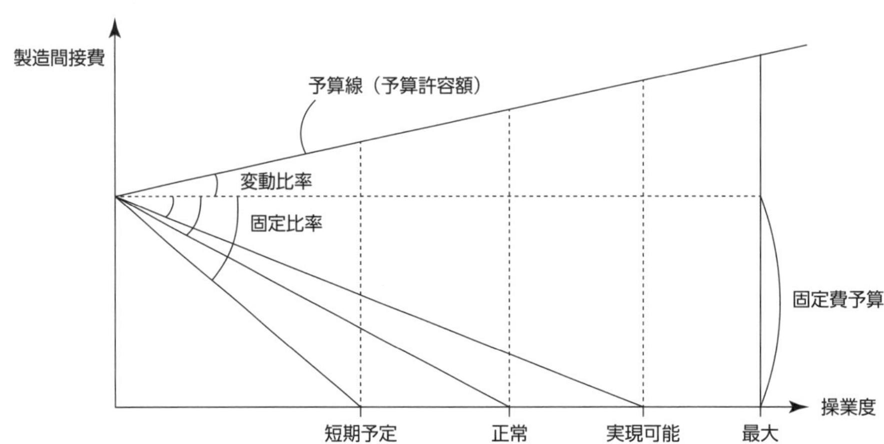

■ 例題２　基準操業度の種類　重要度B

以下の資料に基づいて、各設問に答えなさい。

1．製品製造のための設備は10台である。

2．機械は１台で１日８時間稼動させることができる。ただし、１台当たり年間20時間の整備・修繕時間が必要である。

3．年間の作業可能日数は休日等を除いて250日である。

4．当該機械で生産される製品は１個当たり３時間の加工を必要とする。

5．当年度末の製品の在高は150個であった。また、次年度以降の５年間の販売予定量は27,000個であり、５年後の必要在庫量は250個である。

6．次年度の製品販売予定量は5,500個であり、期末の必要在庫量は200個である。

7．理論上は365日の稼動を想定できる。

8．当工場では、機械稼働時間を基準に製造間接費を製品に予定配賦している。

問１　基準操業度として、短期予定操業度を用いた場合、基準操業度は何時間になるか答えなさい。

問２　最大操業度、実現可能操業度及び正常操業度はそれぞれ何時間になるか答えなさい。

■ 解答解説

問１

短期予定操業度：@３ｈ／個×（5,500個＋200個－150個）＝16,650ｈ

問２

最大操業度：10台×@８ｈ／日×365日＝29,200ｈ

実現可能操業度：10台×@８ｈ／日×250日－@20ｈ／台×10台＝19,800ｈ

正常操業度：@３ｈ／個×（27,000個＋250個－150個）÷５年＝16,260ｈ

⑶　各基準操業度を採用すべき状況

各基準操業度は、適用すべき適切な状況が異なるため、企業の状況や目的に応じた適切な操業度を用いることが望まれる。具体的には以下のとおりである。

最大操業度 （理論的生産能力）	操業が全く中断されることのない理想的な状態は、現実問題として起こり得ない。よって実際に基準操業度として用いられることはなく、他の操業度算定時の基礎としてのみ用いられる。
実現可能操業度 （実際的生産能力）	企業の操業水準が高く、フル操業であるのが通常である場合に採用すべきである。
正常操業度 （長期平均操業度）	経済状態が年々変動し、好況不況の波が繰り返して打ち寄せてくるような場合において、長期安定価格の設定のために採用すべきである。
短期予定操業度 （期待実際操業度）	短期の利益計画等を目的とする場合に採用すべきである。なお、基準で規定される操業度はこの短期予定操業度である。

第3節　製造間接費予算と配賦差異の分析

1　製造間接費予算の意義

製造間接費予算とは、各操業度水準における製造間接費の予定発生額をいう。

2　製造間接費予算の種類

製造間接費予算は、原価の発生形態をどの程度考慮するか、すなわち予算許容額の算定方法により、次の3つに分類される。

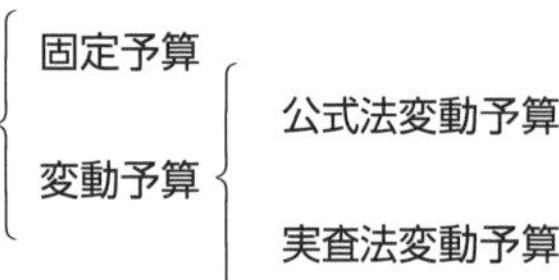

(1)　固定予算

固定予算とは、**製造間接費予算を、予算期間において予期される一定の操業度に基づいて算定する予算**である。なお、予算許容額が固定されていることから、固定予算という。

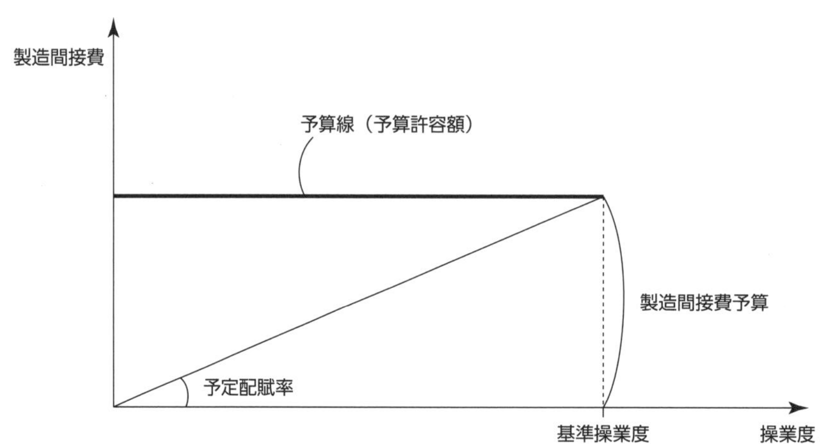

具体例

当年度の製造間接費予算

1．製造間接費予算額：30,000,000円
2．製造間接費の配賦基準：機械稼働時間
3．当年度予算における基準操業度：15,000 h
4．管理方式：固定予算
5．当月の実際機械稼働時間：1,200 h
6．当月の製造間接費実際発生額：2,550,000円

製造間接費の月間予算額：30,000,000円÷12ヶ月＝2,500,000円
月間基準操業度：15,000 h ÷12ヶ月＝1,250 h
製造間接費予定配賦率：30,000,000円÷15,000 h ＝@2,000円／h
製造間接費予定配賦額：@2,000円／h ×1,200 h ＝2,400,000円
製造間接費配賦差異：2,400,000円－2,550,000円＝－150,000円（不利）

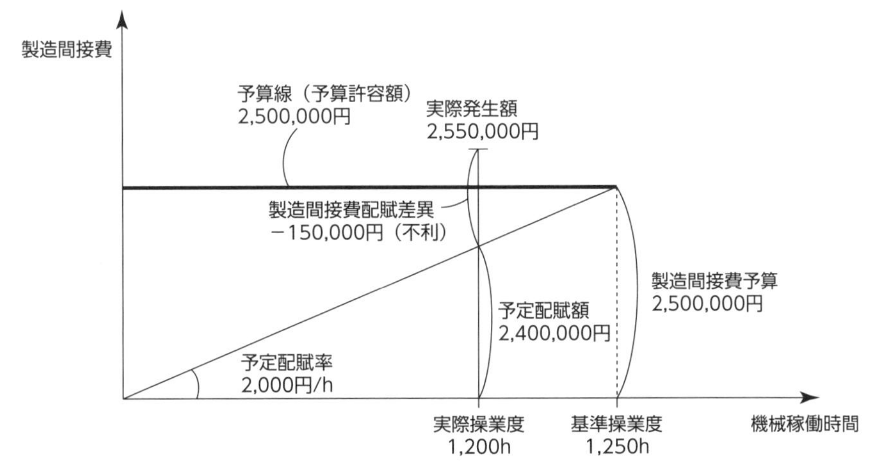

⑵　変動予算

変動予算とは、製造間接費予算を、**予算期間に予期される範囲内における種々の操業度に対応して算定する予算**である。変動予算は、そのコスト・ビヘイビアの描き方により、公式法と実査法に区分できる。

①　公式法変動予算

公式法変動予算とは、**原価要素を固定費と変動費に分解し、予算をｙ＝ａ＋ｂｘという公式で算定する予算**である。

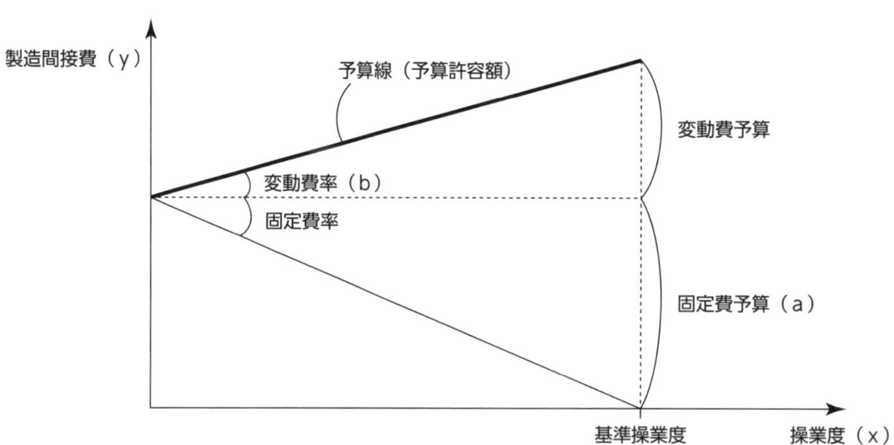

具体例

当年度の製造間接費予算

1．当年度の製造間接費予算額：変動費率@800円／h、固定費予算18,000,000円
2．製造間接費の配賦基準：機械稼働時間
3．当年度予算における基準操業度：15,000 h
4．管理方式：公式法変動予算
5．当月の実際機械稼働時間：1,200 h
6．当月の製造間接費実際発生額：2,550,000円

固定製造間接費の月間予算額：18,000,000円÷12ヶ月＝1,500,000円
月間基準操業度：15,000 h ÷12ヶ月＝1,250 h
製造間接費予定配賦率　変動費率：@800円／h
　　　　　　　　　　　固定費率：18,000,000円÷15,000 h ＝@1,200円／h
製造間接費予定配賦額：(@800円／h ＋@1,200円／h）×1,200 h ＝2,400,000円
製造間接費配賦差異：2,400,000円－2,550,000円＝－150,000円（不利）

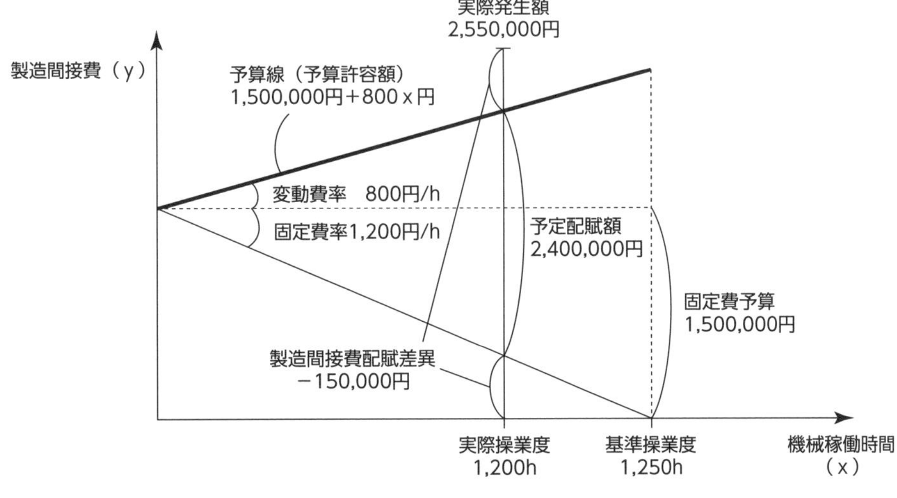

② **実査法変動予算**

実査法変動予算とは、**一定の操業度（基準操業度）を中心として**、予期される範囲内の種々の操業度を一定間隔に設け、**各操業度に対応する複数の予算を、予め算定する方法**である。

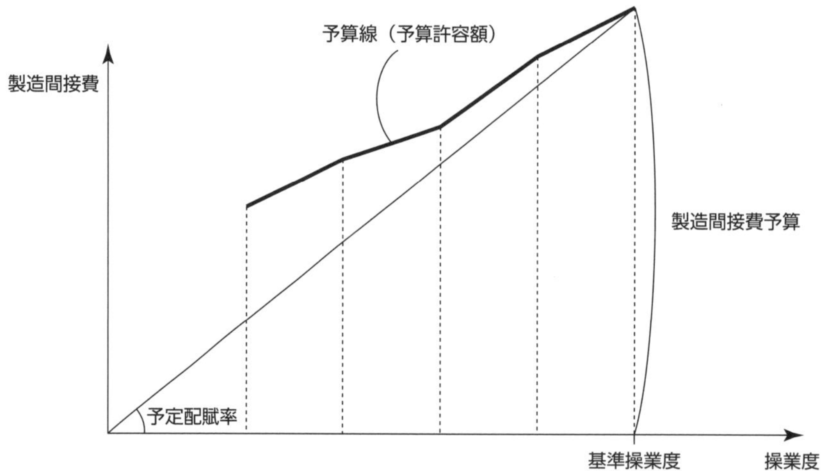

具体例

当年度の製造間接費予算

1．当年度の製造間接費予算額

操業水準	80%	90%	100%	110%
予算額	27,600,000円	28,785,000円	30,000,000円	31,222,500円

2．製造間接費の配賦基準：機械稼働時間

3．当年度予算における基準操業度：15,000 h

4．管理方式：実査法変動予算

5．当月の実際機械稼働時間：1,200 h

6．当月の製造間接費実際発生額：2,550,000円

各操業水準における製造間接費の月間予算額

操業水準	80%	90%	100%	110%
操業度	1,000 h	1,125 h	1,250 h	1,375 h
予算額	2,300,000円	2,398,750円	2,500,000円	2,601,875円

製造間接費予定配賦率：30,000,000円÷15,000 h ＝@2,000円／h

製造間接費予定配賦額：@2,000円／h × 1,200 h ＝ 2,400,000円

製造間接費配賦差異：2,400,000円－2,550,000円＝－150,000円（不利）

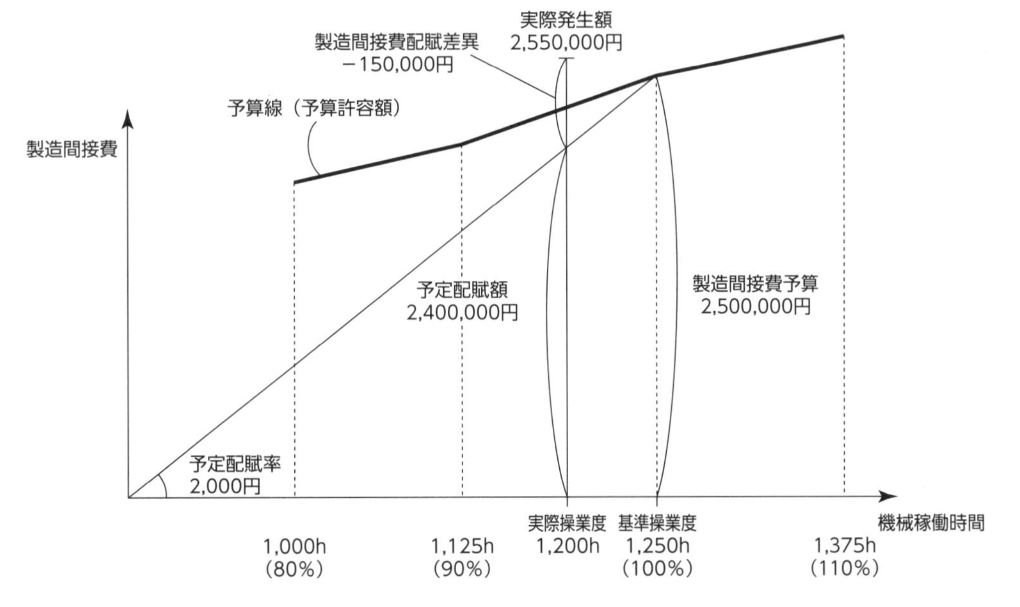

重要ポイント！！
　いずれの予算を採用しても予定配賦率が変わらないため、予定配賦額及び製造間接費配賦差異総額は同一となる。

3 製造間接費配賦差異の分析方法

(1) 配賦差異を分析する理由

製造間接費の配賦差異は、**経営管理に役立てるため、予算差異と操業度差異に分析**され、この原因が調査される。

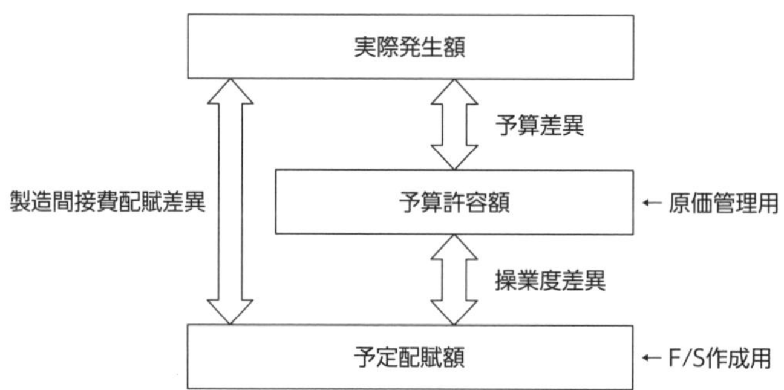

(2) 予算差異の算定とその意味

予算差異は、実際操業度における予算許容額から実際発生額を差し引くことで算定される。

予算差異 ＝ 実際操業度の予算許容額 － 実際発生額

予算差異は、管理活動の良否を示す結果となる。なぜなら、本来管理活動が有効になされていれば、予算許容額で発生を済ますことができるため、これを超過した部分は管理が適切でなかった可能性があるといえるし、逆に予算許容額を下回れば、管理活動が良好に機能した可能性が高いからである。

なお、**原価管理活動を効果的に行うためには、費目別に予算許容額と実績とを比較して予算差異を分析する必要がある**。なぜなら、製造間接費は種々雑多な費目から構成されているため、予算差異は有利差異と不利差異が相殺された結果として算出されたものだからである。

費目	予算 許容額	実際 発生額	予算差異
補助材料費	100	105	－5
消耗品費	80	90	－10
間接工賃金	200	210	－10
給料	120	125	－5
修繕料	60	55	＋5
ガス代	20	24	－4
合計	580	609	－29

⑶ 操業度差異の算定とその意味

操業度差異は、予定配賦額から予算許容額を差し引くことで計算される。

操業度差異 ＝ 予定配賦額 － 予算許容額

※　固定予算の場合の別法

操業度差異 ＝（ 実際操業度 － 基準操業度 ）× 予定配賦率

※　公式法変動予算の場合の別法

操業度差異 ＝（ 実際操業度 － 基準操業度 ）× 固定費率

操業度差異は、**生産設備の利用度を示す目安**となる。なぜなら操業度差異は、実際操業度が基準操業度と乖離すればするほど、つまり生産設備を遊休にすればするほど発生するためである。

4 固定予算における差異分析

(1) 差異分析図

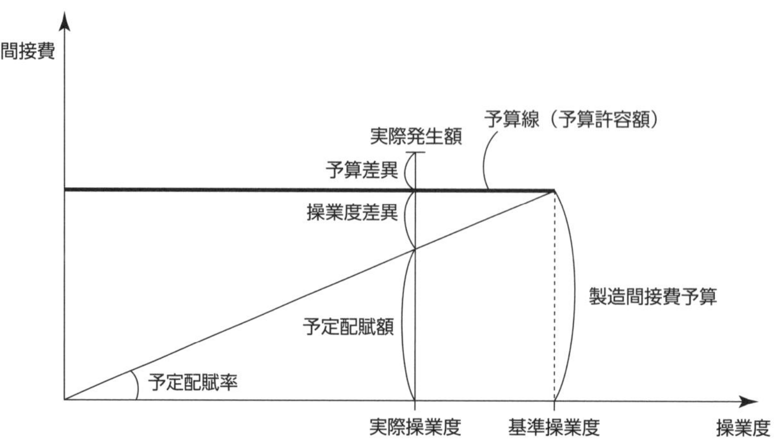

(2) 固定予算の利点と問題点

利点	・予算の設定が容易である（基準操業度における予算の見積りのみで足りる）。
問題点	・実際操業度が基準操業度と乖離すればするほどその予算許容額の信頼性は低くなり、予算差異が管理活動の良否を適切に示さなくなる。

■ 例題3　固定予算

重要度 B

以下の資料に基づいて、各設問に答えなさい。

1．当工場では製造間接費を固定予算により管理しており、直接作業時間を基準に製品に予定配賦している。

2．当年度の製造間接費予算額は259,200,000円であり、基準操業度は108,000 h である。

3．当月の製造間接費の実際発生額は21,480,000円であった。

4．当月の実際直接作業時間は8,800 h であった。

問1　当年度の製造間接費予定配賦率を答えなさい。

問2　当月の製造間接費予定配賦額を答えなさい。

問3　当月の製造間接費配賦差異を求め、予算差異と操業度差異に分析しなさい。

■ 解答解説

問1

予定配賦率：259,200,000円÷108,000 h ＝@2,400円／h

問2

製造間接費予定配賦額：8,800 h ×@2,400円／h ＝21,120,000円

問3

製造間接費配賦差異：21,120,000円－21,480,000円＝－360,000円（不利差異）

当月の予算許容額：259,200,000円÷12ヶ月＝21,600,000円

予算差異：21,600,000円－21,480,000円＝120,000円（有利差異）

当月の基準操業度：108,000 h ÷12ヶ月＝9,000 h

操業度差異：（8,800 h －9,000 h ）×@2,400円／h ＝－480,000円（不利差異）

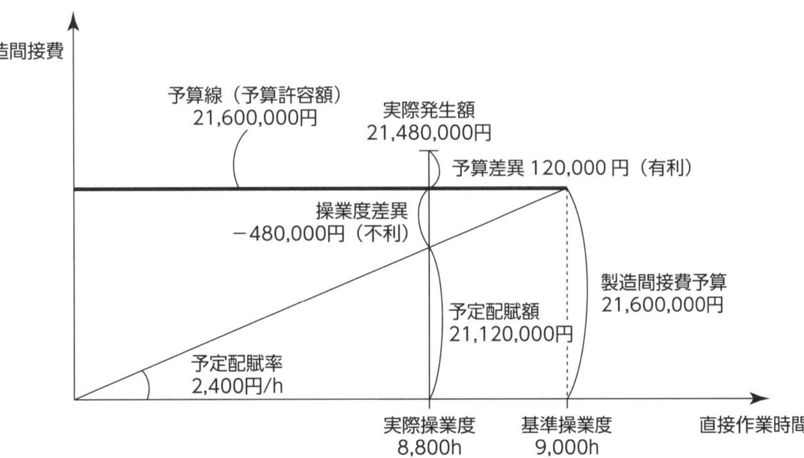

5 公式法変動予算における差異分析

(1) 差異分析図

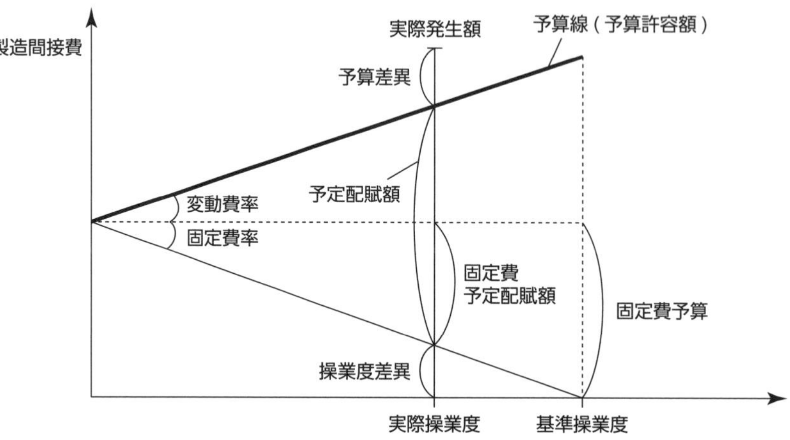

(2) 公式法変動予算の利点と問題点

利点	・予算許容額が変動的であり、予算差異にある程度の信頼性がある。 ・公式によって予算を設定するため、予算の設定が容易である。
問題点	・現実のコスト・ビヘイビア（原価態様）が線形的でない（公式で表せない）場合、予算差異を正確に算定できない。

■ 例題４　公式法変動予算

重要度 A

以下の資料に基づいて、各設問に答えなさい。

1．当工場では製造間接費を公式法変動予算により管理しており、直接作業時間を基準に製品に予定配賦している。

2．当年度の製造間接費予算額は259,200,000円（内、固定費予算額151,200,000円）であり、基準操業度は108,000 h である。

3．当月の製造間接費の実際発生額は21,480,000円であった。

4．当月の実際直接作業時間は8,800 h であった。

問１　当年度予算における製造間接費の変動費率、及び固定費率を答えなさい。

問２　当月の製造間接費予定配賦額を答えなさい。

問３　当月の製造間接費配賦差異を求め、予算差異と操業度差異に分析しなさい。

■ 解答解説

問１

変動費率：(259,200,000円－151,200,000円）÷108,000 h ＝@1,000円／h

固定費率：151,200,000円÷108,000 h ＝@1,400円／h

問２

製造間接費予定配賦額：(@1,000円／h＋@1,400円／h）×8,800 h ＝21,120,000円

問３

製造間接費配賦差異：21,120,000円－21,480,000円＝－360,000円（不利差異）

当月の固定費予算額：151,200,000円÷12ヶ月＝12,600,000円

実際操業度における予算許容額：12,600,000円＋@1,000円／h×8,800 h ＝21,400,000円

予算差異：21,400,000円－21,480,000円＝－80,000円（不利差異）

操業度差異：(8,800 h －9,000 h）×@1,400円／h ＝－280,000円（不利差異）

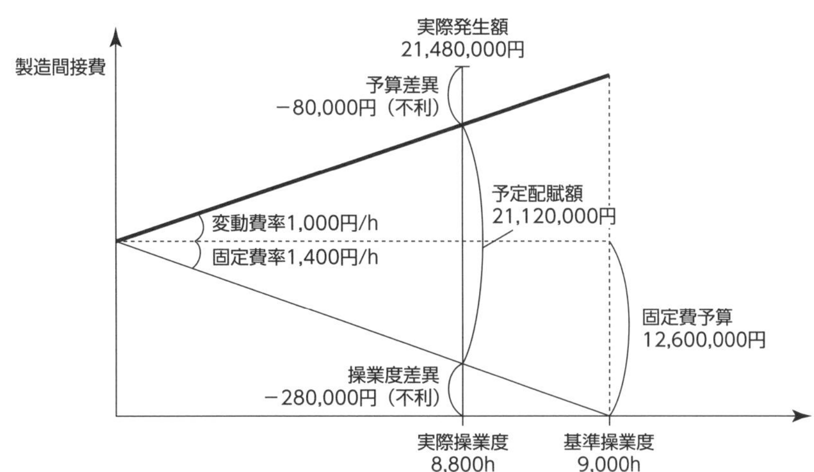

6 実査法変動予算における差異分析

(1) 差異分析図

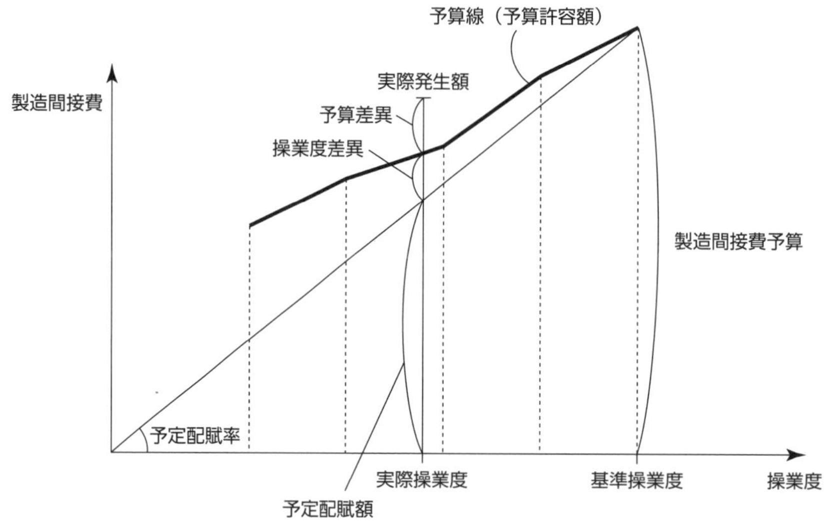

(2) 実査法変動予算の利点と問題点

利点	・予算許容額が現実に近いコスト・ビヘイビアを描くため、差異分析にかなりの信頼性がある。
問題点	・各操業度ごとに費目別の発生額を調査・予測しなければならず、予算の設定に手間がかかる。

■ 例題5　実査法変動予算

重要度C

以下の資料に基づいて、各設問に答えなさい。

1. 当工場では製造間接費を実査法変動予算により管理しており、直接作業時間を基準に製品に予定配賦している。
2. 当年度の各操業度における製造間接費予算額は以下のとおりである。

操業水準	96%	98%	100%	102%
予算額	254,880,000円	257,050,800円	259,200,000円	261,360,000円

なお、基準操業度は108,000 h である。

3. 当月の製造間接費の実際発生額は21,480,000円であった。
4. 当月の実際直接作業時間は8,800 h であった。

問1　当年度の製造間接費予定配賦率を答えなさい。

問2　当月の製造間接費予定配賦額を答えなさい。

問3　当月の製造間接費配賦差異を求め、予算差異と操業度差異に分析しなさい。

■ 解答解説

問１

製造間接費予定配賦率：259,200,000円 ÷ 108,000 h ＝@2,400円／ h

問２

製造間接費予定配賦額：@2,400円／ h × 8,800 h ＝ 21,120,000円

問３

製造間接費配賦差異：21,120,000円 − 21,480,000円＝ − 360,000円（不利差異）

当月の各操業水準における予算額

操業水準	96%	98%	100%	102%
操業度	8,640 h	8,820 h	9,000 h	9,180 h
予算額	21,240,000円	21,420,900円	21,600,000円	21,780,000円

実際操業度における予算許容額（9,000 h × 96%＜8,800 h＜9,000 h × 98%）

21,240,000円＋（21,420,900円 − 21,240,000円）÷（8,820 h − 8,640 h）×（8,800 h − 8,640 h）

＝ 21,400,800円

予算差異：21,400,800円 − 21,480,000円＝ − 79,200円（不利差異）

操業度差異：21,120,000円 − 21,400,800円＝ − 280,800円（不利差異）

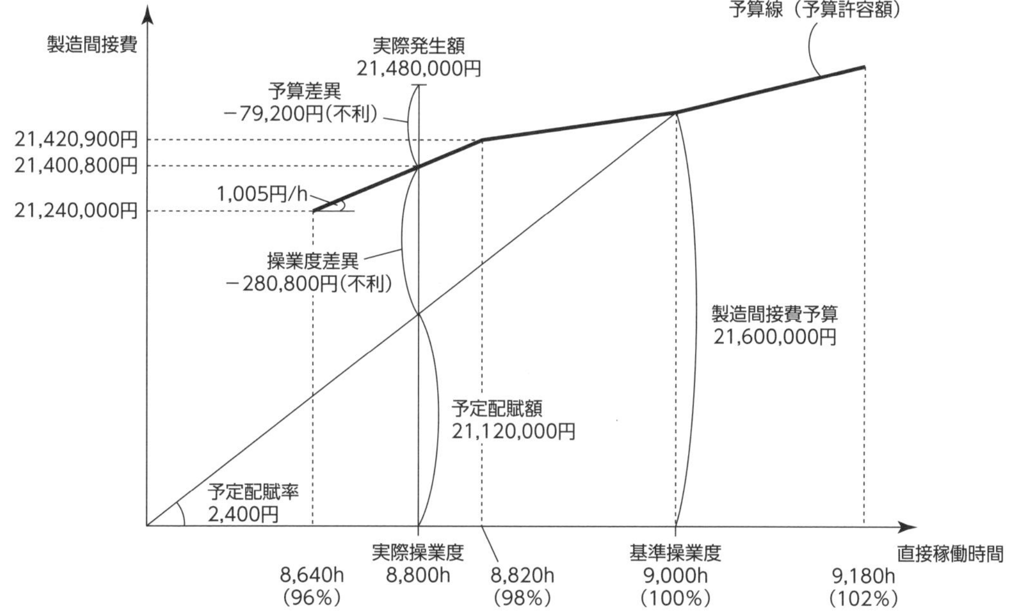

＜まとめ＞

	固定予算	公式法変動予算	実査法変動予算
財務諸表作成	◎	◎	◎
原価管理	△	○	◎
計算経済性	◎	○	△

第6章

部門別計算

第１節　部門別計算とは

1　部門別計算とは

原価の部門別計算とは、費目別計算において把握された原価要素を、**原価部門別に分類集計する手続**をいい、原価計算における**第二次の計算段階**である。一般に、部門別計算とは、個別原価計算における製造間接費の部門別配賦計算のことをいう。なお、総合原価計算では、製造部門を工程といい、工程ごとに原価計算を行う総合原価のことを工程別総合原価計算という。

2　部門別計算の目的と原価部門の設定

(1)　部門別計算の目的

部門別計算を行う目的は、以下の２つである。

①　正確な製品原価の計算

部門別計算を行うことにより、原価を単一の基準で配賦する場合よりも、製品原価の計算が正確になる。

〈ｉ〉　部門別個別原価計算

部門別個別原価計算では、製造間接費を各部門に集計して、製造間接費を部門別に配賦するため、**工場全体の総括配賦率を用いる単純個別原価計算よりも精度の高い配賦計算**を行うことができる。

〈ii〉　工程別総合原価計算

工程別総合原価計算では、工程ごとに月末仕掛品等の計算をするため、**工程全体で計算を行う単純総合原価計算より、精度の高い計算**を行うことができる。

②　原価管理

部門（工程）別計算を行わない場合、工場全体で一括して原価を把握することになる。これに対して、部門（工程）別計算を行う場合、**責任区分別に設定した部門（工程）ごとに原価を把握することで、原価の責任の所在が明らかに**なり、**原価管理に資する**ことになる。

3 各原価部門の分類

⑴ 製造部門と補助部門

原価部門とは、原価の発生を機能別・責任区分別に管理するとともに、製品原価の計算を正確にするために、原価要素を分類集計する計算組織上の区分をいい、製造作業が行われるか否かにより、これを諸製造部門と諸補助部門に分けられる。

	内容
製造部門	製品を製造する部門であり、直接に製造作業が行われる部門である。
補助部門	製造部門に対して補助的関係にある部門をいい、直接に製造作業が行われない部門である。

⑵ 主経営部門と副経営部門、補助経営部門と工場管理部門

諸製造部門は、その製造作業が直接に主製品のために行われるか否かにより、主経営部門と副経営部門に分けられる。また、諸補助部門は、製造部門に対する補助的機能により、補助経営部門と工場管理部門に分類される。

		内容
製造部門	主経営部門	主製品のために、直接に製造作業が行われる部門である。 ｅｘ）加工部門、組立部門
	副経営部門	包装品の製造や主製品以外の副産物の加工を行う部門である。 ｅｘ）包装部門
補助部門	補助経営部門	自己の製品や用役を製造部門に提供し、生産活動を補助する部門である。 ｅｘ）動力部門、修繕部門、材料部門
	工場管理部門	工場全体の管理的機能を行う部門である。

4 部門別計算の手続

部門別計算は、第１次集計、第２次集計、第３次集計という段階を経て行われる。

	内容
第１次集計	各費目から各部門に原価を集計する手続である。
第２次集計	補助部門費（補助部門に集計された製造間接費）を、製造部門に配賦する手続である。
（第３次集計）	製造部門費（製造部門に集計された製造間接費）を、各製品（指図書）に配賦する手続である。

※　第３次集計は、部門別固有の手続きではないため、論者によっては含めない者もいる。

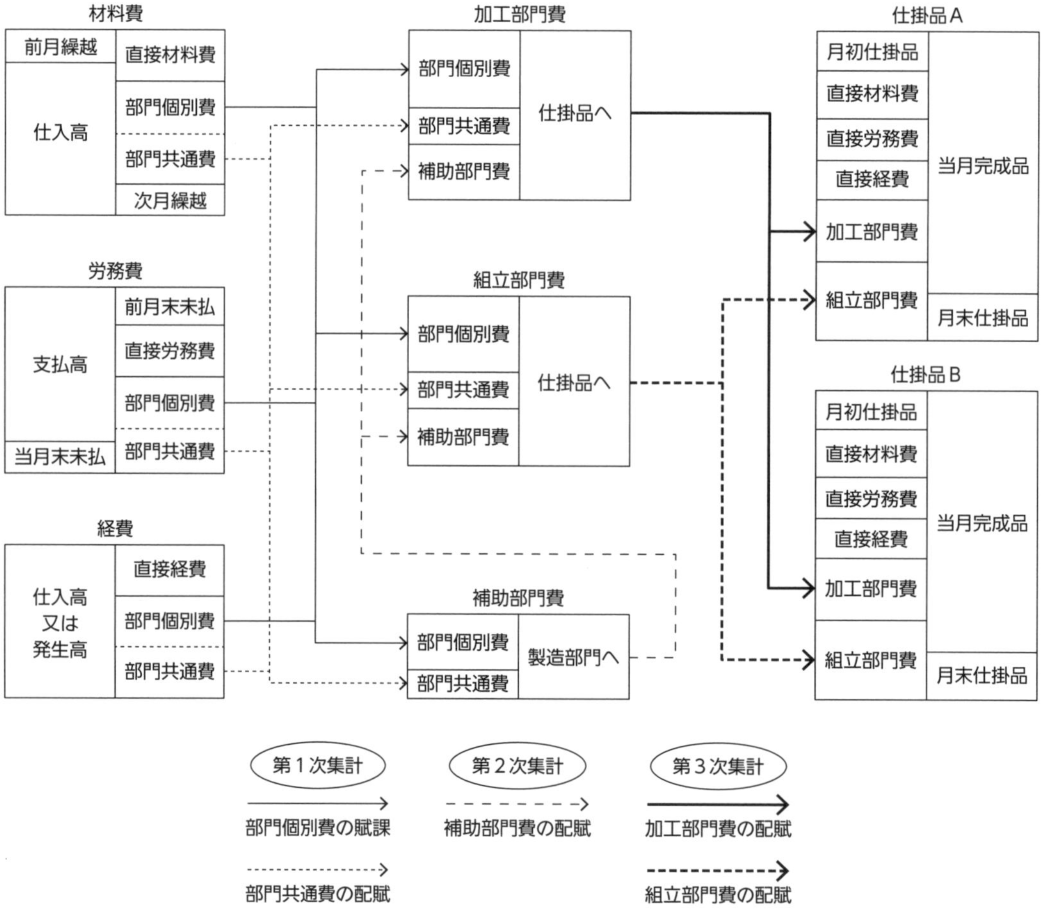

第２節　実際配賦の手続

1　部門別実際配賦

製造部門費の実際発生額を各製品（指図書）に配賦することを部門別実際配賦という。

2　第１次集計とは

(1)　意義

各費目から各部門に原価を集計する手続である。

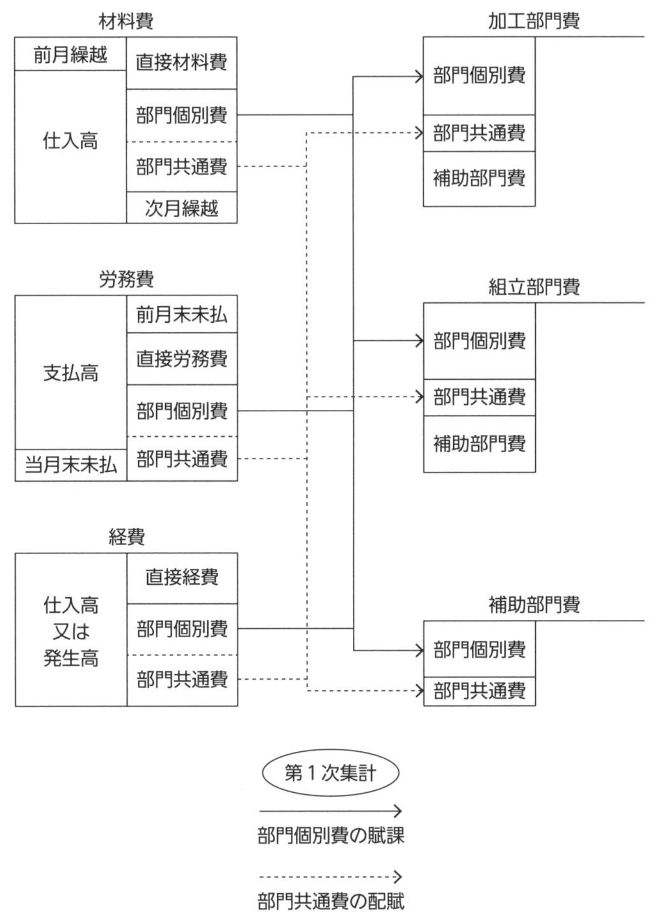

⑵ 集計方法

① 第１次集計の方法

まず各費目の原価を**特定部門に直接跡付けられるか否か**により、**部門個別費**と**部門共通費**に分類する。次に、特定部門に直接跡付けられる**部門個別費は当該部門に賦課**し、特定部門に直接跡付けられない**部門共通費は適当な基準により関係部門に配賦**する。

	内容	処理方法
部門個別費	特定部門に直接跡付けられる原価	当該部門に賦課
部門共通費	特定部門に直接跡付けられない原価	関係部門に配賦

よって、第１次集計後の各部門費は、賦課された部門個別費と配賦された部門共通費の合計となる。

第１次集計後の各部門費 ＝ 部門個別費 ＋ 部門共通費の配賦額

※　第1次集計後の金額を部門費や部門固有費と呼ぶ。

② 部門共通費の配賦基準の選択

製造間接費と同様に適当な配賦基準を選択する必要がある。

	内容
比例性	部門共通費の発生とある程度比例関係のある配賦基準を選ぶこと。
経済性	経済的に求めることができる配賦基準を選ぶこと。
共通性	配賦すべき各部門に共通して発生する配賦基準を選ぶこと。

なお、配賦基準の例示を挙げれば以下のとおりとなる。

部門共通費	配賦基準の例示
建物減価償却費	建物占有面積
電力料	電力使用量
機械保険料	機械帳簿価額
福利厚生費	従業員数

■ 例題1　部門別計算の第1次集計　重要度A

以下の資料に基づいて、各部門費の第1次集計後の金額を答えなさい。

1．部門個別費の実際発生額は以下のとおりである。

部門	加工部門	組立部門	動力部門	修繕部門
部門個別費	237,100千円	349,600千円	72,500千円	48,800千円

2．部門共通費の実際発生額は以下のとおりである。

① 建物減価償却費・・・84,000千円

② 機械保険料・・・40,000千円

③ 福利厚生費・・・18,000千円

3．部門共通費は以下に示す適当な基準で按分すること。

部門	加工部門	組立部門	動力部門	修繕部門
建物占有面積	300㎡	250㎡	100㎡	50㎡
機械帳簿価額	2,500千円	1,500千円	500千円	500千円
従業員数	23人	28人	5人	4人

■ 解答解説

部門共通費の実際配賦率

建物減価償却費：84,000千円÷（300㎡＋250㎡＋100㎡＋50㎡）＝@120千円/㎡

機械保険料：40,000千円÷（2,500千円＋1,500千円＋500千円＋500千円）＝@8円/機械帳簿価額

福利厚生費：18,000千円÷（23人＋28人＋5人＋4人）＝@300千円/人

第1次集計表（単位：千円）

部門	加工部門	組立部門	動力部門	修繕部門
部門個別費	237,100	349,600	72,500	48,800
建物減価償却費	36,000	30,000	12,000	6,000
機械保険料	20,000	12,000	4,000	4,000
福利厚生費	6,900	8,400	1,500	1,200
部門費計	300,000	400,000	90,000	60,000

部門共通費の各部門への配賦額（加工部門）

建物減価償却費：@120千円/㎡×300㎡＝36,000千円

機械保険料：@8円/機械帳簿価額×2,500千円＝20,000千円

福利厚生費：@300千円/人×23人＝6,900千円

3 第2次集計とは

(1) 意義

補助部門費を製造部門に配賦し、集計することである。

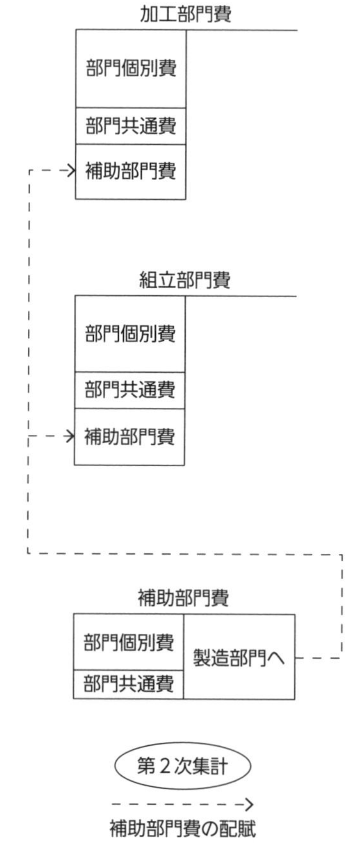

第2次集計後の製造部門費 ＝ 各部門費 ＋ 補助部門費の配賦額

(2) 集計方法

補助部門費を製造部門に配賦する方法として、補助部門相互間の用役授受をどの程度考慮するかにより、以下のような方法がある。

		補助部門相互間の用役の授受
①直接配賦法		全て無視する方法である。
②階梯式配賦法		一方向からのみ考慮する方法である。
相互配賦法	③簡便法	簡便的に考慮する方法である。
	④連続配賦法	全て考慮する方法である。
	⑤連立方程式法	全て考慮する方法である。

① 直接配賦法

直接配賦法とは、**補助部門相互間の用役の授受を無視**して、補助部門費を製造部門にのみ配賦する方法である。

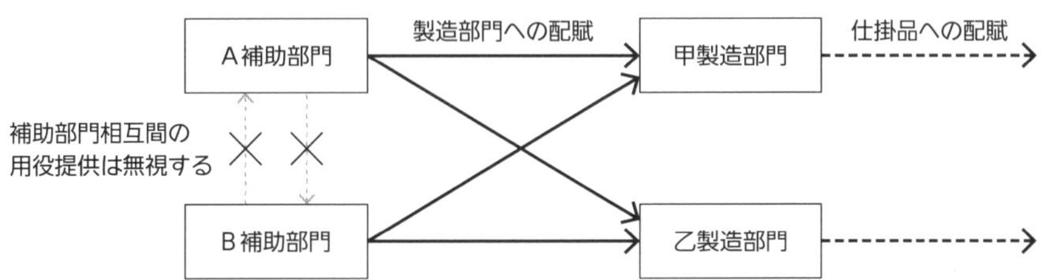

長所	計算が簡便である。
短所	補助部門相互間の用役の授受を無視しているため、計算が不正確となる。

具体例

1．各部門費（第1次集計後）の実際発生額は以下のとおりである。

	加工部門	組立部門	動力部門	修繕部門
各　部　門　費	300,000千円	400,000千円	90,000千円	60,000千円

2．補助部門費の配賦基準は以下のとおりである。

	加工部門	組立部門	動力部門	修繕部門
動 力 消 費 量	4,600kwh	3,400kwh	―	1,000kwh
修　繕　時　間	700 h	500 h	300 h	―

補助部門費配賦表（単位：千円）

	加工部門	組立部門	動力部門	修繕部門
部　門　費　計	300,000	400,000	90,000	60,000
動 力 部 門 費	51,750	38,250		
修 繕 部 門 費	35,000	25,000		
合計	386,750	463,250		

補助部門費の実際配賦率

動力部門費：90,000千円÷（4,600kwh＋3,400kwh）＝@11.25千円/kwh

修繕部門費：60,000千円÷（700 h＋500 h）＝@50千円/ h

② 階梯式配賦法

階梯式配賦法は、補助部門相互間の用役授受に関し、**ある一方から他方への用役の授受は考慮**するが、**その反対方向からの用役の授受については無視**して計算する方法である。

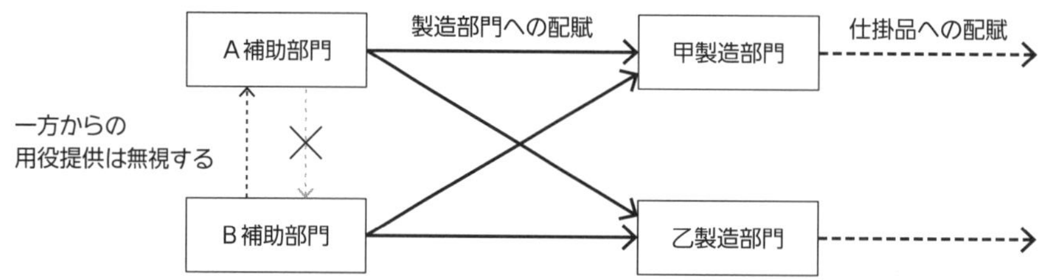

なお、配賦順位の決定には、以下のようなルールが設けられている。

ルール①	他の補助部門への用役提供数の多い補助部門を先順位とする。
ルール②	用役提供数が同数の場合、第１次集計額の多い補助部門を先順位とする。
	用役提供数が同数の場合、補助部門相互の配賦額の多い補助部門を先順位とする。

※　予算と実績で配賦順位が違う場合には、予算における配賦順位を採用する。
※　ルール②について、計算指示がない場合、第１次集計額の多い補助部門を先順位とする。

長所	・直接配賦法に比べて計算の正確性は若干向上する。
短所	・ある一方からの補助部門相互間の用役の授受を無視しているため、計算が不正確となる。 ・補助部門相互間の用役授受を把握する必要がある。

具体例

1．部門費の実際発生額は以下のとおりである。

	加工部門	組立部門	動力部門	修繕部門	工場管理部門
各　部　門　費	1,990千円	1,850千円	950千円	760千円	550千円

2．補助部門費の配賦基準は以下のとおりである。

	加工部門	組立部門	動力部門	修繕部門	工場管理部門
動 力 消 費 量	2,500kwh	1,800kwh	—	700kwh	—
修　繕　時　間	5,100 h	4,150 h	400 h	—	—
従　業　員　数	120人	70人	20人	10人	5人

補助部門費配賦表（単位：千円）

	加工部門	組立部門	修繕部門	動力部門	工場管理部門
部　門　費　計	1,990	1,850	760	950	550
工場管理部門費	300	175	25	50	
動 力 部 門 費	500	360	140		
修 繕 部 門 費	510	415			
合　　　　計	3,300	2,800			

＜配賦順位の決定＞

① 他の補助部門への用役提供数が２つである工場管理部門を先順位とする。

② 動力部門費の金額が修繕部門費よりも大きいため、動力部門費を先順位とする。

＜各補助部門費の実際配賦率＞

工場管理部門費：550千円÷（120人＋70人＋20人＋10人）＝@2.5千円／人

動力部門費：（950千円＋@2.5千円／人×20人）÷（2,500kwh＋1,800kwh＋700kwh）＝@0.2千円/kwh

修繕部門費：（760千円＋@2.5千円／人×10人＋@0.2千円/kwh×700kwh）÷（5,100 h ＋4,150 h）
＝@0.1千円／h

修繕部門費

借方	貸方
第１次集計額 760	加工部門費 510
工場管理部門費 25	組立部門費 415
動力部門費 140	

動力部門費

借方	貸方
第１次集計額 950	加工部門費 500
工場管理部門費 50	組立部門費 360
	修繕部門費 140

工場管理部門費

借方	貸方
第１次集計額 550	加工部門費 300
	組立部門費 175
	動力部門費 50
	修繕部門費 25

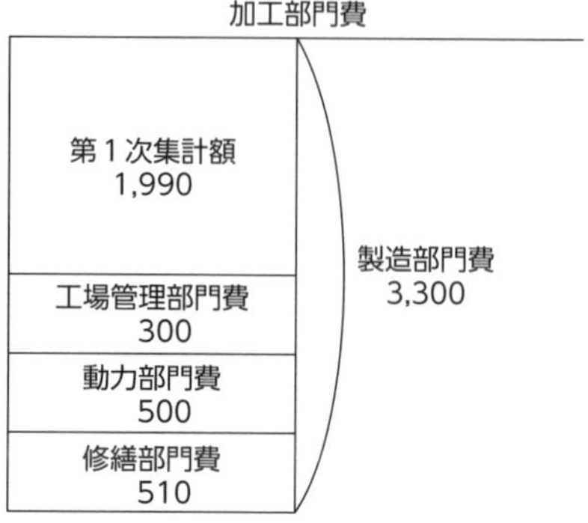

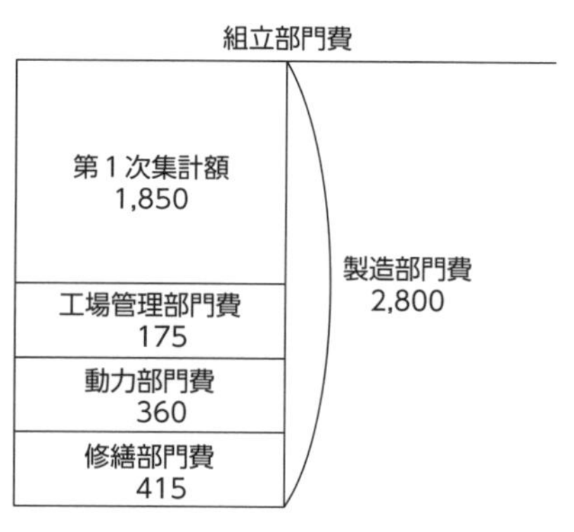

③　簡便法の相互配賦法（要綱の相互配賦法）

簡便法の相互配賦法とは、**補助部門相互間の用役の授受を第１段階配賦のみ考慮**して計算し、**第２段階配賦では、直接配賦法と同様**に計算する方法である。

なお、「製造工業原価計算要綱」に規定された相互配賦法は、この簡便法を指すことから、要綱の相互配賦法と呼ぶこともある。

〈第１段階配賦〉

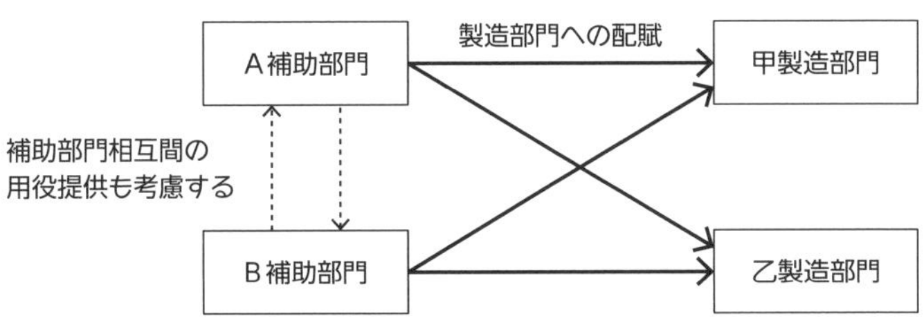

〈第２段階配賦〉

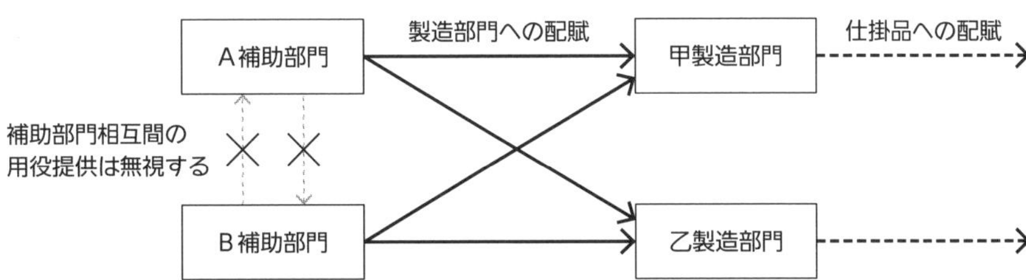

長所	・直接配賦法や階梯式配賦法に比較して計算の正確性が増す。
短所	・第２段階以降の配賦において簡便的な計算を行うため、計算が完全に正確とはいえない。 ・補助部門相互間の用役授受を把握する必要がある。

具体例

1．各部門費（第1次集計後）の実際発生額は以下のとおりである。

	加工部門	組立部門	動力部門	修繕部門
各部門費	1,207千円	917千円	340千円	336千円

2．補助部門費の配賦基準は以下のとおりである。

	加工部門	組立部門	動力部門	修繕部門
動力消費量	4,500kwh	3,500kwh	—	500kwh
修繕時間	2,400 h	1,600 h	200 h	—

補助部門費配賦表（単位：千円）

	加工部門	組立部門	動力部門	修繕部門
部門費計	1,207	917	340	336
第1段階配賦				
修繕部門費	192	128	16	
動力部門費	180	140		20
第2段階配賦				
修繕部門費	12	8		
動力部門費	9	7		
合計	1,600	1,200		

補助部門費の第1段階実際配賦率

動力部門費：340千円÷（4,500kwh＋3,500kwh＋500kwh）＝@0.04千円/kwh

修繕部門費：336千円÷（2,400 h＋1,600 h＋200 h）＝@0.08千円/ h

補助部門費の第2段階実際配賦率

動力部門費：16千円÷（4,500kwh＋3,500kwh）＝@0.002千円/kwh

修繕部門費：20千円÷（2,400 h＋1,600 h）＝@0.005千円/ h

修繕部門費

第１次集計額 336	加工部門費 192
	組立部門費 128
	動力部門費 16
動力部門費 20	加工部門費 12
	組立部門費 8

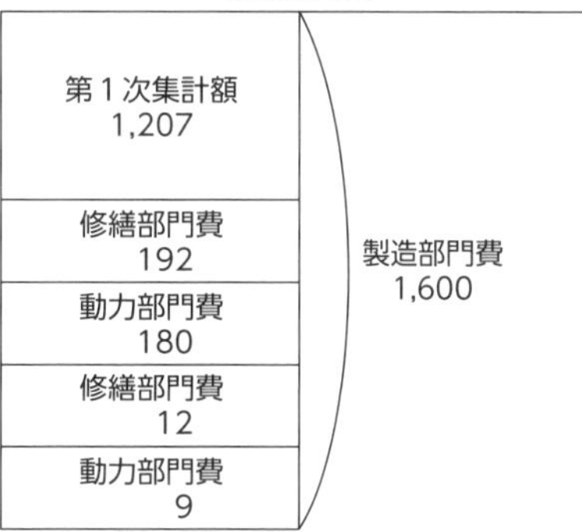

動力部門費

第１次集計額 340	加工部門費 180
	組立部門費 140
	修繕部門費 20
修繕部門費 16	加工部門費 9
	組立部門費 7

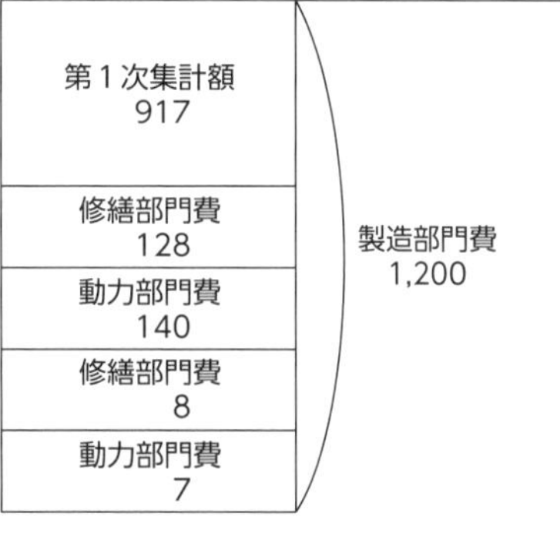

④　相互配賦法（連続配賦法）

連続配賦法とは、**補助部門相互間の用役の授受を考慮**して計算を繰り返し、**補助部門の残高がゼロとなるまで**配賦計算を行う方法である。

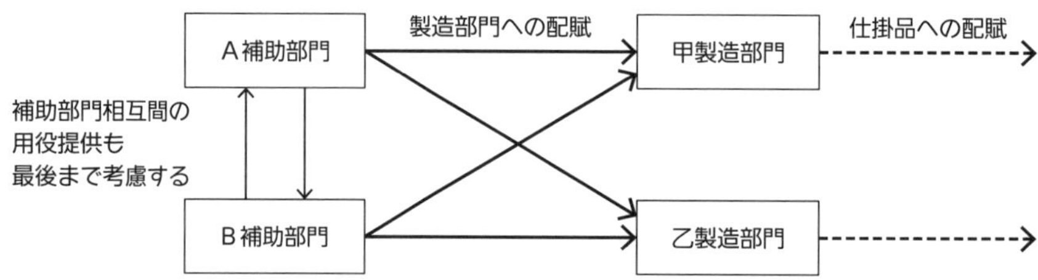

長所	・計算が正確である。
短所	・計算手数が極めて複雑である。 ・補助部門相互間の用役授受を把握する必要がある。

⑤　相互配賦法（連立方程式法）

連立方程式法とは、**補助部門相互間の用役の授受を考慮**して配賦を行った**各補助部門費の配賦総額を連立方程式によって算定する方法**である。なお、端数処理による誤差を除き、連続配賦法と計算結果は一致する。

長所	・計算が正確である。
短所	・補助部門相互間の用役授受を把握する必要がある。

具体例

1．各部門費（第１次集計後）の実際発生額は以下のとおりである。

	加工部門	組立部門	動力部門	修繕部門
各　部　門　費	4,100千円	3,050千円	1,840千円	600千円

2．補助部門費の配賦基準は以下のとおりである。

	加工部門	組立部門	動力部門	修繕部門
修　繕　時　間	2,000 h	1,200 h	800 h	—
動 力 消 費 量	2,400kwh	3,000kwh	—	600kwh

動力部門費の最終の配賦総額をｘ、修繕部門費の最終の配賦総額をｙと置くと

	加工部門	組立部門	動力部門	修繕部門
部 門 費 計	4,100千円	3,050千円	1,840千円	600千円
修繕部門費	0.5 y	0.3 y	0.2 y	—
動力部門費	0.4 x	0.5 x	—	0.1 x

連立方程式

$x = 1{,}840$千円 $+ 0.2y$

$y = 600$千円 $+ 0.1x$

$\therefore$　$x = 2{,}000$千円、$y = 800$千円

補助部門費配賦表（単位：千円）

	加工部門	組立部門	動力部門	修繕部門
部 門 費 計	4,100	3,050	1,840	600
修繕部門費	400	240	160	△800
動力部門費	800	1,000	△2,000	200
合　　計	5,300	4,290	0	0

加工部門への配賦額

修繕部門費：800千円 × 0.5 = 400千円

動力部門費：2,000千円 × 0.4 = 800千円

■ 例題２　部門別計算の第２次集計　重要度A

以下の資料に基づいて、各設問に答えなさい。

1．各部門費（第１次集計後）の実際発生額は以下のとおりである。（単位：千円）

	加工部門	組立部門	動力部門	修繕部門
各　部　門　費	150,000	120,000	178,500	185,000

2．補助部門費は以下に示す適当な基準で配賦すること。

部門	加工部門	組立部門	動力部門	修繕部門
動 力 消 費 量	4,000kwh	2,800kwh	―	1,200kwh
修　繕　時　間	2,025 h	2,025 h	450 h	―

3．円未満の端数が生じる場合には、円未満を四捨五入し、加工部門を差引で算定するものとする。

問１　直接配賦法を採用した場合の各製造部門費を答えなさい。

問２　階梯式配賦法を採用した場合の各製造部門費を答えなさい。なお、用役提供数が同数の場合、補助部門相互の配賦額の多い補助部門を先順位とする。

問３　相互配賦法（連立方程式法）を採用した場合の各製造部門費を答えなさい。

■ 解答解説

問１

直接配賦法を採用した場合

補助部門費配賦表（単位：千円）

	加工部門	組立部門	動力部門	修繕部門
部 門 費 計	150,000	120,000	178,500	185,000
修繕部門費	92,500	92,500		
動力部門費	105,000	73,500		
合　　計	347,500	286,000		

加工部門への配賦額

修繕部門費：185,000千円÷（2,025 h ＋ 2,025 h）× 2,025 h ＝ 92,500千円

動力部門費：178,500千円÷（4,000kwh ＋ 2,800kwh）× 4,000kwh ＝ 105,000千円

問２

階梯式配賦法を採用した場合

補助部門費配賦表（単位：千円）

	加工部門	組立部門	修繕部門	動力部門
部 門 費 計	150,000	120,000	185,000	178,500
動力部門費	89,250	62,475	26,775	
修繕部門費	105,887	105,888		
合　　計	345,137	288,363		

動力部門から修繕部門への配賦額：178,500千円÷8,000kwh × 1,200kwh ＝ 26,775千円

修繕部門から動力部門への配賦額：185,000千円÷4,500 h × 450 h = 18,500千円

したがって、動力部門が先順位となる。

組立部門への配賦額

動力部門費：178,500千円÷8,000kwh × 2,800kwh = 62,475千円

修繕部門費：（185,000千円 + 26,775千円） ÷ （2,025 h + 2,025 h） × 2,025 h ≒ 105,888千円

問3

相互配賦法（連立方程式法）を採用した場合

動力部門の最終の配賦額をx、修繕部門の最終の配賦額をyと置くと

	加工部門	組立部門	動力部門	修繕部門
第1次集計後	150,000千円	120,000千円	178,500千円	185,000千円
修繕部門費	0.45 y	0.45 y	0.1 y	—
動力部門費	0.5 x	0.35 x	—	0.15 x

x = 178,500千円 + 0.1 y

y = 185,000千円 + 0.15 x

∴　x = 200,000千円、y = 215,000千円

補助部門費配賦表（単位：千円）

	加工部門	組立部門	動力部門	修繕部門
部 門 費 計	150,000	120,000	178,500	185,000
修繕部門費	96,750	96,750	21,500	△215,000
動力部門費	100,000	70,000	△200,000	30,000
合　　計	346,750	286,750	0	0

加工部門への配賦額

修繕部門費：215,000千円× 0.45 = 96,750千円

動力部門費：200,000千円× 0.5 = 100,000千円

4 第３次集計とは

(1) 意義

第３次集計とは、補助部門費配賦後の**製造部門費を、各製品（指図書）に配賦すること**である。

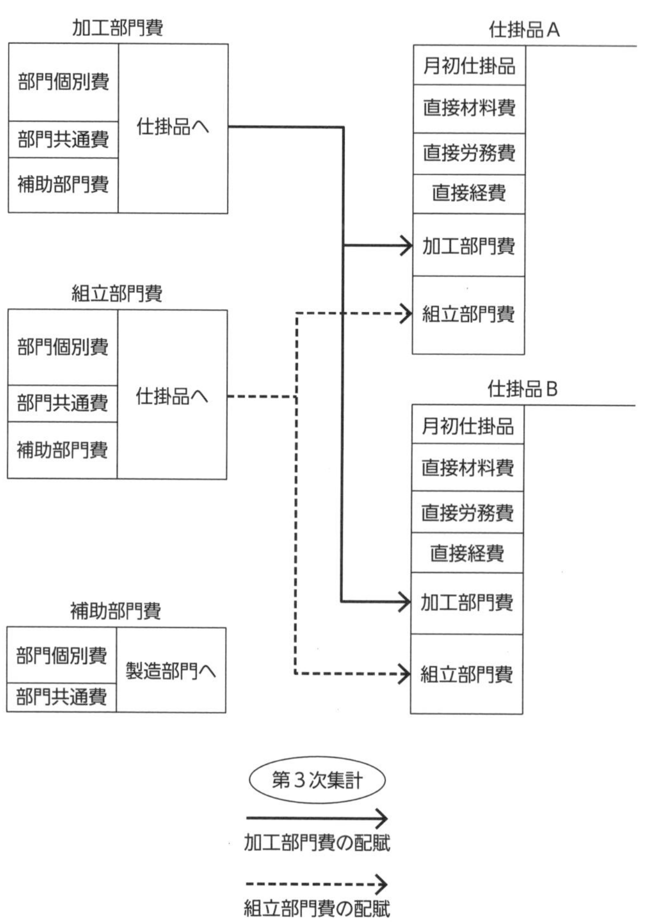

(2) 方法

第５章で学習した製造間接費の配賦方法を、製造部門別に行うことになる。

具体的には、まず第２次集計後の各製造部門費をそれぞれ適当な実際配賦基準数値で除すことで、部門別実際配賦率を算定する。実際配賦額は、この部門別実際配賦率に、製品（指図書）ごとの実際配賦基準数値を乗じることで算定する。

$$\text{部門別実際配賦率} = \frac{\text{第２次集計後の各製造部門費}}{\text{各実際配賦基準数値}}$$

$$\text{製造部門費実際配賦額} = \text{部門別実際配賦率} \times \text{実際配賦基準数値}$$

具体例

1．製造部門費（第２次集計後）の実際発生額は以下のとおりである。

	加工部門	組立部門
各　部　門　費	6,325,000円	5,520,000円

2．製造部門費は、実際発生額を製品に配賦している。なお、配賦基準は加工部門については直接作業時間、組立部門については機械稼働時間である。

①　加工部門の実際直接作業時間・・・2,750 h

②　組立部門の実際機械稼働時間・・・4,800 h

3．当月に製造が行われた指図書は以下のとおりである。

指図書＃	＃101	＃102	合計
加工部門の直接作業時間	1,700 h	1,050 h	2,750 h
組立部門の機械稼働時間	2,800 h	2,000 h	4,800 h

加工部門費実際配賦率：6,325,000円÷2,750 h＝@2,300円/h

組立部門費実際配賦率：5,520,000円÷4,800 h＝@1,150円/h

指図書＃101への配賦額

加工部門費：@2,300円/h × 1,700 h ＝ 3,910,000円

組立部門費：@1,150円/h × 2,800 h ＝ 3,220,000円

∴　合計：3,910,000円＋3,220,000円＝7,130,000円

指図書＃102への配賦額

加工部門費：@2,300円/h × 1,050 h ＝ 2,415,000円

組立部門費：@1,150円/h × 2,000 h ＝ 2,300,000円

∴　合計：2,415,000円＋2,300,000円＝4,715,000円

加工部門費

第２次集計後 6,325,000	#101 3,910,000
	#102 2,415,000

仕掛品（#101）

加工部門費 3,910,000	
組立部門費 3,220,000	

組立部門費

第２次集計後 5,520,000	#101 3,220,000
	#102 2,300,000

仕掛品（#102）

加工部門費 2,415,000	
組立部門費 2,300,000	

第3節　製造部門費の予定配賦

1　意義

製造間接費の配賦については**原則として予定配賦**を行うことは、第５章で学習済みである。これは部門別計算を行う場合でも同様であり、**製造部門費は原則として**製品（各指図書）に**予定配賦**する。つまり、第３次集計を予定配賦の手続により行う。

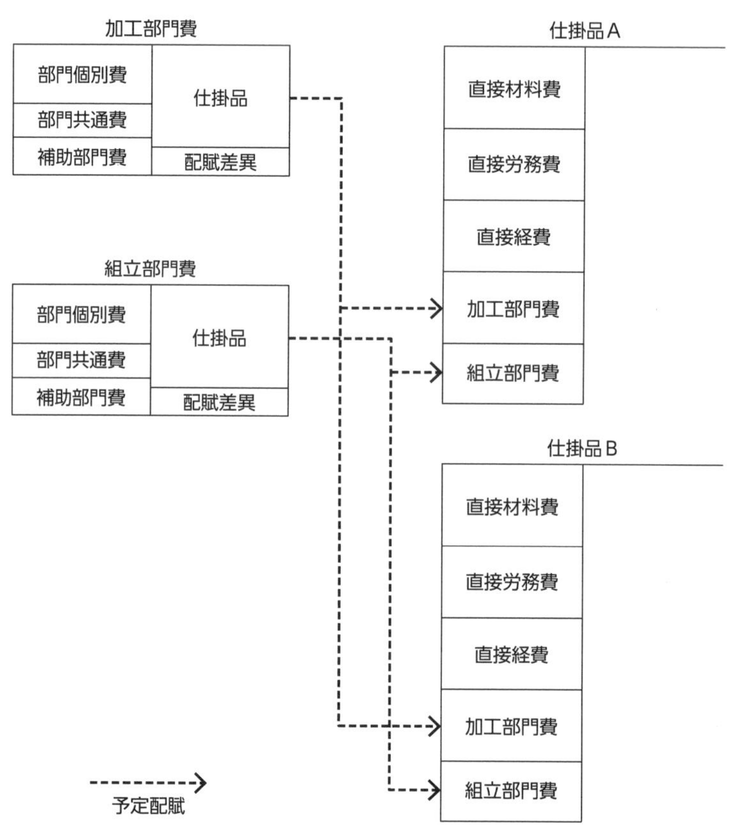

2　製造部門費の予定配賦方法

製造部門費の予定配賦の方法は、第５章（製造間接費会計）で学習したものと同様の流れで行われるが、**予算額の設定及び実際発生額の集計について部門別の計算が必要**となる。具体的には以下のとおりである。

(1)　予算設定時点（期首）

部門個別費と部門共通費の**予算額**について**第１次集計**と**第２次集計**を行い、予算における第２次集計後の各製造部門費予算額を、それぞれについて適切な予定配賦基準数値（基準操業度）で除すことで部門別予定配賦率を算定する。

$$部門別予定配賦率 = \frac{第２次集計後の各製造部門費予算額}{各予定配賦基準数値（基準操業度）}$$

具体例

1．当年度予算

①　部門個別費予算額（単位：円）

	加工部門	組立部門	動力部門	修繕部門
各部門個別費	231,600	289,600	41,600	37,200

②　部門共通費予算額は144,000円である。なお、部門共通費は建物占有面積により各部門に配賦する。

③　部門共通費・補助部門費・製造部門費の配賦基準

	加工部門	組立部門	動力部門	修繕部門
建物占有面積	3,600㎡	3,000㎡	800㎡	600㎡
動力消費量	4,800kwh	3,200kwh	—	—
修繕時間	5,000 h	3,000 h	—	—
直接作業時間	180 h	240 h	—	—

2．その他のデータ

①　補助部門相互間の用役授受については無視すること。

②　製造部門費は直接作業時間に基づいて製品に配賦している。

補助部門費配賦表（単位：円）

	加工部門	組立部門	動力部門	修繕部門
部門個別費	231,600	289,600	41,600	37,200
部門共通費	64,800	54,000	14,400	10,800
部門費計	296,400	343,600	56,000	48,000
修繕部門費	30,000	18,000		
動力部門費	33,600	22,400		
合　　計	360,000	384,000		

部門共通費の配賦率：144,000円÷（3,600㎡＋3,000㎡＋800㎡＋600㎡）＝@18円/㎡

修繕部門費の配賦率：48,000円÷（5,000 h ＋3,000 h）＝@6円/h

動力部門費の配賦率：56,000円÷（4,800kwh＋3,200kwh）＝@7円/kwh

加工部門費の予定配賦率：360,000円÷180 h ＝@2,000円/h

組立部門費の予定配賦率：384,000円÷240 h ＝@1,600円/h

⑵　予定配賦時点（期中）

部門別予定配賦率に実際配賦基準数値（実際操業度）を乗じることで予定配賦額を算定する。

製造部門費予定配賦額 ＝ 部門別予定配賦率 × 実際配賦基準数値（実際操業度）

具体例

1．製造部門費予定配賦率

	加工部門	組立部門
予定配賦率	@2,000円／h	@1,600円／h
年間基準操業度	180 h	240 h

2．当月の指図書別の直接作業時間

	＃101	＃102
加工部門	8 h	5 h
組立部門	9 h	8 h

＃101への配賦額

加工部門費：@2,000円／h × 8 h ＝ 16,000円

組立部門費：@1,600円／h × 9 h ＝ 14,400円

∴　合計：16,000円 + 14,400円 = 30,400円

＃102への配賦額

加工部門費：@2,000円／h × 5 h ＝ 10,000円

組立部門費：@1,600円／h × 8 h ＝ 12,800円

∴　合計：10,000円 + 12,800円 = 22,800円

⑶　実際発生額集計時点（月末以降）

予定配賦を行った場合、製造部門費配賦差異が生じることになる。

製造部門費配賦差異の算定方法は、まず**実際発生額について第１次集計及び第２次集計**（予算と同様の方法を用いる）**を行い、製造部門費の実際発生額を算定**する。ついで、製造部門費予定配賦額から製造部門費実際発生額を差し引くことで計算する。

なお、製造部門費配賦差異についても差異分析が行われる。

製造部門費配賦差異 ＝ 製造部門費予定配賦額 － 製造部門費実際発生額

製造部門費予算差異 ＝ 実際操業度における予算許容額 － 製造部門費実際発生額

製造部門費操業度差異 ＝ 製造部門費予定配賦額 － 実際操業度における予算許容額

重要ポイント！！

① 期首において、予算データを用いて、第１次集計、第２次集計を行い予定配賦率を算定する。

② 期中において、製造部門費の予定配賦率と実際配賦基準数値を用いて、製造部門費を各製品（指図書）に配賦する。

③ 期末（月末）以降において、実際発生額について、第１次集計、第２次集計を行い実際発生額を計算する。

具体例

1．製造部門費予定配賦率

	加工部門	組立部門
予定配賦率	@1,000円／h	@800円／h
年間基準操業度	180 h	216 h

2．当月の指図書別の直接作業時間

	＃101	＃102
加工部門	9 h	5 h
組立部門	9 h	7 h

3．当月の製造部門費実際発生額（第2次集計後）

加工部門・・・15,500円

組立部門・・・14,000円

4．製造間接費は固定予算によって管理している。なお、月間予算は年間の12分の1とする。

月間基準操業度

加工部門：180 h ÷ 12ヶ月＝15 h

組立部門：216 h ÷ 12ヶ月＝18 h

製造部門費の予定配賦額

加工部門費：@1,000円／h ×（9 h ＋ 5 h）＝14,000円

組立部門費：@800円／h ×（9 h ＋ 7 h）＝12,800円

製造部門費配賦差異

加工部門費配賦差異：14,000円－15,500円＝－1,500円（不利）

予算差異：@1,000円／h × 15 h －15,500円＝－500円（不利）

操業度差異：(14 h － 15 h）×@1,000円／h ＝－1,000円（不利）

組立部門費配賦差異：12,800円－14,000円＝－1,200円（不利）

予算差異：@800円／h × 18 h －14,000円＝400円（有利）

操業度差異：(16 h － 18 h）×@800円／h ＝－1,600円（不利）

【加工部門】

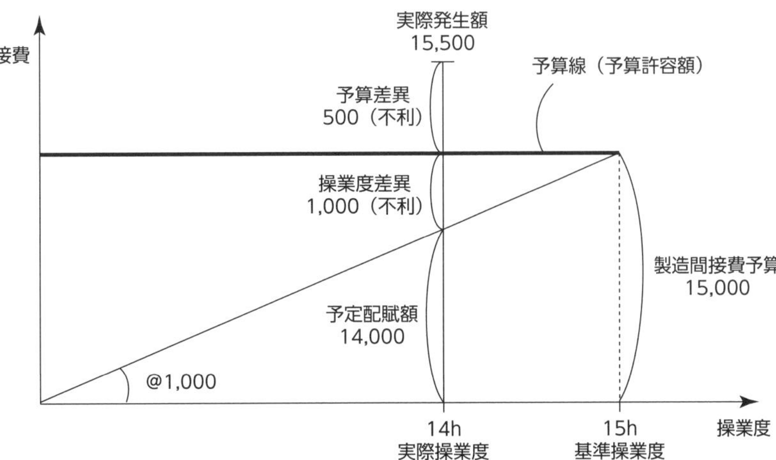
製造間接費
実際発生額
15,500
予算線（予算許容額）
予算差異
500（不利）
操業度差異
1,000（不利）
製造間接費予算
15,000
予定配賦額
14,000
@1,000
14h
実際操業度
15h
基準操業度
操業度

【組立部門】

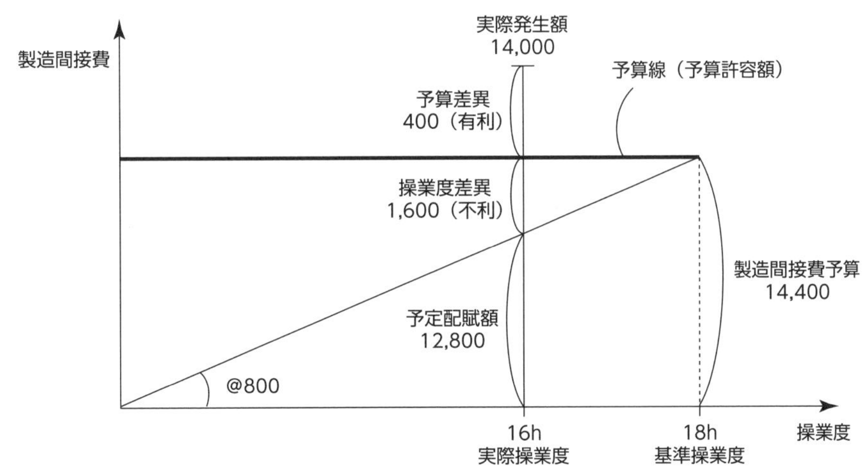
製造間接費
実際発生額
14,000
予算線（予算許容額）
予算差異
400（有利）
操業度差異
1,600（不利）
製造間接費予算
14,400
予定配賦額
12,800
@800
16h
実際操業度
18h
基準操業度
操業度

加工部門費

第1次集計後 15,500	#101 9,000
	#102 5,000
	予算差異 500
	操業度差異 1,000

#101

加工部門費 9,000	
組立部門費 7,200	

組立部門費

第2次集計後 14,000	#101 7,200
	#102 5,600
予算差異 400	操業度差異 1,600

#102

加工部門費 5,000	
組立部門費 5,600	

■ 例題３　部門別計算の予定配賦

重要度 A

以下の資料に基づいて、各設問に答えなさい。

１．当年度の製造間接費予算

① 第１次集計後の各部門費予算（単位：千円）

	加工部門	組立部門	動力部門	工場管理部門
各　部　門　費	92,800	98,200	55,000	18,000

② 配賦基準等

	加工部門	組立部門	動力部門	工場管理部門
動 力 消 費 量	4,200kwh	3,300kwh	—	—
従　業　員　数	120人	80人	30人	20人
直 接 作 業 時 間	9,600 h	7,200 h	—	—

③ 製造部門費は固定予算により管理している。

④ 製造間接費は直接作業時間に基づき製品に予定配賦している。

２．当月の実際データ等

① 第１次集計後の各部門費の実際発生額（単位：千円）

	加工部門	組立部門	動力部門	工場管理部門
各　部　門　費	7,850	8,100	4,500	1,600

② 配賦基準等

	加工部門	組立部門
動 力 消 費 量	330kwh	270kwh
直 接 作 業 時 間	770 h	590 h

③ 指示のないものについては、月間予算と同様であるものとする。

④ 月間予算は年間の12分の１である。

⑤ 補助部門費は製造部門に実際配賦している。

⑥ 補助部門費は直接配賦法により製造部門に配賦している。

問１　各製造部門の予定配賦率を求めなさい。

問２　各製造部門の予算差異と操業度差異を求めなさい。

■ 解答解説

問1　補助部門費配賦表：予算（単位：千円）

	加工部門	組立部門	動力部門	工場管理部門
部　門　費　計	92,800	98,200	55,000	18,000
工場管理部門費	10,800	7,200		
動　力　部　門　費	30,800	24,200		
合　　計	134,400	129,600		

加工部門費予定配賦率：134,400,000円÷9,600 h＝@14,000円／h

組立部門費予定配賦率：129,600,000円÷7,200 h＝@18,000円／h

問2　補助部門費配賦表：実際（単位：千円）

	加工部門	組立部門	動力部門	工場管理部門
部　門　費　計	7,850	8,100	4,500	1,600
工場管理部門費	960	640		
動　力　部　門　費	2,475	2,025		
合　　計	11,285	10,765		

加工部門費配賦差異：770 h ×@14,000円／h －11,285,000円＝－505,000円（不利）

　加工部門費予算差異：134,400,000円÷12ヶ月－11,285,000円＝－85,000円（不利）

　加工部門費操業度差異：（770 h －9,600 h ÷12ヶ月）×@14,000円／h ＝－420,000円（不利）

組立部門費配賦差異：590 h ×@18,000円／h －10,765,000円＝－145,000円（不利）

　組立部門費予算差異：129,600,000円÷12ヶ月－10,765,000円＝35,000円（有利）

　組立部門費操業度差異：（590 h －7,200 h ÷12ヶ月）×@18,000円／h ＝－180,000円（不利）

第４節　補助部門費の配賦方法（第２次集計）の諸論点

1　単一基準配賦法と複数基準配賦法

(1)　単一基準配賦法

単一基準配賦法とは、第２次集計において、補助部門の固定費と変動費を、**用役消費量という単一の基準により製造部門に配賦する方法**である。この方法によれば、補助部門の固定費は、関係部門にとってあたかも変動費であるかのように配賦されることになる。

(2)　複数基準配賦法

①　意義

複数基準配賦法とは、第２次集計において、**補助部門の変動費は実際用役消費量**により、**固定費は用役消費能力**で配賦する方法である。

②　論拠

補助部門の固定費は、用役提供量に関係なく発生し、**用役提供能力を維持するために一定額発生**する費用と考えられる。そして、**補助部門の用役提供能力は、製造部門の用役消費能力に依存**する。よって、補助部門の固定費は**用役消費能力で配賦するべき**であるといえる。また、**変動費は利用度に応じて発生**するので、**実際用役消費量で配賦すべき**である。

	変動費	固定費
単一基準配賦法	実際用役消費量	実際用役消費量
複数基準配賦法	実際用役消費量	用役消費能力

※　実際用役消費量　＝　当期にどれだけ消費するか
※　用役消費能力　＝　最大でどれだけ消費できるか
※　複数基準配賦法を採用する場合で、製造部門の補助部門用役消費能力が与えられていない場合には、予算における用役消費量を用役消費能力とみなして計算する。

(3)　補助部門費配賦額の製造部門における取扱い

①　複数基準配賦法の場合

複数基準配賦法においては、補助部門における変動費・固定費の区分を製造部門でも引き継ぐことになる。

②　単一基準配賦法の場合

単一基準配賦法においては、補助部門費配賦額は製造部門において、すべて変動費として取扱うのが一般的である。ただし、指示によっては、補助部門における固定費・変動費の区分を製造部門でも引き継ぐこともある。

	補助部門における変動費	補助部門における固定費
単一基準配賦法	製造部門でも変動費	製造部門では変動費（※）
複数基準配賦法	製造部門でも変動費	製造部門でも固定費

※　指示によっては、製造部門でも固定費として取り扱うこともある。

(4) 補助部門費配賦方法の分類

補助部門費の配賦方法は、単一基準か複数基準か、及び実際配賦か予定配賦又は予算許容額配賦かにより以下の4つに分類できる。

① 単一基準実際（発生額）配賦
② 複数基準実際（発生額）配賦
③ 単一基準予定配賦
④ 複数基準予算許容額配賦

2 単一基準配賦法と複数基準配賦法の実際配賦

(1) 単一基準実際配賦の問題点

① 単一基準実際配賦法は、用役消費量という単一の基準により補助部門費を配賦するため、固定費を変動費のごとく擬制して配賦することになる。そのため、**固定費の配賦額が、他の関係部門の実際用役消費量の多寡の影響を受ける**という問題点がある。

② 補助部門費の実際発生額を配賦するため、**補助部門における原価能率の良否が配賦額に混入**してしまう。そのため、補助部門の原価能率を把握できず、製造部門がこれを負担してしまうという問題点がある。

(2) 複数基準実際配賦による改善（複数基準の優位性）

複数基準配賦法では、固定費は用役消費量ではなく、用役消費能力に基づいて配賦されるため、上記①の**他の関係部門の実際用役消費量の多寡の影響を受けるという問題点は解消**される。

ただし、実際発生額を配賦する以上、上記②の補助部門における原価能率の良否が配賦額に混入するという問題点は解消していない。

具体例

1．当月の各部門費の実際発生額（単位：円）

	加工部門		組立部門		動力部門	
	固定費	変動費	固定費	変動費	固定費	変動費
部　門　費	8,000	4,000	9,000	5,000	2,000	X

2．当月の実際配賦基準

	加工部門	組立部門
動力消費量	100kwh	Y
動力消費能力	100kwh	100kwh

3．動力部門における変動費・固定費の区分を、製造部門でも引き継いでいる。

〔ケース１〕 単一基準配賦法の場合で　X＝2,000円　Y＝100kwhの場合

変動費配賦率：2,000円÷（100kwh＋100kwh）＝@10円/kwh

固定費配賦率：2,000円÷（100kwh＋100kwh）＝@10円/kwh　（単位：円）

	加工部門		組立部門		動力部門	
	固定費	変動費	固定費	変動費	固定費	変動費
部　門　費	8,000	4,000	9,000	5,000	2,000	2,000
動力部門費	1,000	1,000	1,000	1,000		
第２次集計後	9,000	5,000	10,000	6,000		

〔ケース２〕 単一基準配賦法の場合で　X＝1,600円　Y＝60kwhの場合

変動費配賦率：1,600円÷（100kwh＋60kwh）＝@10円/kwh

固定費配賦率：2,000円÷（100kwh＋60kwh）＝@12.5円/kwh　（単位：円）

	加工部門		組立部門		動力部門	
	固定費	変動費	固定費	変動費	固定費	変動費
部　門　費	8,000	4,000	9,000	5,000	2,000	1,600
動力部門費	1,250	1,000	750	600		
第２次集計後	9,250	5,000	9,750	5,600		

問題点！！！

加工部門への動力部門固定費の配賦額が増加してしまっている。

これは、組立部門の用役消費量が減少し、実際配賦率が高くなったことに起因する。

〔ケース3〕　複数基準配賦法の場合で　X＝1,600円　Y＝60kwhの場合

動力部門変動費配賦率：1,600円÷（100kwh＋60kwh）＝@10円/kwh

動力部門固定費配賦率：2,000円÷（100kwh＋100kwh）＝@10円/kwh

	加工部門		組立部門		動力部門	
	固定費	変動費	固定費	変動費	固定費	変動費
部　門　費	8,000	4,000	9,000	5,000	2,000	1,600
動力部門費	1,000	1,000	1,000	600		
第2次集計後	9,000	5,000	10,000	5,600		

■ 例題４　補助部門費の配賦基準　重要度A

以下の資料に基づいて、各設問に答えなさい。

1．第１次集計後の各部門費の実際発生額（単位：千円）

	加工部門		組立部門		動力部門		工場管理部門	
	固定費	変動費	固定費	変動費	固定費	変動費	固定費	変動費
各部門費	15,000	12,000	10,000	8,000	6,000	4,000	12,000	―

2．配賦基準等

	加工部門	組立部門	動力部門	工場管理部門
動力消費量	5,000kwh	3,000kwh	―	―
動力消費能力	5,000kwh	5,000kwh	―	―
従業員数	50人	30人	20人	10人

問１　単一基準配賦法の直接配賦法を用いた場合の、第２次集計後の各製造部門費を求めなさい。

問２　単一基準配賦法の階梯式配賦法を用いた場合の、第２次集計後の各製造部門費を求めなさい。

問３　複数基準配賦法の直接配賦法を用いた場合の、第２次集計後の各製造部門費を求めなさい。

問４　複数基準配賦法の階梯式配賦法を用いた場合の、第２次集計後の各製造部門費を求めなさい。

■ 解答解説

問１　単一基準配賦法の直接配賦法　（単位：千円）

	加工部門		組立部門		動力部門		工場管理部門	
	固定費	変動費	固定費	変動費	固定費	変動費	固定費	変動費
部門費計	15,000	12,000	10,000	8,000	6,000	4,000	12,000	―
工場管理部門費	―	7,500	―	4,500				
動力部門費	―	6,250	―	3,750				
合計	15,000	25,750	10,000	16,250				

工場管理部門費実際配賦率：12,000千円÷（50人＋30人）＝@150千円／人

動力部門費実際配賦率：（6,000千円＋4,000千円）÷（5,000kwh＋3,000kwh）＝@1.25千円/kwh

問２　単一基準配賦法の階梯式配賦法　（単位：千円）

	加工部門		組立部門		動力部門		工場管理部門	
	固定費	変動費	固定費	変動費	固定費	変動費	固定費	変動費
部門費計	15,000	12,000	10,000	8,000	6,000	4,000	12,000	―
工場管理部門費	―	6,000	―	3,600	―	2,400		
動力部門費	―	7,750	―	4,650				
合計	15,000	25,750	10,000	16,250				

工場管理部門費実際配賦率：12,000千円÷（50人＋30人＋20人）＝@120千円／人

動力部門費実際配賦率：（6,000千円＋4,000千円＋2,400千円）÷（5,000kwh＋3,000kwh）

＝@1.55千円/kwh

問3　複数基準配賦法の直接配賦法　（単位：千円）

	加工部門		組立部門		動力部門		工場管理部門	
	固定費	変動費	固定費	変動費	固定費	変動費	固定費	変動費
部門費計	15,000	12,000	10,000	8,000	6,000	4,000	12,000	—
工場管理部門費	7,500	—	4,500	—				
動力部門費	3,000	2,500	3,000	1,500				
合計	25,500	14,500	17,500	9,500				

工場管理部門費実際配賦率：12,000千円÷（50人＋30人）＝@150千円／人

動力部門変動費実際配賦率：4,000千円÷（5,000kwh＋3,000kwh）＝@0.5千円/kwh

動力部門固定費実際配賦率：6,000千円÷（5,000kwh＋5,000kwh）＝@0.6千円/kwh

問4　複数基準配賦法の階梯式配賦法　（単位：千円）

	加工部門		組立部門		動力部門		工場管理部門	
	固定費	変動費	固定費	変動費	固定費	変動費	固定費	変動費
部門費計	15,000	12,000	10,000	8,000	6,000	4,000	12,000	—
工場管理部門費	6,000	—	3,600	—	2,400	—		
動力部門費	4,200	2,500	4,200	1,500				
合計	25,200	14,500	17,800	9,500				

工場管理部門費実際配賦率：12,000千円÷（50人＋30人＋20人）＝@120千円／人

動力部門変動費実際配賦率：4,000千円÷（5,000kwh＋3,000kwh）＝@0.5千円/kwh

動力部門固定費実際配賦率：（6,000千円＋2,400千円）÷（5,000kwh＋5,000kwh）＝@0.84千円/kwh

3　実際配賦と予定配賦と予算許容額配賦

(1)　補助部門費の実際配賦

補助部門費の実際配賦とは、製造部門費の実際発生額の計算（第２次集計）において、**補助部門費を実際配賦率に基づき、製造部門に配賦する**ことをいう。この場合、当然にして予算差異も操業度差異も発生しない。

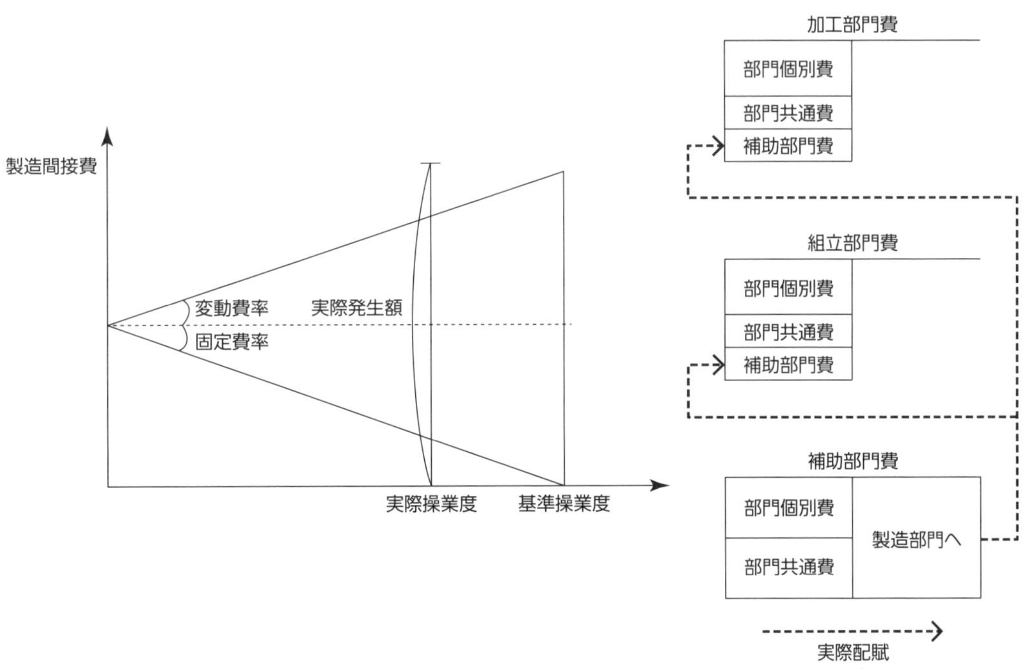

(2)　補助部門費の予定配賦

補助部門費の予定配賦とは、単一基準配賦法を採用した場合に、製造部門費の実際発生額の計算（第２次集計）において、**予定配賦率を使用して補助部門費を製造部門に配賦**することをいう。この場合、**補助部門において、予算差異と操業度差異が発生すること**になる。

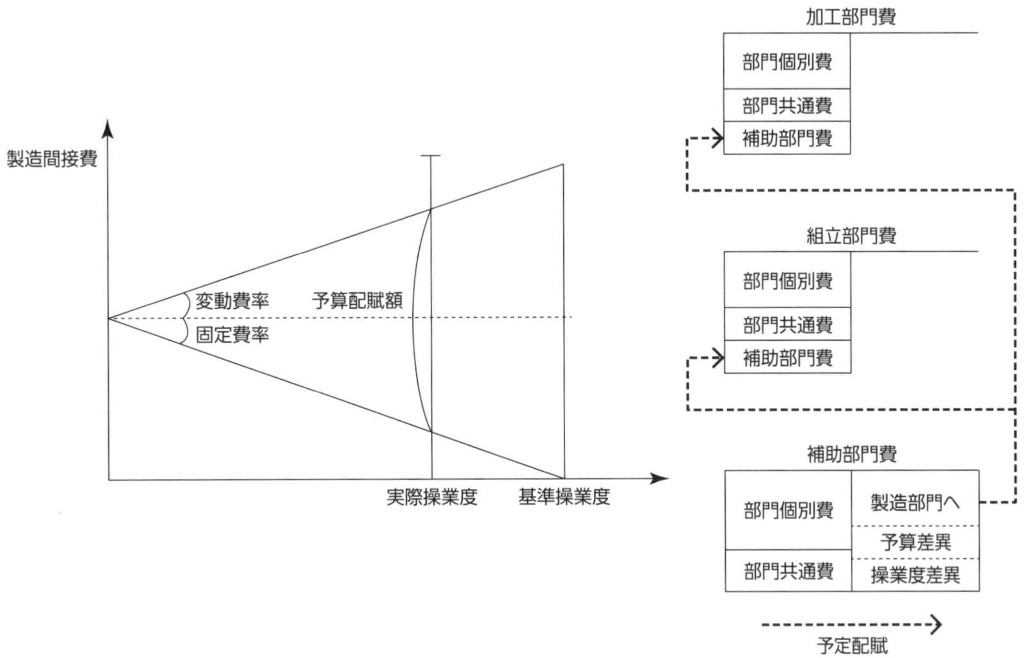

なお、補助部門費を予定配賦するか実際配賦するか、と製造部門費を予定配賦するか実際配賦するかは別問題であり、必ず切り離して考えなければならない。

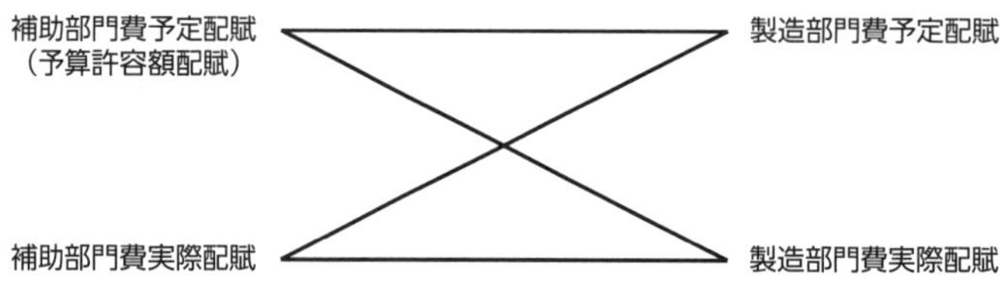

(3)　予定配賦による改善（予定配賦の優位性）

①　実際配賦の問題点の改善

予定配賦を行なうことにより、補助部門において予算差異が認識されるため、**補助部門の原価能率が製造部門に混入するという問題点は解消**され、原価管理に資する。

②　新たに生じる問題点

固定費を用役消費量で配賦するため、**補助部門にとって管理不能な操業度差異が補助部門に残ってしまう**という新たな問題点が生じる。

具体例 **補助部門の原価能率の良否が製造部門への配賦額に混入するという問題点の解消**

1．月間予算

①　補助部門費配賦表（予算）　　　　（単位：円）

	加工部門		組立部門		動力部門	
	固定費	変動費	固定費	変動費	固定費	変動費
部門費計	8,000	4,000	9,000	5,000	2,000	2,000
動力部門費	1,000	1,000	1,000	1,000		
合　計	9,000	5,000	10,000	6,000		

②　配賦基準

	加工部門	組立部門
動力消費量	100kwh	100kwh

2．当月実際データ

①　部門費実際発生額　　　　（単位：円）

	加工部門		組立部門		動力部門	
	固定費	変動費	固定費	変動費	固定費	変動費
部門費計	8,000	4,000	9,000	5,000	2,000	1,800

②　配賦基準

	加工部門	組立部門
動力消費量	100kwh	60kwh

〔ケース１〕　単一基準実際配賦法の場合　　　　（単位：円）

	加工部門		組立部門		動力部門	
	固定費	変動費	固定費	変動費	固定費	変動費
部門費計	8,000	4,000	9,000	5,000	2,000	1,800
動力部門費	1,250	1,125	750	675		
合　計	9,250	5,125	9,750	5,675		

〔ケース２〕　単一基準予定配賦法の場合

動力部門変動費配賦率2,000円÷（100kwh＋100kwh）＝@10円/kwh

動力部門固定費配賦率2,000円÷（100kwh＋100kwh）＝@10円/kwh

（単位：円）

	加工部門		組立部門		動力部門	
	固定費	変動費	固定費	変動費	固定費	変動費
部門費計	8,000	4,000	9,000	5,000	2,000	1,800
動力部門費	1,000	1,000	600	600	△1,600	△1,600
合　計	9,000	5,000	9,600	5,600	△400	△200

第６章　部門別計算

動力部門操業度差異：(100kwh + 60kwh − 200kwh) ×@10円/kwh = −400円（不利）
動力部門変動費予算差異：(1,000円 + 600円) − 1,800円 = −200円（不利）

ポイント！！！
補助部門（動力部門）の原価能率の良否に影響されずに配賦できる。
これは、一定の予定配賦率により、配賦計算を行うためである。

問題点！！！
補助部門にとって管理不能な操業度差異が、補助部門に残る結果となる。

■ 例題５　補助部門費の予定配賦

以下の資料に基づいて、各設問に答えなさい。

1．年間部門費予算データ

①　第１次集計後部門費予算（単位：千円）

	加工部門		組立部門		動力部門	
	固定費	変動費	固定費	変動費	固定費	変動費
各部門費	15,000	12,000	13,500	15,000	5,400	5,400

②　配賦基準

	加工部門	組立部門
動力消費量	4,000kwh	5,000kwh
直接作業時間	12,000 h	15,000 h

③　補助部門費および各製造部門費は、公式法変動予算により管理している。

④　製造部門費は直接作業時間に基づいて製品に予定配賦している。なお、基準操業度として、短期予定操業度を採用している。

2．当月の実際データ

①　各部門費（単位：千円）

	加工部門		組立部門		動力部門	
	固定費	変動費	固定費	変動費	固定費	変動費
各部門費	1,250	1,020	1,120	1,280	504	468

②　配賦基準

	加工部門	組立部門
動力消費量	320kwh	400kwh
直接作業時間	980 h	1,480 h

3．その他のデータ

①　月間予算は年間の12分の１である。

②　補助部門における固定費・変動費の分類は、製造部門においても同様とする。

問１　単一基準予定配賦法を用いた場合の、動力部門費、加工部門費及び組立部門費の、変動費と固定費のそれぞれについて、予定配賦率を算定しなさい。　重要度Ａ

問２　問１の場合において、動力部門費配賦差異を算定し、変動費予算差異と固定費予算差異、及び操業度差異に分析しなさい。　重要度Ｂ

問３　問１の場合において、加工部門費配賦差異を算定し、変動費予算差異と固定費予算差異、及び操業度差異に分析しなさい。　重要度Ｂ

■ 解答解説

問1　単一基準予定配賦法（予算）　　（単位：千円）

	加工部門		組立部門		動力部門	
	固定費	変動費	固定費	変動費	固定費	変動費
部門費計	15,000	12,000	13,500	15,000	5,400	5,400
動力部門費	2,400	2,400	3,000	3,000	@0.6	@0.6
合計	17,400	14,400	16,500	18,000		
	@1.45	@1.2	@1.1	@1.2		

動力部門費予定配賦率

変動費：5,400千円÷（4,000kwh＋5,000kwh）＝@0.6千円/kwh

固定費：5,400千円÷（4,000kwh＋5,000kwh）＝@0.6千円/kwh

加工部門費予定配賦率

変動費：14,400千円÷12,000 h＝@1.2千円/ h

固定費：17,400千円÷12,000 h＝@1.45千円/ h

組立部門費予定配賦率

変動費：18,000千円÷15,000 h＝@1.2千円/ h

固定費：16,500千円÷15,000 h＝@1.1千円/ h

問2　単一基準予定配賦法（実績）　　（単位：千円）

	加工部門		組立部門		動力部門	
	固定費	変動費	固定費	変動費	固定費	変動費
部門費計	1,250	1,020	1,120	1,280	504	468
動力部門費	192	192	240	240		
合計	1,442	1,212	1,360	1,520		

当月の動力部門基準操業度：（4,000kwh＋5,000kwh）÷12ヶ月＝750kwh

動力部門予定配賦額

変動費：@0.6千円/kwh×（320kwh＋400kwh）＝432千円

固定費：@0.6千円/kwh×（320kwh＋400kwh）＝432千円

動力部門費配賦差異：（432千円＋432千円）－（504千円＋468千円）＝－108千円（不利）

変動費予算差異：432千円－468千円＝－36千円（不利）

固定費予算差異：5,400千円÷12ヶ月－504千円＝－54千円（不利）

操業度差異：（320kwh＋400kwh－750kwh）×@0.6千円/kwh＝－18千円（不利）

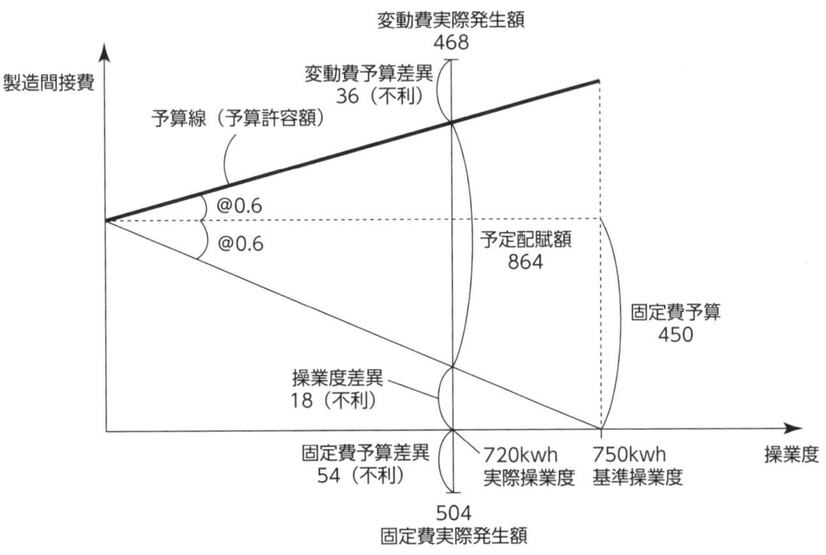

問３

加工部門費予定配賦額

変動費：@1.2千円／ｈ×980ｈ＝1,176千円

固定費：@1.45千円／ｈ×980ｈ＝1,421千円

加工部門費配賦差異：(1,176千円＋1,421千円）－（1,212千円＋1,442千円）＝－57千円（不利）

変動費予算差異：1,176千円－1,212千円＝－36千円（不利）

固定費予算差異：17,400千円÷12ヶ月－1,442千円＝８千円（有利）

操業度差異：(980ｈ－12,000ｈ÷12ヶ月）×@1.45千円／ｈ＝－29千円（不利）

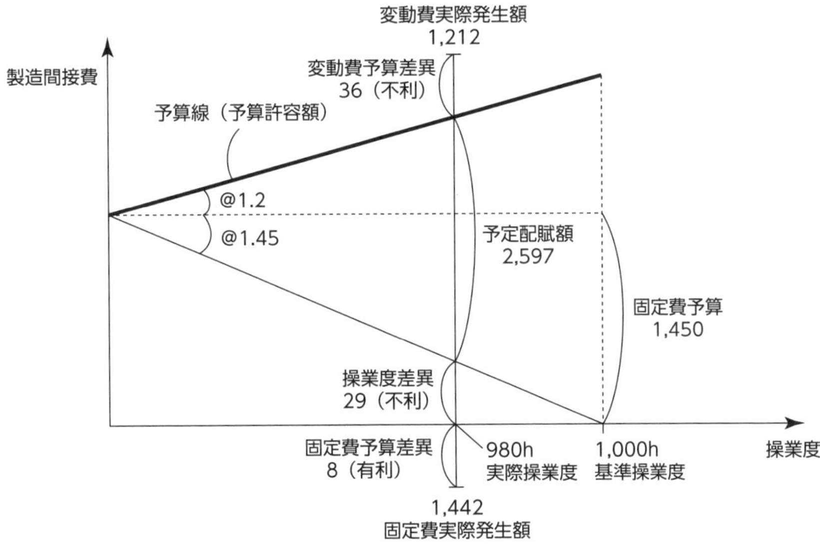

第６章　部門別計算

⑷ 補助部門費の予算許容額配賦

補助部門費の予算許容額配賦とは、複数基準配賦法を採用した場合に、製造部門費の実際発生額の計算（第２次集計）において、**補助部門費の予算許容額を製造部門に配賦すること**をいう。この場合、補助部門において、**予算差異のみが発生**することになる。

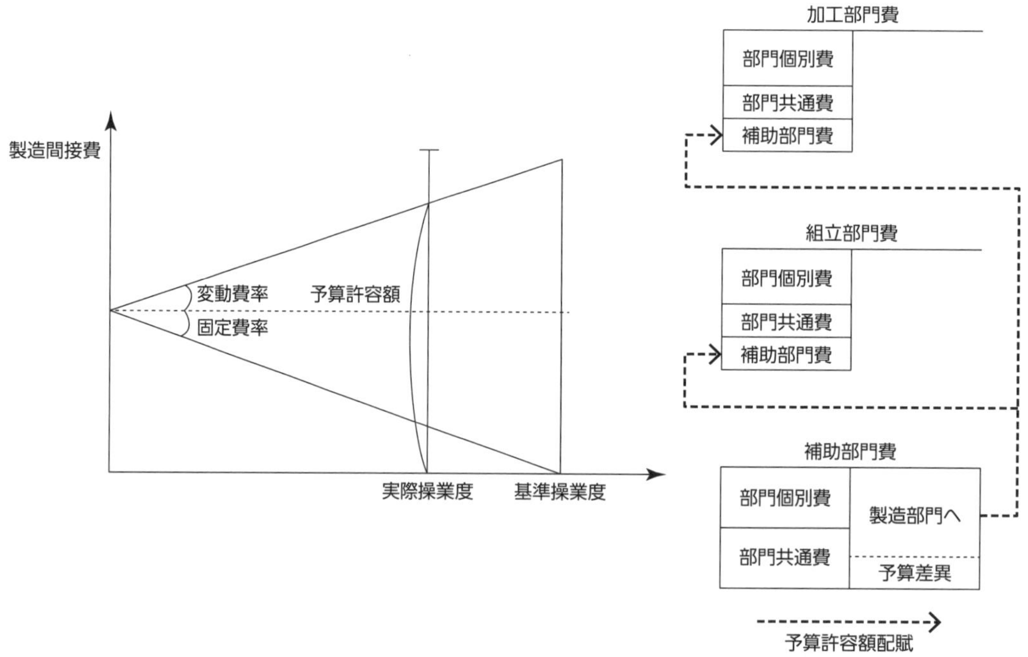

⑸ 予算許容額配賦による改善（予算許容額配賦の優位性）

予定配賦を行った場合には、固定費をあたかも変動費のようにみなして配賦するため、実際操業度と基準操業度の乖離から、操業度差異が発生するが、**補助部門の操業度差異は補助部門にとって管理不能であり、製造部門の責任**とすべきである。

なぜなら、補助部門は製造部門に対して補助的関係にあり、**補助部門の実際操業度は、製造部門がどれだけ補助部門からの用役の提供を要求したかに依存**する（例えば、製造部門が動力をどれだけ消費したかが、動力部門の操業度を決定する）からである。

このように、**予定配賦では**補助部門にとって管理不能な操業度差異が残ってしまい、**責任会計上の問題**があるといえる。一方、**予算許容額配賦によれば**、予算許容額と配賦額が一致するため、**補助部門では操業度差異が発生せず、製造部門に配賦される**ことになり、**責任会計上適切に処理**されることになる。

具体例

1．月間予算

①　補助部門費配賦表（予算）　（単位：円）

	加工部門		組立部門		動力部門	
	固定費	変動費	固定費	変動費	固定費	変動費
部門費計	8,000	4,000	9,000	5,000	2,000	2,000
動力部門費	1,000	1,000	1,000	1,000		
合計	9,000	5,000	10,000	6,000		

②　配賦基準

	加工部門	組立部門
動力消費量	100kwh	100kwh
動力消費能力	100kwh	100kwh

2．当月実際データ

①　部門費実際発生額　（単位：円）

	加工部門		組立部門		動力部門	
	固定費	変動費	固定費	変動費	固定費	変動費
部門費	8,000	4,000	9,000	5,000	2,000	1,800

②　配賦基準

	加工部門	組立部門
動力消費量	100kwh	60kwh

〔ケース１〕　単一基準予定配賦法の場合

	加工部門		組立部門		動力部門	
	固定費	変動費	固定費	変動費	固定費	変動費
部門費計	8,000	4,000	9,000	5,000	2,000	1,800
動力部門費	1,000	1,000	600	600		
合計	9,000	5,000	9,600	5,600		

動力部門操業度差異：（100kwh＋60kwh－200kwh）×＠10円/kwh＝**－400円（不利）**

動力部門予算差異：（1,000円＋600円）－1,800円＝**－200円（不利）**

問題点！！！

動力部門に操業度差異が発生してしまっている。

これは、動力部門に管理不能な差異であり、製造部門が負担すべき差異となる。

〔ケース2〕 複数基準予算許容額配賦法の場合

	加工部門		組立部門		動力部門	
	固定費	変動費	固定費	変動費	固定費	変動費
部 門 費 計	8,000	4,000	9,000	5,000	2,000	1,800
動 力 部 門 費	1,000	1,000	1,000	600		
合 計	9,000	5,000	10,000	5,600		

動力部門予算差異：(1,000円＋600円) －1,800円＝－200円（不利）

ポイント！！！

予算許容額と配賦額が一致し、動力部門に操業度差異が発生しないため、責任会計上適切に処理されることになる。

■例題６　補助部門費の予算許容額配賦　重要度B

以下の資料に基づいて、各設問に答えなさい。

１．年間部門費予算データ

①　第１次集計後部門費予算　（単位：千円）

	加工部門		組立部門		動力部門	
	固定費	変動費	固定費	変動費	固定費	変動費
各部門費	15,000	12,000	13,500	15,000	5,400	5,400

②　配賦基準

	加工部門	組立部門
動力消費量	4,000kwh	5,000kwh
動力消費能力	5,000kwh	7,000kwh
直接作業時間	12,000 h	15,000 h

③　補助部門費および各製造部門費は、公式法変動予算により管理している。

④　製造部門費は直接作業時間に基づいて製品に予定配賦している。なお、基準操業度として、短期予定操業度を採用している。

２．当月の実際データ

①　各部門費（単位：千円）

	加工部門		組立部門		動力部門	
	固定費	変動費	固定費	変動費	固定費	変動費
各部門費	1,250	1,020	1,120	1,280	504	468

②　配賦基準

	加工部門	組立部門
動力消費量	320kwh	400kwh
直接作業時間	980 h	1,480 h

３．その他のデータ

①　月間予算は年間の12分の１である。

②　補助部門における固定費・変動費の分類は、製造部門においても同様とする。

問１　複数基準予算許容額配賦法を用いた場合の、動力部門費、加工部門費及び組立部門費の、変動費と固定費のそれぞれについて、予定配賦率を算定しなさい。

問２　問１の場合において、動力部門費配賦差異を算定し、変動費予算差異と固定費予算差異、及び操業度差異に分析しなさい。

問３　問１の場合において、加工部門費配賦差異を算定し、変動費予算差異と固定費予算差異、及び操業度差異に分析しなさい。

■ 解答解説

問1 複数基準予算許容額配賦法（予算）　（単位：千円）

	加工部門		組立部門		動力部門	
	固定費	変動費	固定費	変動費	固定費	変動費
部門費計	15,000	12,000	13,500	15,000	5,400	5,400
動力部門費	2,250	2,400	3,150	3,000	@0.45	@0.6
合計	17,250	14,400	16,650	18,000		
	@1.4375	@1.2	@1.11	@1.2		

動力部門費予定配賦率

変動費：5,400千円÷（4,000kwh＋5,000kwh）＝@0.6千円/kwh

固定費：5,400千円÷（5,000kwh＋7,000kwh）＝@0.45千円/kwh

加工部門費予定配賦率

変動費：14,400千円÷12,000 h＝@1.2千円/ h

固定費：17,250千円÷12,000 h＝@1.4375千円/ h

組立部門費予定配賦率

変動費：18,000千円÷15,000 h＝@1.2千円/ h

固定費：16,650千円÷15,000 h＝@1.11千円/ h

問2 複数基準予算許容額配賦法（実績）　（単位：千円）

	加工部門		組立部門		動力部門	
	固定費	変動費	固定費	変動費	固定費	変動費
部門費計	1,250	1,020	1,120	1,280	504	468
動力部門費	187.5	192	262.5	240		
合計	1,437.5	1,212	1,382.5	1,520		

当月の動力部門基準操業度：（4,000kwh＋5,000kwh）÷12ヶ月＝750kwh

動力部門予算許容額（配賦額）

変動費：@0.6千円/kwh×（320kwh＋400kwh）＝432千円

加工部門への配賦額：@0.6千円/kwh×320kwh＝192千円

組立部門への配賦額：@0.6千円/kwh×400kwh＝240千円

固定費：5,400千円（年間予算額）÷12ヶ月＝450千円

加工部門への配賦額：@0.45千円/kwh×5,000kwh÷12ヶ月＝187.5千円

組立部門への配賦額：@0.45千円/kwh×7,000kwh÷12ヶ月＝262.5千円

動力部門費配賦差異：（432千円＋450千円）－（468千円＋504千円）＝－90千円（不利）

変動費予算差異：432千円－468千円＝－36千円（不利）

固定費予算差異：450千円－504千円＝－54千円（不利）

操業度差異：発生しない

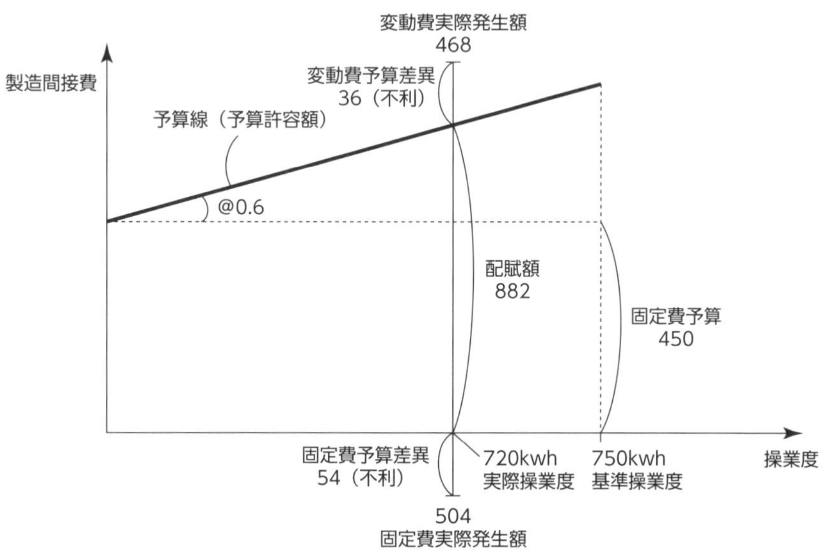

問３

加工部門費予定配賦額

変動費：@1.2千円／ h × 980 h ＝ 1,176千円

固定費：@1.4375千円／ h × 980 h ＝ 1,408.75千円

加工部門費配賦差異：（1,176千円＋1,408.75千円）－（1,212千円＋1,437.5千円）

＝－64.75千円（不利）

変動費予算差異：1,176千円－1,212千円＝－36千円（不利）

固定費予算差異：17,250千円÷12ヶ月－1,437.5千円＝0千円

操業度差異：（980 h －12,000 h ÷12ヶ月）×@1.4375千円／ h ＝－28.75千円（不利）

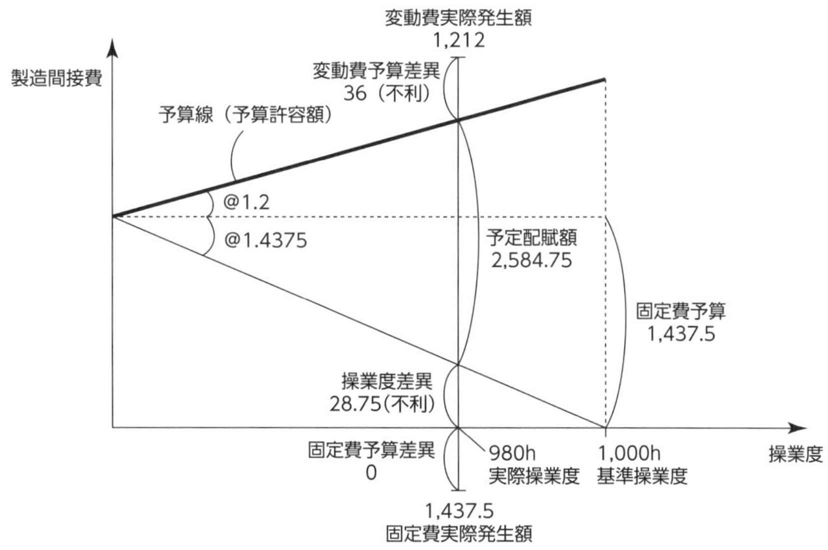

4 補助部門の配賦方法のまとめ

これまでに学習した第２次集計の方法をまとめると以下のとおりである。

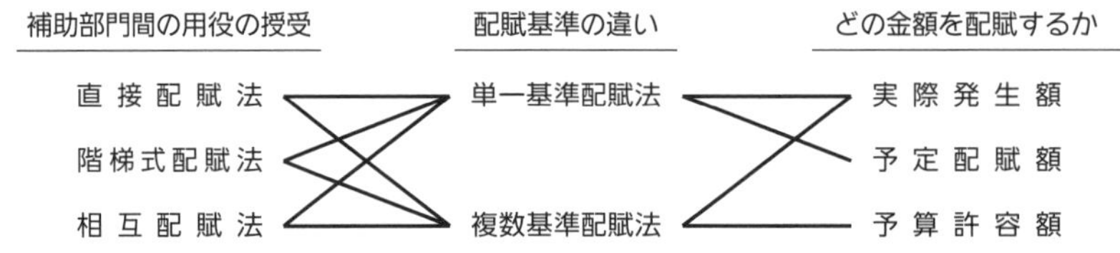

① 単一基準実際発生額配賦

単一基準実際発生額配賦法は、用役消費量という単一の基準により補助部門費を配賦するため、**固定費の配賦額が他の関係部門の実際用役消費量の多寡の影響を受ける**という問題点がある。

また、実際額を配賦するため、**補助部門における原価能率が配賦額に混入**してしまい、補助部門の原価能率を把握できず、**製造部門がこれを負担してしまう**という問題点がある。

② 複数基準実際発生額配賦

複数基準実際発生額配賦法は、実際額を配賦するため、**補助部門における原価能率が配賦額に混入し**てしまい、補助部門の原価能率を把握できず、**製造部門がこれを負担してしまう**という問題点がある。

③ 単一基準予定配賦

単一基準予定配賦法は、用役消費量という単一の基準により補助部門費を配賦するため、固定費を変動費のごとく擬制して配賦することになる。そのため、**補助部門にとって管理不能な操業度差異が補助部門に残ってしまう**という問題点がある。

また、これに関連して、予定配賦率の算定の段階において、他の関係部門の用役消費量の影響を受けてしまい、結果として配賦額にも影響してしまうという問題点がある。

④ 複数基準予算許容額配賦

複数基準予算許容額配賦法は、単一基準と実際配賦の双方の問題点を克服しており、**経営管理上最も優れている配賦方法**である。

〔単一基準と複数基準〕

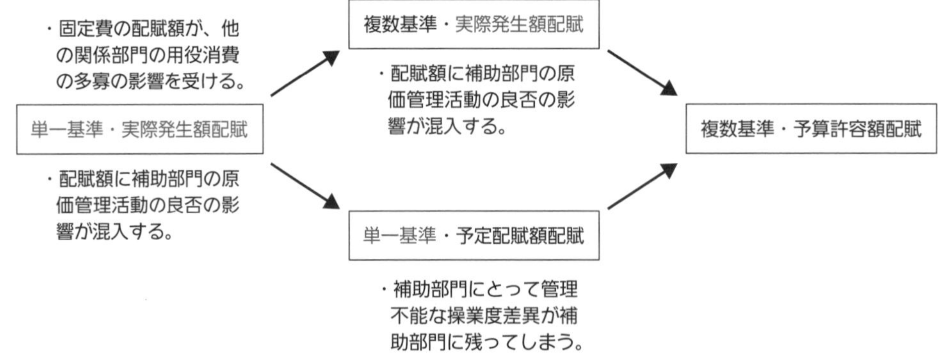

第7章

個別原価計算

第１節　製品別計算総論

1　製品別計算の意義

原価の製品別計算とは、原価要素を一定の製品単位に**集計**し、**単位製品の製造原価を算定する手続**をいい、原価計算における**第三次の計算段階**である。

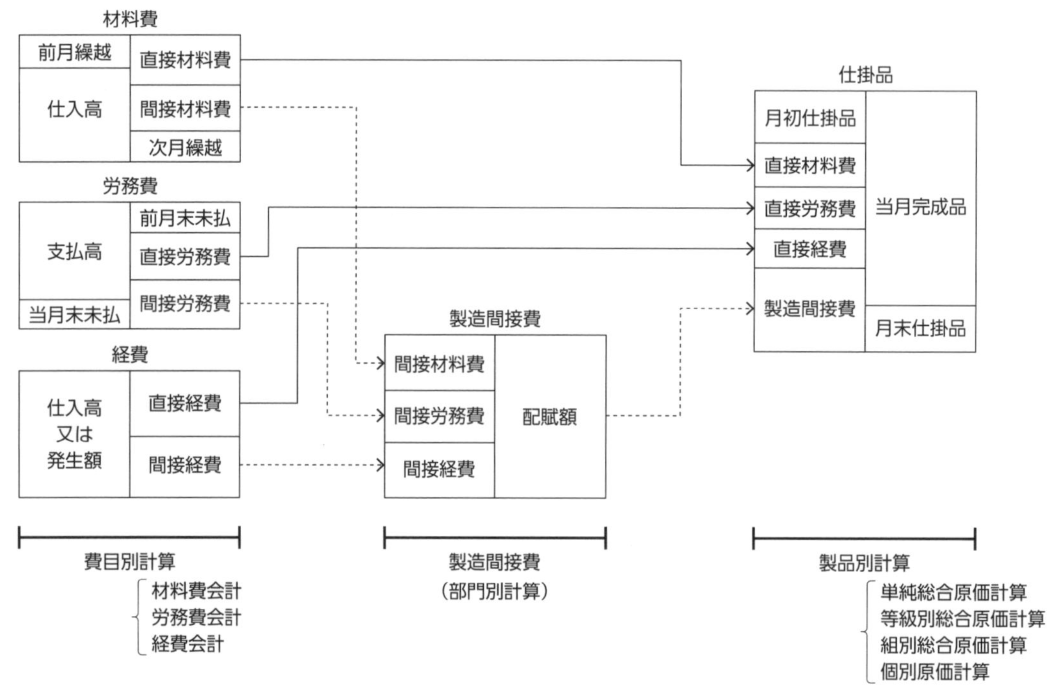

2　製品別計算の種類

製品別計算は、①**単純総合原価計算**、②**等級別総合原価計算**、③**組別総合原価計算**および④**個別原価計算**の４つがあり、企業の生産形態に応じて選択して適用する。

3　個別原価計算と総合原価計算

製品別計算のうち、個別原価計算と総合原価計算では、それぞれが適用される生産形態を異にするため、以下のような様々な点で相違する。

	個別原価計算	総合原価計算
生産形態	個別受注生産	市場見込生産
製造指図書	特定製造指図書	継続製造指図書
原価集計単位	指図書ごとの生産命令数量	期間生産量
直接費・間接費の区分の重要性	必須	重要ではない ①組別総合原価計算では重要 ②標準原価計算では重要
期末仕掛品評価のための手続	特になし	完成品原価算定のために必須
生産数量の確定時期	受注時	月末
製品原価の算定時	生産完了時	月末

4　製造指図書

個別原価計算で発行される特定製造指図書は、特定の製品を特定数量だけ生産する場合に発行される指図書であり、生産数量が明示されている。

総合原価計算で発行される継続製造指図書は、大量連続生産が行われる場合に発行される指図書であり、**生産数量は明示されておらず、発行されている間は生産し続ける**ことになる。

第7章　個別原価計算

第２節　個別原価計算とは

1　個別原価計算とは

個別原価計算とは、原価計算における第三次の計算段階である**製品別計算の一形態**であり、**種類を異にする製品を個別的に生産する生産形態**に適用する原価計算方法である。なお、**部門別計算を行わず**、製造間接費の配賦を工場全体の**総括配賦率によって行う個別原価計算を単純個別原価計算**といい、**部門別計算を行い**、製造間接費の配賦を**部門別配賦率によって行う個別原価計算を部門別個別原価計算**という。

2　特定製造指図書

⑴　意義

特定製造指図書とは、個別原価計算における製品等の製造作業を指図する命令書である。なお、特定製造指図書には、個々の注文ごとの仕事内容が記載されており、生産数量が明示されている。

⑵　特定指図書が発行されるケース

特定製造指図書を発行すれば、それはすなわち個別原価計算の適用を意味することになる。原価計算基準では、以下のようなケースを想定している。

①	経営の目的とする製品の生産を行う場合
②	自家用の建物、機械、工具等の製作または修繕を行う場合
③	試験研究、試作を行う場合
④	仕損品の補修、代品の製作を行う場合

3 原価計算表

原価計算表（原価集計表）は、**特定製造指図書別に原価を集計する表**である。なお、特定製造指図書別に集計された金額は、総勘定元帳の**仕掛品勘定の内訳**を示している。

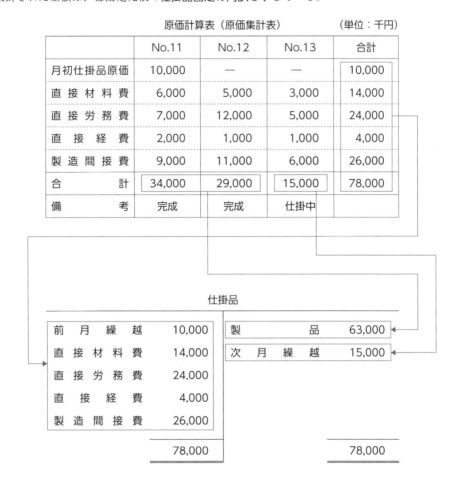

原価計算表（原価集計表）　（単位：千円）

	No.11	No.12	No.13	合計
月初仕掛品原価	10,000	—	—	10,000
直接材料費	6,000	5,000	3,000	14,000
直接労務費	7,000	12,000	5,000	24,000
直接経費	2,000	1,000	1,000	4,000
製造間接費	9,000	11,000	6,000	26,000
合計	34,000	29,000	15,000	78,000
備考	完成	完成	仕掛中	

仕掛品

借方		貸方	
前月繰越	10,000	製品	63,000
直接材料費	14,000	次月繰越	15,000
直接労務費	24,000		
直接経費	4,000		
製造間接費	26,000		
	78,000		78,000

第３節　原価要素の集計

1　原価要素の指図書への集計

費目別計算において把握された原価要素のうち、製造直接費は消費額を指図書ごとに把握できるため、各指図書に賦課する。また、製造間接費は消費額を指図書ごとに把握できないため、適当な配賦基準で各指図書に配賦する。

重要ポイント！！
① 製造直接費は特定製造指図書に賦課する
② 製造間接費は特定製造指図書に配賦する

(1)　直接材料費の賦課

〔原則〕　実際消費価格
〔例外〕　予定消費価格　} × 実際消費数量 ＝ 直接材料費

※　なお、実際消費数量は材料出庫票により把握することになる。

(2)　直接労務費の賦課

〔原則〕　実際消費賃率
〔例外〕　予定消費賃率　} × 実際直接作業時間 ＝ 直接労務費

※　なお、実際直接作業時間は作業票により把握することになる。

(3)　直接経費の賦課

〔原則〕　実際発生額
〔例外〕　予定額　＝ 直接経費

※　なお、経費伝票により、各指図書ごとの実際発生額（予定額）を把握することになる。

(4)　製造間接費の配賦

〔原則〕　予定配賦率
〔例外〕　実際配賦率　} × 実際操業度 ＝ 製造間接費

※　なお、部門別個別原価計算においては、部門別の（予定）配賦率を用いることに留意する。

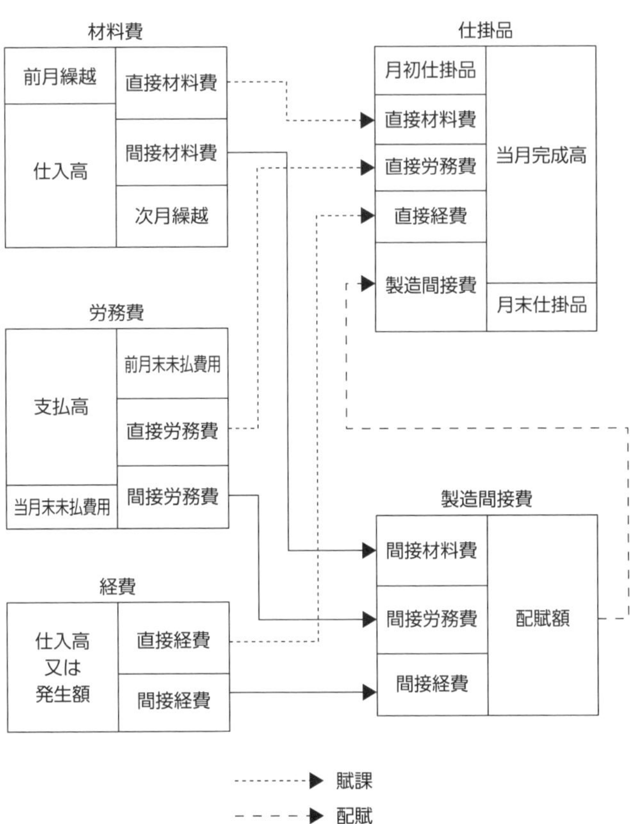
材料費
前月繰越
仕入高
直接材料費
間接材料費
次月繰越
労務費
支払高
当月末未払費用
前月末未払費用
直接労務費
間接労務費
経費
仕入高
又は
発生額
直接経費
間接経費
仕掛品
月初仕掛品
直接材料費
直接労務費
直接経費
製造間接費
当月完成高
月末仕掛品
製造間接費
間接材料費
間接労務費
間接経費
配賦額
賦課
配賦

具体例

1．直接材料の予定消費価格は@600円/kgである。

2．直接工の予定消費賃率は@900円/ｈである。

3．製造間接費の予定配賦率は@1,000円/ｈである。

4．製造間接費は直接作業時間に基づいて製品に配賦すること。

5．指図書別に把握された材料の消費量と直接作業時間は以下のとおりである。

	＃101	＃102	＃103
直接材料	20kg	30kg	10kg
直接作業時間	10ｈ	18ｈ	15ｈ

6．＃101と＃102は完成しており、＃101については引渡まで完了している。

個別原価計算表（単位：円）

	＃101	＃102	＃103	合計
直接材料費	12,000	18,000	6,000	36,000
直接労務費	9,000	16,200	13,500	38,700
製造間接費	10,000	18,000	15,000	43,000
合　計	31,000	52,200	34,500	117,700
備　考	完成・引渡済	完成・未引渡	月末仕掛中	

＃101

直接材料費：@600円/kg × 20kg = 12,000円

直接労務費：@900円/ｈ × 10ｈ = 9,000円

製造間接費：@1,000円/ｈ × 10ｈ = 10,000円

2　完成品と月末仕掛品の区分

個別原価計算においては、その特定指図書の生産命令数量が**すべて完成するまでは全てが月末仕掛品**とみなされる。例えば生産命令数量が50個であれば、49個完成していたとしても月末仕掛品として扱われる。

■ 例題1　部門別個別原価計算

重要度A

当社では製品Xの個別受注生産を行っている。そこで、以下の資料に基づいて、各設問に答えなさい。

1．直接材料の予定消費価格は@500円/kgである。
2．直接工の予定消費賃率は@1,000円/直接作業時間である。
3．当社では製造部門費を予定配賦している。予定配賦率と配賦基準は以下のとおりである。

	予定配賦率	配賦基準
加工部門	@600円/h	直接作業時間
組立部門	@800円/h	直接作業時間

4．指図書別に把握された当月の材料の消費量と直接作業時間は以下のとおりである。

指図書	#100	#110	#120
生産命令数量	100個	100個	120個
直接材料消費量	—	130kg	160kg
加工部門の直接作業時間	30 h	40 h	60 h
組立部門の直接作業時間	40 h	90 h	80 h

5．#100を除き、上記指図書はすべて当月に発行された。この他に指図書はない。
6．生産・販売状況は以下のとおりである。

指図書	#100	#110	#120
前月末完成数量	10個	—	—
当月末完成数量	100個	100個	100個
引渡の有無	有	無	無

7．前月に指図書#100に集計された原価は120,000円である。

問1　個別原価計算表を作成しなさい。

問2　仕掛品勘定の記入を行いなさい。

■ 解答解説

問1　個別原価計算表（単位：円）

	#100	#110	#120	合計
前月繰越	120,000	—	—	120,000
直接材料費	—	65,000	80,000	145,000
直接労務費	70,000※	130,000	140,000	340,000
加工部門費	18,000	24,000	36,000	78,000
組立部門費	32,000	72,000	64,000	168,000
合　計	240,000	291,000	320,000	851,000
備　考	完成・引渡済	完成	月末仕掛中	

※（30 h + 40 h）× 1000

問2　仕掛品勘定の記入

仕掛品　（単位：円）

前月繰越	120,000	製品	531,000
直接材料費	145,000	次月繰越	320,000
直接労務費	340,000		
加工部門費	78,000		
組立部門費	168,000		

第4節　仕損の処理

1　仕損の意義

仕損とは、製品の製造過程において何らかの原因によって生じた失敗をいう。そしてこの仕損によって不合格品となったものを仕損品といい、**仕損の発生によって生じた損失を仕損費という**。

2　正常仕損費と異常仕損費

製造作業を行う限り、すべて完璧に作るということは考えられず、ある程度の仕損が発生することは覚悟しなければならない。むしろ、製品を製造するために考慮しなければならないコストの一種と考えられる。そのため、**通常発生する範囲の仕損については、正常仕損費**とし、**製品原価の構成要素**となる。一方、**通常発生する量を超えるものや、通常起こらないような原因**で発生したものについては、**異常仕損費**とし、**非原価項目**となる。

3　仕損費の計算式

仕損費はその仕損品の原価から仕損品の評価額を控除することで算定される。

仕損費 ＝ 仕損品原価 － 仕損品評価額

4　仕損の種類による仕損費の算定

仕損品にも材料や労働力が投入されている以上、その金額を算定しなければならないが、その算定方法は新たに指図書を発行するか否か、及び仕損の発生形態によって異なる。

新指図書の有無	仕損の種類	仕損費の算定方法
新たに指図書を発行する	補修	仕損費＝補修指図書に集計された原価
	全部代品製作	仕損費＝旧製造指図書に集計された原価－仕損品評価額
	一部代品製作	仕損費＝代品製造指図書に集計された原価－仕損品評価額
新たに指図書を発行しない	補修	仕損費＝補修に要した費用の見積額
	代品製作	仕損費＝代品製作に要した費用の見積額－仕損品評価額
軽微な仕損の場合		仕損費は計上しないで、製造原価から仕損品評価額を控除するのみ

(1)　仕損の発生により、新たに指図書を発行して回復作業を行う場合

①　補修可能のケース（補修をすれば良品になるため、修理をするケース）

補修可能のケースでは、補修のために発行した**補修指図書に集計された製造原価を仕損費**とする。なぜなら、仕損によって生じた損失は、補修にかかる費用だからである。なお、仕損品は補修が行われて良品になるため、**仕損品評価額は発生しない**。

具体例

1．＃101に集計された製造原価は50,000円である。

2．＃101の製造作業中に補修可能な仕損が生じたため、＃101-補を発行して補修を行った。補修に要した費用は8,000円である。

3．＃101は当月に完成したがまだ得意先には引き渡していない。

個別原価計算表　（単位：円）

	＃101	＃101-補
小　計	50,000	8,000
仕損品評価額	—	—
仕損費	8,000	△8,000
合　計	58,000	0
備　考	完成・保管中	＃101へ賦課

仕損の会計処理

(借)	仕掛品（#101）	8,000円	(貸)	仕掛品（#101-補）	8,000円

又は

(借)	仕損費	8,000円	(貸)	仕掛品（#101-補）	8,000円
(借)	仕掛品（#101）	8,000円	(貸)	仕損費	8,000円

② 補修不能な全部仕損のケース（新たにすべての製品を作り直すケース）

補修不能な全部仕損のケースでは、新たに代品製作のために新製造指図書を発行し、**旧製造指図書に集計された製造原価を仕損費**とする。なぜなら、仕損品原価は旧製造指図書に集計された費用だからである。

なお、仕損品は補修されないため、仕損品が最後まで残ることになる。したがって、**当該仕損品に評価額があれば、仕損品原価から控除する**ことになる。

具体例

1．＃101に集計された製造原価は40,000円である。

2．＃101の製造作業中にその全てが補修不能な仕損となったため、＃101-代を発行して代品製作を行った。代品製作に要した費用は60,000円であり、仕損品評価額が5,000円ある。

3．＃101-代は当月に完成し得意先に引き渡している。

個別原価計算表　（単位：円）

	＃101	＃101-代
小　計	40,000	60,000
仕損品評価額	△5,000	—
仕損費	△35,000	35,000
合　計	0	95,000
備　考	＃101-代へ賦課	完成引渡済

仕損の会計処理

（借）	仕掛品（#101-代）	35,000円	（貸）	仕　掛　品（#101）	40,000円
（〃）	仕　損　品	5,000円			

又は

（借）	仕　損　費	35,000円	（貸）	仕　掛　品（#101）	40,000円
（〃）	仕　損　品	5,000円			
（借）	仕掛品（#101-代）	35,000円	（貸）	仕　損　費	35,000円

第7章　個別原価計算

③　補修不能な一部仕損（一部代品製作を行うケース）

補修不能な一部仕損のケースでは、新たに一部代品製作のために発行した**新製造指図書に集計された製造原価を仕損費**とする。なお、仕損品は補修されないため、仕損品が最後まで残ることになる。したがって、**当該仕損品に評価額があれば、仕損品原価から控除する**ことになる。

具体例

1．＃101に集計された製造原価は50,000円である。
2．＃101の製造作業中にその一部が補修不能な仕損となったため、＃101-代を発行して代品製作を行った。代品製作に要した費用は10,000円であり、仕損品評価額が1,000円ある。
3．＃101は当月に完成している。

個別原価計算表　　　　　　　　　　　（単位：円）

	＃101	＃101-代
小　計	50,000	10,000
仕損品評価額		△1,000
仕損費	9,000	△9,000
合　計	59,000	0
備　考	完成	＃101へ賦課

仕損の会計処理

（借）	仕　掛　品（#101）	9,000円	（貸）	仕掛品（#101-代）	10,000円
（〃）	仕　　損　　品	1,000円			

又は

（借）	仕　　損　　費	9,000円	（貸）	仕掛品（#101-代）	10,000円
（〃）	仕　　損　　品	1,000円			
（借）	仕　掛　品（#101）	9,000円	（貸）	仕　　損　　費	9,000円

■ 例題2　仕損費の直接経費処理①　重要度A

当社では個別受注生産を行っている。そこで、以下の資料に基づいて、各設問に答えなさい。

1．直接材料の予定消費価格は@1,000円/kgである。
2．直接工の予定消費賃率は@800円/直接作業時間である。
3．当社では製造間接費を直接作業時間に基づいて予定配賦している。予定配賦率は@500円/hである。
4．指図書別に把握された当月の材料の消費量と直接作業時間は以下のとおりである。

指図書	#100	#110	#120
直接材料	90kg	40kg	95kg
直接作業時間	80 h	30 h	90 h

指図書	#100-補	#110-代	#120-代
直接材料	—	120kg	10kg
直接作業時間	20 h	85 h	25 h

5．上記指図書はすべて当月に発行された。この他に指図書はない。
6．#100の作業中に一部補修可能な仕損が発生したために、#100-補を発行して補修作業を行っている。
7．#110の作業中に、そのすべてが補修不能な仕損となったために、#110-代を発行して代品製作を行っている。
8．#120の作業中に、その一部が補修不能な仕損となったために、#120-代を発行して代品製作を行った。
9．仕損品評価額は全部仕損が10,000円、一部仕損が5,000円である。
10．#100は月末現在仕掛中であるが、その他はすべて完成している。なお、#120は引渡まで完了している。
11．仕損の処理方法は、直接経費処理によること。
12．前月から繰り越された製品が200,000円あるが、当月に引渡しが完了した。その他に期首棚卸資産は存在しない。

問1　個別原価計算表を作成しなさい。
問2　仕掛品勘定の記入を行いなさい。
問3　売上原価を算定しなさい。

■ 解答解説

問1　個別原価計算表（単位：円）

	＃100	＃110	＃120
直接材料費	90,000	40,000	95,000
直接労務費	64,000	24,000	72,000
製造間接費	40,000	15,000	45,000
小　計	194,000	79,000	212,000
仕損品評価額	—	△10,000	—
仕損費	26,000	△69,000	37,500
合　計	220,000	0	249,500
備　考	月末仕掛中	＃110-代へ	完成・引渡済

	＃100-補	＃110-代	＃120-代
直接材料費	—	120,000	10,000
直接労務費	16,000	68,000	20,000
製造間接費	10,000	42,500	12,500
小　計	26,000	230,500	42,500
仕損品評価額	—	—	△5,000
仕損費	△26,000	69,000	△37,500
合　計	0	299,500	0
備　考	＃100へ	完成・保管中	＃120へ

問2　仕掛品勘定の記入

仕掛品　（単位：円）

直接材料費	355,000	製品	549,000
直接労務費	264,000	仕損品	15,000
製造間接費	165,000	仕掛品	132,500
仕掛品	132,500	次月繰越	220,000

※　仕掛品は仕損費でも可

※　製　品：549,000円＝249,500円（＃120）＋299,500円（＃110-代）

※　仕掛品：132,500円＝26,000円（＃100-補）＋69,000円（＃110）＋37,500円（＃120-代）

※　仕損品：15,000円＝10,000円（＃110）＋5,000円（＃120-代）

問3　売上原価

449,500円＝200,000円＋249,500円（＃120）

製　品　（単位：円）

前月繰越	200,000	売上原価	449,500
仕掛品	549,000	次月繰越	299,500

⑵　仕損の発生により、新たに指図書を発行しないで回復作業を行った場合

そもそも補修や代品製作のために指図書を発行しないケースでは、**その金額を見積もって仕損費**とする。

具体例

1．＃101に集計された製造原価は30,000円である。
2．＃101の製造作業中に、その一部が仕損となったが、新たに指図書は発行していない。
3．＃101は当月に完成している。

〔ケース1〕　補修費用の見積額が1,000円の場合

①　小計に補修の見積額が含まれていない場合

	＃101
小　計	30,000
仕損費	1,000
合　計	31,000
備　考	完成

②　小計に補修の見積額が含まれている場合

	＃101
小　計	31,000
仕損費	―
合　計	31,000
備　考	完成

〔ケース2〕　代品製作費用の見積額が1,000円で、仕損品評価額が300円ある場合

①　小計に代品製作の見積額が含まれていない場合

	＃101
小　計	30,000
仕損費	700
合　計	30,700
備　考	完成

②　小計に代品製作の見積額が含まれている場合

	＃101
小　計	31,000
仕損費	―
仕損品評価額	△300
合　計	30,700
備　考	完成

※　代品製作費用の見積額と評価額の差額を仕損費とする。

⑶　軽微な仕損の場合

軽微な仕損のケースでは、そもそも仕損費を算定するメリットが小さいため、**仕損品に評価額があればこれを控除するにとどめる。**

具体例

1．＃101に集計された製造原価は20,000円である。

2．＃101の製造作業中に軽微な仕損が発生した。この仕損品には評価額が400円ある。

3．＃101は当月に完成している。

個別原価計算表　　（単位：円）

	＃101
小　計	20,000
仕損品評価額	△400
合　計	19,600
備　考	完成

仕損の会計処理

（借）仕　損　品	400円	（貸）仕　掛　品	400円

■例題3　仕損費の直接経費処理②

重要度B

当社では製品の個別受注生産を行っている。そこで、以下の資料に基づいて、各設問に答えなさい。

1．直接材料の予定消費価格は@500円/kgである。

2．直接工の予定消費賃率は@800円/直接作業時間である。

3．当社では製造間接費を直接作業時間に基づき予定配賦している。予定配賦率は@1,000円/hである。

4．指図書別に把握された当月の材料の消費量と直接作業時間は以下のとおりである。

指図書	＃100	＃110
直接材料	100kg	120kg
直接作業時間	50 h	60 h

※　＃100には仕損の見積部分が含まれていない。

5．＃100は完成し、引渡済であるが、＃110は完成していない。

6．当月に＃100の製造工程で補修可能な一部仕損が発生したが、新たに指図書は発行せずに補修作業を行った。補修に要した費用は12,000円と見積もられた。

7．当月に＃110の製造工程で軽微な仕損が発生したが、仕損品評価額である500円を控除するにとどめる。

問　個別原価計算表を作成しなさい。

■ 解答解説

問　個別原価計算表（単位：円）

	＃100	＃110	合計
直接材料費	50,000	60,000	110,000
直接労務費	40,000	48,000	88,000
製造間接費	50,000	60,000	110,000
小　計	140,000	168,000	308,000
仕損品評価額	—	△500	△500
仕損費	12,000	—	12,000
合　計	152,000	167,500	319,500
備　考	完成・引渡済	月末仕掛中	

5 正常仕損の会計処理

仕損の発生原因が正常なものである場合には、算定した仕損費の処理方法として以下の二つがあり、どちらかを**選択適用**する。

(1) 直接経費処理

① **意義**

直接経費処理とは、算定した仕損費を**直接経費**とし、それを**発生させる原因となった指図書に賦課**する方法である。

② **合理的な処理となる状況**

直接経費処理は、仕損を発生させた指図書だけが仕損費を負担する方法である。そのため、**特定の指図書のみで発生するような仕損の場合に合理的**な処理となる。

なお一般に、仕損の発生原因が**製品自体（指図書の仕様）の特殊性**に起因する場合には、合理的な処理であるといわれる。

（借方）	仕　損　費	×××	（貸方）	仕　掛　品	×××
（借方）	仕　掛　品	×××	（貸方）	仕　損　費	×××

(2) 間接経費処理

① **意義**

間接経費処理とは、算定した仕損費を**間接経費**とし、**仕損の発生部門（製造間接費）に賦課**する方法である。

この場合、期首時点における製造間接費の**予定配賦率の計算**において、当該製造部門の**予定間接費額中に、仕損費の予定額を算入しておく必要**がある。

② **合理的な処理となる状況**

間接経費処理は、製造間接費の予定配賦率に仕損費が含まれており、すべての指図書が仕損費を負担する方法である。そのため、**ほとんど全ての指図書で発生する可能性のある仕損の場合に合理的**な処理となる。

なお一般に、仕損の発生原因が**作業の性質**に起因する場合に、合理的な処理となる。

（借方）	仕　損　費	×××	（貸方）	仕　掛　品	×××
（借方）	製造間接費	×××	（貸方）	仕　損　費	×××

※　部門別計算を採用する場合には、発生部門に賦課する。

具体例 仕損費の間接経費処理

1．当年度の製造間接費予算額は270,000円であり、この他に仕損費予算額が30,000円ある。なお、年間の基準操業度は1,200直接作業時間である。
2．製造間接費は直接作業時間に基づき、製品に予定配賦している。各指図書別の直接作業時間は＃101が60 h、＃102が30 h、＃101-代が10 hである。
3．各指図書の製造原価の合計は＃101が25,000円、＃102が15,000円、＃101-代が5,000円である。
4．＃101の作業中に一部補修不能な仕損が発生したため、＃101-代を発行して代品製作を行った。当該仕損は作業の性質に起因して発生するため、間接経費処理を行う。仕損品評価額は500円である。
5．＃101は当月に完成しているが、＃102は月末現在仕掛中である。
6．製造間接費の実際発生額は21,000円（ただし、仕損費を除く）である。

個別原価計算表　（単位：円）

	＃101	＃102	＃101-代
省　略			
製造間接費	15,000	7,500	2,500
小　計	25,000	15,000	5,000
仕損品評価額	—	—	△500
仕損費	—	—	—
合　計	25,000	15,000	4,500
備　考	完成	月末仕掛中	製造間接費へ

※　製造間接費予定配賦率：300,000円（仕損費予算を含む）÷1,200 h ＝@250円/h
※　＃101への製造間接費配賦額＝@250円/h×60 h ＝15,000円

仕損の会計処理

（借）製造間接費	4,500円	（貸）仕掛品	5,000円
（〃）仕損品	500円		

製造間接費

借方	貸方
諸口 21,000	仕掛品 25,000
仕掛品 4,500	製/間配賦差異 500

仕掛品

借方	貸方
諸口 20,000	製品 25,000
製造間接費 25,000	仕損品 500
	製造間接費 4,500
	次月繰越 15,000

■ 例題4　仕損費の間接経費処理

当社では製品Xの個別受注生産を行っている。そこで、以下の資料に基づいて、各設問に答えなさい。

1．直接材料の予定消費価格は@400円/kgである。

2．直接工の予定消費賃率は@900円/直接作業時間である。

3．当社では直接作業時間に基づきA製造部門費を、機械作業時間に基づきB製造部門費を予定配賦している。予定配賦率は以下の年間予算データから算定すること。

A製造部門予算額

900,000円（仕損費234,000円を含む）

基準操業度・・・1,800 h

B製造部門予算額

864,000円

基準操業度・・・1,440 h

4．指図書別に把握された当月の材料の消費量と直接作業時間及び機械作業時間は以下のとおりである。

指図書	＃100	＃110	＃100-代
生産命令数量	120個	100個	10個
直接材料	120kg	110kg	10kg
A製造部門の直接作業時間	75 h	60 h	8 h
B製造部門の機械稼働時間	60 h	50 h	10 h

※　＃100-代は、＃100で発生した10個の代品製作のために発行された指図書である。

5．当月に発生した仕損はA製造部門で発生しており、作業の性質に起因するものである。そのため、間接経費処理を行う。

6．上記指図書はすべて当月に発行された。この他に指図書はない。

7．生産・販売状況は以下のとおりである。

指図書	＃100	＃110
当月末完成数量	120個	90個
引渡の有無	無	無

8．A製造部門費の実際発生額は55,400円（仕損費を除く）である。

問1　各製造部門費の予定配賦率を算定しなさい。　重要度B

問2　個別原価計算表を作成しなさい。　重要度B

問3　仕掛品勘定の記入を行いなさい。　重要度B

問4　A製造部門費勘定の記入を行いなさい。　重要度B

問5　A製造部門の予算差異のうち、仕損費の関する金額を求めなさい。　重要度C

■ 解答解説

問1

A製造間接費の予定配賦率の算定

900,000円÷1,800 h ＝@500円/ h

B製造部門費の予定配賦率の算定

864,000円÷1,440 h ＝@600円/ h

問2

個別原価計算表（単位：円）

	＃100	＃110	＃100-代	合計
直接材料費	48,000	44,000	4,000	96,000
直接労務費	67,500	54,000	7,200	128,700
A製造部門費	37,500	30,000	4,000	71,500
B製造部門費	36,000	30,000	6,000	72,000
小　計	189,000	158,000	21,200	368,200
仕損費	—	—	△21,200	△21,200
合　計	189,000	158,000	0	347,000
備　考	完成	月末仕掛中	A製造部門費へ	

問3

仕掛品（単位：円）

借方	金額	貸方	金額
直接材料費	96,000	製品	189,000
直接労務費	128,700	A製造部門費	21,200
製造間接費	143,500	次月繰越	158,000

問4

A製造部門費（単位：円）

借方	金額	貸方	金額
諸口	55,400	仕掛品	71,500
仕掛品	21,200	A製造部門費配賦差異	5,100

問5

A製造間接費の仕損費予定配賦率の算定

234,000円÷1,800 h ＝@130円/ h

仕損費予算差異

@130円/ h × 143 h（実際直接作業時間）－21,200円＝－2,610円（不利差異）

6 異常仕損の会計処理

異常仕損とは、**異常な原因**により発生した仕損や、**通常発生する量を超えて大量に発生**した仕損のことをいう。異常仕損の場合には、算定された**仕損費を非原価項目（特別損失、又は営業外費用）として処理**する。

具体例

1．＃101、＃101-代に集計された製造原価はそれぞれ20,000円、2,000円である。

2．＃101の製造作業中に一部補修不能な仕損が発生したため、＃101-代を発行して代品製作を行った。当該仕損は異常な原因によって発生したため、非原価項目として処理する。なお、この仕損品には評価額が500円ある。

3．＃101は当月に完成している。

個別原価計算表　（単位：円）

	＃101	＃101-代
小　計	20,000	2,000
仕損品評価額	―	△500
仕損費	―	―
合　計	20,000	1,500
備　考	完成	異常仕損費

又は

	＃101	＃101-代
小　計	20,000	2,000
仕損品評価額	―	△500
仕損費	―	△1,500
合　計	20,000	0
備　考	完成	異常仕損費

仕損の会計処理

（借）非原価項目	1,500円	（貸）仕掛品	2,000円
（〃）仕損品	500円		

仕掛品

借方		貸方	
諸口	22,000	製品	20,000
		仕損品	500
		異常仕損品	1,500

第５節　個別原価計算における加工費の配賦

個別原価計算における加工費の配賦

個別原価計算において、**労働が機械作業と密接に結合して総合的な作業**となり、そのために製品に賦課すべき**直接労務費と製造間接費とを分離することが困難な場合**その他**必要ある場合**には、加工費について部門別計算を行い、**部門加工費を各指図書に配賦することができる**。

なお、総合原価計算においては、直接材料費以外の原価要素を加工費として計算する。

具体例

１．当社では製品Ａの個別受注生産を行っている。

２．当月の生産データは以下のとおりである。

指図書	＃300
直接材料	20kg
直接作業時間	20 h

３．直接材料の予定消費価格は@500円/kgである。

４．加工費予定配賦率は@3,000円/直接作業時間である。

５．＃300は完成しており、引渡も完了している。

個別原価計算表　　　（単位：円）

指図書	＃300
直接材料費	10,000
加工費	60,000
合　計	70,000
備　考	完成・引渡済

第６節　個別原価計算における作業屑の処理

1　作業屑の意義

作業屑とは、製品の製造過程において**材料から生じた屑**であり、**売却価値または利用価値を有するもの**をいう。

2　作業屑の評価方法

作業屑は、追加加工の必要性の有無や、売却か自家消費かの処分方法によって評価方法が異なる。具体的には以下のとおりである。

①	そのまま 外部に売却できる場合	見積売却価額－販管費　(※)
②	加工の上 外部に売却できる場合	加工品の見積売却価額－販管費－見積追加加工費　(※)
③	そのまま 自家消費される場合	節約される物品の見積購入価額
④	加工の上 自家消費される場合	節約される物品の見積購入価額－見積追加加工費

※　外部に売却する場合には、さらに通常の利益の見積額を控除して評価額を算定することもある。

具体例

①　作業屑はそのまま外部に@500円で売却できるが、販売費及び一般管理費が@100円かかる見込である。

→　作業屑評価額：@500円－@100円＝@400円

②　作業屑は加工の上、外部に@600円で売却できるが、販売費及び一般管理費が@100円かかる見込である。また見積追加加工費は@80円である。

→　作業屑評価額：@600円－@100円－@80円＝@420円

③　作業屑はそのまま直接材料として製造工程に再投入できる。なお、当該作業屑の再投入によって節約される材料の見積購入価格は@400円である。

→　作業屑評価額：@400円

④　作業屑は加工の上、直接材料として製造工程に再投入できる。なお、見積追加加工費は@80円であり、当該作業屑の再投入によって節約できる材料の見積購入価格は@400円である。

→　作業屑評価額：@400円－@80円＝@320円

3 個別原価計算における作業屑の会計処理

個別原価計算において、作業屑は、**原則として、その評価額を発生部門の部門費から控除**する。ただし、**必要ある場合**には、これを発生させることとなった**製造指図書の直接材料費又は製造原価から控除**することができる。また、その重要性が著しく低いと認められる場合には、売却して得た収入を原価計算外の収益とすることができる。

原則	発生部門の部門費から控除する
例外①	当該指図書の直接材料費から控除する
例外②	当該指図書の製造原価から控除する
例外③	売却して得た収入を原価計算外の収益とする

具体例

＃101の加工作業中に、A製造部門で作業屑が発生した。作業屑評価額は300円である。

＜原則的処理方法＞　発生部門の部門費から控除する。

作業屑発生時の仕訳

(借) 作業屑	300円	(貸) A製造部門費	300円

＜例外的処理方法①＞　指図書の直接材料費から控除する。

作業屑発生時の仕訳

(借) 作業屑	300円	(貸) 仕掛品（#101）	300円

＜例外的処理方法②＞　指図書の製造原価から控除する。

作業屑発生時の仕訳

(借) 作業屑	300円	(貸) 仕掛品（#101）	300円

＜例外的処理方法③＞　売却して得た収入を、原価計算外の収益とする。

作業屑発生時の仕訳

仕　訳　な　し

作業屑売却時の仕訳

(借) 現金	300円	(貸) 雑収入	300円

■ 例題５　作業屑の処理

当社では製品Xの個別受注生産を行っている。そこで、以下の資料に基づいて、各設問に答えなさい。

1．直接材料の予定消費価格は@500円/kgである。
2．直接工の予定消費賃率は@800円/直接作業時間である。
3．当社では直接作業時間に基づきＡ製造部門費を予定配賦しており、機械稼働時間に基づきＢ製造部門費を予定配賦している。予定配賦率は以下のとおりである。
　Ａ製造部門費・・・@700円/直接作業時間　Ｂ製造部門費・・・@900円/機械稼働時間
4．指図書別に把握された当月の材料の消費量と直接作業時間及び機械稼働時間は以下のとおりである。

指図書	＃100	＃110
直接材料	100kg	120kg
Ａ製造部門の直接作業時間	50 h	60 h
Ｂ製造部門の機械稼働時間	40 h	40 h

5．当月のＡ製造部門での作業中に作業屑が３kg発生した。この内、１kgは＃100から発生しており、主として材料の価値に依存しているため、当該指図書の直接材料費から控除する処理を行う。また、１kgは＃110から発生しており、製造原価から控除する処理を行う。残りは特定指図書との関係は不明である。
6．上記の他に、発生部門が不明な作業屑が１kg発生しているが、軽微であるため、売却時に原価計算外の収益とする処理を行う。
7．作業屑評価額は１kgあたり@300円である。
8．上記指図書はすべて当月に発行された。この他に指図書はない。
9．当月に発行された指図書はすべて完成し、引渡済である。
10．当月のＡ製造部門費実際発生額は上記から判明するものを除き、84,500円である。

問１　個別原価計算表を作成しなさい。　重要度Ａ
問２　仕掛品勘定の記入を行いなさい。　重要度Ａ
問３　作業屑発生時の仕訳、及び軽微な作業くずの売却時の仕訳を答えなさい。　重要度Ｂ
問４　当月のＡ製造部門費配賦差異を答えなさい。　重要度Ｂ

■ 解答解説

問1

個別原価計算表　　　　　　　　　　　　　　（単位：円）

	＃100	＃110	合計
直接材料費	49,700	60,000	109,700
直接労務費	40,000	48,000	88,000
A製造部門費	35,000	42,000	77,000
B製造部門費	36,000	36,000	72,000
小　計	160,700	186,000	346,700
作業屑評価額	—	△300	△300
合　計	160,700	185,700	346,400
備　考	完成・引渡済	完成・引渡済	

※　作業屑評価額の処理の内訳・・・1kg　→　＃100の直接材料費から控除する
・・・1kg　→　＃110の製造原価から控除する
・・・1kg　→　発生部門の部門費から控除する
・・・1kg　→　原価計算外の収益として処理する

※　＃100の直接材料費：100kg×@500円/kg－1kg×@300円/kg（作業屑評価額）＝49,700円

問2

仕掛品　　　　　　　　　　　　（単位：円）

借方	金額	貸方	金額
直接材料費	110,000	製品	346,400
直接労務費	88,000	作業屑	600
A製造部門費	77,000		
B製造部門費	72,000		

※　作業屑：（1kg＋1kg）×@300円/kg（作業屑評価額）＝600円
※　直接材料費：220kg×@500円/kg＝110,000円（原価計算表の直接材料費と一致しない点に注意）

問3

作業屑発生時の仕訳

借方	金額	貸方	金額
（借）作業屑	300円	（貸）仕掛品（#100）	300円
（借）作業屑	300円	（貸）仕掛品（#110）	300円
（借）作業屑	300円	（貸）A製造部門費	300円

作業屑売却時の仕訳

借方	金額	貸方	金額
（借）現金	300円	（貸）雑収入	300円

問4

A製造部門費予定配賦額：77,000円

A製造部門費実際発生額：84,500円－300円＝84,200円

A製造部門費配賦差異：77,000円－84,200円＝－7,200円（不利差異）

A製造部門費　　　　　　　　　（単位：円）

借方	金額	貸方	金額
諸口	84,500	仕掛品	77,000
		作業屑	300
		A製造部門費配賦差異	7,200

第７節　ロット別個別原価計算

ロット別個別原価計算

⑴　意義

ロット別個別原価計算とは、指図書の生産命令数量が２単位以上の場合の個別原価計算をいう。ここでロットとは、製品製造における１回あたりの仕込量（２単位以上）を意味し、バッチとも呼ばれる。

⑵　会計処理

完成品が存在していても、**ロット数量の一部でも月末において未完成ならば**、指図書に集計された製造原価は**すべて月末仕掛品原価**となる。

■ 例題６　ロット別個別原価計算

重要度Ｂ

当社では製品Ｘの個別受注生産を行っている。製品Ｘは、直接材料をすべて工程の始点に投入し加工することで生産される。そこで、以下の資料に基づいて、各設問に答えなさい。

１．直接材料の予定消費価格は@500円/kgである。
２．直接工の予定消費賃率は@800円/直接作業時間である。
３．当社では直接作業時間に基づき製造間接費を予定配賦している。予定配賦率は@700円/ｈである。
４．当月の生産データは以下のとおりである。

指図書	＃100	＃200	＃300
生産命令数量	500個	500個	500個
直接材料	100kg	70kg	90kg
直接作業時間	200ｈ	160ｈ	180ｈ
完成品数量	500個	300個	400個
月末仕掛品数量	—	50個	100個

５．上記指図書はすべて当月に発行された。この他に指図書はない。

問　完成品原価を算定しなさい。

■ 解答解説

問

完成品原価：350,000円（＃100）

個別原価計算表　（単位：円）

	＃100	＃200	＃300
直接材料費	50,000	35,000	45,000
直接労務費	160,000	128,000	144,000
製造間接費	140,000	112,000	126,000
合　計	350,000	275,000	315,000
備　考	完成	月末仕掛中	月末仕掛中

第 8 章

単純総合原価計算

第１節　総合原価計算の基礎

1　総合原価計算とは

総合原価計算は、製品を反復継続して**大量生産する生産形態**に適用する原価計算方法である。

総合原価計算における製造原価は、直接材料費と加工費とに区別し、それぞれについて、仕掛品数量に進捗度を乗じた完成品換算量を算定し、これを基準に完成品と月末仕掛品に按分する。

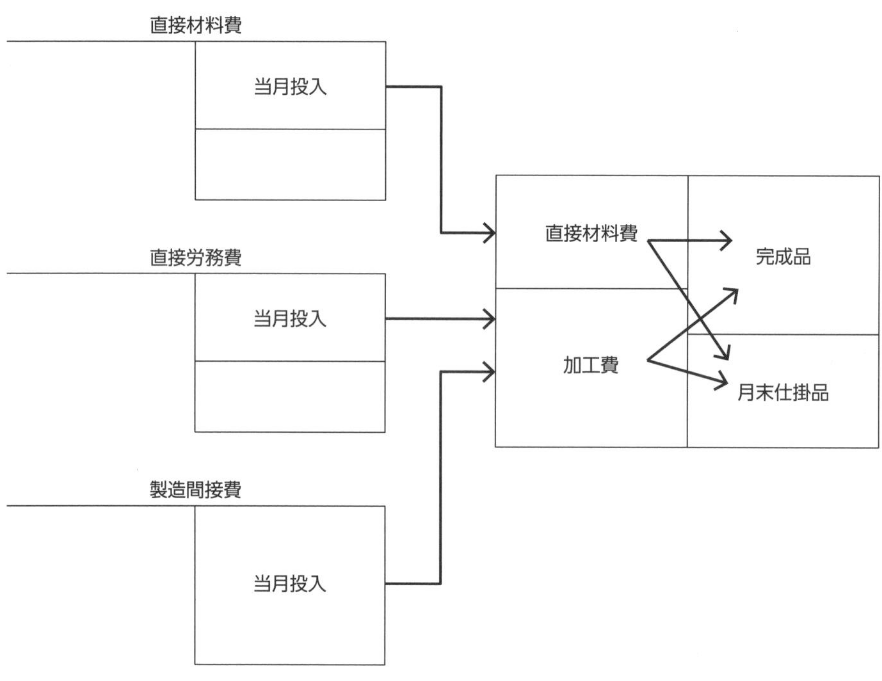

2　加工費の範囲

総合原価計算における加工費は、直接材料費以外の製造原価となる。つまり、直接労務費と直接経費、及び製造間接費である。

一方、**個別原価計算における加工費**は、**直接材料費と直接経費以外の製造原価**となる。つまり、直接労務費と製造間接費である。→　第７章（個別原価計算）で学習

総合原価計算における加工費の範囲

直接材料費	間接材料費
直接労務費	間接労務費
直接経費	間接経費

個別原価計算における加工費の範囲

直接材料費	間接材料費
直接労務費	間接労務費
直接経費	間接経費

3 完成品換算量

総合原価計算においては、一期間の生産量に当該期間の製造原価を集計して対応させ、製造費用を完成品と月末仕掛品に按分する必要があるが、このときに必要な考え方として、進捗度と完成品換算量という考え方がある。

すなわち、完成品は製造工程をすべて完了しているが、月末仕掛品は工程を完了していないため、これらを同一の原価がかかったものとみなして計算することはできない。そのため、月末仕掛品を完成品に換算して計算することとなる。その際の換算率として使用されるのが仕掛品の完成程度を示す進捗度であり、仕掛品数量に進捗度を乗じて完成品換算量を算定する。

進捗度	仕掛品の完成度合であり、完成品換算量を算定する際の換算率となる。
完成品換算量	仕掛品数量に進捗度を乗じて計算された値であり、仕掛品はどれだけの量の完成品に相当するのかを示している。

具体例

1．完成品：100個、月末仕掛品：20個（加工進捗度50％）、月初仕掛品：無し
2．直接材料は工程の始点で投入している。
3．当月製造費用　直接材料費：120,000円
　　　　　　　　加工費：220,000円

月末仕掛品の完成品換算量　直接材料費：20個×100％＝20個
　　　　　　　　　　　　　加工費：20個× 50％＝10個

	当月投入	完成品	
直接材料費　120,000円 加工費　(220,000円)	120 (110)	100	材料費　100,000円 加工費　(200,000円)
		月末仕掛品 20 (10)	材料費　20,000円 加工費　(20,000円)

なお、上記のとおり、総合原価計算においては、製造原価を完成品と月末仕掛品に按分することになるが、端数の処理が求められることがあるため、**まずは月末仕掛品原価を算定**し、次いで製造費用から月末仕掛品原価を控除して完成品総合原価を算定することになる。

完成品総合原価 ＝ 原価計算期間の総製造原価 － 月末仕掛品原価（－ 仕損品等評価額）

完成品単位原価 ＝ 完成品総合原価 ÷ 完成品数量

■ 例題1　完成品総合原価の算定　重要度A

当社では製品Xを反復連続して生産している。以下の資料に基づいて、月末仕掛品原価及び完成品単位原価を算定しなさい。

1．当月の製品Xの生産データは、以下のとおりである。(単位：個)
　当月投入数量　　2,500
　完成品数量　　　2,000
　月末仕掛品数量　　500（80％）
　　※（　）内は加工進捗度を示している。

2．当月の原価データは以下のとおりである。
　当月製造費用　　直接材料費：1,500,000円　　加工費：2,640,000円

3．直接材料はすべて工程の始点で投入している。

4．円未満の端数は四捨五入すること。

■ 解答解説

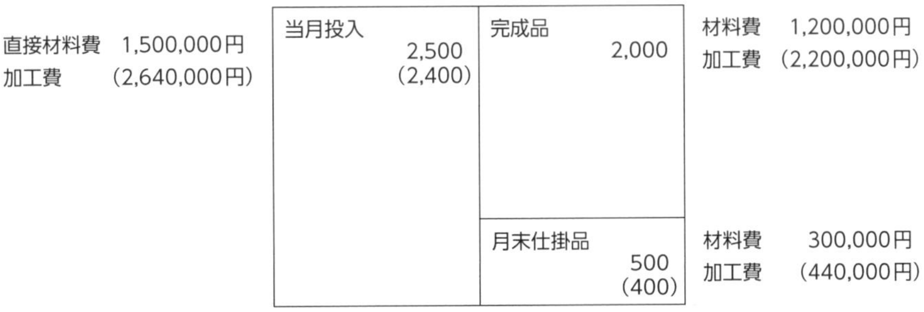

	当月投入	完成品 / 月末仕掛品	
直接材料費　1,500,000円 加工費　(2,640,000円)	2,500 (2,400)	完成品　2,000	材料費　1,200,000円 加工費　(2,200,000円)
		月末仕掛品　500 (400)	材料費　300,000円 加工費　(440,000円)

月末仕掛品原価

　直接材料費：1,500,000円÷2,500個×500個＝300,000円

　加工費：2,640,000円÷2,400個×400個＝440,000円

　∴　月末仕掛品原価合計：740,000円

完成品総合原価：1,500,000円＋2,640,000円－740,000円＝3,400,000円

なお、本問のように端数の生じない問題では、当月製造費用から直接完成品総合原価を求めることができる。

　直接材料費：1,500,000円÷2,500個×2,000個＝1,200,000円

　加工費：2,640,000円÷2,400個×2,000個＝2,200,000円

　∴　完成品総合原価合計：3,400,000円

完成品単位原価：3,400,000円÷2,000個＝@1,700円／個

4 月末仕掛品の評価方法

総合原価計算では、製造原価を完成品と月末仕掛品に按分する。その際、月初仕掛品が存在しなければ、当月に投入した製造原価は、完成品換算量に基づいて、月末仕掛品と完成品に按分すればよい。しかしながら、月初仕掛品がある場合には、「**いかなる単位原価で月末仕掛品を評価するか**」が問題となる。

① 平均法	月初仕掛品原価と当月製造費用を、直接材料費と加工費の別に合算しこれを完成品と月末仕掛品の完成品換算量の比で、完成品と月末仕掛品に按分する方法。
② 先入先出法	月初仕掛品原価を優先的に完成品原価に算入し、当月製造費用を、完成品数量から月初仕掛品換算量を控除した数量と、月末仕掛品の完成品換算量の比で、完成品と月末仕掛品に按分する方法。

具体例

1．完成品：90個、月末仕掛品：10個（加工進捗度80％）、月初仕掛品：20個（加工進捗度50％）
2．直接材料は工程の始点で投入している。
3．当月製造費用　直接材料費：96,000円
　　　　　　　　加工費：158,400円
　月初仕掛品原価　直接材料費：20,000円
　　　　　　　　加工費：20,000円

月末仕掛品の完成品換算量　直接材料費：10個×100％＝10個
　　　　　　　　　　　　　加工費：10個× 80％＝ 8個
月初仕掛品の完成品換算量　直接材料費：20個×100％＝20個
　　　　　　　　　　　　　加工費：20個× 50％＝10個

〔ケース1〕 先入先出法の場合

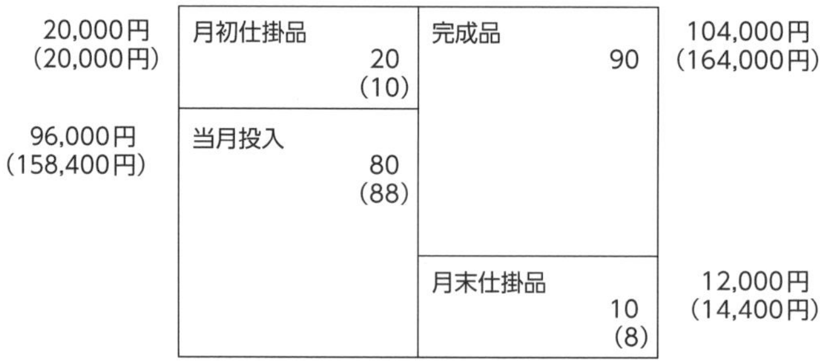

金額	借方		貸方		金額
20,000円 (20,000円)	月初仕掛品	20 (10)	完成品	90	104,000円 (164,000円)
96,000円 (158,400円)	当月投入	80 (88)			
			月末仕掛品	10 (8)	12,000円 (14,400円)

月末仕掛品原価
　直接材料費：96,000円÷80個×10個＝12,000円
　加工費：158,400円÷88個×8個＝14,400円
完成品総合原価
　直接材料費：20,000円＋96,000円－12,000円＝104,000円
　加工費：20,000円＋158,400円－14,400円＝164,000円

〔ケース２〕 平均法の場合

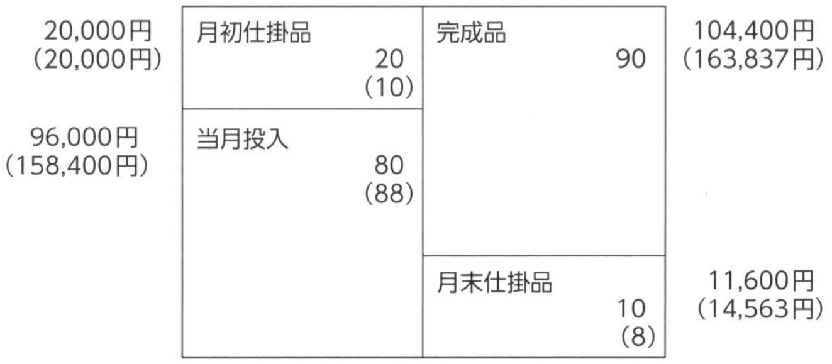

	月初仕掛品	完成品	
20,000円 (20,000円)	月初仕掛品 20 (10)	完成品 90	104,400円 (163,837円)
96,000円 (158,400円)	当月投入 80 (88)		
		月末仕掛品 10 (8)	11,600円 (14,563円)

月末仕掛品原価

直接材料費：(20,000円＋96,000円) ÷ (90個＋10個) × 10個＝11,600円

加工費：(20,000円＋158,400円) ÷ (90個＋８個) × ８個≒14,563円

完成品総合原価

直接材料費：20,000円＋96,000円－11,600円＝104,400円

加工費：20,000円＋158,400円－14,563円＝163,837円

※　先入先出法か平均法かを判断させる問題が出題された場合には、以下の方法で判定する。

月初仕掛品		
材料費・加工費の区別	進捗度データ	
有	無	⇒ 平 均 法
無	有	⇒ 先入先出法

■ 例題２　月末仕掛品の評価方法

重要度A

当社では製品Xを反復連続して生産している。以下の資料に基づいて、各設問に答えなさい。

1．当月の製品Xの生産データは、以下のとおりである。（単位：個）

月初仕掛品数量	600（50%）
当月投入数量	1,900
完成品数量	2,000
月末仕掛品数量	500（60%）

※（　）内は加工進捗度を示している。

2．当月の原価データは以下のとおりである。

月初仕掛品	直接材料費：　110,000円	加工費：　330,000円
当月製造費用	直接材料費：1,140,000円	加工費：2,200,000円

3．直接材料はすべて工程の始点で投入している。

4．円未満の端数は四捨五入すること。

問１　平均法を採用した場合の月末仕掛品原価及び完成品単位原価を算定しなさい。

問２　先入先出法を採用した場合の月末仕掛品原価及び完成品単位原価を算定しなさい。

■ 解答解説

問１　平均法の場合

110,000円 (330,000円)	月初仕掛品 600 (300)	完成品 2,000	1,000,000円 (2,200,000円)
1,140,000円 (2,200,000円)	当月投入 1,900 (2,000)	月末仕掛品 500 (300)	250,000円 (330,000円)

月末仕掛品原価

直接材料費：（110,000円＋1,140,000円）÷（600個＋1,900個）×500個＝250,000円

加工費：（330,000円＋2,200,000円）÷（300個＋2,000個）×300個＝330,000円

∴　月末仕掛品原価合計：580,000円

完成品総合原価：110,000円＋330,000円＋1,140,000円＋2,200,000円－580,000円＝3,200,000円

完成品単位原価：3,200,000円÷2,000個＝@1,600円／個

問2　先入先出法の場合

月末仕掛品原価

直接材料費：1,140,000円 ÷ 1,900個 × 500個 = 300,000円

加工費：2,200,000円 ÷ 2,000個 × 300個 = 330,000円

∴　月末仕掛品原価合計：630,000円

完成品総合原価：110,000円 + 330,000円 + 1,140,000円 + 2,200,000円 − 630,000円 = 3,150,000円

完成品単位原価：3,150,000円 ÷ 2,000個 = @1,575円／個

5 総合原価計算の分類

総合原価計算は、以下のように分類される。

<table>
<tr><th></th><th>計算形態
による分類</th><th>工程別計算の有無
による分類</th><th>工程別計算の原価範囲
による分類</th></tr>
<tr><td rowspan="10">総合原価計算</td><td rowspan="3">単純
総合原価計算</td><td>単一工程
単純総合原価計算</td><td></td></tr>
<tr><td rowspan="2">工程別
単純総合原価計算</td><td>全原価要素
工程別単純総合原価計算</td></tr>
<tr><td>加工費
工程別単純総合原価計算</td></tr>
<tr><td rowspan="3">等級別
総合原価計算</td><td>単一工程
等級別総合原価計算</td><td></td></tr>
<tr><td rowspan="2">工程別
等級別総合原価計算</td><td>全原価要素
工程別等級別総合原価計算</td></tr>
<tr><td>加工費
工程別等級別総合原価計算</td></tr>
<tr><td rowspan="3">組別
総合原価計算</td><td>単一工程
組別総合原価計算</td><td></td></tr>
<tr><td rowspan="2">工程別
組別総合原価計算</td><td>全原価要素
工程別組別総合原価計算</td></tr>
<tr><td>加工費
工程別組別総合原価計算</td></tr>
<tr><td>(連産品の計算)</td><td></td><td></td></tr>
</table>

第２節　単純総合原価計算とは

単純総合原価計算とは

単純総合原価計算は、**同種**かつ**同一規格**の製品を反復継続して**大量生産**する生産形態に適用する原価計算方法である。単純総合原価計算が適用される製品は、製造方法が同じであり、製造原価もすべて同額ずつ消費したと仮定し、一期間に集計された原価を完成品と月末仕掛品に按分計算する。

第３節　仕損と減損

1　正常仕損・正常減損の意義

(1)　正常仕損

正常仕損とは、加工途中における失敗のうち、**質的にも量的にも正常な範囲内**で生じたものをいう。なお、**仕損の発生により生じた損失が仕損費**であり、正常仕損品原価から仕損品評価額を控除して算定される。

仕損費 ＝ 仕損品原価 － 仕損品評価額

(2)　正常減損

正常減損とは、加工中に蒸発、粉散、ガス化、煙化等によって生ずる原料の減少のうち、**質的にも量的にも正常な範囲内**で生じたものをいう。なお、**減損の発生により生じた損失が減損費**である。なお、減損には評価額はない。

減損費 ＝ 減損に投下された製造費用

2　正常仕損費・正常減損費の会計処理

総合原価計算においては、**正常仕損費と正常減損費の会計処理は同一**であるが、その処理方法は様々である。しかし、正常仕損費の一般的な処理方法として、**度外視法**と**非度外視法**がある。

度外視法	①	仕損費を分離把握せず、仕損が終点発生の場合には完成品のみに負担させ、途中点発生の場合には、両者負担とする方法。
	②	仕損費を分離把握せず、加工進捗度を加味して、完成品のみ負担か両者負担かを決定する方法。
非度外視法	仕損費を分離して把握し、これを関係品に合理的に負担させる方法。	

①　簡便法としての度外視法
②　進捗度を加味した度外視法

なお、月末仕掛品の評価方法として、先入先出法を採用した場合には、計算を簡便にするために、特に指示がない限り、当月着手分からのみ仕損が発生したという仮定のもと計算することになる。

先入先出法　→　当月着手分からのみ仕損が発生したと仮定する。

(1) 度外視法

度外視法とは、**仕損費等を分離計算せず、自動的に良品に負担させる方法**である。度外視法は、①簡便法としての度外視法と②進捗度を加味した度外視法とに分類される。

① 簡便法としての度外視法

簡便法としての度外視法とは、**加工進捗度を加味しない度外視法**のことをいう。簡便法としての度外視法には、仕損費を分離計算せずに、**途中点発生の場合には、完成品と月末仕掛品の両者に負担させ、終点発生の場合は完成品のみに負担させる方法**である。ここで、仕損費は、評価額控除後の金額であるため、月末仕掛品に負担させる場合には、評価額控除後の製造費用をもって月末仕掛品原価を算定することに留意する。なお、仕損品評価額は**仕損品**又は**貯蔵品**勘定で処理される。

〔両者負担の場合〕

〔先入先出法〕

$$\text{月末仕掛品原料費} = \frac{\text{当月原料費}}{\text{完成品数量} + \text{月末仕掛品数量}} \times \text{月末仕掛品数量}$$

$$\text{月末仕掛品加工費} = \frac{\text{当月加工費}}{\text{完成品加工量} + \text{月末仕掛品加工量}} \times \text{月末仕掛品加工量}$$

〔平均法〕

$$\text{月末仕掛品原料費} = \frac{\text{月初仕掛品原料費} + \text{当月原料費}}{\text{完成品数量} + \text{月末仕掛品数量}} \times \text{月末仕掛品数量}$$

$$\text{月末仕掛品加工費} = \frac{\text{月初加工費} + \text{当月加工費}}{\text{完成品加工量} + \text{月末仕掛品加工量}} \times \text{月末仕掛品加工量}$$

〔完成品のみ負担の場合〕

〔先入先出法〕

$$\text{月末仕掛品原料費} = \frac{\text{当月原料費}}{\text{完成品数量} + \text{仕損品数量} + \text{月末仕掛品数量}} \times \text{月末仕掛品数量}$$

$$\text{月末仕掛品加工費} = \frac{\text{当月加工費}}{\text{完成品加工量} + \text{仕損品加工量} + \text{月末仕掛品加工量}} \times \text{月末仕掛品加工量}$$

〔平均法〕

$$月末仕掛品原料費 = \frac{月初仕掛品原料費 + 当月原料費}{完成品数量 + 仕損品数量 + 月末仕掛品数量} \times 月末仕掛品数量$$

$$月末仕掛品加工費 = \frac{月初加工費 + 当月加工費}{完成品加工量 + 仕損品加工量 + 月末仕掛品加工量} \times 月末仕掛品加工量$$

〔両者負担・完成品のみ負担ともに完成品原価〕

完成品原価 ＝ 総製造費用 － 仕損品評価額 － 月末仕掛品原価

具体例

1．完成品：60個、仕損品：10個（加工進捗度1／2）、月末仕掛品：30個（加工進捗度1／3）
2．直接材料は工程の始点で投入している。
3．当月製造費用　直接材料費：9,000円
　　　　　　　　　加工費：8,400円

〔ケース1〕　仕損品に評価額がない場合

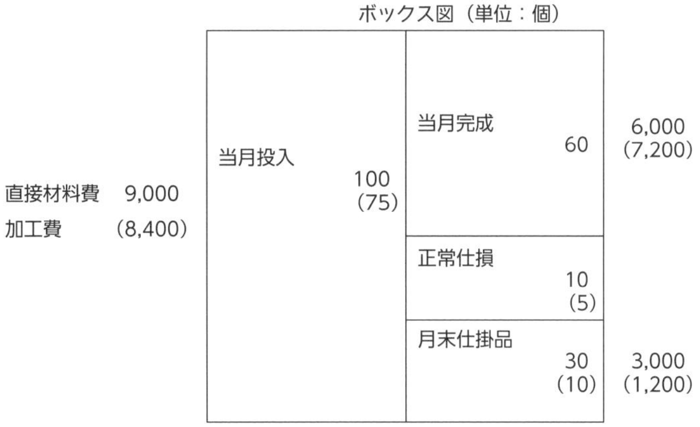

ボックス図（単位：個）

	当月投入		
直接材料費 9,000 加工費 (8,400)	100 (75)	当月完成 60	6,000 (7,200)
		正常仕損 10 (5)	
		月末仕掛品 30 (10)	3,000 (1,200)

月末仕掛品原価
　直接材料費：9,000円÷（100個－10個）×30個＝3,000円
　加工費：8,400円÷（75個－5個）×10個＝1,200円
完成品総合原価
　直接材料費：9,000円－3,000円＝6,000円
　加工費：8,400円－1,200円＝7,200円

〔ケース2〕　仕損品に評価額（材料の価値依存分：450円、加工の結果依存分：350円）がある場合

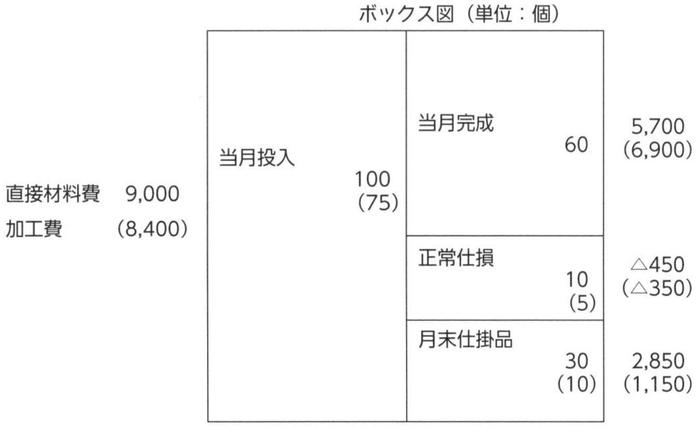

ボックス図（単位：個）

	当月投入		
直接材料費 9,000 加工費 (8,400)	100 (75)	当月完成 60	5,700 (6,900)
		正常仕損 10 (5)	△450 (△350)
		月末仕掛品 30 (10)	2,850 (1,150)

月末仕掛品原価

直接材料費：(9,000円－450円）÷（100個－10個）×30個＝2,850円

加工費：(8,400円－350円）÷（75個－5個）×10個＝1,150円

完成品総合原価

直接材料費：9,000円－2,850円－450円＝5,700円

加工費：8,400円－1,150円－350円＝6,900円

〔ケース3〕 仮に、仕損が終点発生で、評価額（材料の価値依存分：450円、加工の結果依存分：350円）があり、完成品のみに負担させる場合

月末仕掛品原価

直接材料費：9,000円÷100個×30個＝2,700円

加工費：8,400円÷80個×10個＝1,050円

完成品総合原価

直接材料費：9,000円－2,700円－450円＝5,850円

加工費：8,400円－1,050円－350円＝7,000円

■ 例題3　簡便法としての度外視法①

重要度A

当社では製品Xを反復連続して生産している。以下の資料に基づいて、各設問に答えなさい。

1．当月の製品Xの生産データは、以下のとおりである。（単位：個）

月初仕掛品数量	400（40%）
当月投入数量	5,000
仕損品数量	200（30%）
月末仕掛品数量	500（80%）

※（　）内は加工進捗度、又は仕損の発生地点を示している。

2．当月の原価データは以下のとおりである。

月初仕掛品	直接材料費：　244,000円	加工費：　108,300円
当月製造費用	直接材料費：2,656,000円	加工費：3,236,300円

3．直接材料はすべて工程の始点で投入している。

4．仕損品の評価額は@450円/個であり、直接材料依存分@200円/個、加工依存分@250円/個である。

5．仕損の処理方法は簡便法の度外視法による。

6．円未満の端数は四捨五入すること。

問1　平均法を採用した場合の月末仕掛品原価及び完成品単位原価を算定しなさい。

問2　先入先出法を採用した場合の月末仕掛品原価及び完成品単位原価を算定しなさい。

問3　問2の場合の仕掛品勘定の記入を行いなさい。

■ 解答解説

問1　平均法の場合

ボックス図（単位：個）

金額	借方		貸方		金額
244,000 (108,300)	月初仕掛品	400 (160)	当月完成	4,700	
2,656,000 (3,236,300)	当月投入	5,000 (5,000)			
			正常仕損	200 (60)	△40,000 (△50,000)
			月末仕掛品	500 (400)	275,000 (258,400)

仕損品評価額

直接材料依存分：@200円/個×200個＝40,000円

加工依存分：@250円/個×200個＝50,000円

∴　仕損品評価額合計：90,000円

月末仕掛品原価

直接材料費：(244,000円＋2,656,000円－40,000円) ÷ (400個＋5,000個－200個) ×500個＝275,000円

加工費：(108,300円＋3,236,300円－50,000円) ÷ (160個＋5,000個－60個) ×400個＝258,400円

∴ 月末仕掛品原価合計：533,400円

完成品総合原価：244,000円＋108,300円＋2,656,000円＋3,236,300円－533,400円－90,000円＝5,621,200円

完成品単位原価：5,621,200円÷4,700個＝@1,196円/個

問2 先入先出法の場合

ボックス図（単位：個）

金額	借方		貸方		金額
244,000 (108,300)	月初仕掛品	400 (160)	当月完成	4,700	
2,656,000 (3,236,300)	当月投入	5,000 (5,000)			
			正常仕損	200 (60)	△40,000 (△50,000)
			月末仕掛品	500 (400)	272,500 (258,000)

仕損品評価額

直接材料依存分：@200円/個×200個＝40,000円

加工依存分：@250円/個×200個＝50,000円

∴ 仕損品評価額合計：90,000円

月末仕掛品原価

直接材料費：(2,656,000円－40,000円) ÷ (5,000個－200個) ×500個＝272,500円

加工費：(3,236,300円－50,000円) ÷ (5,000個－60個) ×400個＝258,000円

∴ 月末仕掛品原価合計：530,500円

完成品総合原価：244,000円＋108,300円＋2,656,000円＋3,236,300円－530,500円－90,000円＝5,624,100円

完成品単位原価：5,624,100円÷4,700個≒@1,197円/個

問3

仕掛品　（単位：円）

借方	金額	貸方	金額
前月繰越	352,300	製品	5,624,100
直接材料費	2,656,000	仕損品	90,000
加工費	3,236,300	次月繰越	530,500

■ 例題4　簡便法としての度外視法②

重要度A

当社では製品Xを反復連続して生産している。そこで、以下の資料に基づいて、各設問に答えなさい。

1．当月の製品Xの生産データは、以下のとおりである。（単位：個）

月初仕掛品数量	500（60%）
当月投入数量	8,000
仕損品数量	200
月末仕掛品数量	800（50%）

※（　）内は加工進捗度を示している。

2．当月の原価データは以下のとおりである。

月初仕掛品	直接材料費：　202,500円	加工費：　290,000円
当月製造費用	直接材料費：3,151,200円	加工費：7,484,100円

3．直接材料はすべて工程の始点で投入している。

4．仕損品の評価額は@526.5円/個であり、直接材料依存分@156円/個、加工依存分@370.5円/個である。

5．月末仕掛品の評価方法は先入先出法によること。

6．円未満の端数は四捨五入すること。

問　仕損費の処理方法として、（常に完成品と月末仕掛品に負担させる）簡便法としての度外視法を採用した場合の月末仕掛品原価、完成品総合原価及び完成品単位原価を求めなさい。

■ 解答解説

問

ボックス図（単位：個）

金額	借方	貸方	金額
202,500 (290,000)	月初仕掛品 500 (300)	当月完成 7,500	
3,151,200 (7,484,100)	当月投入 8,000 (7,800)	正常仕損 200 (200)	△31,200 (△74,100)
		月末仕掛品 800 (400)	320,000 (390,000)

仕損品評価額

直接材料依存分：@156円/個×200個＝31,200円

加工依存分：@370.5円/個×200個＝74,100円

∴　仕損品評価額合計：105,300円

月末仕掛品原価

直接材料費：(3,151,200円－31,200円) ÷ (8,000個－200個) ×800個＝320,000円

加工費：(7,484,100円－74,100円) ÷ (7,800個－200個) ×400個＝390,000円

∴　月末仕掛品原価合計：710,000円

完成品総合原価：202,500円＋290,000円＋3,151,200円＋7,484,100円－710,000円－105,300円

＝10,312,500円

完成品単位原価：10,312,500円÷7,500個＝@1,375円／個

② 進捗度を加味した度外視法

進捗度を加味した度外視法とは、**仕損等を分離計算せず、進捗度に応じて良品に負担させる方法**である。よって、仕損等の**負担関係は考慮するが、負担割合は考慮していない**。

負担関係の決定方法を具体的に示すと以下のとおりになる。

仕損の発生形態	進捗度比較	負担先
定点で発生	月末　<　仕損	完成品のみ
	月末　≧　仕損	両者負担
工程全体に渡り平均的に発生	—	加工進捗度を50%と仮定したうえで両者負担

〔　仕損の発生地点　＞　月末仕掛品の場合　〕・・・完成品のみ負担

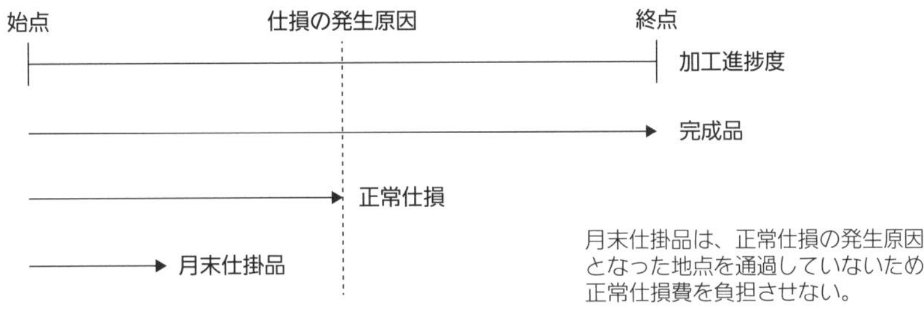

〔先入先出法の場合〕

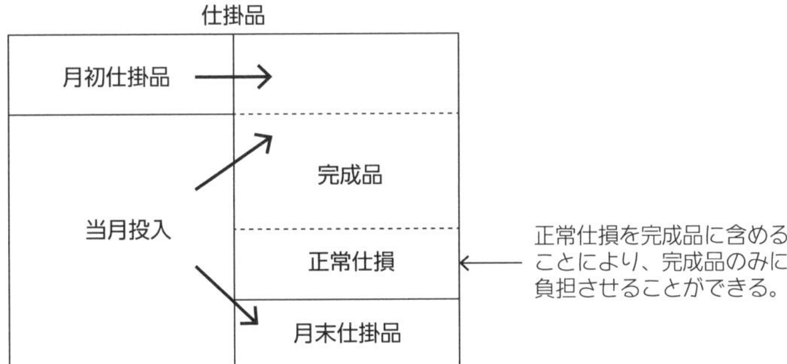

〔平均法の場合〕

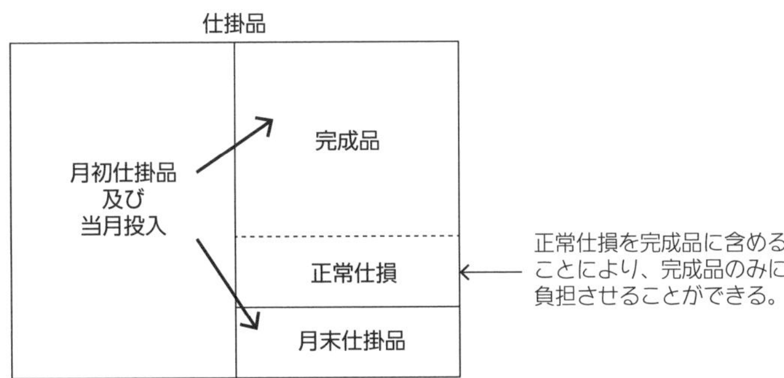

〔　仕損の発生地点　≦　月末仕掛品の場合　〕・・・両者負担

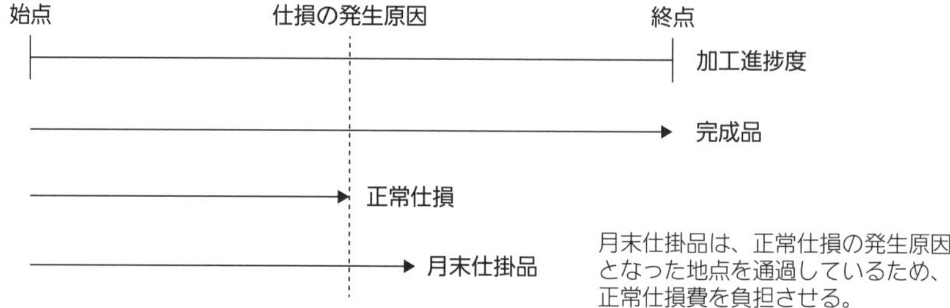

〔先入先出法の場合〕

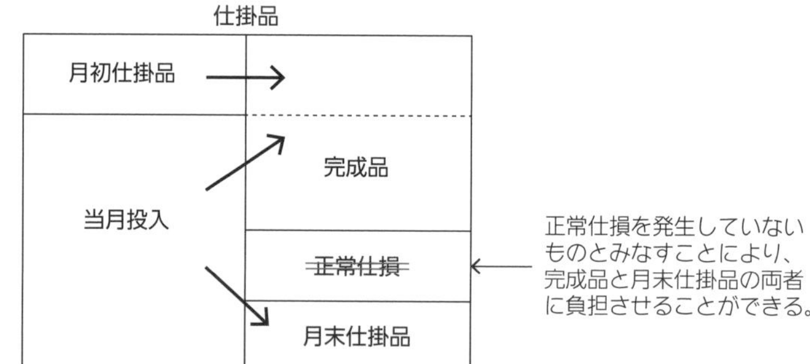

〔平均法の場合〕

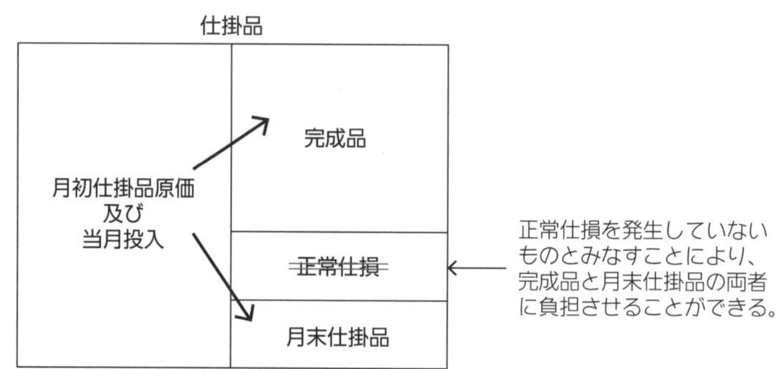

〔　平均的発生の場合　〕・・・両者負担

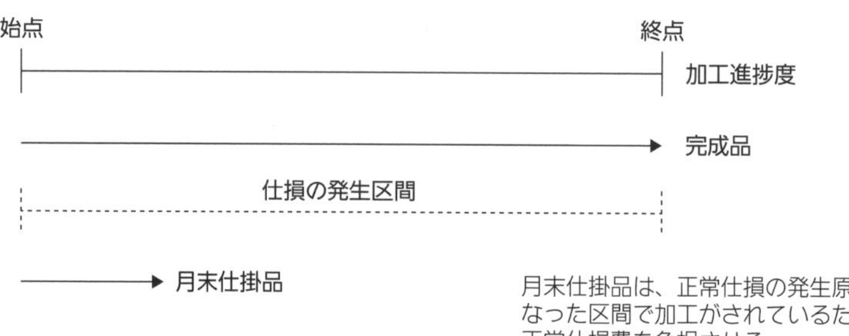

月末仕掛品は、正常仕損の発生原因となった区間で加工がされているため、正常仕損費を負担させる。

具体例

1．完成品：60個、仕損品：10個（加工進捗度 ？ ）、月末仕掛品：30個（加工進捗度1／3）
2．直接材料は工程の始点で投入している。
3．仕損品に評価額はない。
4．当月製造費用　直接材料費：9,000円
　　　　　　　　加工費：8,400円
5．仕損の処理は、加工進捗度を加味した度外視法を採用している。

〔ケース1〕　仕損品の加工進捗度が1／2である場合　（完成品のみ負担）

ボックス図（単位：個）

	当月投入		
直接材料費 9,000 加工費 (8,400)	当月投入 100 (75)	当月完成 60	6,300 (7,280)
		正常仕損 10 (5)	
		月末仕掛品 30 (10)	2,700 (1,120)

月末仕掛品原価
　直接材料費：9,000円÷100個×30個＝2,700円
　加工費：8,400円÷75個×10個＝1,120円
完成品総合原価
　直接材料費：9,000円－2,700円＝6,300円
　加工費：8,400円－1,120円＝7,280円

〔ケース2〕　仕損品の加工進捗度が1／5である場合　（両者負担）

ボックス図（単位：個）

	当月投入		
直接材料費 9,000 加工費 (8,400)	当月投入 100 (72)	当月完成 60	6,000 (7,200)
		正常仕損 10 (2)	
		月末仕掛品 30 (10)	3,000 (1,200)

月末仕掛品原価

直接材料費：9,000円÷（100個－10個）×30個＝3,000円

加工費：8,400円÷（72個－２個）×10個＝1,200円

完成品総合原価

直接材料費：9,000円－3,000円＝6,000円

加工費：8,400円－1,200円＝7,200円

〔ケース３〕 仕損が工程を通じて平均的に発生している場合 （両者負担）

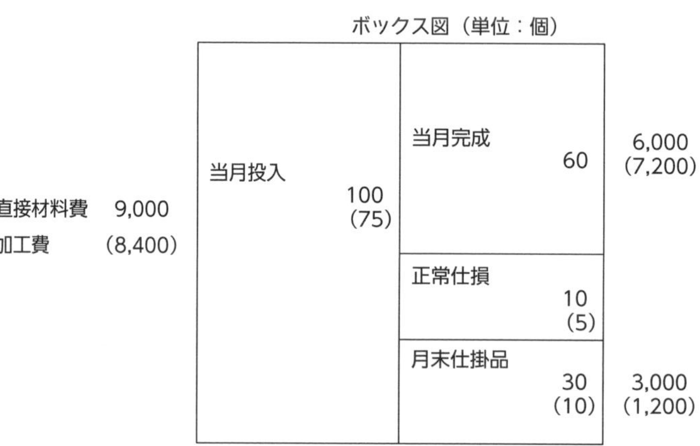

月末仕掛品原価

直接材料費：9,000円÷（100個－10個）×30個＝3,000円

加工費：8,400円÷（75個－５個）×10個＝1,200円

完成品総合原価

直接材料費：9,000円－3,000円＝6,000円

加工費：8,400円－1,200円＝7,200円

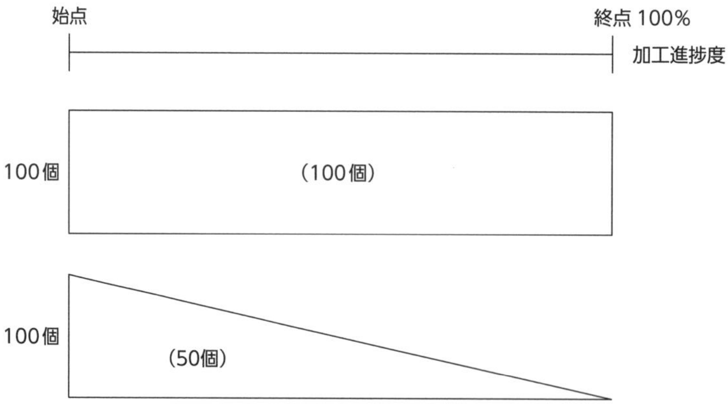

※ 仕損・減損が平均的に発生している場合には、加工進捗度は50%と仮定するとともに、原則として、完成品と月末仕掛品の両者が負担する。

■ 例題5　進捗度を加味した度外視法①　重要度A

当社では製品Xを反復連続して生産している。そこで、以下の資料に基づいて、各設問に答えなさい。

1．当月の製品Xの生産データは、以下のとおりである。（単位：個）

月初仕掛品数量	2,000（40%）
当月投入数量	10,000
仕損品数量	1,000（？%）
月末仕掛品数量	2,500（60%）

※（ ）内は加工進捗度、又は仕損の発生地点を示している。

2．当月の原価データは以下のとおりである。

月初仕掛品	直接材料費：3,273,000円	加工費：1,867,000円
当月製造費用	直接材料費：16,380,000円	加工費：23,230,000円

3．直接材料はすべて工程の始点で投入している。

4．仕損品の評価額は410,000円であり、直接材料依存分180,000円、加工依存分230,000円である。

5．仕損の処理方法は度外視法により、進捗度を考慮して関係品に合理的に負担させること。

6．月末仕掛品の評価方法は先入先出法によること。

問1　仕損が工程の80%地点で発生している場合の月末仕掛品原価及び完成品総合原価を算定しなさい。

問2　仕損が工程の50%地点で発生している場合の月末仕掛品原価及び完成品総合原価を算定しなさい。

問3　仕損が工程全体に渡って平均的に発生している場合の月末仕掛品原価及び完成品総合原価を算定しなさい。

■ 解答解説

問1

ボックス図（単位：個）

3,273,000 (1,867,000)	月初仕掛品 2,000 (800)		当月完成 8,500	
16,380,000 (23,230,000)	当月投入 10,000 (10,000)		正常仕損 1,000 (800)	△180,000 (△230,000)
			月末仕掛品 2,500 (1,500)	4,095,000 (3,484,500)

月末仕掛品原価

直接材料費：16,380,000円 ÷ 10,000個 × 2,500個 = 4,095,000円

加工費：23,230,000円 ÷ 10,000個 × 1,500個 = 3,484,500円

∴　月末仕掛品原価合計：7,579,500円

完成品総合原価：3,273,000円 + 1,867,000円 + 16,380,000円 + 23,230,000円 − 7,579,500円

− 410,000円 = 36,760,500円

問2

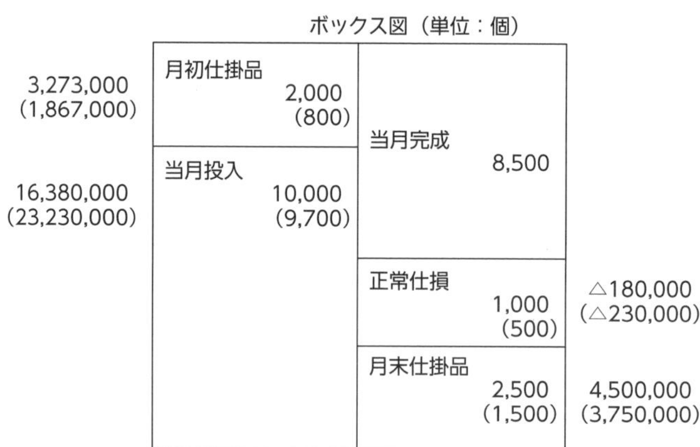

月末仕掛品原価

直接材料費：(16,380,000円 − 180,000円) ÷ (10,000個 − 1,000個) × 2,500個 = 4,500,000円

加工費：(23,230,000円 − 230,000円) ÷ (9,700個 − 500個) × 1,500個 = 3,750,000円

∴　月末仕掛品原価合計：8,250,000円

完成品総合原価：3,273,000円 + 1,867,000円 + 16,380,000円 + 23,230,000円 − 8,250,000円

− 410,000円 = 36,090,000円

問3

ボックス図（単位：個）

月末仕掛品原価

直接材料費：(16,380,000円－180,000円）÷（10,000個－1,000個）×2,500個＝4,500,000円

加工費：(23,230,000円－230,000円）÷（9,700個－500個）×1,500個＝3,750,000円

∴　月末仕掛品原価合計：8,250,000円

完成品総合原価：3,273,000円＋1,867,000円＋16,380,000円＋23,230,000円－8,250,000円

－410,000円＝36,090,000円

■ 例題6　進捗度を加味した度外視法②

重要度C

当社では製品Xを反復連続して生産している。そこで、以下の資料に基づいて、各設問に答えなさい。

1．当月の製品Xの生産データは、以下のとおりである。（単位：個）

月初仕掛品数量	500（40%）
当月投入数量	1,000
仕損品	100（？%）
減損	100（？%）
月末仕掛品数量	200（50%）

※（　）内は加工進捗度、又は仕損等の発生地点を示している。

2．当月の原価データは以下のとおりである。

月初仕掛品	直接材料費：　920,000円	加工費：　399,000円
当月製造費用	直接材料費：1,901,000円	加工費：2,152,500円

3．直接材料はすべて工程の始点で投入している。

4．仕損品の評価額は109,900円であり、直接材料依存分91,000円、加工依存分18,900円である。

5．仕損等の処理方法は度外視法により、進捗度を考慮して関係品に合理的に負担させること。

6．月末仕掛品の評価方法は平均法によること。

問1　仕損が工程の20%地点で発生しており、減損が工程の60%地点で発生している場合の月末仕掛品原価及び完成品総合原価を算定しなさい。

問2　仕損が工程の20%地点で発生しており、減損が工程全体に渡って平均的に発生している場合の月末仕掛品原価及び完成品総合原価を算定しなさい。

■ 解答解説

問1

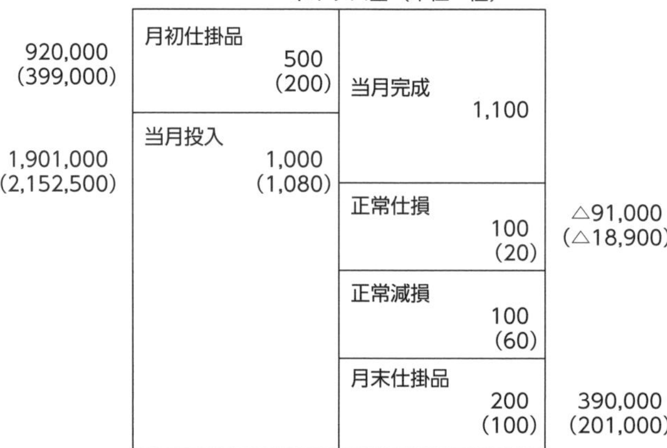

月末仕掛品原価

直接材料費：（920,000円＋1,901,000円－91,000円）÷（500個＋1,000個－100個）×200個＝390,000円

加工費：（399,000円＋2,152,500円－18,900円）÷（200個＋1,080個－20個）×100個＝201,000円

∴　月末仕掛品原価合計：591,000円

完成品総合原価：920,000円＋399,000円＋1,901,000円＋2,152,500円－591,000円－109,900円＝4,671,600円

問2

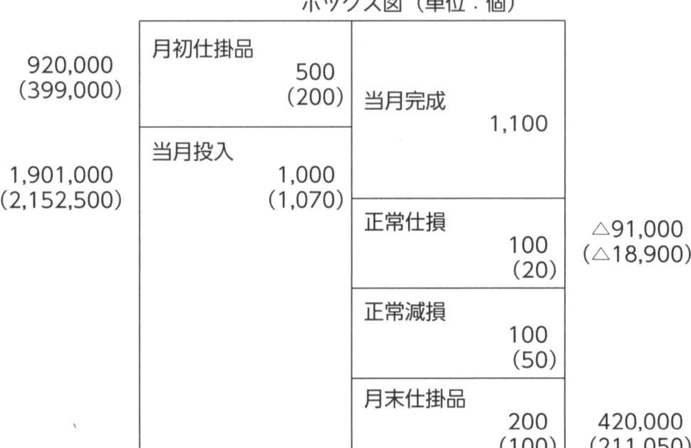

月末仕掛品原価

直接材料費：(920,000円＋1,901,000円－91,000円）÷（500個＋1,000個－100個－100個）×200個

＝420,000円

加工費：(399,000円＋2,152,500円－18,900円）÷（200個＋1,070個－20個－50個）×100個

＝211,050円

∴　月末仕掛品原価合計：631,050円

完成品総合原価：920,000円＋399,000円＋1,901,000円＋2,152,500円－631,050円－109,900円＝4,631,550円

(2) 非度外視法

① 意義

非度外視法とは、**仕損費等を分離計算し、仕損の発生態様を考慮して、関係品に負担させる方法**である。よって、**負担関係及び負担割合を考慮する**ため、度外視法よりも**正確な計算が可能になる**とともに、仕損費を分離計算することで、経営者に仕損の発生を意識させ**原価管理に役立つ**。ただし、「原価計算基準」では**度外視法が原則**とされ、**非度外視法は例外的な方法**とされる。

関係品に負担させる (負担関係を考慮)	仕損費の負担先を、進捗度比較によって合理的に決定すること
仕損の発生態様を考慮 (負担割合を考慮)	定点発生の仕損費はその地点の数量割合で按分し、平均的発生の仕損費はその発生区間における加工換算量割合で按分すること

② 計算の流れ

非度外視法による仕損費等の負担計算手続は以下のとおりである。

① 仕損費等を算定する・・・仕損品等に集計される原価を計算する。
② 加工進捗度から仕損費等の負担先を決定する・・・加工進捗度の比較を行う。
③ 適切な比率で仕損費等を負担させる・・・数量ベースもしくは加工換算量ベースで按分する。

※ 仕損等が定点発生の場合には、その**発生地点の数量の比率**で按分する。これは、仕損等が発生した地点が、ある一定点である以上、その地点での良品の数量に応じて負担させるのが合理的だからである。
※ 仕損等が平均的発生の場合には、その**発生区間の加工換算量の比率**で按分する。これは、仕損等が加工の進捗に伴って発生する以上、その発生区間における良品の加工量に応じて負担させるのが合理的だからである。

非度外視法による計算方法を具体的に示すと、以下のとおりである。

仕損の発生形態	進捗度比較	負担先	負担割合
定点で発生	月末 < 仕損	完成品のみ	
	月末 ≧ 仕損	両者負担	数量で按分
工程全体に渡り 平均的に発生	—	両者負担	加工換算量で按分

具体例

1．完成品：60個、仕損品：10個（加工進捗度 ？ ）、月末仕掛品：30個（加工進捗度1／3）
2．直接材料は工程の始点で投入している。
3．仕損品評価額は12,600円である。
4．当月投入原価　直接材料費：630,000円
　　　　　　　　　加工費：378,000円
5．仕損の処理は、非度外視法を採用すること。

〔ケース1〕　仕損品の加工進捗度が1／2である場合（完成品のみ負担）

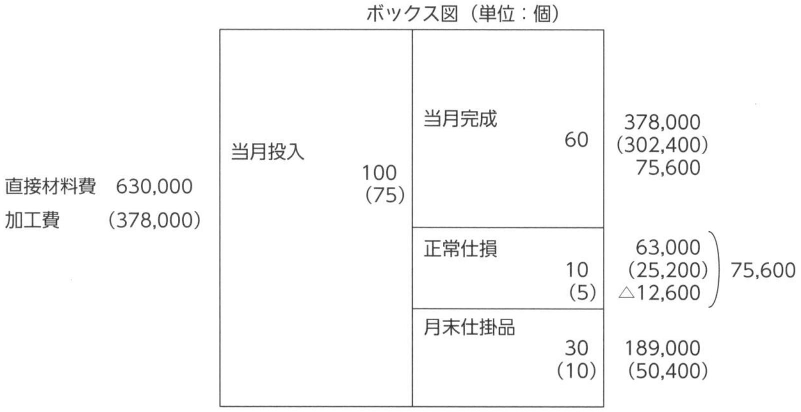

ボックス図（単位：個）

	当月投入		
直接材料費　630,000 加工費　(378,000)	当月投入　100 (75)	当月完成　60	378,000 (302,400) 75,600
		正常仕損　10 (5)	63,000 (25,200) △12,600　} 75,600
		月末仕掛品　30 (10)	189,000 (50,400)

仕損品原価
　直接材料費：630,000円÷100個×10個＝63,000円
　加工費：378,000円÷75個×5個＝25,200円
　∴　仕損費：63,000円＋25,200円－12,600円＝75,600円
月末仕掛品原価
　直接材料費：630,000円÷100個×30個＝189,000円
　加工費：378,000円÷75個×10個＝50,400円
　∴　月末仕掛品原価：239,400円
完成品総合原価
　630,000円＋378,000円－239,400円－12,600円＝756,000円
　（参考：内訳）
　　直接材料費：630,000円－189,000円－63,000円＝378,000円
　　加工費：378,000円－50,400円－25,200円＝302,400円
　　仕損費：75,600円

〔ケース２〕　仕損品の加工進捗度が１／５である場合（両者負担：数量ベース）

ボックス図（単位：個）

直接材料費　630,000
加工費　(378,000)

当月投入　100
(72)

当月完成　60
378,000
(315,000)
40,600

正常仕損　10
(2)
63,000
(10,500)
△12,600
60,900

月末仕掛品　30
(10)
189,000
(52,500)
20,300

仕損品原価
　直接材料費：630,000円÷100個×10個＝63,000円
　加工費：378,000円÷72個×２個＝10,500円
　∴　仕損費：63,000円＋10,500円－12,600円＝60,900円
月末仕掛品原価
　直接材料費：630,000円÷100個×30個＝189,000円
　加工費：378,000円÷72個×10個＝52,500円
　仕損費：60,900円÷（60個＋30個）×30個＝20,300円
　∴　月末仕掛品原価：261,800円
完成品総合原価
630,000円＋378,000円－261,800円－12,600円＝733,600円
　（参考：内訳）
　　直接材料費：630,000円－189,000円－63,000円＝378,000円
　　加工費：378,000円－52,500円－10,500円＝315,000円
　　仕損費：60,900円－20,300円＝40,600円

〔ケース３〕　仕損が工程全体を通して平均的に発生している場合（両者負担：加工換算量ベース）

ボックス図（単位：個）

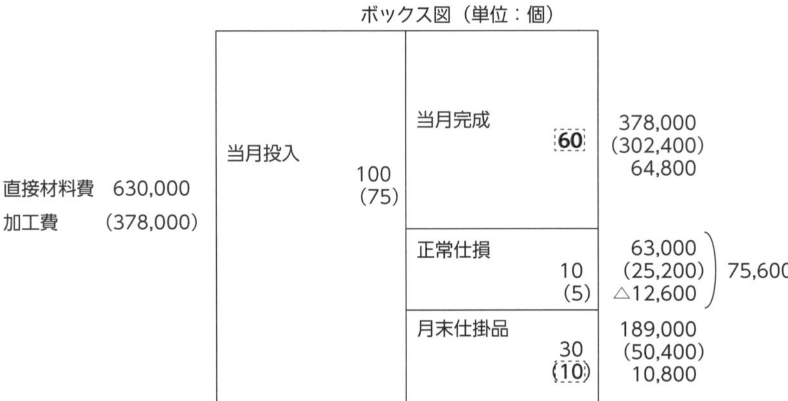

仕損品原価

直接材料費：630,000円÷100個×10個＝63,000円

加工費：378,000円÷75個×5個＝25,200円

∴　仕損費：63,000円＋25,200円－12,600円＝75,600円

月末仕掛品原価

直接材料費：630,000円÷100個×30個＝189,000円

加工費：378,000円÷75個×10個＝50,400円

仕損費：75,600円÷（60個＋10個）×10個＝10,800円

∴　月末仕掛品原価：250,200円

完成品総合原価

630,000円＋378,000円－250,200円－12,600円＝745,200円

（参考：内訳）

直接材料費：630,000円－189,000円－63,000円＝378,000円

加工費：378,000円－50,400円－25,200円＝302,400円

仕損費：75,600円－10,800円＝64,800円

③　平均法と先入先出法

先入先出法では、仕損等が当月投入分から生じたと仮定するため、仕損費を当月投入分における完成品と月末仕掛品の完成品換算量（数量又は加工換算量）の比で按分する。

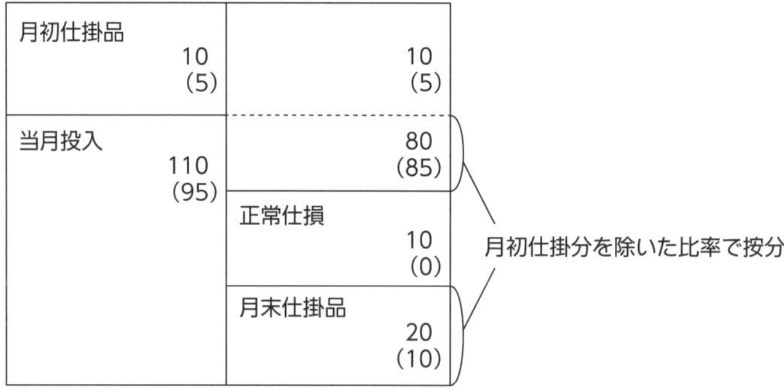

平均法では、月初仕掛品からも仕損等は生じていると考えるため、仕損費を月初仕掛品からの完成品も含めたすべての完成品と月末仕掛品の完成品換算量（数量又は加工換算量）の比で按分する。

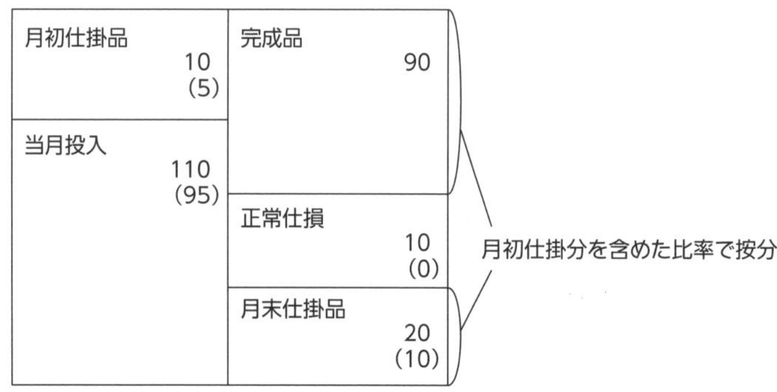

■ 例題7　非度外視法①

重要度A

当社では製品Xを反復連続して生産している。そこで、以下の資料に基づいて、各設問に答えなさい。

1．当月の製品Xの生産データは、以下のとおりである。（単位：kg）

月初仕掛品数量	500（40%）
当月投入数量	2,500
月末仕掛品数量	800（75%）
完成品	2,000

※（ ）内は加工進捗度を示している。

2．当月の原価データは以下のとおりである。

月初仕掛品	直接材料費：275,000円	加工費：165,000円
当月製造費用	直接材料費：1,380,000円	加工費：2,070,000円

3．直接材料はすべて工程の始点で投入している。

4．減損の処理方法は、非度外視法による。

5．月末仕掛品の評価方法は先入先出法によること。

問1　減損が工程の50%地点で発生している場合の月末仕掛品原価及び完成品総合原価を算定しなさい。

問2　減損が工程全体に渡って平均的に発生している場合の月末仕掛品原価及び完成品総合原価を算定しなさい。

■ 解答解説

問1

ボックス図（単位：kg）

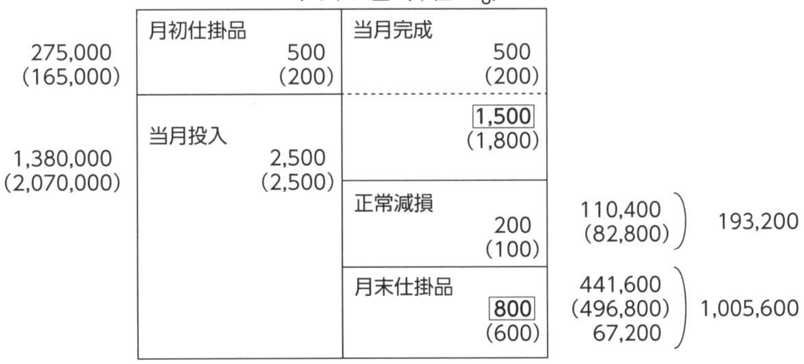

原価	借方	貸方	数量	原価	合計
275,000 (165,000)	月初仕掛品 500 (200)	当月完成 500 (200)			
1,380,000 (2,070,000)	当月投入 2,500 (2,500)	1,500 (1,800)			
		正常減損	200 (100)	110,400 (82,800)	193,200
		月末仕掛品	800 (600)	441,600 (496,800) 67,200	1,005,600

減損費

直接材料費：1,380,000円÷2,500kg×200kg＝110,400円

加工費：2,070,000円÷2,500kg×100kg＝82,800円

∴　減損費：193,200円

月末仕掛品原価

直接材料費：1,380,000円÷2,500kg×800kg＝441,600円

加工費：2,070,000円÷2,500kg×600kg＝496,800円

減損費：193,200円÷（1,500kg＋800kg）×800kg＝67,200円

∴　月末仕掛品原価：1,005,600円

完成品総合原価：275,000円＋165,000円＋1,380,000円＋2,070,000円－1,005,600円＝2,884,400円

問2

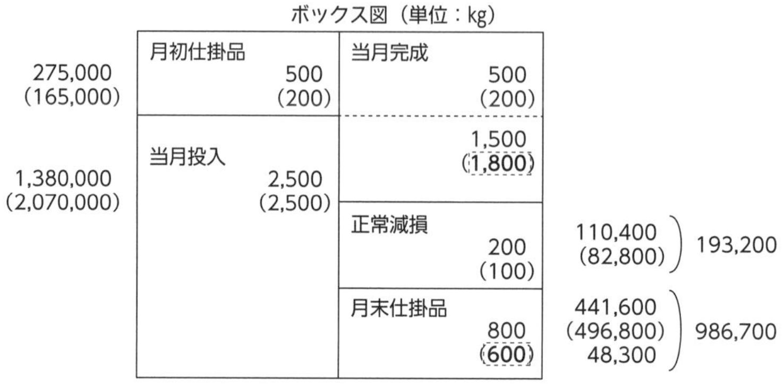

ボックス図（単位：kg）

275,000 (165,000)	月初仕掛品 500 (200)	当月完成 500 (200)	
1,380,000 (2,070,000)	当月投入 2,500 (2,500)	1,500 (1,800)	
		正常減損 200 (100)	110,400 (82,800) 193,200
		月末仕掛品 800 (600)	441,600 (496,800) 48,300 986,700

減損費

直接材料費：1,380,000円÷2,500kg×200kg＝110,400円

加工費：2,070,000円÷2,500kg×100kg＝82,800円

∴　減損費：193,200円

月末仕掛品原価

直接材料費：1,380,000円÷2,500kg×800kg＝441,600円

加工費：2,070,000円÷2,500kg×600kg＝496,800円

減損費：193,200円÷（1,800kg＋600kg）×600kg＝48,300円

∴　月末仕掛品原価：986,700円

完成品総合原価：275,000円＋165,000円＋1,380,000円＋2,070,000円－986,700円＝2,903,300円

■ 例題8　非度外視法②

重要度A

当社では製品Xを反復連続して生産している。そこで、以下の資料に基づいて、各設問に答えなさい。

1．当月の製品Xの生産データは、以下のとおりである。（単位：kg）

月初仕掛品数量	1,200（25%）
当月投入数量	6,800
月末仕掛品数量	1,000（60%）
完成品	6,500

※（　）内は加工進捗度を示している。

2．当月の原価データは以下のとおりである。

月初仕掛品	直接材料費：1,280,000円	加工費：　520,000円
当月製造費用	直接材料費：7,240,000円	加工費：12,004,400円

3．直接材料はすべて工程の始点で投入している。

4．減損の処理方法は、非度外視法による。

5．月末仕掛品の評価方法は平均法によること。

問1　減損が工程の50%地点で発生している場合の月末仕掛品原価及び完成品総合原価を算定しなさい。

問2　減損が工程全体に渡って平均的に発生している場合の月末仕掛品原価及び完成品総合原価を算定しなさい。

■ 解答解説

問1

ボックス図（単位：kg）

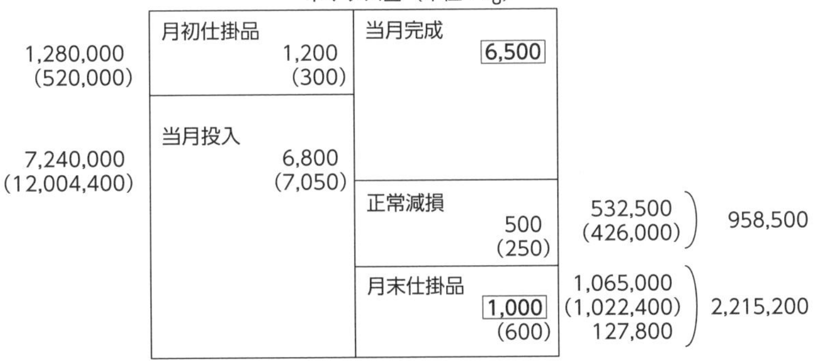

1,280,000 (520,000)	月初仕掛品 1,200 (300)	当月完成 6,500			
7,240,000 (12,004,400)	当月投入 6,800 (7,050)	正常減損 500 (250)	532,500 (426,000)	958,500
		月末仕掛品 1,000 (600)	1,065,000 (1,022,400) 127,800	2,215,200

減損費

直接材料費：(1,280,000円＋7,240,000円) ÷ (1,200kg＋6,800kg) ×500kg＝532,500円

加工費：(520,000円＋12,004,400円) ÷ (300kg＋7,050kg) ×250kg＝426,000円

∴　958,500円

月末仕掛品原価

直接材料費：(1,280,000円＋7,240,000円) ÷ (1,200kg＋6,800kg) ×1,000kg＝1,065,000円

加工費：(520,000円 + 12,004,400円) ÷ (300kg + 7,050kg) × 600kg = 1,022,400円

減損費：958,500円 ÷ (6,500kg + 1,000kg) × 1,000kg = 127,800円

∴ 2,215,200円

完成品総合原価：1,280,000円 + 520,000円 + 7,240,000円 + 12,004,400円 − 2,215,200円 = 18,829,200円

問2

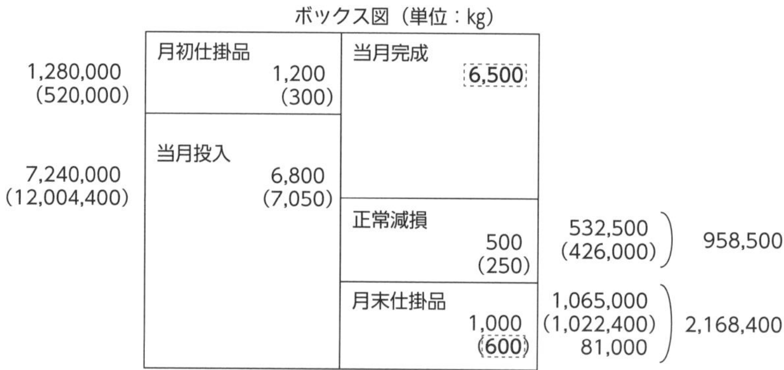

減損費

直接材料費：(1,280,000円 + 7,240,000円) ÷ (1,200kg + 6,800kg) × 500kg = 532,500円

加工費：(520,000円 + 12,004,400円) ÷ (300kg + 7,050kg) × 250kg = 426,000円

∴ 958,500円

月末仕掛品原価

直接材料費：(1,280,000円 + 7,240,000円) ÷ (1,200kg + 6,800kg) × 1,000kg = 1,065,000円

加工費：(520,000円 + 12,004,400円) ÷ (300kg + 7,050kg) × 600kg = 1,022,400円

減損費：958,500円 ÷ (6,500kg + 600kg) × 600kg = 81,000円

∴ 2,168,400円

完成品総合原価：1,280,000円 + 520,000円 + 7,240,000円 + 12,004,400円 − 2,168,400円 = 18,876,000円

3 異常仕損・異常減損

(1) 意義

仕損及び減損のうち、質的もしくは量的に正常な範囲を超えて発生したものを異常仕損・減損という。なお、異常仕損費・減損費は、個別原価計算の場合と同様、製造原価から分離して把握し、営業外費用もしくは特別損失として処理しなければならない。つまり、異常仕損費は必ず分離計算することになる。

異常仕損費 ＝ 仕損品原価 － 仕損品評価額

異常減損費 ＝ 当該減損に集計された原価

(2) 処理方法

異常仕損等が発生した場合には、これを分離計算する必要がある。この点、正常仕損等が発生していない、もしくは正常仕損等の進捗度が異常仕損等の進捗度よりも大きい場合には、問題とならないが、正常仕損等の進捗度が異常仕損等の進捗度よりも小さい場合には、正常仕損（減損）費を異常仕損等が負担するか否かが問題となる。

ここで、異常仕損（減損）費の分離計算方法は、その重視する考え方により、正常仕損（減損）費を負担させる方法と正常仕損（減損）費を負担させない方法に分けられる。

重視する考え方	内容	結論
正常性概念	正常仕損等は良品製作のために発生する原価であり、異常仕損品等を製作するための原価ではない。	異常仕損等に正常仕損（減損）費を負担させない。
原価発生原因主義	異常仕損（減損）といえども、正常仕損等の発生地点では、良品であり、正常仕損等の発生母体であった。	異常仕損等に正常仕損（減損）費を負担させる。

※　特に問題文の指示がない場合には、原価発生原因主義で解答すれば良い。

■ 例題９　異常仕損の処理①

重要度 C

当社では製品Xを反復連続して生産している。そこで、以下の資料に基づいて、各設問に答えなさい。

1．当月の製品Xの生産データは、以下のとおりである。(単位：個)

月初仕掛品数量　　400 (25%)
当月投入数量　　1,600
正常仕損品　　100 (50%)
異常仕損品　　200 (75%)
月末仕掛品数量　　500 (80%)
完成品　　1,200

※（　）内は加工進捗度、又は仕損の発生地点を示している。

2．当月の原価データは以下のとおりである。

月初仕掛品　　1,512,000円 (直接材料費：1,290,000円　加工費：　222,000円)
当月製造費用　　8,980,000円 (直接材料費：5,170,000円　加工費：3,810,000円)

3．直接材料はすべて工程の始点で投入されている。

4．異常仕損品及び正常仕損品の評価額は以下のとおりである。

	異常仕損品	正常仕損品
直接材料依存分	190,000円	96,900円
加工依存分	172,000円	56,000円

5．仕損の処理方法は、進捗度加味度外視法を採用するものとする。

6．月末仕掛品の評価方法は平均法によること。

問1　正常性概念を重視した場合の、月末仕掛品原価及び完成品総合原価を算定しなさい。

問2　原価発生原因主義を重視した場合の、月末仕掛品原価及び完成品総合原価を算定しなさい。

問3　原価発生原因主義を重視した上で、月末仕掛品の進捗度が20%であった場合の月末仕掛品原価及び完成品総合原価を計算しなさい。なお、計算で生じた端数は円未満を四捨五入する。

■ 解答解説

問1

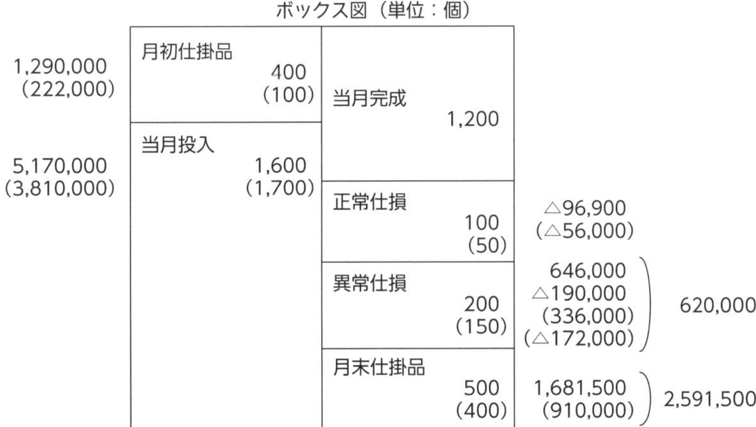

異常仕損費

直接材料費：$(1{,}290{,}000\text{円} + 5{,}170{,}000\text{円}) \times \dfrac{200}{400 + 1{,}600} = 646{,}000\text{円}$

加工費：$(222{,}000\text{円} + 3{,}810{,}000\text{円}) \times \dfrac{150}{100 + 1{,}700} = 336{,}000\text{円}$

評価額：△190,000円＋△172,000円 ＝ △362,000円

∴　620,000円

月末仕掛品原価

直接材料費：$(1{,}290{,}000\text{円} + 5{,}170{,}000\text{円} - 646{,}000\text{円} - 96{,}900\text{円}) \times \dfrac{500}{400 + 1{,}600 - 100 - 200} = 1{,}681{,}500\text{円}$

加工費：$(222{,}000\text{円} + 3{,}810{,}000\text{円} - 336{,}000\text{円} - 56{,}000\text{円}) \times \dfrac{400}{100 + 1{,}700 - 50 - 150} = 910{,}000\text{円}$

∴　2,591,500円

完成品総合原価

1,512,000円＋8,980,000円－620,000円－2,591,500円

－190,000円－172,000円－96,900円－56,000円＝6,765,600円

問2

ボックス図（単位：個）

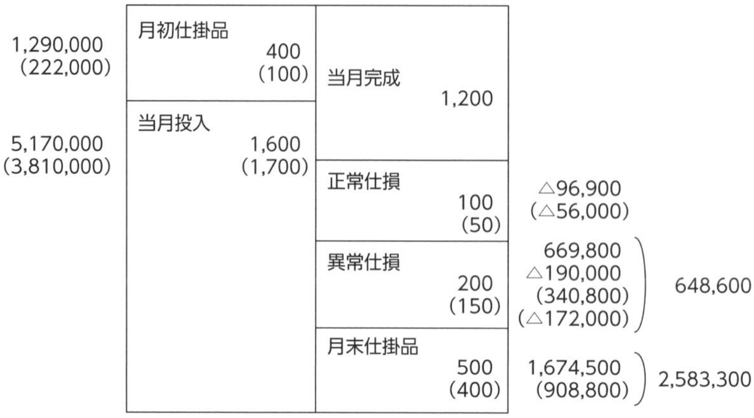

1,290,000 (222,000)	月初仕掛品 400 (100)	当月完成 1,200		
5,170,000 (3,810,000)	当月投入 1,600 (1,700)	正常仕損 100 (50)	△96,900 (△56,000)	
		異常仕損 200 (150)	669,800 △190,000 (340,800) (△172,000)	648,600
		月末仕掛品 500 (400)	1,674,500 (908,800)	2,583,300

異常仕損費

直接材料費：$(1{,}290{,}000\text{円} + 5{,}170{,}000\text{円} - 96{,}900\text{円}) \times \dfrac{200}{400 + 1{,}600 - 100} = 669{,}800\text{円}$

加工費：$(222{,}000\text{円} + 3{,}810{,}000\text{円} - 56{,}000\text{円}) \times \dfrac{150}{100 + 1{,}700 - 50} = 340{,}800\text{円}$

評価額：△190,000円＋△172,000円＝△362,000円

∴　648,600円

月末仕掛品原価

直接材料費：$(1{,}290{,}000\text{円} + 5{,}170{,}000\text{円} - 96{,}900\text{円}) \times \dfrac{500}{400 + 1{,}600 - 100} = 1{,}674{,}500\text{円}$

加工費：$(222{,}000\text{円} + 3{,}810{,}000\text{円} - 56{,}000\text{円}) \times \dfrac{400}{100 + 1{,}700 - 50} = 908{,}800\text{円}$

∴　2,583,300円

完成品総合原価

1,512,000円＋8,980,000円－648,600円－2,583,300円

－190,000円－172,000円－96,900円－56,000円＝6,745,200円

問3

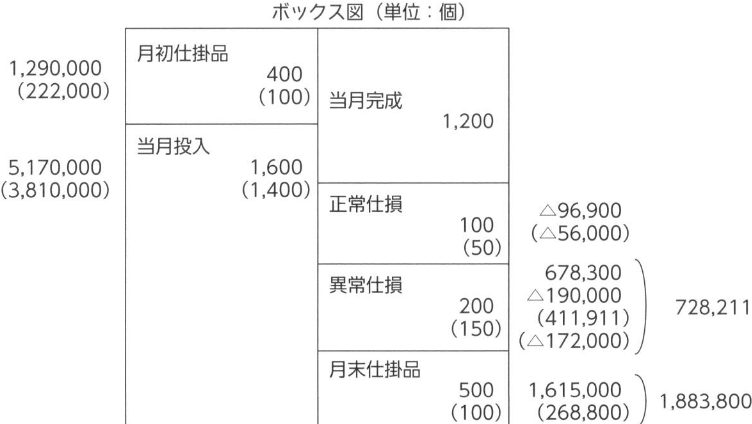

月末仕掛品原価

直接材料費：(1,290,000円 + 5,170,000円) × $\dfrac{500}{400 + 1,600}$ = 1,615,000円

加工費：(222,000円 + 3,810,000円) × $\dfrac{100}{100 + 1,400}$ = 268,800円

∴　1,883,800円

異常仕損費

直接材料費

(1,290,000円 + 5,170,000円 − 1,615,000円 − 96,900円) × $\dfrac{200}{1,200 + 200}$ = 678,300円

加工費

(222,000円 + 3,810,000円 − 268,800円 − 56,000円) × $\dfrac{150}{1,200 + 150}$ ≒ 411,911円

評価額：△190,000円 + △172,000円 = △362,000円

∴　728,211円

完成品総合原価

1,512,000円 + 8,980,000円 − 728,211円 − 1,883,800円

− 190,000円 − 172,000円 − 96,900円 − 56,000円 = 7,365,089円

■ 例題10　異常仕損の処理②

重要度C

当社では製品Xを反復連続して生産している。そこで、以下の資料に基づいて、各設問に答えなさい。

1．当月の製品Xの生産データは、以下のとおりである。（単位：個）

月初仕掛品数量	500（20％）
当月投入数量	2,000
正常仕損品	200（30％）
異常仕損品	200（50％）
月末仕掛品数量	500（60％）
完成品	1,600

※（　）内は加工進捗度、又は仕損の発生地点を示している。

2．当月の原価データは以下のとおりである。

月初仕掛品	1,530,000円
当月製造費用	13,140,000円（直接材料費：4,320,000円　加工費：8,820,000円）

3．直接材料はすべて工程の始点で投入されている。

4．異常仕損品の評価額は182,000円であり、正常仕損品の評価額は176,400円である。

5．仕損の処理方法は、非度外視法を採用するものとする。

6．月末仕掛品の評価方法は先入先出法によること。

問1　正常性概念を重視した場合の、月末仕掛品原価及び完成品総合原価を算定しなさい。

問2　原価発生原因主義を重視した場合の、月末仕掛品原価及び完成品総合原価を算定しなさい。

■ 解答解説

問1

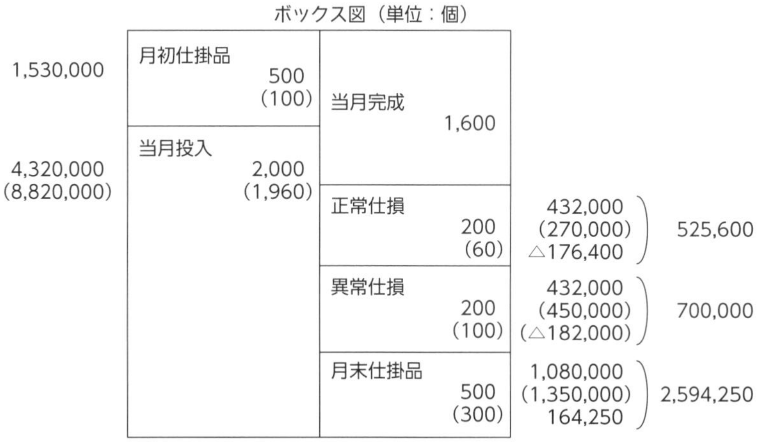

ボックス図（単位：個）

金額	借方	貸方	金額	合計
1,530,000	月初仕掛品 500 (100)	当月完成 1,600		
4,320,000 (8,820,000)	当月投入 2,000 (1,960)			
		正常仕損 200 (60)	432,000 (270,000) △176,400	525,600
		異常仕損 200 (100)	432,000 (450,000) (△182,000)	700,000
		月末仕掛品 500 (300)	1,080,000 (1,350,000) 164,250	2,594,250

正常仕損費

直接材料費：4,320,000円÷2,000個×200個＝432,000円

加工費：8,820,000円÷1,960個×60個＝270,000円

評価額：△176,400円

∴　525,600円

異常仕損費

直接材料費：4,320,000円÷2,000個×200個＝432,000円

加工費：8,820,000円÷1,960個×100個＝450,000円

評価額：△182,000円

∴　700,000円

月末仕掛品

直接材料費：4,320,000円÷2,000個×500個＝1,080,000円

加工費：8,820,000円÷1,960個×300個＝1,350,000円

正常仕損費：525,600円÷（2,000個－200個－200個）×500個＝164,250円

∴　2,594,250円

完成品総合原価

1,530,000円＋13,140,000円－700,000円－2,594,250円－182,000円－176,400円＝11,017,350円

問2

ボックス図（単位：個）

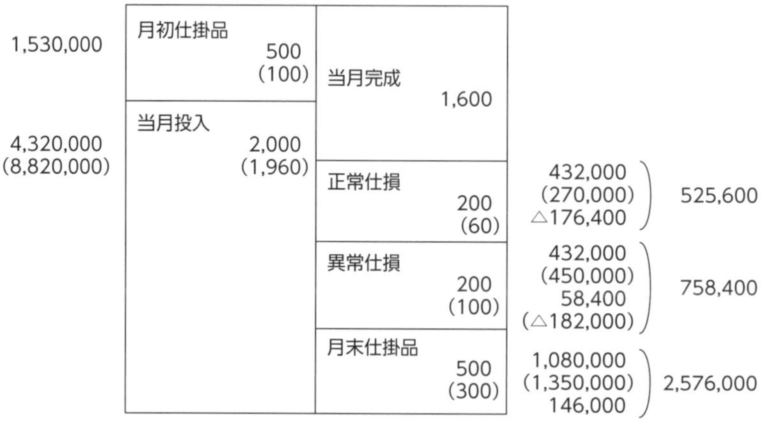

1,530,000	月初仕掛品 500 (100)	当月完成 1,600		
4,320,000 (8,820,000)	当月投入 2,000 (1,960)	正常仕損 200 (60)	432,000 (270,000) △176,400	525,600
		異常仕損 200 (100)	432,000 (450,000) 58,400 (△182,000)	758,400
		月末仕掛品 500 (300)	1,080,000 (1,350,000) 146,000	2,576,000

正常仕損費

直接材料費：4,320,000円÷2,000個×200個＝432,000円

加工費：8,820,000円÷1,960個×60個＝270,000円

評価額：△176,400円　　∴　525,600円

異常仕損費

直接材料費：4,320,000円÷2,000個×200個＝432,000円

加工費：8,820,000円÷1,960個×100個＝450,000円

正常仕損費：525,600円÷（2,000個－200個）×200個＝58,400円

評価額：△182,000円　　∴　758,400円

月末仕掛品

直接材料費：4,320,000円÷2,000個×500個＝1,080,000円

加工費：8,820,000円÷1,960個×300個＝1,350,000円

正常仕損費：525,600円÷（2,000個－200個）×500個＝146,000円

∴　2,576,000円

完成品総合原価

1,530,000円＋13,140,000円－758,400円－2,576,000円－182,000円－176,400円＝10,977,200円

第4節　単純総合原価計算のその他の論点

1 副産物・作業屑

(1) 意義

副産物とは、**主産物の製造過程から必然に派生し、副次的に算出**される生産物である。

作業屑とは、製品の加工過程で生じる**原材料の残り屑**である。作業屑は**有形で有価値**のものをいい、たとえ有形でも無価値のものは減損である。

(2) 評価額の算定方法

副産物と作業屑の評価方法は同様であり、追加加工が必要なものや、売却するもの及び自家消費するものがある。具体的には以下のとおりになる。

①	そのまま 外部に売却できる場合	見積売却価額－見積販管費　(※)
②	加工の上 外部に売却できる場合	加工品の見積売却価額－見積販管費－見積追加加工費　(※)
③	そのまま 自家消費される場合	節約される物品の見積購入価額
④	加工の上 自家消費できる場合	節約される物品の見積購入価額－見積追加加工費

※　外部に売却する場合には、さらに通常の利益の見積額を控除して、評価額を算定することもある。なお、**問題を解く際に、通常の利益の見積額が与えられた場合には控除すること。**

(3) 副産物の処理方法

副産物及び作業屑の処理方法は様々である。そこで、一般的な副産物及び作業屑の処理方法をまとめると以下のようになる。ただし、その他の指示があればその指示に従うことに留意する。

原則	主産物の総合原価から控除する方法。
例外	軽微な場合には、売却して得た収入を原価計算外の収益とする方法。

① 主産物の総合原価から控除する方法

原価計算基準によれば、総合原価計算において、副産物が生ずる場合には、**その評価額を主産物の総合原価から控除する**ことが規定されている。ここで、主産物とは、完成品や月末仕掛品のことをいい、副産物評価額を進捗度に応じて、完成品総合原価から控除するか、完成品と月末仕掛品の両者から控除するかを決定することになる。結果として、**加工進捗度を加味した度外視法と同様の処理になる。**

② 軽微な場合には、売却して得た収入を原価計算外の収益とする方法

軽微な副産物については、原価計算上、処理を行わず、**これを売却したときに、原価計算外の収益として処理する**方法である。

■ 例題11　副産物の処理

当社では製品Xを反復連続して生産している。そこで、以下の資料に基づいて、各設問に答えなさい。

1．当月の製品Xの生産データは、以下のとおりである。(単位：kg)

月初仕掛品数量	200 (30%)
当月投入数量	1,500
副産物	100 (？%)
月末仕掛品数量	200 (60%)
完成品	1,400

※　(　) 内は加工進捗度を示している。

2．当月の原価データは以下のとおりである。

月初仕掛品	119,000円	(直接材料費：100,000円　加工費：19,000円)
当月製造費用	1,074,000円	(直接材料費：580,000円　加工費：494,000円)

3．直接材料はすべて工程の始点で投入されている。

4．副産物は加工の上、外部に売却可能であり、すべて直接材料費から控除する。

① 正常売却価格600円/kg

② 見積追加加工費150円/kg

③ 見積販売費50円/kg

④ 通常の利益の見積額60円/kg

5．月末仕掛品は平均法により評価すること。

問1　副産物が工程の終点で発生した場合の月末仕掛品原価及び完成品総合原価を算定しなさい。

重要度A

問2　副産物が工程の中間地点で発生した場合の月末仕掛品原価及び完成品総合原価を算定しなさい。

重要度C

問3　副産物が工程の終点で発生し、売却して得た収入を原価計算外の収益とする場合の月末仕掛品原価及び完成品総合原価を算定しなさい。　重要度B

■ 解答解説

問1

副産物の評価額：(@600円/kg－@150円/kg－@50円/kg－@60円/kg）×100kg＝34,000円

月末仕掛品原価

直接材料費：(100,000円＋580,000円）÷（200kg＋1,500kg）×200kg＝80,000円

加工費：(19,000円＋494,000円）÷（60kg＋1,560kg）×120kg＝38,000円

∴　118,000円

完成品総合原価：100,000円＋19,000円＋580,000円＋494,000円－118,000円－34,000円＝1,041,000円

問2

月末仕掛品原価

直接材料費：(100,000円＋580,000円－34,000円）÷（200kg＋1,500kg－100kg）×200kg＝80,750円

加工費：(19,000円＋494,000円）÷（60kg＋1,510kg－50kg）×120kg＝40,500円

∴　121,250円

完成品総合原価：100,000円＋19,000円＋580,000円＋494,000円－121,250円－34,000円＝1,037,750円

問3

月末仕掛品原価：118,000円

完成品総合原価：100,000円＋19,000円＋580,000円＋494,000円－118,000円＝1,075,000円

2 材料の平均的投入

材料は始点で投入する以外にも、工程全体に渡って平均的に投入することもある。このような材料は、工程の進捗に伴って投入されていくため、**加工換算量に基づいて加工品に按分する。**

■ 例題12 材料の平均的投入

重要度B

当社では製品Xを反復連続して生産している。そこで、以下の資料に基づいて、月末仕掛品原価及び完成品総合原価を算定しなさい。

1．当月の製品Xの生産データは、以下のとおりである。（単位：個）

月初仕掛品数量	500（30％）
当月投入数量	2,000
月末仕掛品数量	400（50％）
完成品	2,100

※（ ）内は加工進捗度を示している。

2．当月の原価データは以下のとおりである。

月初仕掛品	135,000円
当月製造費用	1,935,000円（直接材料費：860,000円　加工費：1,075,000円）

3．直接材料は工程全体に渡り平均的に投入している。

4．月末仕掛品の評価方法は先入先出法を採用している。

■ 解答解説

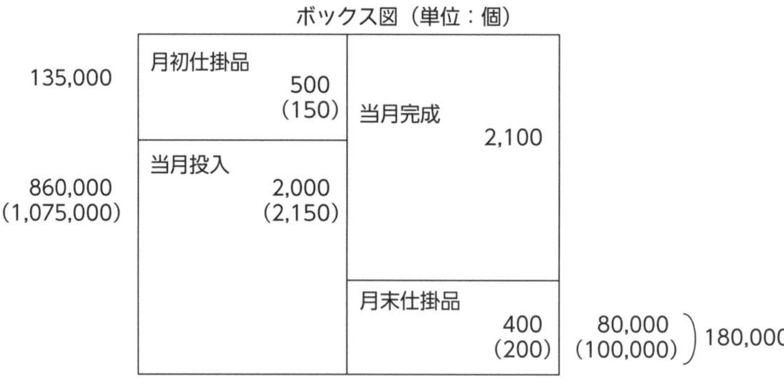

月末仕掛品原価

直接材料費：860,000円÷2,150個×200個＝80,000円

加工費：1,075,000円÷2,150個×200個＝100,000円

∴　180,000円

完成品総合原価：135,000円＋1,935,000円－180,000円＝1,890,000円

3　減損の安定的発生

⑴　意義

工程の進捗に伴って、**減損が毎期安定して同様の割合で発生すること**を減損の安定的発生という。

⑵　計算方法

減損が安定的に発生する場合には、減損を発生させる原因となった加工品ごとに減損の発生量を把握できるため、より正確に減損費を負担させることができる。よって、**通常とは異なった負担計算**を行う。

①　非度外視法の場合

非度外視法を採用した場合の減損費の負担計算は、**直接材料費**については、**完成品及び月末仕掛品が当月に発生させた減損量を基準に按分し**、**加工費**については、**完成品及び月末仕掛品が当月に発生させた減損の加工換算量を基準に按分**することになる。

②　度外視法の場合 参考

度外視法を採用した場合には、単に減損を度外視して計算するのではなく、各加工品の数量を始点時点に換算して計算することになる。

■ 例題13　減損の安定的発生　重要度B

当社では製品Xを反復連続して生産している。そこで、以下の資料に基づいて、各設問に答えなさい。

1．当月の製品Xの生産データは、以下のとおりである。（単位：kg）

当月投入数量　　20,000
月末仕掛品数量　　1,860（70%）
完成品数量　　16,200

※（　）内は加工進捗度を示している。

2．当月の原価データは以下のとおりである。

当月製造費用　　直接材料費：20,000,000円　加工費：7,749,420円

3．減損が工程全体に渡って毎期安定的に発生している。なお投入歩減率は10%である。

4．直接材料はすべて工程の始点で投入している。

5．計算上端数が生じた場合には、円未満を四捨五入して整数で解答すること。

問　減損費の処理方法として非度外視法を採用し、各良品が当月に発生させた減損量とその加工換算量を基準に減損費を負担させる場合の月末仕掛品原価及び完成品単位原価を算定しなさい。

■ 解答解説

完成品生産データ

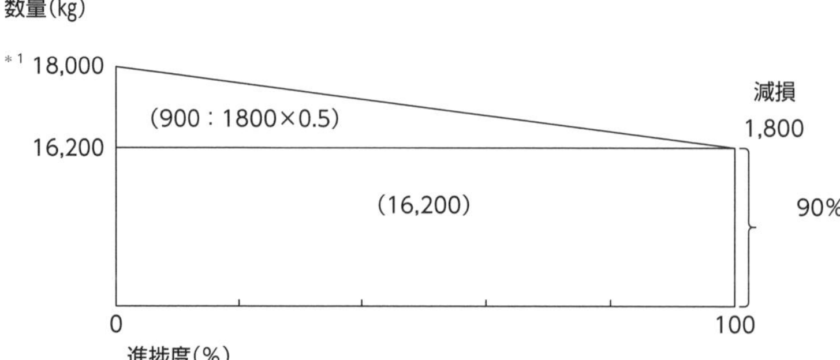

月末仕掛品生産データ

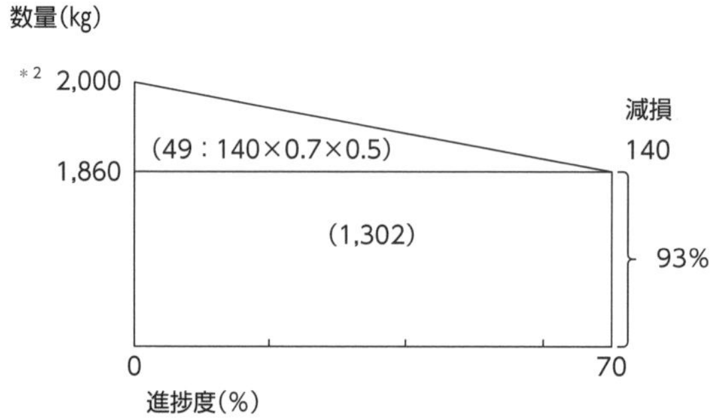

完成品の減損量の算定

※1　始点投入数量：16,200kg ÷ 90% = 18,000kg

∴　減損量：18,000kg − 16,200kg = 1,800kg

月末仕掛品の減損量の算定

※2　始点投入数量：1,860kg ÷ 93% = 2,000kg

∴　減損量：2,000kg − 1,860kg = 140kg

月末仕掛品原価

直接材料費：20,000,000円 ÷ 20,000kg ×（140kg + 1,860kg）= 2,000,000円

加工費：7,749,420円 ÷ 18,451kg（加工換算量合計）×（49kg + 1,302kg）= 567,420円

∴　2,567,420円

完成品総合原価：20,000,000円 + 7,749,420円 − 2,567,420円 = 25,182,000円

完成品単位原価：25,182,000円 ÷ 16,200kg ≒ @1,554円/kg

4 純粋先入先出法

(1) 意義

通常の先入先出法（修正先入先出法）では、月初仕掛品からの完成品と当月着手分からの完成品を区別しないで、完成品原価が算定される。このため、平均法の思考が混入し、**前月と当月の原価能率を比較することができない**という**原価管理上の問題**が指摘される。よって、通常の先入先出法を修正先入先出法といい、先入先出法の論理を厳密に貫いて、完成品について**月初仕掛品からの完成分**と**当月着手分からの完成分**とに**分けて完成品単位原価を算定する方法**を純粋先入先出法という。純粋先入先出法は修正先入先出法と比較して、**原価管理**に**有用**な資料を提供することができる。

ただし、月末仕掛品原価や完成品原価の総額は**修正先入先出法と**基本的には一致する。

具体例

1．完成品：90個、月末仕掛品：10個（加工進捗度80％）、月初仕掛品：20個（加工進捗度60％）
2．直接材料は工程の始点で投入している。
3．当月製造費用　直接材料費：8,000円
　　　　　　　　　加　工　費：12,900円
　月初仕掛品原価　直接材料費：2,100円
　　　　　　　　　加　工　費：1,900円

月末仕掛品の完成品換算量　直接材料費：10個×100％＝10個
　　　　　　　　　　　　　加　工　費：10個× 80％＝ 8個
月初仕掛品の完成品換算量　直接材料費：20個×100％＝20個
　　　　　　　　　　　　　加　工　費：20個× 60％＝12個

ボックス図（単位：個）

2,100 (1,900)	月初仕掛品 20 (12)		当月完成 20 (12) (8)	2,100 (1,900) (1,200)	5,200
8,000 (12,900)	当月投入 80 (86)		70 (70)	7,000 (10,500)	17,500
			月末仕掛品 10 (8)	1,000 (1,200)	2,200

月末仕掛品原価
　直接材料費：8,000円÷80個×10個＝1,000円
　加　工　費：12,900円÷86個×８個＝1,200円
月初仕掛品からの完成品原価
　直接材料費：2,100円
　加　工　費：12,900円÷86個×（20個－12個）＋1,900円＝3,100円
当月着手分からの完成品原価
　直接材料費：2,100円＋8,000円－1,000円－2,100円＝7,000円
　加　工　費：1,900円＋12,900円－1,200円－3,100円＝10,500円

(2) 純粋先入先出法における仕損費の処理

正常仕損が発生した場合には、正常仕損費は、特に指示の無い限り、**月初仕掛品からの完成品には負担させないこと**になる。なぜなら、先入先出法を採用した場合には、**仕損が当月投入分からのみ発生したと仮定して計算するため**である。

なお、このような議論は、仕損の発生を無視して計算する度外視法ではありえず、非度外視法の採用が前提となる。

■ 例題14 純粋先入先出法における仕損費の処理

重要度B

当社では製品Xを反復連続して生産している。そこで、以下の資料に基づいて、各設問に答えなさい。

1．当月の製品Xの生産データは、以下のとおりである。(単位：個)

月初仕掛品数量	500 (80%)
当月投入数量	2,000
月末仕掛品数量	400 (75%)
正常仕損	100 (50%)
完成品	2,000

※ ( ) 内は加工進捗度、又は仕損の発生地点を示している。

2．当月の原価データは以下のとおりである。

月初仕掛品	784,000円	(直接材料費： 477,000円 加工費： 307,000円)
当月製造費用	3,382,000円	(直接材料費：1,900,000円 加工費：1,482,000円)

3．仕損の処理方法は非度外視法を採用すること。なお、仕損品に評価額はない。

4．直接材料はすべて工程の始点で投入している。

5．計算上端数が生じた場合には、円未満を切り捨てて計算すること。

問1 純粋先入先出法を採用した場合の月初仕掛品からの完成品及び当月着手分からの完成品のそれぞれの完成品総合原価の内訳（直接材料費、加工費、仕損費）を示すとともに、それぞれの完成品単位原価を算定しなさい。

問2 修正先入先出法を採用した場合の完成品単位原価を算定しなさい。

■ 解答解説

問1

ボックス図（単位：個）

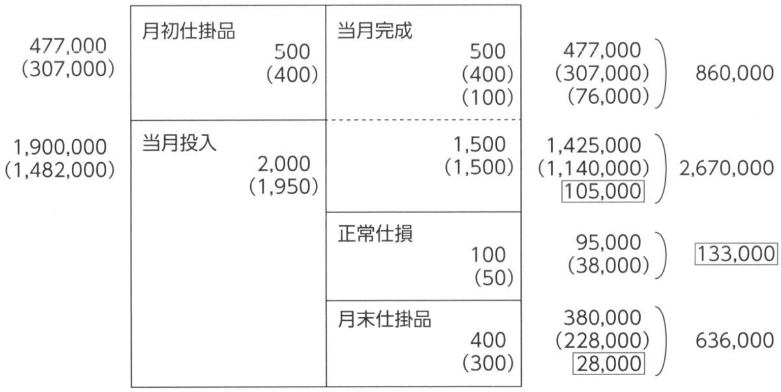

金額	借方	貸方	金額	合計
477,000 (307,000)	月初仕掛品 500 (400)	当月完成 500 (400) (100)	477,000 (307,000) (76,000)	860,000
1,900,000 (1,482,000)	当月投入 2,000 (1,950)	1,500 (1,500)	1,425,000 (1,140,000) 105,000	2,670,000
		正常仕損 100 (50)	95,000 (38,000)	133,000
		月末仕掛品 400 (300)	380,000 (228,000) 28,000	636,000

正常仕損費

直接材料費：1,900,000円÷2,000個×100個＝95,000円

加工費：1,482,000円÷1,950個×50個＝38,000円

∴　133,000円

月末仕掛品原価

直接材料費：1,900,000円÷2,000個×400個＝380,000円

加工費：1,482,000円÷1,950個×300個＝228,000円

正常仕損費：133,000円÷（1,500個＋400個）×400個＝28,000円

∴　636,000円

月初仕掛品からの完成品総合原価

直接材料費：477,000円

加工費：307,000円＋1,482,000円÷1,950個×100個＝383,000円

∴　860,000円

月初仕掛品からの完成品単位原価：860,000円÷500個＝@1,720円/個

当月着手分からの完成品総合原価

直接材料費：1,900,000円÷2,000個×1,500個＝1,425,000円

加工費：1,482,000円÷1,950個×1,500個＝1,140,000円

正常仕損費：133,000円÷（1,500個＋400個）×1,500個＝105,000円

∴　2,670,000円

当月着手分からの完成品単位原価：2,670,000円÷1,500個＝@1,780円/個

問2

（860,000円＋2,670,000円）÷2,000個＝@1,765円/個

第 9 章

工程別総合原価計算

第1節　工程別総合原価計算とは

1　工程別総合原価計算とは

工程別総合原価計算とは、総合原価計算において、製造工程が二以上の連続する工程に分けられ、工程ごとにその工程製品の総合原価を計算する方法をいう。すなわち、第８章における**単純総合原価計算を工程別に適用して完成品（完了品）原価を計算する方法**である。

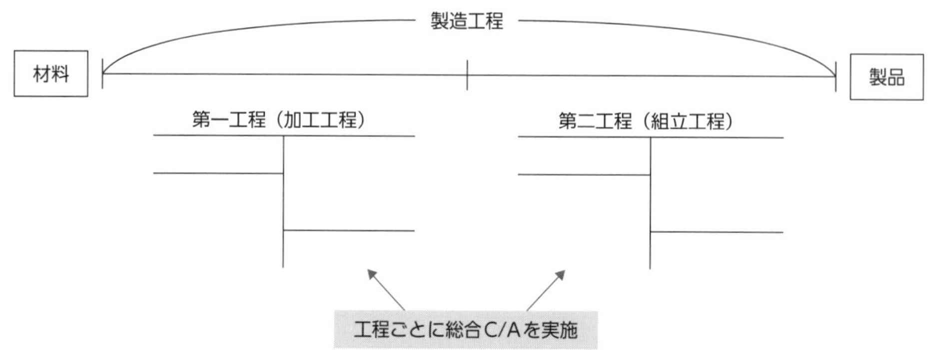

第２節　工程別総合原価計算の方法

1 累加法（累積法）

(1) 意義・計算方法

累加法とは、第一工程勘定から順に、総合原価計算を適用し、工程完了品原価および月末仕掛品原価を算定して、**前工程の完了品原価を、前工程費または原料費として次工程勘定の製造費用に投入する計算方法**である。前工程費は、**次工程勘定において始点投入材料と同様に計算**することになる。

具体例

1．当月の生産データ

第一工程月初仕掛品：10個（加工進捗度40%） 第二工程月初仕掛品：20個（加工進捗度25%）

第一工程月末仕掛品：10個（加工進捗度90%） 第二工程月末仕掛品：30個（加工進捗度50%）

第一工程 完 了 品：90個　　　　　　　　　第二工程 完 了 品：80個

2．当月の原価データ　（単位：円）

当月製造費用		月初仕掛品原価	
直接材料費	9,000	第一工程	2,700
第一工程加工費	19,000	第二工程	7,300
第二工程加工費	27,000		

3．原価配分法は両工程とも先入先出法を採用すること。

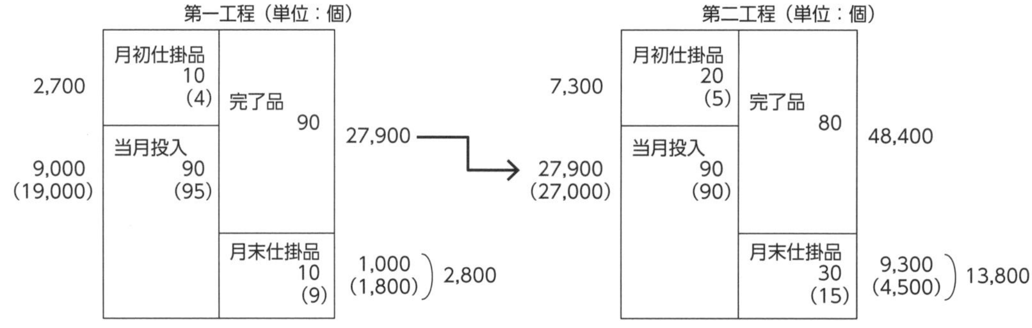

第一工程月末仕掛品原価

直接材料費：9,000円÷90個×10個＝1,000円

加工費：19,000円÷95個×9個＝1,800円

∴　合計：2,800円

第一工程完了品原価

2,700円＋9,000円＋19,000円－2,800円

＝27,900円

第二工程月末仕掛品原価

前工程費：27,900円÷90個×30＝9,300円

加工費：27,000円÷90個×15個＝4,500円

∴　合計：13,800円

第二工程完了品原価

7,300円＋27,900円＋27,000円－13,800円

＝48,400円

■ 例題1　累加法①

重要度A

当工場では製品Xの市場見込生産を行っている。製品Xの生産は2つの連続する工程からなっており、まず、第一工程始点で直接材料をすべて投入し、加工を施したものを第二工程の始点に投入し、これに加工を施すことで完成する。そこで、以下の資料に基づき、各設問に答えなさい。

1．当月の製品Xの生産データは、以下のとおりである。(単位：個)

第一工程		第二工程	
月初仕掛品数量	1,200（25％）	月初仕掛品数量	2,000（45％）
当月投入数量	15,300	当月投入数量	15,000
仕損品	500（40％）	仕損品	1,000（100％）
月末仕掛品数量	1,000（60％）	月末仕掛品数量	3,000（30％）
完成品	15,000	完成品	13,000

※（　）内は加工進捗度又は仕損の発生地点を示している。

2．当月の原価データは以下のとおりである。

第一工程月初仕掛品原価	直接材料費：　1,470,600円	加工費：　440,000円
第一工程当月製造費用	直接材料費：18,329,400円	加工費：22,470,000円
第二工程月初仕掛品原価	前工程費：　5,550,000円	加工費：　3,180,000円
第二工程当月製造費用	前工程費：　？　円	加工費：49,000,000円

3．仕損の処理方法は、非度外視法による。なお、第一工程の仕損品は@180円/個で売却でき、第二工程の仕損品は@730円/個で売却できる。

4．月末仕掛品の評価方法は、第一工程については平均法、第二工程については先入先出法によること。

5．工程別計算の方法は累加法を採用している。

問1　第一工程月末仕掛品原価および第一工程完了品原価を算定しなさい。

問2　第二工程月末仕掛品原価および最終完成品総合原価を算定しなさい。

■ 解答解説

問1

第一工程ボックス図（単位：個）

金額	借方	貸方	金額	合計
1,470,600 (440,000)	月初仕掛品 1,200 (300)	当月完成 15,000	40,500,000	
18,329,400 (22,470,000)	当月投入 15,300 (15,500)	正常仕損 500 (200)	600,000 (290,000) △90,000	800,000
		月末仕掛品 1,000 (600)	1,200,000 (870,000) 50,000	2,120,000

第一工程正常仕損費

直接材料費：(1,470,600円＋18,329,400円) ÷ (1,200個＋15,300個) ×500個＝600,000円

加工費：(440,000円＋22,470,000円) ÷ (300個＋15,500個) ×200個＝290,000円

∴　第一工程正常仕損費：600,000円＋290,000円－@180円/個×500個＝800,000円

第一工程月末仕掛品原価

直接材料費：(1,470,600円＋18,329,400円) ÷ (1,200個＋15,300個) ×1,000個＝1,200,000円

加工費：(440,000円＋22,470,000円) ÷ (300個＋15,500個) ×600個＝870,000円

正常仕損費：800,000円÷ (15,000個＋1,000個) ×1,000個＝50,000円

∴　第一工程月末仕掛品原価：1,200,000円＋870,000円＋50,000円＝2,120,000円

第一工程完了品原価

1,470,600円＋440,000円＋18,329,400円＋22,470,000円－2,120,000円－90,000円＝40,500,000円

問2

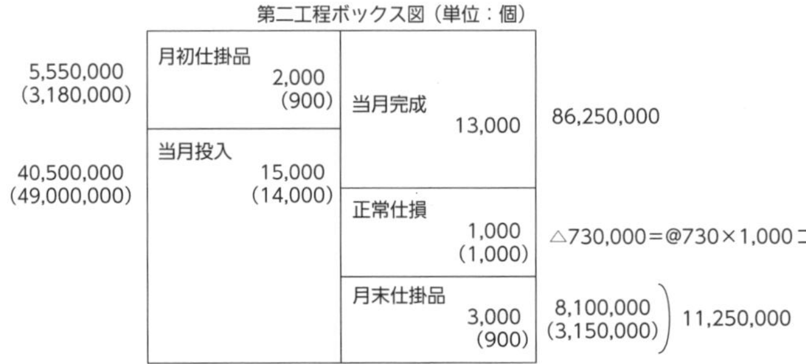

第二工程月末仕掛品原価

前工程費：40,500,000円÷15,000個×3,000個＝8,100,000円

加工費：49,000,000円÷14,000個×900個＝3,150,000円

∴　第二工程月末仕掛品原価：8,100,000円＋3,150,000円＝11,250,000円

最終完成品総合原価

5,550,000円＋3,180,000円＋40,500,000円＋49,000,000円－11,250,000円－730,000円＝86,250,000円

(2) 工程完了入庫品・半製品

① 意義

工程完了入庫品とは、途中工程の作業が完了した時点で**一旦倉庫に搬入され、ただちに次工程に振替えないでいる状態のもの**をいう。

半製品も工程完了入庫品の一種であるが、**原則としてそのまま外部に売却できる**点が工程完了入庫品との相違点である。

② 工程完了入庫品等がある場合の計算手続

工程完了品を次工程にすべて振替えるのではなく、その一部を半製品や工程完了入庫品として一旦保管する場合がある。このような場合には、前工程から次工程に、または倉庫から次工程に振替えた分のみを次工程の製造費用に投入して計算する。

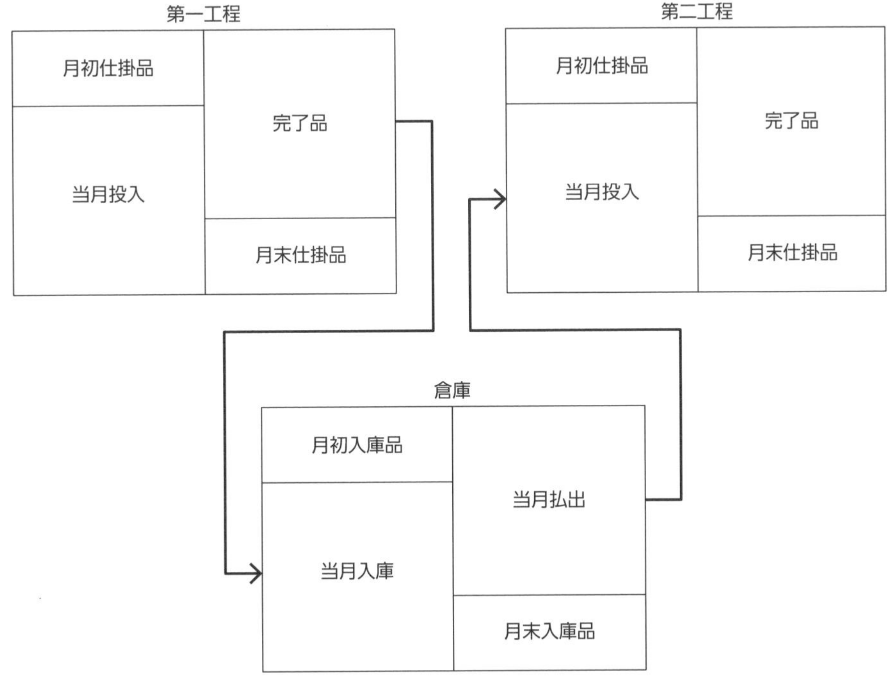

■ 例題２　累加法②　工程完了入庫品がある場合

重要度Ａ

当工場では製品Ｘの市場見込生産を行っている。製品Ｘの生産は２つの連続する工程からなっており、まず、第一工程始点で直接材料をすべて投入し、加工を施すことで第一工程完了品を生産する。第一工程完了品は一度倉庫に入庫され、第二工程では倉庫から払い出された第一工程完了品を第二工程の始点に投入し、これに加工を施すことで完成する。そこで、以下の資料に基づいて、各設問に答えなさい。

１．当月生産データ（単位：個）

第一工程		第二工程	
月初仕掛品数量	1,200（25％）	月初仕掛品数量	2,000（45％）
当月投入数量	15,300	当月投入数量	15,000
仕損品	500（40％）	仕損品	1,000（100％）
月末仕掛品数量	1,000（60％）	月末仕掛品数量	3,000（30％）
完成品	15,000	完成品	13,000

※（　）内は加工進捗度又は仕損の発生地点を示している。

２．入庫品の棚卸数量は、月初・月末ともに10,000個であった。なお、月初倉庫入庫品原価は27,750,000円である。

３．当月の原価データは以下のとおりである。

第一工程月初仕掛品原価	直接材料費：　1,470,600円	加工費：　440,000円
第一工程当月製造費用	直接材料費：18,329,400円	加工費：22,470,000円
第二工程月初仕掛品原価	前工程費：　5,550,000円	加工費：　3,180,000円
第二工程当月製造費用	前工程費：　？　円	加工費：49,000,000円

４．仕損の処理方法は、非度外視法による。なお、第一工程の仕損品は＠180円／個で売却でき、第二工程の仕損品は＠730円／個で売却できる。

５．原価配分法は、第一工程については平均法、倉庫及び第二工程については先入先出法によること。

６．工程別計算の方法は累加法を採用している。

問１　第一工程月末仕掛品原価および第一工程完了品原価を算定しなさい。

問２　第二工程月末仕掛品原価および最終完成品総合原価を算定しなさい。

■ 解答解説

問１

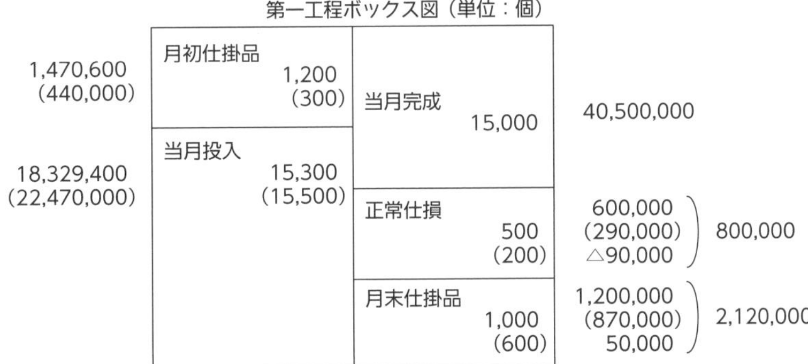

第一工程正常仕損費

直接材料費：(1,470,600円＋18,329,400円)　÷　(1,200個＋15,300個)　×500個＝600,000円

加工費：(440,000円＋22,470,000円)　÷　(300個＋15,500個)　×200個＝290,000円

∴　第一工程正常仕損費：600,000円＋290,000円－@180円／個×500個＝800,000円

第一工程月末仕掛品原価

直接材料費：(1,470,600円＋18,329,400円)　÷　(1,200個＋15,300個)　×1,000個＝1,200,000円

加工費：(440,000円＋22,470,000円)　÷　(300個＋15,500個)　×600個＝870,000円

正常仕損費：800,000円÷　(15,000個＋1,000個)　×1,000個＝50,000円

∴　第一工程月末仕掛品原価：1,200,000円＋870,000円＋50,000円＝2,120,000円

第一工程完了品原価

1,470,600円＋440,000円＋18,329,400円＋22,470,000円－2,120,000円－90,000円＝40,500,000円

問２

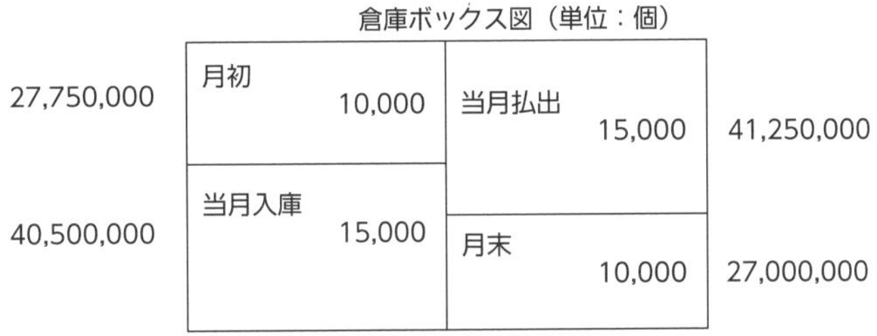

月末倉庫入庫品原価：40,500,000円÷15,000個×10,000個＝27,000,000円

当月払出品原価：27,750,000円＋40,500,000円－27,000,000円＝41,250,000円

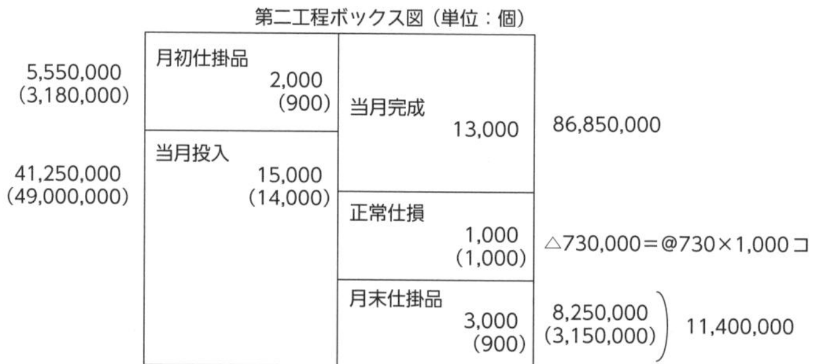

第二工程月末仕掛品原価

前工程費：41,250,000円 ÷ 15,000個 × 3,000個 = 8,250,000円

加工費：49,000,000円 ÷ 14,000個 × 900個 = 3,150,000円

∴　第二工程月末仕掛品原価：8,250,000円 + 3,150,000円 = 11,400,000円

最終完成品総合原価

5,550,000円 + 3,180,000円 + 41,250,000円 + 49,000,000円 − 11,400,000円 − 730,000円 = 86,850,000円

⑶　予定原価の使用

①　実際振替原価使用の問題点

（ i ）　計算の遅延化

工程間の振替価格を実際原価によった場合には、計算が著しく遅延するという問題が生じる。なぜなら、実際の生産現場では、工程が何十ないし何百と存在するため、前工程の完了品原価の計算が終わらなければ、後工程の完了品原価が計算できないためである。

（ ii ）　原価管理上の問題

工程間の振替を実際原価によった場合には、前工程の原価能率の良否の影響が次工程完了品原価の計算に影響してしまうという問題がある。この点、原価管理ないし責任会計の観点から問題がある。

②　予定振替価格使用による解決

工程間の振替価格は、**原則として実際原価**によらなければならないが、**必要ある場合には予定原価又は正常原価**を使用することができる。この場合、振替差異が発生する。

振替差異 ＝（予定振替原価 － 実際原価）×　振替数量
　　　　 ＝ 予定振替原価 × 振替数量 － 実際振替価額

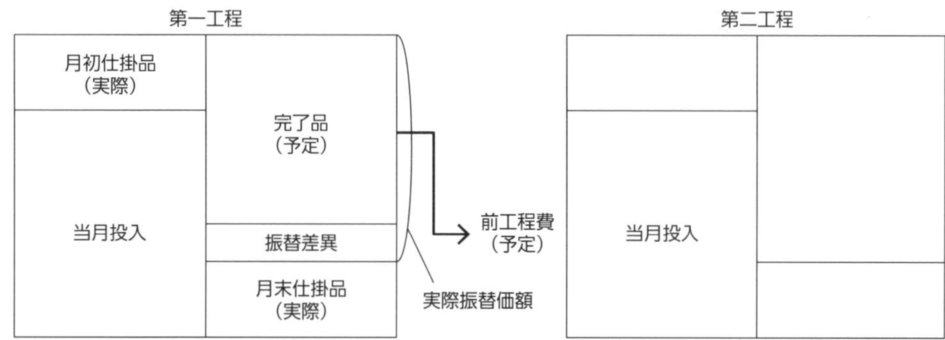

■ 例題3　累加法③　予定原価による振替

重要度B

当工場では製品Xの市場見込生産を行っている。製品Xの生産は2つの連続する工程からなっており、まず、第一工程始点で直接材料をすべて投入し、加工を施したものを、第二工程の始点に投入し、これに加工を施すことで完成する。そこで、以下の資料に基づき、各設問に答えなさい。

1．当月の製品Xの生産データは、以下のとおりである。(単位：個)

第一工程		第二工程	
月初仕掛品数量	1,200（25%）	月初仕掛品数量	2,000（45%）
当月投入数量	15,300	当月投入数量	15,000
仕損品	500（40%）	仕損品	1,000（100%）
月末仕掛品数量	1,000（60%）	月末仕掛品数量	3,000（30%）
完成品	15,000	完成品	13,000

※（　）内は加工進捗度又は仕損の発生地点を示している。

2．当月の原価データは以下のとおりである。

第一工程月初仕掛品原価	直接材料費：　1,470,600円	加工費：　440,000円
第一工程当月製造費用	直接材料費：18,329,400円	加工費：22,470,000円
第二工程月初仕掛品原価	前工程費：　5,300,000円	加工費：　3,180,000円
第二工程当月製造費用	前工程費：　?　円	加工費：49,000,000円

3．工程間の振替には予定原価を使用している。予定振替原価は@2,650円/個である。

4．仕損の処理方法は、非度外視法による。なお、第一工程の仕損品は@180円/個で売却でき、第二工程の仕損品は@730円/個で売却できる。

5．月末仕掛品の評価方法は、第一工程については平均法、第二工程については先入先出法によること。

6．工程別計算の方法は累加法を採用している。

問1　振替差異を算定しなさい。また、第一工程仕掛品勘定の記入をしなさい。

問2　第二工程月末仕掛品原価および最終完成品原価を算定しなさい。また、第二工程仕掛品勘定の記入をしなさい。

■ 解答解説

問1

第一工程完了品実際原価：40,500,000円（例題1 問1 参照）

振替額：@2,650円/個×15,000個＝39,750,000円

振替差異：39,750,000円－40,500,000円＝－750,000円（不利）

第一工程仕掛品　（単位：円）

前月繰越	1,910,600	第一工程完了品	39,750,000
直接材料費	18,329,400	振替差異	750,000
加工費	22,470,000	仕損品	90,000
		次月繰越	2,120,000

問2

第二工程月末仕掛品原価

前工程費：39,750,000円÷15,000個×3,000個＝7,950,000円

加工費：49,000,000円÷14,000個×900個＝3,150,000円

∴　第二工程月末仕掛品原価：11,100,000円

最終完成品総合原価

5,300,000円＋3,180,000円＋39,750,000円＋49,000,000円－11,100,000円－730,000円＝85,400,000円

第二工程仕掛品　（単位：円）

前月繰越	8,480,000	完成品	85,400,000
前工程費	39,750,000	仕損品	730,000
加工費	49,000,000	次月繰越	11,100,000

2 非累加法（非累積法）

(1) 意義

非累加法とは、完成品の製造原価を計算する際に、前工程完了品原価を自工程勘定へ振替える累加計算をすることなく、**あたかも工程が一つ**であるとみなして、**各工程費を最終完成品、自工程仕掛品及び自工程以降の仕掛品に直接負担させて計算する方法**である。

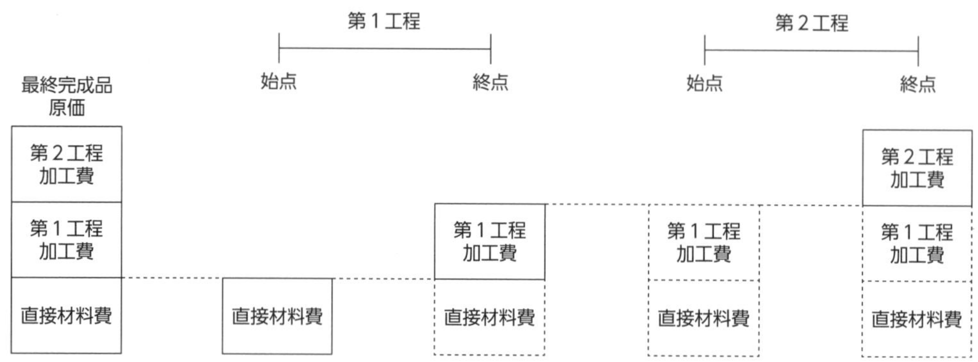

(2) 非累加法と累加法の勘定記入方法の違い

累加法では、累加計算を行うために、前工程勘定から完了品原価を次工程勘定に振替える。その結果として、最終工程勘定における完了品原価が、最終完成品総合原価となる。

〈累加法の勘定記入方法〉

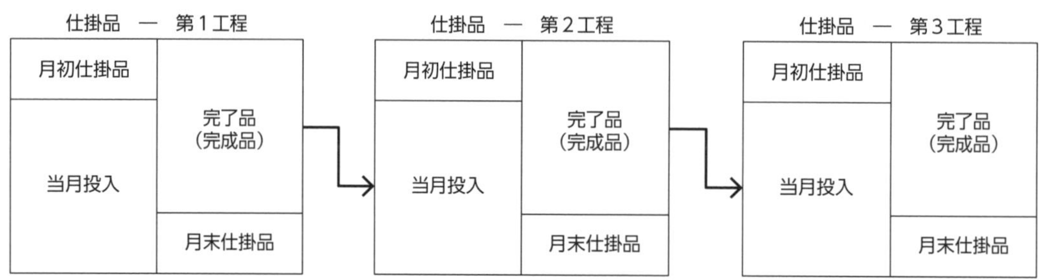

非累加法では、累加計算を行わないため、最終完成品が負担すべき各工程費を、各工程費勘定から製品勘定に、直接に振替える。

〈非累加法の勘定記入方法〉

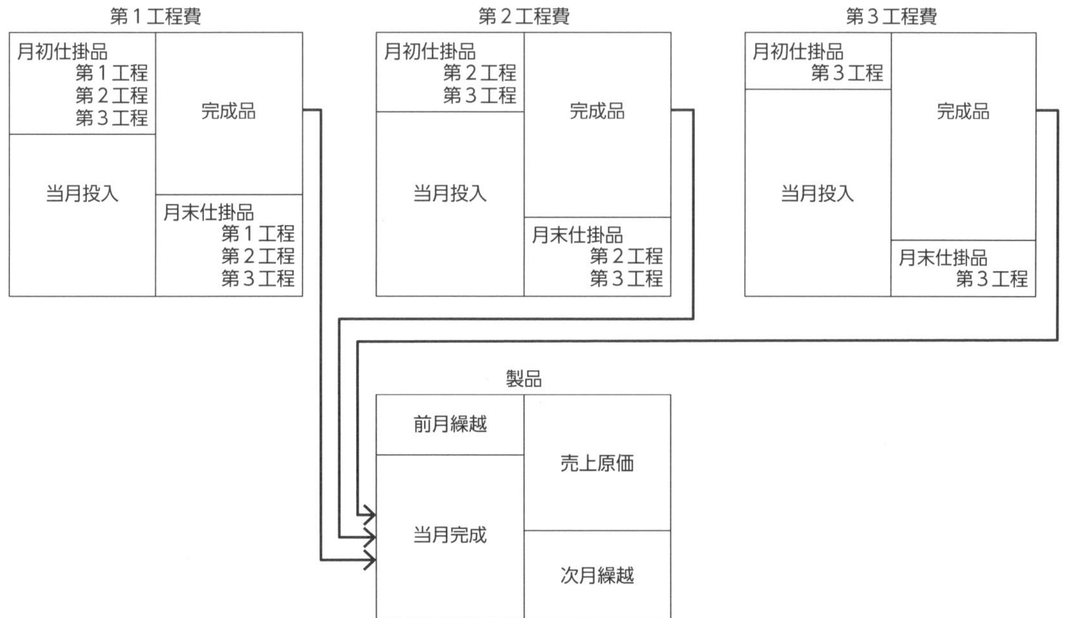

⑶　非累加法の種類

①　通常計算方式の非累加法（純粋非累加法）

前工程完了品原価を後工程へ振替える累加計算をしないため、**原則として累加法と計算結果（完成品の総合原価）が一致しない**方法。

②　改正計算方式の非累加法（修正非累加法）

累加法と計算結果（完成品の総合原価）が一致するように修正して計算する方法。

⑷　非累加法の通常計算方式

通常計算方式では、各工程費別に、最終完成品が負担するべき各工程費を計算し、この合計を完成品原価とする。

具体例

1．当月の生産データ

第一工程月初仕掛品：10個（加工進捗度40％）　第二工程月初仕掛品：10個（加工進捗度40％）

第一工程月末仕掛品：10個（加工進捗度90％）　第二工程月末仕掛品：10個（加工進捗度50％）

第一工程 完 了 品：90個　第二工程 完 了 品：90個

2．当月の原価データ　（単位：円）

	当月製造費用	第一工程 月初仕掛品原価	第二工程 月初仕掛品原価
直接材料費	9,000	1,100	1,200
第一工程加工費	19,000	840	2,200
第二工程加工費	27,300	—	1,200

3．直接材料はすべて第一工程の始点で投入している。

4．原価配分法は両工程とも先入先出法を採用すること。

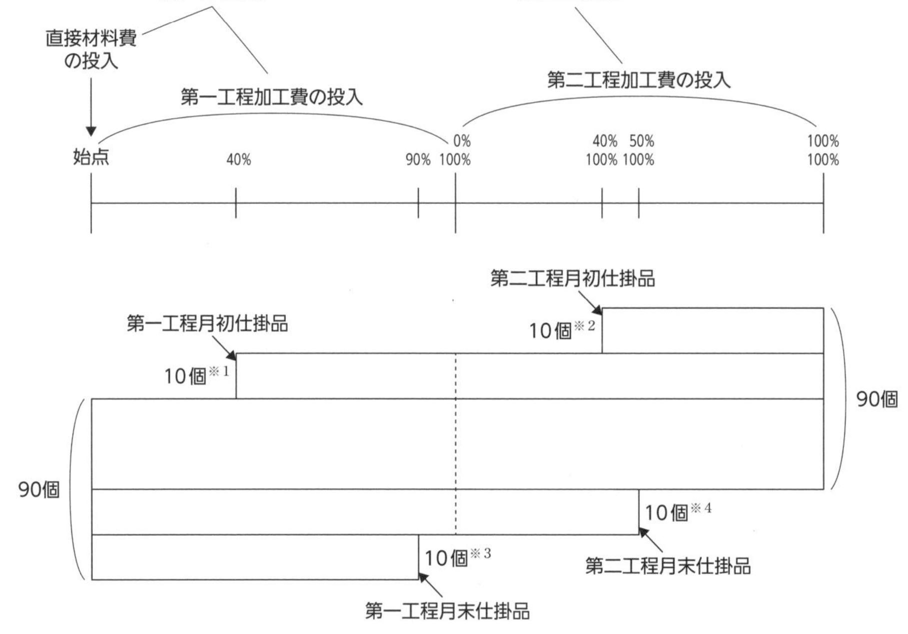

※1　第一工程月初仕掛品は、直接材料費は10個分、第一工程加工費は4個分投入されている。

※2　第二工程月初仕掛品は、直接材料費は10個分、第一工程加工費は10個分、第二工程加工費は4個分投入されている。

※3　第一工程月末仕掛品は、直接材料費は10個分、第一工程加工費は9個分投入されている。

※4　第二工程月末仕掛品は、直接材料費は10個分、第一工程加工費は10個分、第二工程加工費は5個分投入されている。

ポイント！！！

第二工程の仕掛品は、第一工程での加工をすべて行っているため、第一工程費の進捗度はすべて100％である。（第二工程月初月末仕掛品の直接材料費と第一工程加工費は10個分投入されている。）

〈累加法によるボックス図〉

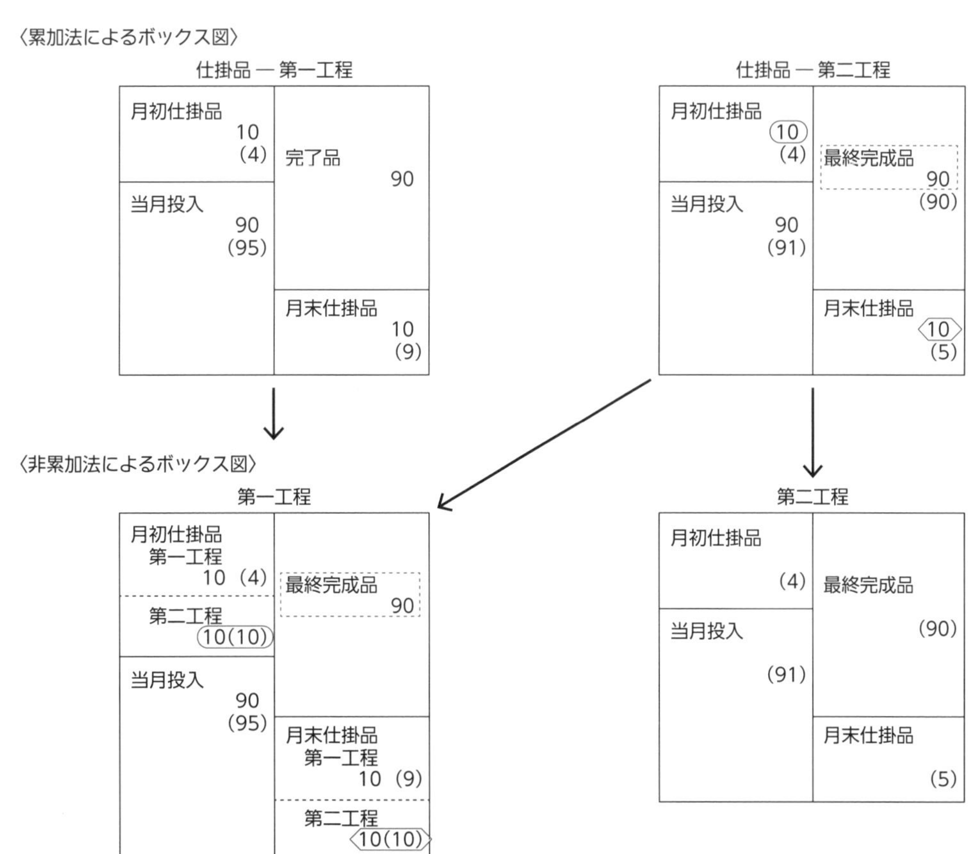

ポイント！！！

計算を解く際には、累加法によるボックス図を作成し、そこから非累加法によるボックス図を作成する。

〈非累加法によるボックス図〉

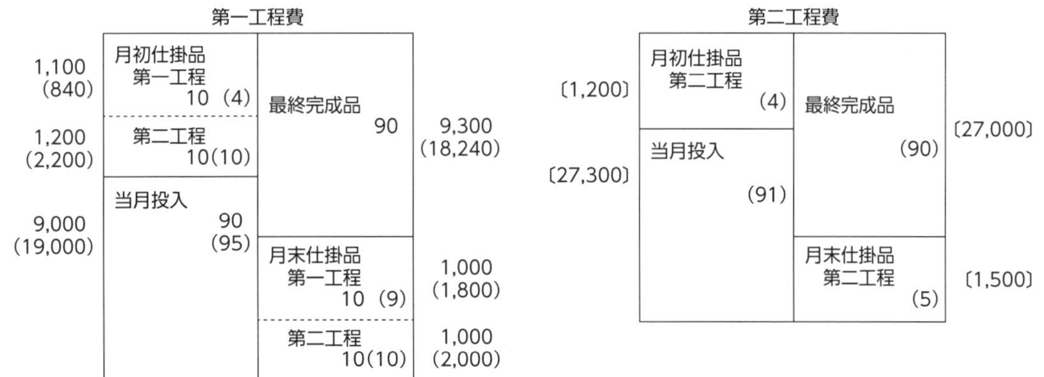

第一工程費の計算

直接材料費

第一工程月末仕掛品：9,000円÷90個×10個＝1,000円

第二工程月末仕掛品：9,000円÷90個×10個＝1,000円

最終完成品：1,100円＋1,200円＋9,000円－1,000円－1,000円＝9,300円

第一工程加工費

第一工程月末仕掛品：19,000円÷95個×9個＝1,800円

第二工程月末仕掛品：19,000円÷95個×10個＝2,000円

最終完成品：840円＋2,200円＋19,000円－1,800円－2,000円＝18,240円

第二工程費の計算

第二工程加工費

第二工程月末仕掛品：27,300円÷91個×5個＝1,500円

最終完成品：1,200円＋27,300円－1,500円＝27,000円

完成品総合原価：9,300円＋18,240円＋27,000円＝54,540円

■ 例題4　非累加法①

重要度 C

当工場では製品Xの市場見込生産を行っている。製品Xの生産は2つの連続する工程からなっており、まず、第一工程始点で直接材料をすべて投入し、加工を施したものを第二工程の始点に投入し、これに加工を施すことで完成する。そこで、以下の資料に基づいて、各設問に答えなさい。

1．当月の製品Xの生産データは、以下のとおりである。(単位：個)

第一工程		第二工程	
月初仕掛品数量	1,000（50%）	月初仕掛品数量	500（40%）
当月投入数量	5,000	当月投入数量	5,400
月末仕掛品数量	600（75%）	月末仕掛品数量	400（75%）
完成品	5,400	完成品	5,500

※　（　）内は加工進捗度を示している。

2．当月の原価データは以下のとおりである。

第一工程月初仕掛品原価	直接材料費：　650,000円	加工費：　415,000円
第一工程当月製造費用	直接材料費：3,240,000円	加工費：4,280,000円
第二工程月初仕掛品原価	前工程費：　751,750円	加工費：　139,000円
第二工程当月製造費用	前工程費：　？　円	加工費：3,080,000円

※　第二工程月初仕掛品の前工程費の内訳は、直接材料費が335,000円、加工費が416,750円である。

3．工程別計算の方法は通常計算方式の非累加法によること。

問1　原価配分法として先入先出法を採用した場合の完成品総合原価を原価要素別に示しなさい。

問2　原価配分法として平均法を採用した場合の完成品総合原価を原価要素別に示しなさい。

■ 解答解説

問1

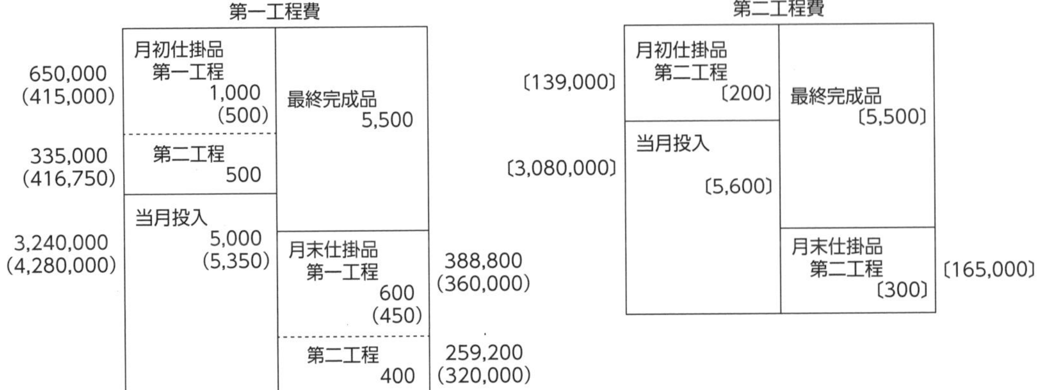

第一工程費の計算

直接材料費

第一工程仕掛品：3,240,000円÷5,000個×600個＝388,800円

第二工程仕掛品：3,240,000円÷5,000個×400個＝259,200円

最終完成品：650,000円＋335,000円＋3,240,000円－388,800円－259,200円＝3,577,000円

第一工程加工費

第一工程仕掛品：4,280,000円÷5,350個×450個＝360,000円

第二工程仕掛品：4,280,000円÷5,350個×400個＝320,000円

最終完成品：415,000円＋416,750円＋4,280,000円－360,000円－320,000円＝4,431,750円

第二工程費の計算

第二工程加工費

第二工程仕掛品：3,080,000円÷5,600個×300個＝165,000円

最終完成品：139,000円＋3,080,000円－165,000円＝3,054,000円

問2

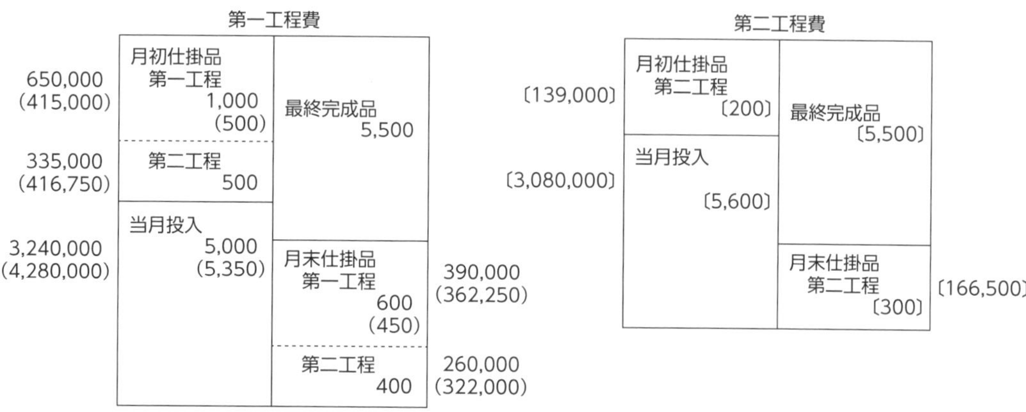

第一工程費の計算

直接材料費

第一工程仕掛品：(650,000円＋335,000円＋3,240,000円) ÷ (1,000個＋500個＋5,000個)
×600個＝390,000円

第二工程仕掛品：(650,000円＋335,000円＋3,240,000円) ÷ (1,000個＋500個＋5,000個)
×400個＝260,000円

最終完成品：650,000円＋335,000円＋3,240,000円－390,000円－260,000円＝3,575,000円

第一工程加工費

第一工程仕掛品：(415,000円＋416,750円＋4,280,000円) ÷ (500個＋500個＋5,350個)
×450個＝362,250円

第二工程仕掛品：(415,000円＋416,750円＋4,280,000円) ÷ (500個＋500個＋5,350個)
×400個＝322,000円

最終完成品：415,000円＋416,750円＋4,280,000円－362,250円－322,000円＝4,427,500円

第二工程費の計算

第二工程加工費

第二工程仕掛品：(139,000円＋3,080,000円) ÷ (200個＋5,600個) ×300個＝166,500円

最終完成品：139,000円＋3,080,000円－166,500円＝3,052,500円

(5)　**非累加法の改正計算方式**

改正計算方式は、累加法と計算結果が一致するように修正された非累加法である。具体的には、累加法と同様の計算手続を原価要素別に行う。ただし、あくまで非累加法であるため、工程完了品原価を次工程勘定に振替ることはしない。そのため、**累加法との違いは、勘定記入の方法のみ**といえる。

■例題５　非累加法②（改正計算方式）

重要度C

当工場では製品Xの市場見込生産を行っている。製品Xの生産は２つの連続する工程からなっており、まず、第一工程始点で直接材料をすべて投入し、加工を施したものを第二工程の始点に投入し、これに加工を施すことで完成する。そこで、以下の資料に基づいて、各設問に答えなさい。

1．当月の製品Xの生産データは、以下のとおりである。（単位：個）

第一工程		第二工程	
月初仕掛品数量	1,000（40%）	月初仕掛品数量	800（75%）
当月投入数量	5,400	当月投入数量	5,000
正常仕損	400（50%）	正常仕損	200（100%）
月末仕掛品数量	1,000（60%）	月末仕掛品数量	600（50%）
完成品	5,000	完成品	5,000

※　（　）内は加工進捗度又は仕損の発生地点を示している。

2．当月の原価データは以下のとおりである。

第一工程月初仕掛品原価	直接材料費：　2,826,000円	加工費：　1,400,000円
第一工程当月製造費用	直接材料費：15,174,000円	加工費：18,900,000円
第二工程月初仕掛品原価	前工程費：　5,691,500円	加工費：　2,540,000円
第二工程当月製造費用	前工程費：　？　円	加工費：20,780,000円

※　第二工程月初仕掛品の前工程費の内訳は、直接材料費が2,762,500円、加工費が2,929,000円である。

3．工程別計算の方法は改正計算方式の非累加法によること。

4．原価配分法は、平均法を採用すること。

5．仕損の処理方法は進捗度加味度外視法を採用すること。

問１　完成品総合原価を原価要素別に示しなさい。

問２　各工程費勘定の記入を行いなさい。

■ 解答解説

問1

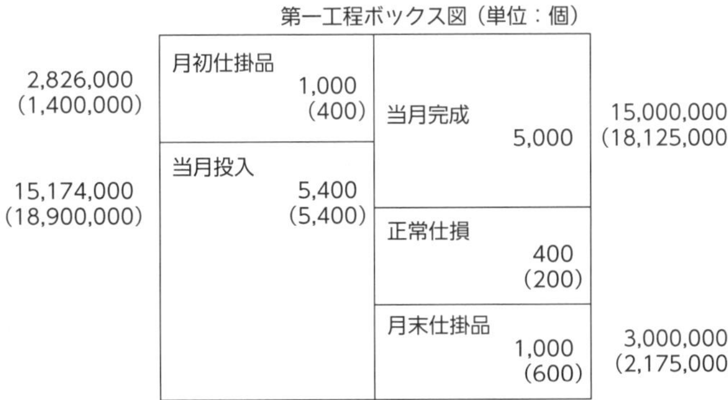

第一工程月末仕掛品原価

直接材料費：$(2{,}826{,}000円 + 15{,}174{,}000円) \times \dfrac{1{,}000個}{1{,}000個 + 5{,}400個 - 400個} = 3{,}000{,}000円$

第一工程加工費：$(1{,}400{,}000円 + 18{,}900{,}000円) \times \dfrac{600個}{400個 + 5{,}400個 - 200個} = 2{,}175{,}000円$

第一工程完了品原価

直接材料費：2,826,000円 + 15,174,000円 − 3,000,000円 = 15,000,000円

第一工程加工費：1,400,000円 + 18,900,000円 − 2,175,000円 = 18,125,000円

第二工程ボックス図（単位：個）

2,762,500 2,929,000 (2,540,000)	月初仕掛品 800 (600)	当月完成 5,000		15,925,000 18,876,000 (22,048,000)
15,000,000 18,125,000 (20,780,000)	当月投入 5,000 (4,900)	正常仕損 200 (200)		
		月末仕掛品 600 (300)		1,837,500 2,178,000 (1,272,000)

第二工程月末仕掛品原価

直接材料費：$(2{,}762{,}500円 + 15{,}000{,}000円) \times \dfrac{600個}{800個 + 5{,}000個} = 1{,}837{,}500円$

第一工程加工費：$(2{,}929{,}000円 + 18{,}125{,}000円) \times \dfrac{600個}{800個 + 5{,}000個} = 2{,}178{,}000円$

第二工程加工費：$(2{,}540{,}000円 + 20{,}780{,}000円) \times \dfrac{300個}{600個 + 4{,}900個} = 1{,}272{,}000円$

最終完成品原価

直接材料費：2,762,500円＋15,000,000円－1,837,500円＝15,925,000円

第一工程加工費：2,929,000円＋18,125,000円－2,178,000円＝18,876,000円

第二工程加工費：2,540,000円＋20,780,000円－1,272,000円＝22,048,000円

問2

第一工程費　（単位：円）

借方	金額	貸方	金額
前月繰越	9,917,500	完成品	34,801,000
直接材料費	15,174,000	次月繰越	9,190,500
加工費	18,900,000		

第二工程費　（単位：円）

借方	金額	貸方	金額
前月繰越	2,540,000	完成品	22,048,000
加工費	20,780,000	次月繰越	1,272,000

3 加工費工程別総合原価計算（加工費法）

(1) 意義

原料がすべて最初の工程の始点で投入され、その後の工程では、単にこれを加工するにすぎない場合には、各工程別に一期間の加工費を集計し、それに原料費を加算することにより、完成品総合原価を計算することができる。

(2) 計算方法

加工費法は、加工費については累加法または非累加法による工程別計算を行い、原料費は工程別計算をしないで、単一工程の総合原価計算によって原価を按分する方法である。なお、原料費を計算する際に、仕損・減損が生じている場合には、簡便法（各工程の仕損・減損等をそれぞれ一括して処理する方法）を採用することが多い。

■ 例題6　加工費工程別総合原価計算

重要度B

当工場では製品Xの市場見込生産を行っている。製品Xの生産は2つの連続する工程からなっており、まず、第一工程始点で直接材料をすべて投入し、加工を施したものを第二工程の始点に投入し、これに加工を施すことで完成する。そこで、以下の資料に基づいて、完成品総合原価および月末仕掛品原価を算定しなさい。

1．当月の製品Xの生産データは、以下のとおりである。（単位：個）

第一工程		第二工程	
月初仕掛品数量	400（1/2）	月初仕掛品数量	400（3/4）
当月投入数量	1,500	当月投入数量	1,550
正常仕損	50（2/5）	正常仕損	50（4/5）
月末仕掛品数量	300（2/3）	月末仕掛品数量	250（2/5）
完成品	1,550	完成品	1,650

※（　）内は加工進捗度又は仕損の発生地点を示している。

2．当月の原価データは以下のとおりである。（単位：円）

	当月製造費用	第一工程 月初仕掛品原価	第二工程 月初仕掛品原価
直接材料費	350,000	88,900	88,600
第一工程加工費	775,000	131,000	182,000
第二工程加工費	670,500	—	166,500

3．当工場では加工費工程別総合原価計算を採用している。なお、加工費については累加法を適用すること。

4．原価配分法は、先入先出法を採用すること。

5．仕損の処理方法は加工費については進捗度加味度外視法を採用し、原料費については簡便法としての度外視法を採用する。

■ 解答解説

第一工程ボックス図（単位：個）

金額	借方	貸方	金額
(131,000)	月初仕掛品 400 (200)	当月完成 1,550	(806,000)
(775,000)	当月投入 1,500 (1,570)	正常仕損 50 (20)	
		月末仕掛品 300 (200)	(100,000)

第一工程の計算

第一工程月末仕掛品原価（加工費）：775,000円÷（1,570個－20個）×200個＝100,000円

第一工程完了品原価：131,000円＋775,000円－100,000円＝806,000円

第二工程ボックス図（単位：個）

金額	借方	貸方	金額
182,000 (166,500)	月初仕掛品 400 (300)	当月完成 1,650	858,000 (792,000)
806,000 (670,500)	当月投入 1,550 (1,490)	正常仕損 50 (40)	
		月末仕掛品 250 (100)	130,000 (45,000)

第二工程の計算

第二工程月末仕掛品原価

第一工程加工費：806,000円÷1,550個×250個＝130,000円

第二工程加工費：670,500円÷1,490個×100個＝45,000円

最終完成品が負担する加工費

182,000円＋166,500円＋806,000円＋670,500円－130,000円－45,000円＝1,650,000円

原料費ボックス図（単位：個）

金額	借方	貸方	金額
177,500	月初仕掛品 800	当月完成 1,650	390,000
350,000	当月投入 1,500	正常仕損 100	
		月末仕掛品 550	137,500

原料費の計算

月末仕掛品原価（原料費）：350,000円÷（1,500個－100個）×550個＝137,500円

最終完成品が負担する原料費

177,500円＋350,000円－137,500円＝390,000円

∴　最終完成品原価：2,040,000円

∴　月末仕掛品原価：412,500円

内訳・・・原料費：137,500円

・・・第一工程月末仕掛品原価（加工費のみ）：100,000円

・・・第二工程月末仕掛品原価（加工費のみ）：175,000円

第3節　追加材料

1　意義

原材料は、単一種類が投入されるわけではなく、実際には様々な種類の原材料が、様々な形態において投入される。なお、追加材料には、製品の数量が増加する場合と増加しない場合がある。

2　追加材料の投入によって製品数量が増加しない場合

たとえば、電卓を生産している工場において、工程の最後に滑り止め用の部品を取り付けた場合には、製品の数量は増加しないが、完成品は部品原価を負担しなければならない。

(1)　終点投入の場合

追加材料を終点で投入した場合には、追加材料を負担するのは終点に到達した加工品であるため、**完成品に追加材料費を負担させる。**（ただし、終点で検知される仕損も含む）

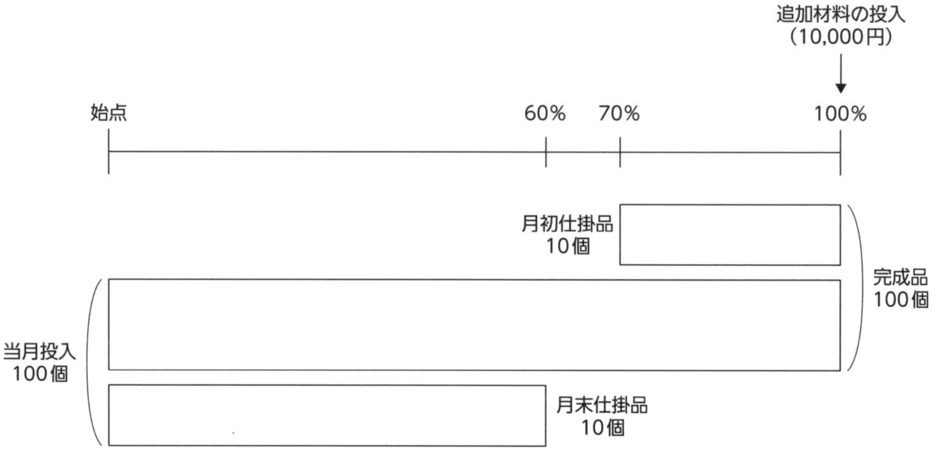

※　追加材料費は10,000円すべてを完成品が負担する。

⑵　途中点投入の場合

追加材料を途中点で投入した場合には、投入点を通過した加工品が、**その地点での製品数量に応じて追加材料費を負担**する。

〈先入先出法の場合〉

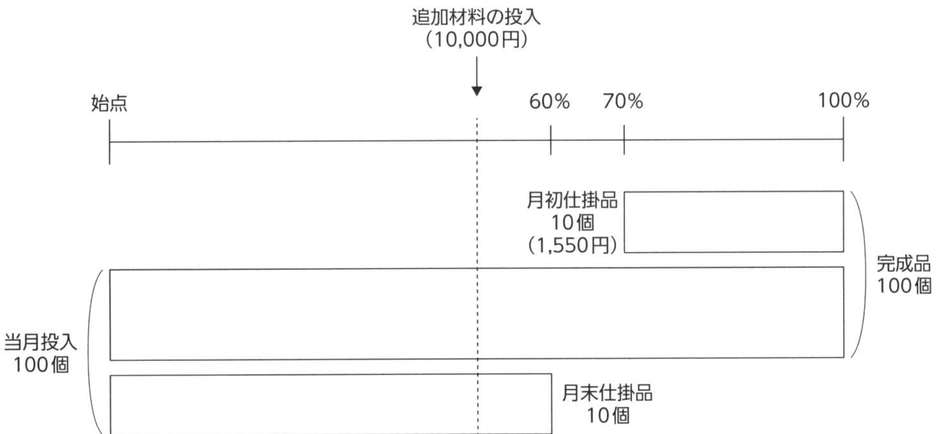

※　当月投入の追加材料費10,000円のうち、9,000円を完成品（90個）が負担し、1,000円を月末仕掛品（10個）が負担する。

※　月初仕掛品の追加材料費1,550円は完成品が負担する。

〈平均法の場合〉

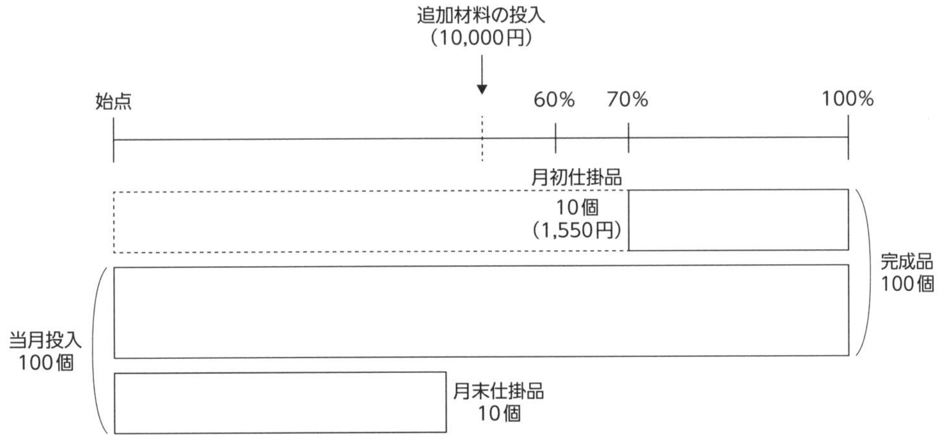

※　当月投入の追加材料費10,000円と月初仕掛品の追加材料費1,550円の合計11,550円のうち、10,500円を完成品（100個）が負担し、1,050円を月末仕掛品（10個）が負担する。

■ 例題７　追加材料（増加しない場合・定点投入）

重要度Ａ

当工場では製品Ｘの市場見込生産を行っている。製品Ｘの生産は、工程の始点で材料Ａを投入し、また工程のある一定地点で追加材料Ｂを投入し、加工を施すことで完成する。なお、追加材料Ｂの投入によって製品の数量は変化しない。以下の資料に基づいて、完成品総合原価および月末仕掛品原価を算定しなさい。

1．当月の製品Ｘの生産データは、以下のとおりである。（単位：個）

月初仕掛品数量	900 （50％）
当月投入数量	6,000
正常仕損	500 （40％）
月末仕掛品数量	800 （60％）
完成品	5,600

※（　）内は加工進捗度又は仕損の発生地点を示している。

2．当月の原価データは以下のとおりである。

当月投入		月初仕掛品	
材料Ａ	4,455,000円	材料Ａ	668,200円
材料Ｂ	2,310,000円	材料Ｂ	？　円
加工費	3,434,300円	加工費	216,740円

3．仕損の処理方法は進捗度加味度外視法を採用している。

4．月末仕掛品の評価方法は先入先出法を採用すること。

問１　追加材料を終点で投入した場合の完成品総合原価及び月末仕掛品原価を算定しなさい。なお、月初仕掛品に含まれる材料Ｂは０円である。

問２　追加材料を30％地点で投入した場合の完成品総合原価及び月末仕掛品原価を算定しなさい。なお、月初仕掛品に含まれる材料Ｂは381,200円として計算すること。

問３　問２の場合で、仮に平均法を採用した場合の完成品総合原価及び月末仕掛品原価を算定しなさい。

問４　追加材料を55％地点で投入した場合の完成品総合原価及び月末仕掛品原価を算定しなさい。なお、月初仕掛品に含まれる材料Ｂは０円である。

■ 解答解説

問1

ボックス図（単位：個）

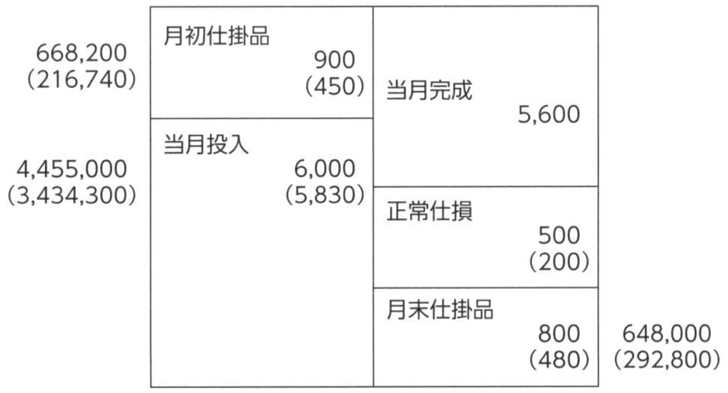

<table>
<tr><td>668,200
(216,740)</td><td>月初仕掛品
900
(450)</td><td rowspan="2">当月完成
5,600</td><td></td></tr>
<tr><td rowspan="3">4,455,000
(3,434,300)</td><td rowspan="3">当月投入
6,000
(5,830)</td><td></td></tr>
<tr><td>正常仕損
500
(200)</td><td></td></tr>
<tr><td>月末仕掛品
800
(480)</td><td>648,000
(292,800)</td></tr>
</table>

月末仕掛品原価

材料Ａ：4,455,000円÷（6,000個－500個）×800個＝648,000円

加工費：3,434,300円÷（5,830個－200個）×480個＝292,800円

∴　合計：940,800円

完成品総合原価

668,200円＋216,740円＋4,455,000円＋3,434,300円＋2,310,000円－940,800円＝10,143,440円

重要ポイント！！！
追加材料は終点で投入されるため、すべて完成品負担となる。

問2

材料Ｂボックス図（単位：個）

<table>
<tr><td>381,200</td><td>月初仕掛品
900</td><td rowspan="2">当月完成
5,600</td><td></td></tr>
<tr><td rowspan="3">2,310,000</td><td rowspan="3">当月投入
6,000</td><td></td></tr>
<tr><td>正常仕損
500</td><td></td></tr>
<tr><td>月末仕掛品
800</td><td>336,000</td></tr>
</table>

月末仕掛品原価

材料Ａ：648,000円

加工費：292,800円

材料Ｂ：2,310,000円÷（6,000個－500個）×800個＝336,000円

∴　合計：1,276,800円

完成品総合原価

668,200円＋216,740円＋4,455,000円＋3,434,300円＋381,200円＋2,310,000円－1,276,800円

＝10,188,640円

重要ポイント！！！
追加材料は、月末仕掛品よりも前に投入されている。そのため、追加材料費は当月投入分からの完成品（先入先出法のため）と月末仕掛品で負担する。

問3

ボックス図（単位：個）

	借方	貸方	
668,200 381,200 (216,740)	月初仕掛品 900 (450)	当月完成 5,600	
4,455,000 2,310,000 (3,434,300)	当月投入 6,000 (5,830)	正常仕損 500 (200)	
		月末仕掛品 800 (480)	640,400 336,400 (288,240)

月末仕掛品原価

材料A：(668,200円＋4,455,000円) ÷ (900個＋6,000個－500個) ×800個＝640,400円

材料B：(381,200円＋2,310,000円) ÷ (900個＋6,000個－500個) ×800個＝336,400円

加工費：(216,740円＋3,434,300円) ÷ (450個＋5,830個－200個) ×480個＝288,240円

∴ 合計：1,265,040円

完成品総合原価

668,200円＋216,740円＋4,455,000円＋3,434,300円＋381,200円＋2,310,000円－1,265,040円

＝10,200,400円

問4

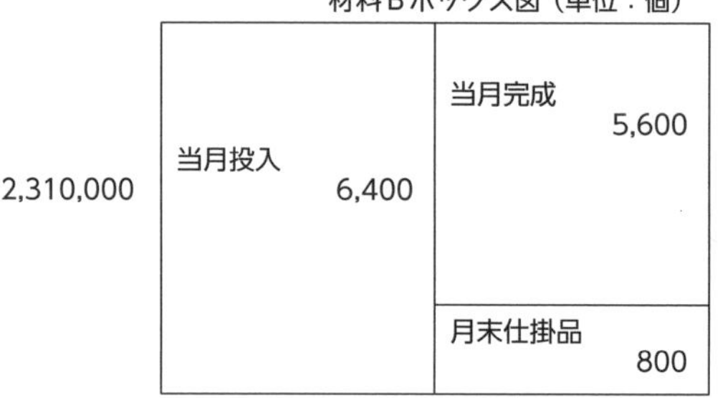

月末仕掛品原価

材料A：648,000円

加工費：292,800円

材料B：2,310,000円÷6,400個×800個＝288,750円

∴ 合計：1,229,550円

完成品総合原価

668,200円＋216,740円＋4,455,000円＋3,434,300円＋2,310,000円－1,229,550円＝9,854,690円

⑶　平均的投入の場合

追加材料を平均的に投入した場合には、加工の進捗に伴って追加材料費が発生する。そのため、**投入区間を（一部でも）通過した加工品が、投入区間における加工量に応じて追加材料費を負担**する。

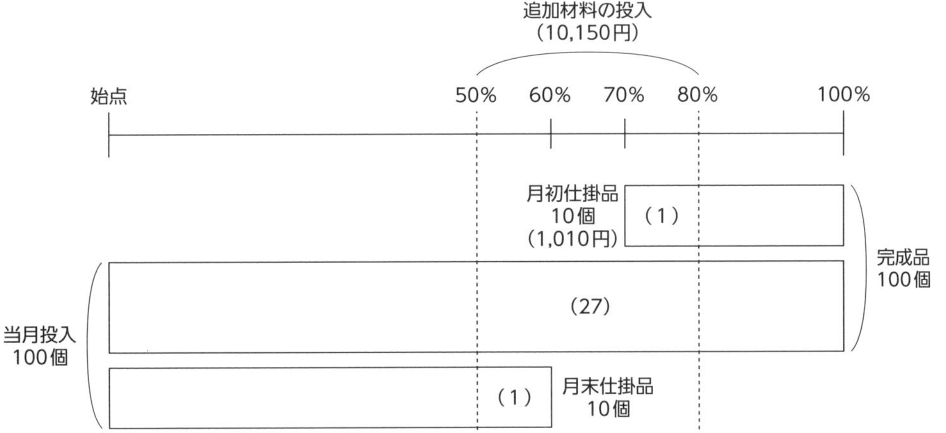

※　当月投入の追加材料費10,150円のうち、9,800円を完成品（28）が負担し、350円を月末仕掛品（1）が負担する。
※　月初仕掛品の追加材料費1,010円は完成品が負担する。

〈平均法の場合〉

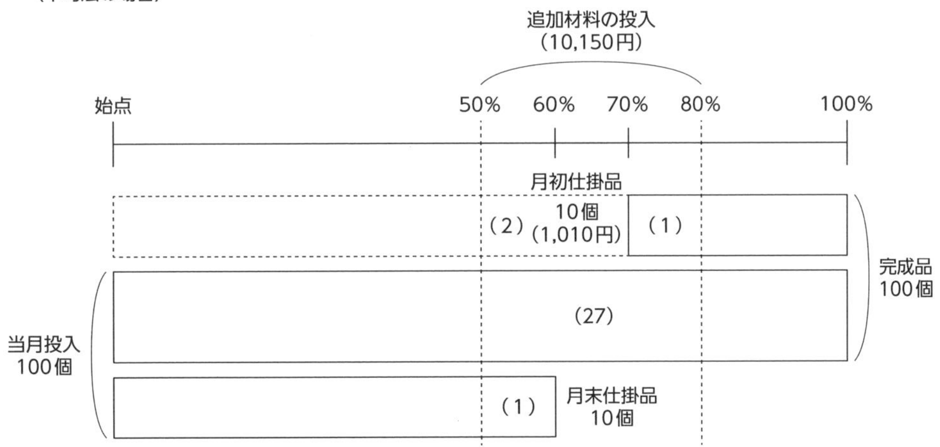

※　当月投入の追加材料費10,150円と月初仕掛品の1,010円の合計11,160円のうち、10,800円を完成品（30）が負担し、360円を月末仕掛品（1）が負担する。

■ 例題８　追加材料（増加しない場合・平均的投入）

重要度B

当工場では製品Xの市場見込生産を行っている。製品Xの生産は、工程の始点で材料Aを投入し、さらに工程の20％地点から70％地点で平均的に追加材料Bを投入し、加工を施すことで完成する。なお、追加材料Bの投入によって製品の数量は変化しない。そこで、以下の資料に基づいて、完成品総合原価および月末仕掛品原価を算定しなさい。

1．当月の製品Xの生産データは、以下のとおりである。（単位：個）

月初仕掛品数量	900 （50％）
当月投入数量	6,000
正常仕損	500 （40％）
月末仕掛品数量	800 （60％）
完成品	5,600

※　（　）内は加工進捗度又は仕損の発生地点を示している。

2．当月の原価データは以下のとおりである。

当月製造費用		月初仕掛品	
材料A	4,455,000円	材料A	668,200円
材料B	2,223,000円	材料B	212,160円
加工費	3,434,300円	加工費	216,740円

3．仕損の処理方法は進捗度加味度外視法を採用している。

問1　先入先出法を採用した場合の完成品総合原価及び月末仕掛品原価を算定しなさい。

問2　平均法を採用した場合の完成品総合原価及び月末仕掛品原価を算定しなさい。

■ 解答解説

問1

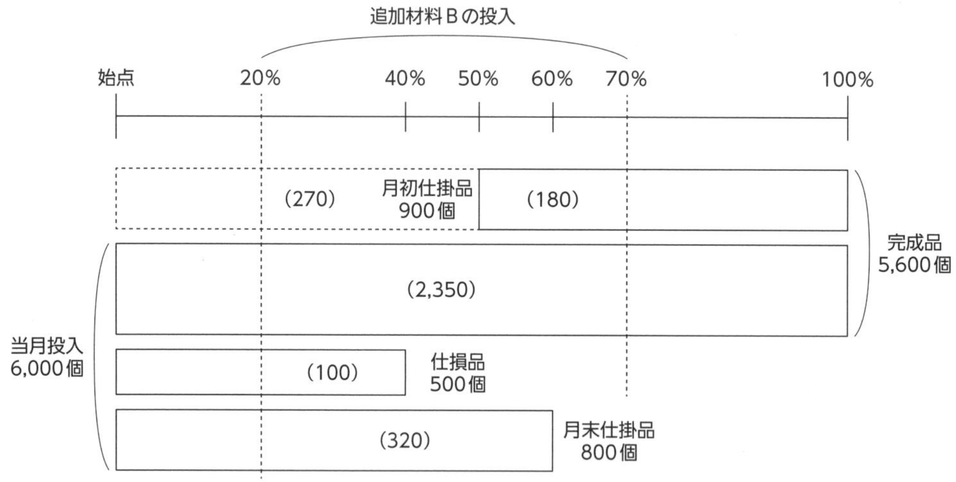

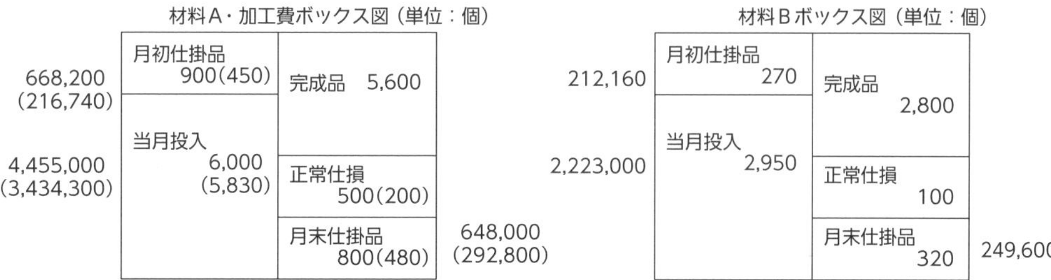

月末仕掛品原価

材料A：4,455,000円÷（6,000個－500個）×800個＝648,000円

材料B：2,223,000円÷（2,950個－100個）×320個＝249,600円

加工費：3,434,300円÷（5,830個－200個）×480個＝292,800円

∴　合計：1,190,400円

完成品総合原価

668,200円＋212,160円＋216,740円＋4,455,000円＋2,223,000円＋3,434,300円－1,190,400円

＝10,019,000円

問2

月末仕掛品原価

材料A：（668,200円＋4,455,000円）÷（900個＋6,000個－500個）×800個＝640,400円

材料B：（212,160円＋2,223,000円）÷（270個＋2,950個－100個）×320個＝249,760円

加工費：（216,740円＋3,434,300円）÷（450個＋5,830個－200個）×480個＝288,240円

∴　合計：1,178,400円

完成品総合原価

668,200円＋212,160円＋216,740円＋4,455,000円＋2,223,000円＋3,434,300円－1,178,400円

＝10,031,000円

3　追加材料の投入によって製品数量が増加する場合

加工途中で追加材料を投入することで、製品の数量が増加する場合がある。この場合には、計算を簡便に行うために、**追加材料には加工費が発生しないという計算上の仮定**がある。そのため、特に指示のない限り、**加工費**については、**工程の始点で投入される直接材料の数量および仕掛品の加工進捗度に基づいて配分**することになる。

追加材料の投入によって製品数量が増加する場合に必要な計算手続

追加材料の投入によって製品数量が増加する場合には、生産データが製品数量増加後の数値で与えられる場合があるため、以下に示すような計算が必要になる。

①　**生産データ**上の完成品量及び仕掛品量ならびに仕損品量を、**直接材料ごとの数値に分解**する。

②　直接材料費は、**分解された各々の直接材料の数量で配分**する。

③　加工費については、**始点投入の直接材料の数値に基づく加工換算量によって配分**する。

■例題9　追加材料（増加する場合・定点投入①）

重要度B

当工場では製品Xの市場見込生産を行っている。製品Xの生産は、工程の始点で材料Aを投入し、また工程の60％地点で追加材料Bを投入し、加工を施すことで完成する。なお、追加材料Bの投入によって、その地点での製品数量が20％増加する。そこで、以下の資料に基づいて、各問いに答えなさい。

1．当月の製品Xの生産データは、以下のとおりである。（単位：kg）

月初仕掛品数量	1,000 （50％）
当月投入数量	8,120
正常仕損	480 （70％）
月末仕掛品数量	1,440 （80％）
完成品	7,200

※　（　）内は加工進捗度又は仕損の発生地点を示している。

※　材料Bの投入による増加分が反映されている。

2．当月の原価データは以下のとおりである。

月初仕掛品原価	641,575円
当月製造費用	
材料A	3,069,000円
材料B	3,180,600円
加工費	3,374,381円

3．仕損の処理方法は進捗度加味度外視法を採用している。

4．月末仕掛品の評価方法は先入先出法を採用すること。

問1　当月に投入された材料Bの数量を答えなさい。

問2　月末仕掛品原価及び完成品総合原価ならびに完成品単位原価を算定しなさい。

■ 解答解説

問1

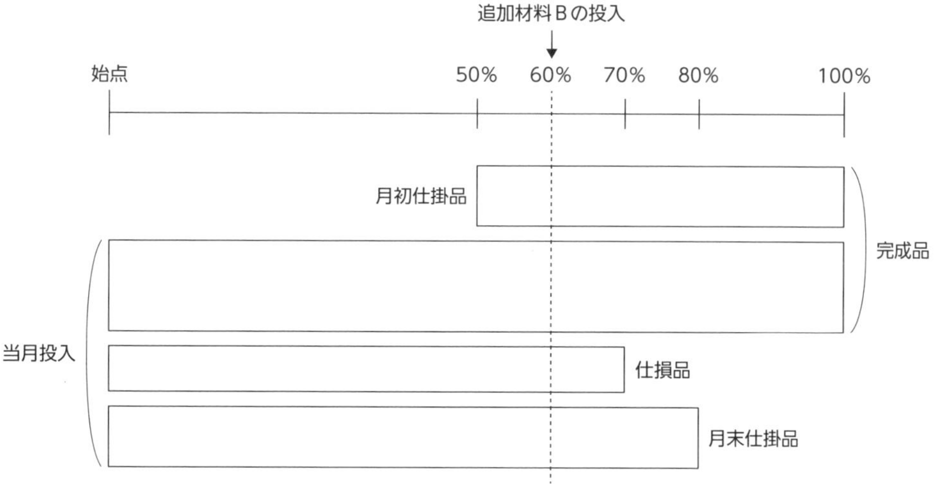

月初仕掛品は前月に60%地点を通過していないため、月初仕掛品に材料Bは含まれていない。
完成品7,200kg、仕損品480kg、月末仕掛品1,440kgには、材料Bが含まれている。
当月投入の材料B数量

（7,200kg + 480kg + 1,440kg）÷ 120% × 20% = 1,520kg

問2

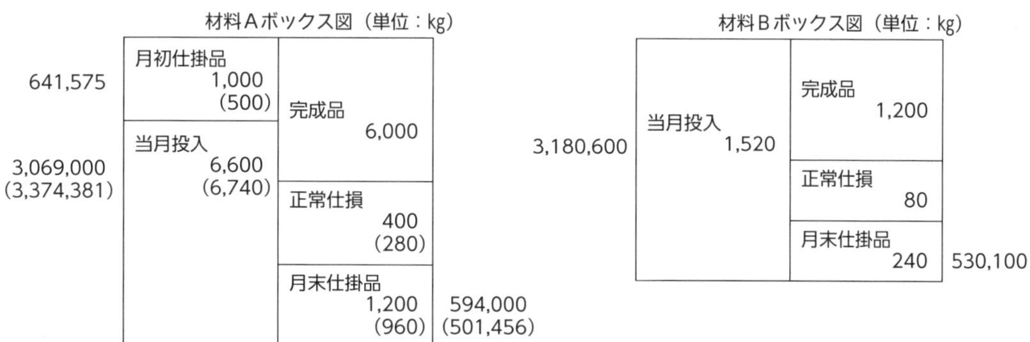

※　完成品　6,000 kg = 7,200 kg ÷ 120%
※　正常仕損　400 kg = 480 kg ÷ 120%
※　月末仕掛品　1,200 kg = 1,440 kg ÷ 120%

月末仕掛品原価

材料A：3,069,000円 ÷（6,600kg − 400kg）× 1,200kg = 594,000円
材料B：3,180,600円 ÷（1,520kg − 80kg）× 240kg = 530,100円
加工費：3,374,381円 ÷（6,740kg − 280kg）× 960kg = 501,456円
∴　合計：1,625,556円

完成品総合原価

641,575円 + 3,069,000円 + 3,180,600円 + 3,374,381円 − 1,625,556円 = 8,640,000円

完成品単位原価

8,640,000円 ÷ 7,200kg（追加材料投入後完成品数量）= @1,200円/kg

■ 例題10　追加材料（増加する場合・定点投入②）

重要度B

当工場では製品Xの市場見込生産を行っている。製品Xの生産は、工程の始点で材料Aを投入し、また工程の20%地点で追加材料Bを投入し、加工を施すことで完成する。なお、追加材料Bの投入によって、その地点での製品数量が10%増加する。そこで、以下の資料に基づいて、各問いに答えなさい。

なお、計算上生じた端数は円未満を切り捨てること。

1．当月の製品Xの生産データは、以下のとおりである。（単位：kg）

月初仕掛品数量	440 （60%）
当月投入数量	6,930
正常仕損	220 （50%）
月末仕掛品数量	550 （80%）
完成品	6,600

※　（　）内は加工進捗度又は仕損の発生地点を示している。

※　材料Bの投入による増加分が反映されている。

2．当月の原価データは以下のとおりである。

月初仕掛品原価	491,200円
当月製造費用	
材料A	3,843,000円
材料B	1,537,200円
加工費	3,818,600円

3．仕損の処理方法は、非度外視法によって関係品にのみ負担させる方法を採用している。なお、仕損の発生地点における数量を基準に負担割合を決定する。

4．月末仕掛品の評価方法は先入先出法を採用すること。

問1　当月に投入された材料Bの数量を答えなさい。

問2　月末仕掛品原価及び完成品総合原価ならびに完成品単位原価を算定しなさい。

■ 解答解説

問1

月初仕掛品は前月に20％地点を通過しているため、月初仕掛品に材料Ｂが含まれている。

完成品6,600kg、仕損品220kg、月末仕掛品550kgには、材料Ｂが含まれている。

当月投入の材料Ｂ数量

（6,600kg＋220kg＋550kg）÷110％×10％－440kg÷110％×10％＝630kg

問2

材料Ａボックス図（単位：kg）

	借方	貸方	
491,200	月初仕掛品 400 (240)	完成品 6,000	
3,843,000 (3,818,600)	当月投入 6,300 (6,260)	正常仕損 200 (100)	122,000 (61,000)
		月末仕掛品 500 (400)	

※　完成品　6,000kg＝6,600kg÷110％

※　正常仕損　200kg＝220kg÷110％

※　月末仕掛品　500kg＝550kg÷110％

材料Ｂボックス図（単位：kg）

	借方	貸方	
	月初仕掛品 40	完成品 600	
1,537,200	当月投入 630	正常仕損 20	48,800
		月末仕掛品 50	

仕損費

材料Ａ：3,843,000円÷6,300kg×200kg＝122,000円

材料Ｂ：1,537,200円÷630kg×20kg＝48,800円

加工費：3,818,600円÷6,260kg×100kg＝61,000円

∴　合計：231,800円

月末仕掛品原価

材料Ａ：3,843,000円÷6,300kg×500kg＝305,000円

材料Ｂ：1,537,200円÷630kg×50kg＝122,000円

加工費：3,818,600円÷6,260kg×400kg＝244,000円

仕損費：231,800円÷（5,600kg×1.1＋500kg×1.1）×500kg×1.1＝19,000円

∴　合計：690,000円

完成品総合原価

491,200円＋3,843,000円＋1,537,200円＋3,818,600円－690,000円＝9,000,000円

完成品単位原価

9,000,000円÷6,600kg（追加材料投入後完成品数量）≒@1,363円/kg

■ 例題11　追加材料（増加する場合・平均的投入）

重要度B

当工場では製品Xの市場見込生産を行っている。製品Xの生産は、工程の始点で材料Aを投入し、また工程の40％地点から90％地点までの区間で材料Bを平均的に投入し、加工を施すことで完成する。なお、追加材料Bの投入によって最終的に製品数量が20％増加する。そこで、以下の資料に基づいて、各問いに答えなさい。

1．当月の製品Xの生産データは、以下のとおりである。（単位：kg）

月初仕掛品数量	1,040 （50％）
当月投入数量	8,000
正常仕損	448 （70％）
月末仕掛品数量	1,392 （80％）
完成品	7,200

※　（　）内は加工進捗度又は仕損の発生地点を示している。

※　材料Bの投入による増加分が反映されている。なお、前月も同様の割合で材料Bを投入している。

2．当月の原価データは以下のとおりである。

月初仕掛品原価	668,000円
当月製造費用	
材料A	3,100,000円
材料B	3,380,000円
加工費	3,359,200円

3．仕損の処理方法は進捗度加味度外視法を採用している。

4．月末仕掛品の評価方法は先入先出法を採用すること。

問1　当月に投入された材料Bの数量を答えなさい。

問2　月末仕掛品原価及び完成品総合原価ならびに完成品単位原価を算定しなさい。

■ 解答解説

問1

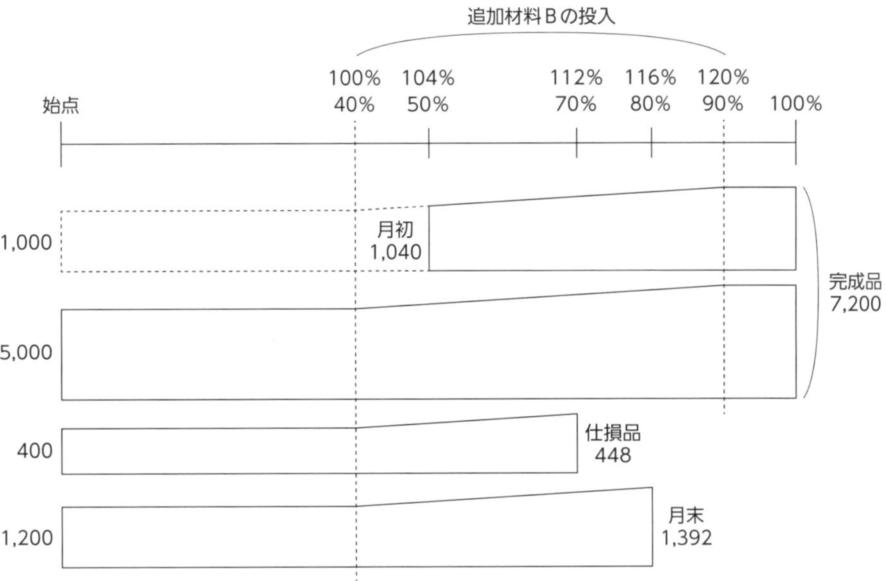

月初仕掛品の増加率104％の算定方法

　20％÷（90％－40％）×（50％－40％）＋100％＝104％

仕損品の増加率112％の算定方法

　20％÷（90％－40％）×（70％－40％）＋100％＝112％

月末仕掛品の増加率116％の算定方法

　20％÷（90％－40％）×（80％－40％）＋100％＝116％

月初仕掛品に含まれる材料Bの数量：1,040kg÷104％×４％＝40kg

完成品に含まれる材料Bの数量：7,200kg÷120％×20％＝1,200kg

仕損品に含まれる材料Bの数量：448kg÷112％×12％＝48kg

月末仕掛品に含まれる材料Bの数量：1,392kg÷116％×16％＝192kg

当月に投入された材料Bの数量：1,200kg＋48kg＋192kg－40kg＝1,400kg

問2

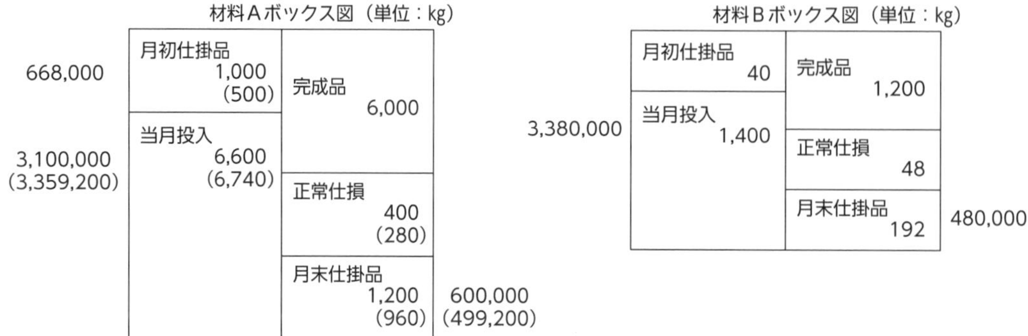

月末仕掛品原価

材料A：3,100,000円÷（6,600kg－400kg）×1,200kg＝600,000円

材料B：3,380,000円÷（1,400kg－48kg）×192kg＝480,000円

加工費：3,359,200円÷（6,740kg－280kg）×960kg＝499,200円

∴　合計：1,579,200円

完成品総合原価

668,000円＋3,100,000円＋3,359,200円＋3,380,000円－1,579,200円＝8,928,000円

完成品単位原価

8,928,000円÷7,200kg＝@1,240円/kg

第10章

組別総合原価計算

第1節　組別総合原価計算とは

1　組別総合原価計算とは

組別総合原価計算は、**製品別計算の一形態**であり、**異種製品**を**組別**に**連続生産**する生産形態に適用する原価計算方法である。

2　組別総合原価計算の計算方法

(1)　計算方法

組別総合原価計算にあっては、**一期間の製造費用**を**組直接費**と**組間接費**又は**原料費**と**加工費**とに分け、**個別原価計算に準じ、組直接費又は原料費は、各組の製品に賦課し、組間接費又は加工費は、適当な配賦基準により各組に配賦**する。その後は、組ごとに、単一工程の総合原価計算ないし工程別総合原価計算を行う。

(2)　意義

①　「組」とは

組別総合原価計算では、各製品のことを「組」という。

②　組直接費とは

組直接費とは、製造原価要素のうち、各組製品に直接跡付けられる原価要素のことをいう。組直接費又は原料費は、各組製品ごとに**賦課**される。

③　組間接費とは

組間接費とは、製造原価要素のうち、各組製品に直接跡付けられない原価要素のことをいう。組間接費又は加工費は、適当な配賦基準により各組に**配賦**される。

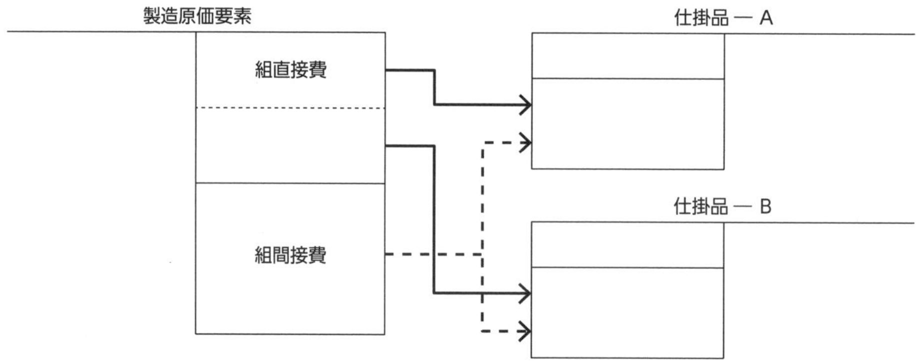

組直接費・・・各組（製品）に賦課
組間接費・・・各組（製品）に配賦

■ 例題１　組別総合原価計算　重要度 A

当工場では単一工程において、製品Ｘ及び製品Ｙの市場見込生産を行っており、組別総合原価計算を行っている。製品Ｘ及び製品Ｙの生産は、まず、工程始点で直接材料をすべて投入し、これに加工を行うことで完成する。そこで、以下の資料に基づいて、各設問に答えなさい。

１．当月の生産データは、以下のとおりである。　（単位：個）

製品Ｘ		製品Ｙ	
月初仕掛品数量	400（25%）	月初仕掛品数量	200（40%）
当月投入数量	5,000	当月投入数量	4,000
仕損品	200（50%）	仕損品	100（30%）
月末仕掛品数量	500（60%）	月末仕掛品数量	300（50%）
完成品	4,700	完成品	3,800

※（　）内は加工進捗度又は仕損の発生地点を示している。

２．月初仕掛品原価は、製品Ｘが1,101,500円、製品Ｙが512,000円である。

３．当月製造費用及び組間接費の配賦基準は以下のとおりである。

	製品Ｘ	製品Ｙ
組直接費（直接材料費）	10,000,000円	7,200,000円
組間接費（加工費）	19,500,000円	
配賦基準（直接作業時間）	6,500 h	3,500 h

４．仕損の処理方法は、非度外視法による。なお、製品Ｘの仕損品は@267.5円/個で売却でき、製品Ｙの仕損品は@180円/個で売却できる。

５．月末仕掛品の評価方法は、先入先出法によること。

問１　各製品の月末仕掛品原価および完成品総合原価を算定しなさい。

問２　各製品別の仕掛品勘定の記入を行いなさい。

■ 解答解説

問１

組間接費の配分

製品Ｘ：19,500,000円÷（6,500 h ＋ 3,500 h）×6,500 h ＝ 12,675,000円

製品Ｙ：19,500,000円÷（6,500 h ＋ 3,500 h）×3,500 h ＝ 6,825,000円

製品Ｘボックス図（単位：個）

1,101,500	月初仕掛品 400 (100)	完成品 4,700		
10,000,000 (12,675,000)	当月投入 5,000 (5,000)			
		正常仕損 200 (100)	400,000 (253,500) △53,500	600,000
		月末仕掛品 500 (300)	1,000,000 (760,500) 62,500	

製品Ｙボックス図（単位：個）

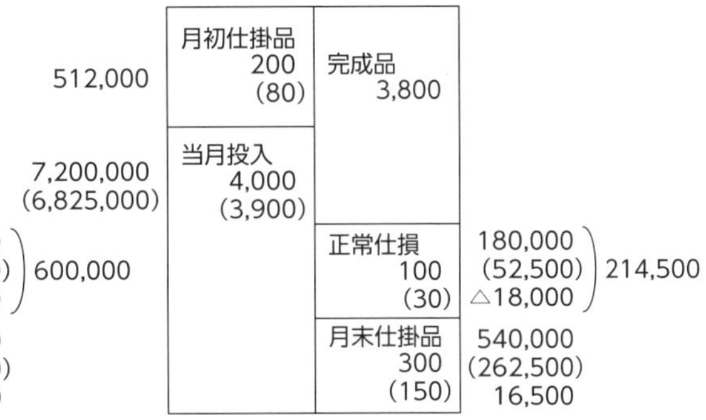

512,000	月初仕掛品 200 (80)	完成品 3,800		
7,200,000 (6,825,000)	当月投入 4,000 (3,900)			
		正常仕損 100 (30)	180,000 (52,500) △18,000	214,500
		月末仕掛品 300 (150)	540,000 (262,500) 16,500	

製品X仕損費

直接材料費：10,000,000円÷5,000個×200個＝400,000円

加工費：12,675,000円÷5,000個×100個＝253,500円

評価額：△53,500円

∴　合計：600,000円

製品X月末仕掛品原価

直接材料費：10,000,000円÷5,000個×500個＝1,000,000円

加工費：12,675,000円÷5,000個×300個＝760,500円

仕損費：600,000円÷（5,000個－200個）×500個＝62,500円

∴　合計：1,823,000円

製品X完成品総合原価

1,101,500円＋10,000,000円＋12,675,000円－53,500円－1,823,000円＝21,900,000円

製品Y仕損費

直接材料費：7,200,000円÷4,000個×100個＝180,000円

加工費：6,825,000円÷3,900個×30個＝52,500円

評価額：△18,000円

∴　合計：214,500円

製品Y月末仕掛品原価

直接材料費：7,200,000円÷4,000個×300個＝540,000円

加工費：6,825,000円÷3,900個×150個＝262,500円

仕損費：214,500円÷（4,000個－100個）×300個＝16,500円

∴　合計：819,000円

製品Y完成品総合原価

512,000円＋7,200,000円＋6,825,000円－18,000円－819,000円＝13,700,000円

問2

仕掛品X　（単位：円）

借方	金額	貸方	金額
前月繰越	1,101,500	完成品	21,900,000
直接材料費	10,000,000	仕損品	53,500
加工費	12,675,000	次月繰越	1,823,000

仕掛品Y　（単位：円）

借方	金額	貸方	金額
前月繰越	512,000	完成品	13,700,000
直接材料費	7,200,000	仕損品	18,000
加工費	6,825,000	次月繰越	819,000

3 工程別組別総合原価計算

組別総合原価計算に工程別計算を適用した場合には、もっとも複雑な計算形態となる。例えば、第一工程において製品Ａ及び製品Ｂを加工し、これを第二工程に振替、第二工程においてまた製品Ａ及び製品Ｂを加工する、といった場合に適用される。累加法を前提に、具体的には以下のような一連の流れで計算する。

① 製造原価要素を組直接費と組間接費に分け、組直接費を各工程の各組に賦課する。

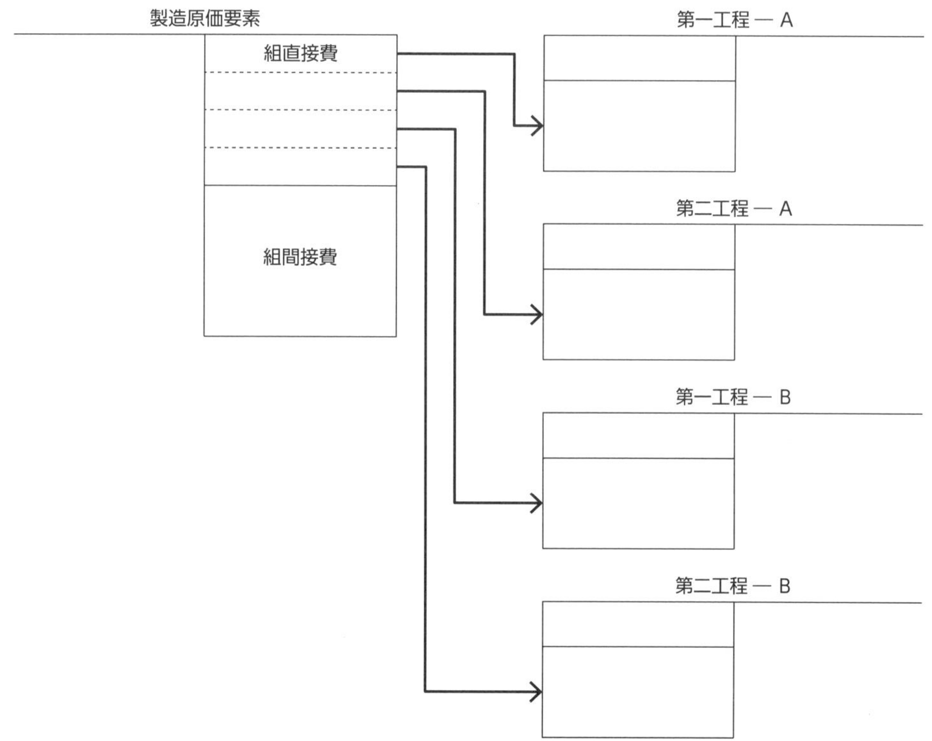

② 組間接費を、部門個別費と部門共通費とに分け、部門個別費は各工程と各補助部門に賦課し、部門共通費を各工程と各補助部門に配賦する。

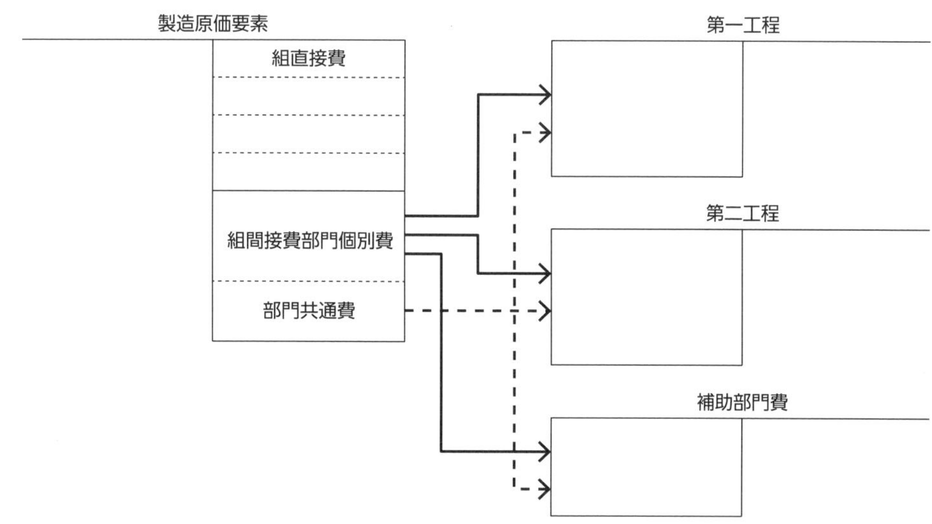

③　各補助部門費を各工程に配賦する（第二次集計）。

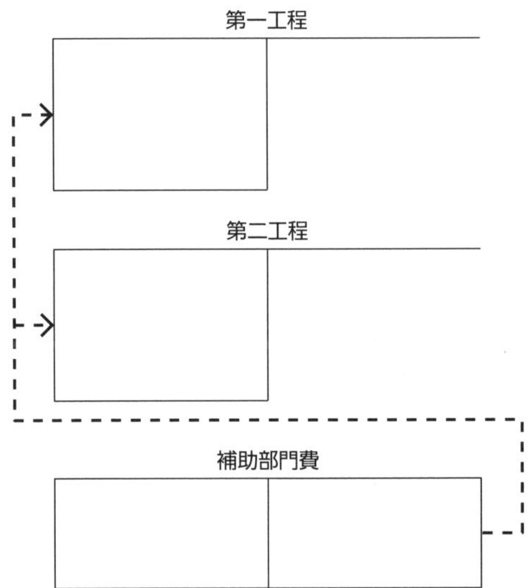

④　第二次集計後の各工程費を同一工程の各組製品に配賦する。この時点で、各工程製品にはすべての原価要素が集計されている。

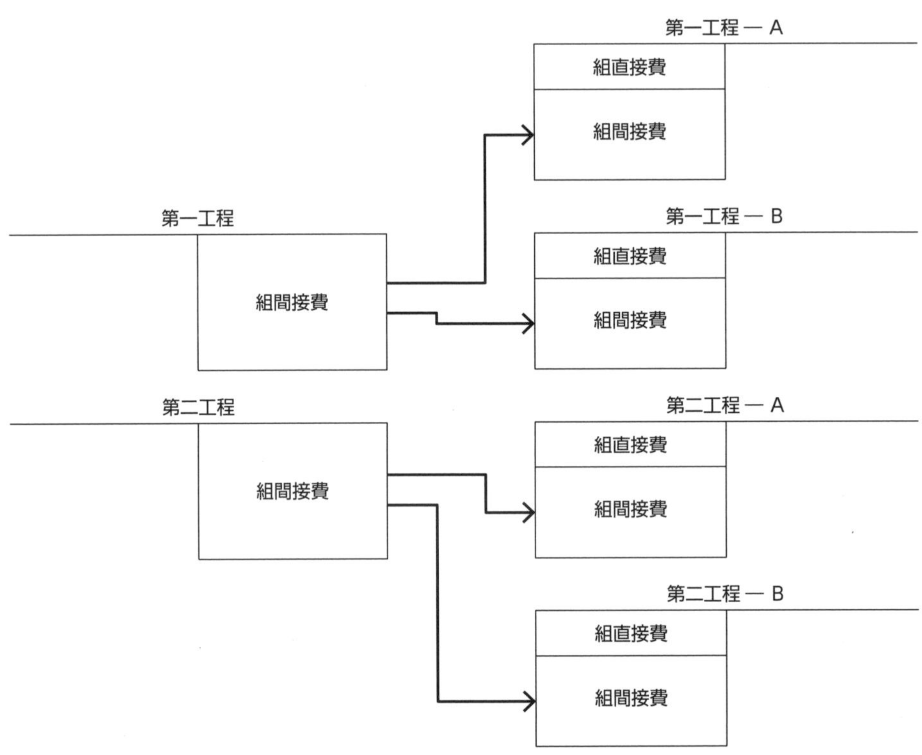

⑤　各組別に工程別総合原価計算を行う。

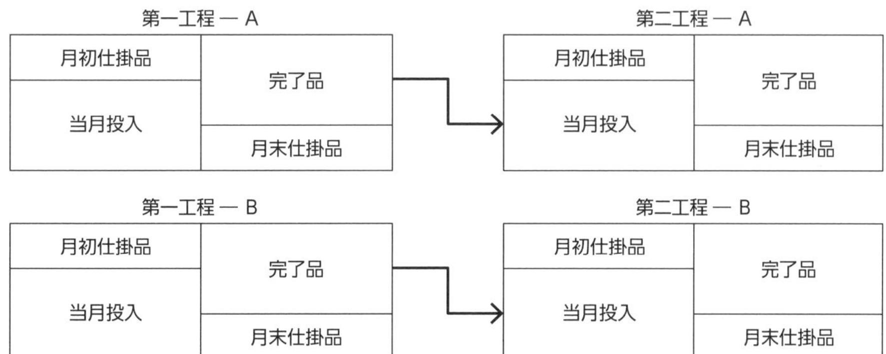

■ 例題２　工程別組別総合原価計算

重要度Ｂ

当工場では２つの工程から製品Ｘ及びＹの市場見込生産を行っており、原価計算方法は工程別組別総合原価計算を採用している。そこで、以下の資料に基づいて、各設問に答えなさい。

１．第一工程の生産データ　（単位：個）

	製品Ｘ	製品Ｙ
月初仕掛品数量	400（25%）	500（30%）
当月投入数量	2,000	5,000
月末仕掛品数量	600（50%）	300（50%）
完成品	1,800	5,200

※　（　）内は加工進捗度を示している。

２．第二工程の生産データ　（単位：個）

	製品Ｘ	製品Ｙ
月初仕掛品数量	600（50%）	800（25%）
当月投入数量	1,800	5,200
月末仕掛品数量	400（75%）	1,000（20%）
完成品	2,000	5,000

※　（　）内は加工進捗度を示している。

３．月初仕掛品データ

	製品Ｘ	製品Ｙ
第一工程	171,600円	251,000円
第二工程	1,119,050円	1,060,720円

４．当月製造費用等

	第一工程		第二工程	
	製品Ｘ	製品Ｙ	製品Ｘ	製品Ｙ
組直接費（原料費）	500,000円	1,750,000円	1,080,000円	2,180,000円
組間接費（加工費）	4,000,000円		4,950,000円	
直接作業時間	1,504 h	2,496 h	1,230 h	4,270 h

５．その他

(1)　組間接費は直接作業時間に基づいて各組に配賦している。

(2)　工程別計算の方法は累加法を採用している。

(3)　月末仕掛品の評価は先入先出法による。

(4)　原料及び前工程完了品は各工程の始点で投入される。

問１　各製品の第一工程月末仕掛品原価および第一工程完了品原価を算定しなさい。

問２　各製品の第二工程月末仕掛品原価および最終完成品原価を算定しなさい。

■ 解答解説

問１

第一工程組間接費（加工費）の配分

製品Ｘ：4,000,000円÷（1,504ｈ＋2,496ｈ）×1,504ｈ＝1,504,000円

製品Ｙ：4,000,000円÷（1,504ｈ＋2,496ｈ）×2,496ｈ＝2,496,000円

製品Ｘ

171,600	月初仕掛品 400 (100)	完了品 1,800	
500,000 (1,504,000)	当月投入 2,000 (2,000)	月末仕掛品 600 (300)	150,000 (225,600)

製品Ｙ

251,000	月初仕掛品 500 (150)	完了品 5,200	
1,750,000 (2,496,000)	当月投入 5,000 (5,200)	月末仕掛品 300 (150)	105,000 (72,000)

製品Ｘ（第一工程）の計算

月末仕掛品原価

原料費：500,000円÷2,000個×600個＝150,000円

加工費：1,504,000円÷2,000個×300個＝225,600円

∴　合計：375,600円

第一工程完了品原価

171,600円＋500,000円＋1,504,000円－375,600円＝1,800,000円

製品Ｙ（第一工程）の計算

月末仕掛品原価

原料費：1,750,000円÷5,000個×300個＝105,000円

加工費：2,496,000円÷5,200個×150個＝72,000円

∴　合計：177,000円

第一工程完了品原価

251,000円＋1,750,000円＋2,496,000円－177,000円＝4,320,000円

問2

第二工程組間接費（加工費）の配分

製品X：4,950,000円÷（1,230 h ＋ 4,270 h）×1,230 h ＝ 1,107,000円

製品Y：4,950,000円÷（1,230 h ＋ 4,270 h）×4,270 h ＝ 3,843,000円

製品X

1,119,050	月初仕掛品 600 (300)	完成品 2,000	
1,800,000 1,080,000 (1,107,000)	当月投入 1,800 (2,000)	月末仕掛品 400 (300)	640,000 (166,050)

製品Y

1,060,720	月初仕掛品 800 (200)	完成品 5,000	
4,320,000 2,180,000 (3,843,000)	当月投入 5,200 (5,000)	月末仕掛品 1,000 (200)	1,250,000 (153,720)

製品X（第二工程）の計算

月末仕掛品原価

原料費及び前工程費：(1,800,000円＋1,080,000円）÷1,800個×400個＝640,000円

加工費：1,107,000円÷2,000個×300個＝166,050円

∴　合計：806,050円

完成品原価

1,119,050円＋1,800,000円＋1,080,000円＋1,107,000円－806,050円＝4,300,000円

製品Y（第二工程）の計算

月末仕掛品原価

原料費及び前工程費：(4,320,000円＋2,180,000円）÷5,200個×1,000個＝1,250,000円

加工費：3,843,000円÷5,000個×200個＝153,720円

∴　合計：1,403,720円

完成品原価

1,060,720円＋4,320,000円＋2,180,000円＋3,843,000円－1,403,720円＝10,000,000円

第11章

等級別総合原価計算

第１節　等級別総合原価計算とは

1　等級別総合原価計算とは

(1)　**意義**

等級別総合原価計算は、**製品別計算の一形態**であり、**同一工程**において**同種製品**を**連続生産**するが、その製品を形状、大きさ、品位等によって**等級に区分する場合**に適用する。例えば、衣服のサイズにおけるＳ・Ｍ・Ｌなどがこれにあたる。

(2)　**等価係数**

等価係数とは、等級製品の**原価負担割合**を示すものである。等級別総合原価計算にあたっては、各等級製品について適当な等価係数を定め、一期間における完成品の総合原価又は一期間の製造費用を等価係数に基づいて簡便的に各等級製品に按分してその製品原価を計算する。

例えば、ある衣服の製造原価が30万円だったとし、以下のようなデータが与えられたとする。

サイズ	等価係数	生産量	積数
L	1.0	100着	100
M	0.8	100着	80
S	0.6	100着	60
合計			240

この場合には、各製品に按分される原価は以下のようになる。

Ｌサイズ：300,000円÷240×100＝125,000円（@1,250円/着）

Ｍサイズ：300,000円÷240×80＝100,000円（@1,000円/着）

Ｓサイズ：300,000円÷240×60＝75,000円（@750円/着）

等価係数の設定方法には、以下の２つがある。

①　**製品の品質基準（アウトプット基準）**

各等級製品の重量、長さ、面積、純分度、熱量、硬度等原価の発生と関連のある製品（アウトプット）の諸性質に基づいて設定する等価係数をいう。

②　**原価財の消費量基準（インプット基準）**

各等級製品の標準材料消費量、標準作業時間等各原価要素又は原価要素群の発生と関連ある物量的数値等（インプット）に基づいて設定する等価係数をいう。

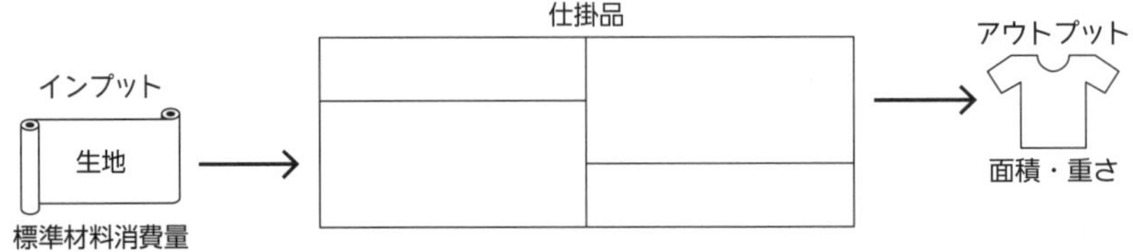

等級別総合原価計算に適用される等価係数は、**原価発生原因主義（享益主義、価値移転的計算）**に基づく等価係数である。なお、第12章の連産品で適用される等価係数は、**負担能力主義（価値回収的計算）**に基づく等価係数である。

2 等級別総合原価計算の計算方法

等級別総合原価計算の計算方法は、原価計算基準の解釈の仕方により、様々な方法が存在する。そのため、ここでは、最も一般的な３つの方法について紹介する。

	名称	等価係数
①	（単純総合原価計算に近い方法の）簡便法 （完成品原価按分法）	品質（アウトプット）基準
②	単純総合原価計算に近い方法 （総合原価按分法、プール計算法）	物量（インプット）基準
③	組別総合原価計算に近い方法 （当月製造費用按分法）	物量（インプット）基準

(1)（単純総合原価計算に近い方法の）簡便法（完成品原価按分法）

単純総合原価計算に近い方法の簡便法では、以下の手順によって計算する。

i　各等級製品の生産データを（区別して与えられている場合には）**そのまま合算**する。

ii　合算後の生産データによって、**完成品総合原価を算定**する。

iii　**アウトプット基準**の等価係数を用いて算定した**積数の比で、完成品総合原価だけを各等級製品に按分**する。

具体例

1．当月の生産データ

月初仕掛品：100個（加工進捗度60％）　月末仕掛品：200個（加工進捗度50％）

完成品：1,000個（製品A 600個、製品B 400個）

2．当月の原価データ　（単位：円）

月初仕掛品原価	18,000
当月製造費用	
直接材料費	99,000
加工費	156,000

3．等級製品の等価係数

	製品A	製品B
等価係数	1.0	1.5

月末仕掛品原価

直接材料費：99,000円÷1,100個×200個＝18,000円

加工費：156,000円÷1,040個×100個＝15,000円　　∴　合計：33,000円

完成品総合原価（結合原価）

18,000円＋99,000円＋156,000円－33,000円＝240,000円

積数の算定

製品A：600個×1.0＝600　製品B：400個×1.5＝600

結合原価の按分

製品A：240,000円÷（600＋600）×600＝120,000円

製品B：240,000円÷（600＋600）×600＝120,000円

完成品単位原価

製品A：120,000円÷600個＝@200円/個

製品B：120,000円÷400個＝@300円/個

⑵　単純総合原価計算に近い方法（総合原価按分法）

①　基本的な計算手順

単純総合原価計算に近い方法では、以下の手順により計算する。

ⅰ　**インプット基準**の等価係数を用いて、各等級製品の**生産データを積数換算し、これを合算**する。

ⅱ　合算後の生産データによって、**月末仕掛品原価および完成品総合原価を算定**する（プール計算する）。

ⅲ　（プール計算された）月末仕掛品原価および完成品総合原価を**積数の比で各等級製品に按分**する。

具体例

1．当月の生産データ（単位：円）

	製品A	製品B
月初仕掛品数量	100（50%）	200（40%）
当月投入数量	1,100	500
月末仕掛品数量	200（40%）	200（50%）
完成品	1,000	500

2．当月の原価データ（単位：円）

	製品A	製品B
月初仕掛品原価		
直接材料費	19,950	63,670
加工費	12,520	20,000
当月製造費用		
直接材料費	380,380	
加工費	432,480	

3．等価係数

	製品A	製品B
直接材料費	1.0	1.6
加工費	1.0	1.3

4．原価配分法は平均法によること。

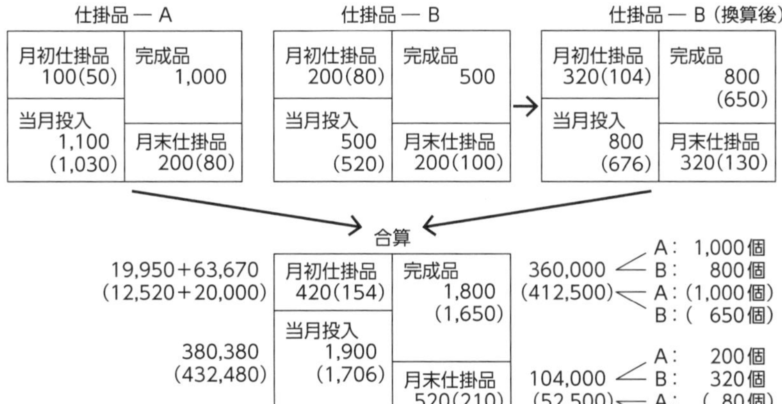

月末仕掛品原価

直接材料費：(19,950円＋63,670円＋380,380円) ÷ (420個＋1,900個) × 520個＝104,000円

加工費：(12,520円＋20,000円＋432,480円) ÷ (154個＋1,706個) × 210個＝52,500円

完成品原価

直接材料費：19,950円＋63,670円＋380,380円－104,000円＝360,000円

加工費：12,520円＋20,000円＋432,480円－52,500円＝412,500円

製品A月末仕掛品原価

直接材料費：104,000円÷ (200個＋320個) × 200個＝40,000円

加工費：52,500円÷ (80個＋130個) × 80個＝20,000円　　∴　合計：60,000円

製品B月末仕掛品原価

直接材料費：104,000円÷ (200個＋320個) × 320個＝64,000円

加工費：52,500円÷ (80個＋130個) × 130個＝32,500円　　∴　合計：96,500円

製品A完成品総合原価

直接材料費：360,000円÷ (1,000個＋800個) × 1,000個＝200,000円

加工費：412,500円÷ (1,000個＋650個) × 1,000個＝250,000円　　∴　合計：450,000円

製品B完成品総合原価

直接材料費：360,000円÷ (1,000個＋800個) × 800個＝160,000円

加工費：412,500円÷ (1,000個＋650個) × 650個＝162,500円　　∴　合計：322,500円

製品A完成品単位原価：450,000円÷1,000個＝@450円／個

製品B完成品単位原価：322,500円÷500個＝@645円／個

■例題１　単純総合Ｃ／Ａに近い方法①　重要度Ａ

当工場では単一工程において、等級製品Ａ及びＢの市場見込生産を行っており、等級別総合原価計算を行っている。等級製品Ａ及びＢの生産は、まず工程始点で直接材料をすべて投入し、これに加工を行うことで完成する。そこで、以下の資料に基づいて、各設問に答えなさい。

１．当月の等級製品の生産データは、以下のとおりである。（単位：個）

	製品Ａ	製品Ｂ
月初仕掛品数量	200（40％）	300（40％）
当月投入数量	4,700	1,900
月末仕掛品数量	100（80％）	200（60％）
完成品	4,800	2,000

※　（　）内は加工進捗度を示している。

２．当月の原価データ　（単位：円）

	製品Ａ	製品Ｂ
月初仕掛品原価		
直接材料費	100,200	257,800
加工費	53,000	111,000
当月製造費用		
直接材料費	4,257,000	
加工費	4,560,000	

３．等価係数

	製品Ａ	製品Ｂ
直接材料費	1.0	1.6
加工費	1.0	1.4

４．原価配分法は先入先出法によること。

５．等級別総合原価計算の方法は、単純総合原価計算に近い方法（等価係数を完成品と仕掛品に適用する方法）によること。

問　各製品の月末仕掛品原価及び完成品総合原価、並びに完成品単位原価を算定しなさい。

第11章　等級別総合原価計算

■ 解答解説

問

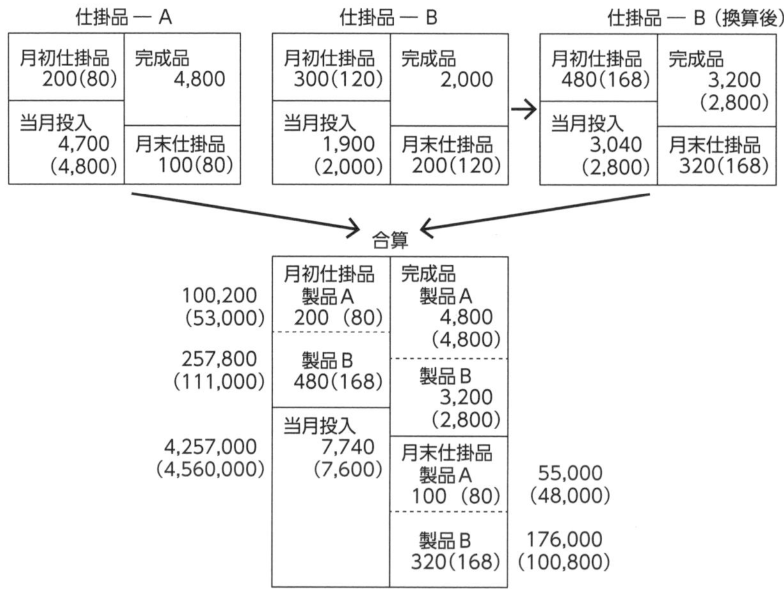

月末仕掛品原価

直接材料費：4,257,000円÷7,740個×（100個+320個）=231,000円

加工費：4,560,000円÷7,600個×（80個+168個）=148,800円

完成品総合原価（結合原価）

直接材料費：100,200円+257,800円+4,257,000円−231,000円=4,384,000円

加工費：53,000円+111,000円+4,560,000円−148,800円=4,575,200円

製品A月末仕掛品原価

直接材料費：231,000円÷（100個+320個）×100個=55,000円

加工費：148,800円÷（80個+168個）×80個=48,000円　　∴　合計：103,000円

製品B月末仕掛品原価

直接材料費：231,000円÷（100個+320個）×320個=176,000円

加工費：148,800円÷（80個+168個）×168個=100,800円　　∴　合計：276,800円

製品A完成品総合原価

直接材料費：4,384,000円÷（4,800個+3,200個）×4,800個=2,630,400円

加工費：4,575,200円÷（4,800個+2,800個）×4,800個=2,889,600円　　∴　合計：5,520,000円

製品B完成品総合原価

直接材料費：4,384,000円÷（4,800個+3,200個）×3,200個=1,753,600円

加工費：4,575,200円÷（4,800個+2,800個）×2,800個=1,685,600円　　∴　合計：3,439,200円

製品A完成品単位原価：5,520,000円÷4,800個=@1,150円/個

製品B完成品単位原価：3,439,200円÷2,000個=@1,719.6円/個

② 仕損が発生する場合

単純総合原価計算に近い方法を採用した場合には、あたかも単一製品かのように生産データを合算して、一度、月末仕掛品原価や完成品総合原価を算定する。そのため、仕損が発生するケースでは、その負担関係が問題となる。このようなケースでは、通常、**仕損の負担関係について指示があるが、終点発生の場合には仕損を製品ごとに区別し、それぞれの完成品のみが負担する**ように計算する。

■ 例題２　単純総合Ｃ／Ａに近い方法②

重要度Ｂ

当工場では単一工程において、等級製品Ａ及びＢの市場見込生産を行っており、等級別総合原価計算を行っている。等級製品Ａ及びＢの生産は、まず工程始点で直接材料をすべて投入し、これに加工を行うことで完成する。そこで、以下の資料に基づいて、各設問に答えなさい。

1．当月の等級製品の生産データは、以下のとおりである。（単位：個）

	製品Ａ	製品Ｂ
月初仕掛品数量	500（30%）	250（30%）
当月投入数量	3,400	2,500
仕損品	500（50%）	125（40%）
月末仕掛品数量	600（75%）	500（65%）
完成品	2,800	2,125

※（　）内は加工進捗度、または仕損の発生地点を示している。

2．当月の原価データ（単位：円）

	製品Ａ	製品Ｂ
月初仕掛品原価		
直接材料費	5,894,100	2,350,000
加工費	1,730,840	1,080,000
当月製造費用		
直接材料費	63,620,000	
加工費	73,630,000	

3．等価係数

	製品Ａ	製品Ｂ
直接材料費	1.0	0.8
加工費	0.8	1.0

4．原価配分法は平均法によること。

5．等級別総合原価計算の方法は、単純総合原価計算に近い方法（等価係数を完成品と仕掛品に適用する方法）によること。

問１　仕損の処理方法として、度外視法を採用して、各製品ごとの仕損を区別しないで、一括して完成品と月末仕掛品へ負担させる場合の、各製品の完成品原価を算定しなさい。

問２　仕損の処理方法として、非度外視法を採用して、各製品ごとの仕損を区別して、それぞれを発生させる原因となった製品へ厳密に負担させる場合の、各製品の完成品原価を算定しなさい。

■ 解答解説

問1

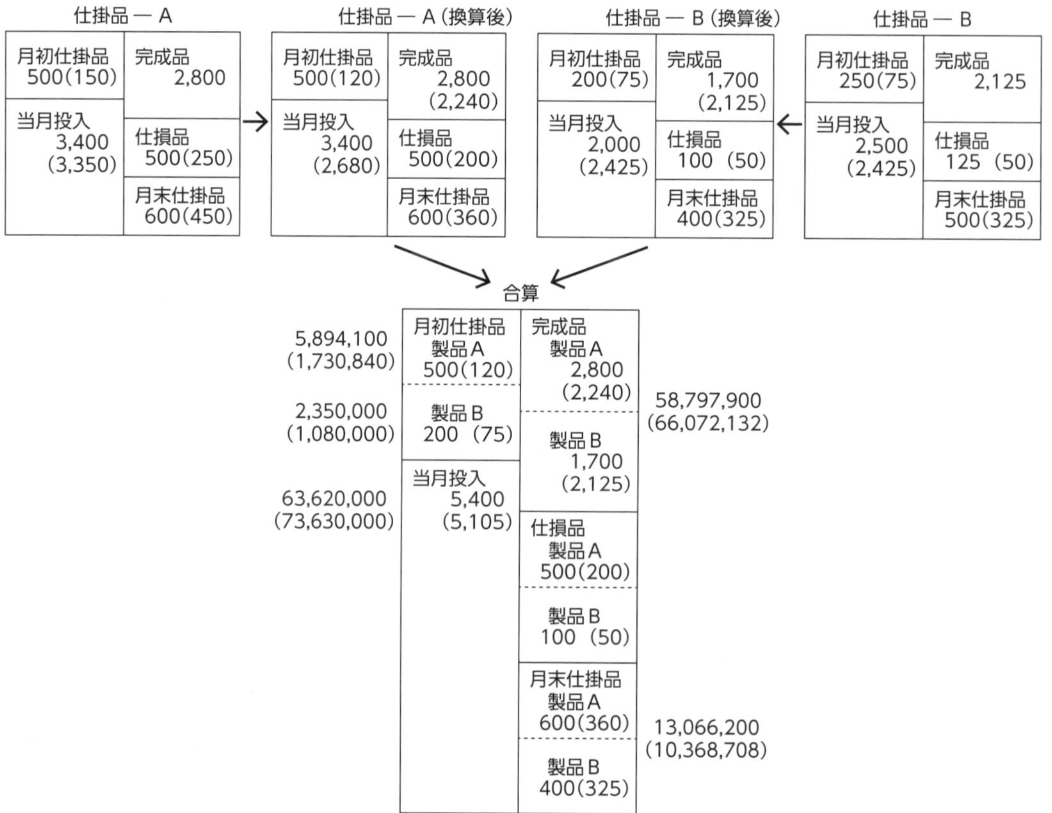

月末仕掛品原価

直接材料費：71,864,100円÷（6,100個－600個）×1,000個＝13,066,200円

加工費：76,440,840円÷（5,300個－250個）×685個＝10,368,708円

完成品原価

直接材料費：71,864,100円－13,066,200円＝58,797,900円

加工費：76,440,840円－10,368,708円＝66,072,132円

製品A完成品原価

直接材料費：58,797,900円÷（2,800個＋1,700個）×2,800個＝36,585,360円

加工費：66,072,132円÷（2,240個＋2,125個）×2,240個＝33,906,432円

∴　合計：70,491,792円

製品B完成品原価

直接材料費：58,797,900円÷（2,800個＋1,700個）×1,700個＝22,212,540円

加工費：66,072,132円÷（2,240個＋2,125個）×2,125個＝32,165,700円

∴　合計：54,378,240円

問２

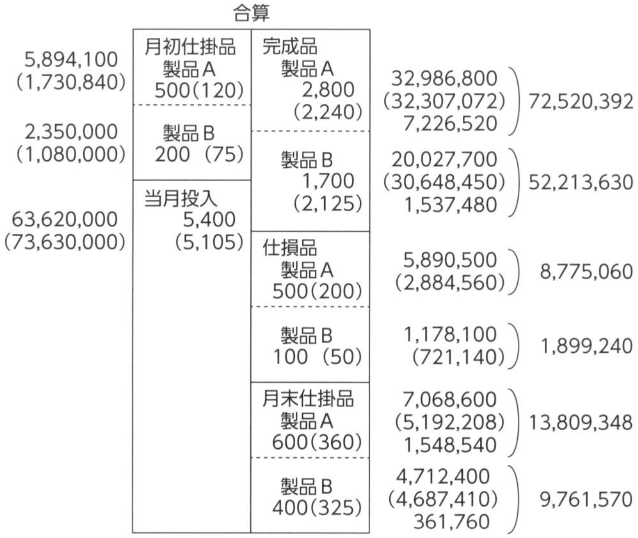

合算

金額	借方	貸方	金額	合計
5,894,100 (1,730,840)	月初仕掛品 製品A 500(120)	完成品 製品A 2,800 (2,240)	32,986,800 (32,307,072) 7,226,520	72,520,392
2,350,000 (1,080,000)	製品B 200 (75)	製品B 1,700 (2,125)	20,027,700 (30,648,450) 1,537,480	52,213,630
63,620,000 (73,630,000)	当月投入 5,400 (5,105)	仕損品 製品A 500(200)	5,890,500 (2,884,560)	8,775,060
		製品B 100 (50)	1,178,100 (721,140)	1,899,240
		月末仕掛品 製品A 600(360)	7,068,600 (5,192,208) 1,548,540	13,809,348
		製品B 400(325)	4,712,400 (4,687,410) 361,760	9,761,570

製品Ａ正常仕損費

直接材料費：71,864,100円÷6,100個×500個＝5,890,500円

加工費：76,440,840円÷5,300個×200個＝2,884,560円

∴　合計：8,775,060円

製品Ｂ正常仕損費

直接材料費：71,864,100円÷6,100個×100個＝1,178,100円

加工費：76,440,840円÷5,300個×50個＝721,140円

∴　合計：1,899,240円

製品Ａ月末仕掛品原価

直接材料費：71,864,100円÷6,100個×600個＝7,068,600円

加工費：76,440,840円÷5,300個×360個＝5,192,208円

製品Ａ正常仕損費：8,775,060円÷（2,800個＋600個）×600個＝1,548,540円

∴　合計：13,809,348円

製品Ｂ月末仕掛品原価

直接材料費：71,864,100円÷6,100個×400個＝4,712,400円

加工費：76,440,840円÷5,300個×325個＝4,687,410円

製品Ｂ正常仕損費：1,899,240円÷（1,700個＋400個）×400個＝361,760円

∴　合計：9,761,570円

製品Ａ完成品原価

直接材料費：71,864,100円÷6,100個×2,800個＝32,986,800円

加工費：76,440,840円÷5,300個×2,240個＝32,307,072円

製品Ａ正常仕損費：8,775,060円÷（2,800個＋600個）×2,800個＝7,226,520円

∴　合計：72,520,392円

製品Ｂ完成品原価

直接材料費：71,864,100円÷6,100個×1,700個＝20,027,700円

加工費：76,440,840円÷5,300個×2,125個＝30,648,450円

製品Ｂ正常仕損費：1,899,240円÷（1,700個＋400個）×1,700個＝1,537,480円

∴　合計：52,213,630円

■ 例題3　単純総合C / Aに近い方法③　重要度B

当工場では単一工程において、等級製品A及びBの市場見込生産を行っており、等級別総合原価計算を行っている。等級製品A及びBの生産は、まず工程始点で直接材料をすべて投入し、これに加工を行うことで完成する。そこで、以下の資料に基づいて、各製品の月末仕掛品原価及び完成品原価を算定しなさい。

1．当月の等級製品の生産データは、以下のとおりである。(単位：個)

	製品A	製品B
月初仕掛品数量	200 (75%)	300 (50%)
当月投入数量	600	1,000
仕損品	100	200
月末仕掛品数量	100 (50%)	400 (25%)
完成品	600	700

※　(　) 内は加工進捗度を示している。
※　仕損は工程の終点で発生している。

2．当月の原価データ (単位：円)

	製品A	製品B
月初仕掛品原価		
直接材料費	100,100	209,790
加工費	120,060	144,090
当月製造費用		
直接材料費	1,000,110	
加工費	1,295,850	

3．等価係数

	製品A	製品B
直接材料費	1.0	1.4
加工費	1.0	1.2

4．原価配分法は平均法によること。

5．等級別総合原価計算の方法は、単純総合原価計算に近い方法 (等価係数を完成品と仕掛品に適用する方法) によること。

■ 解答解説

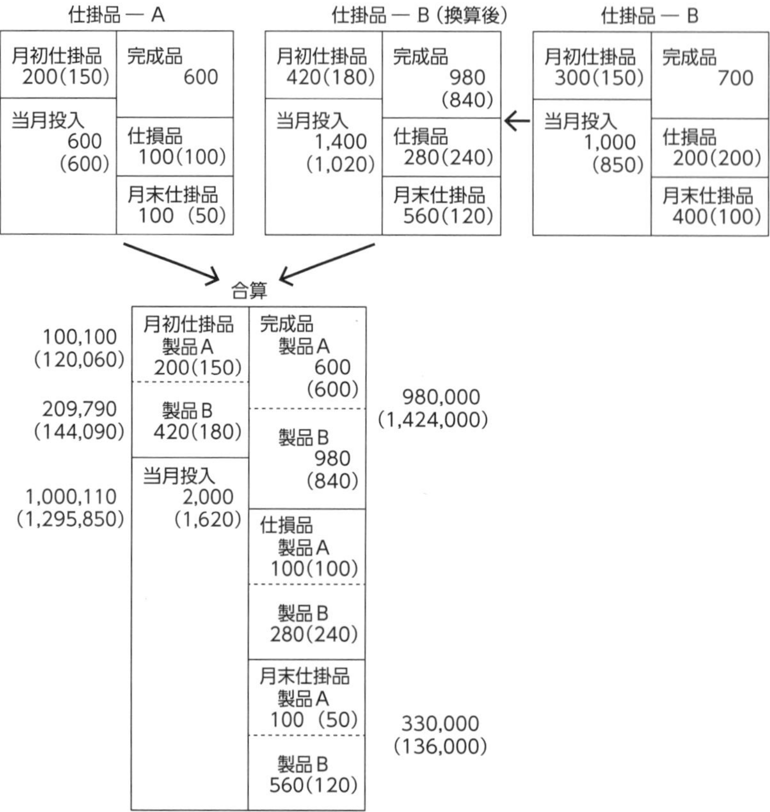

月末仕掛品原価

直接材料費：1,310,000円 ÷ 2,620個 × 660個 = 330,000円

加工費：1,560,000円 ÷ 1,950個 × 170個 = 136,000円

完成品原価

直接材料費：1,310,000円 − 330,000円 = 980,000円

加工費：1,560,000円 − 136,000円 = 1,424,000円

製品A月末仕掛品原価

直接材料費：330,000円 ÷ 660個 × 100個 = 50,000円

加工費：136,000円 ÷ 170個 × 50個 = 40,000円　　∴　合計：90,000円

製品B月末仕掛品原価

直接材料費：330,000円 ÷ 660個 × 560個 = 280,000円

加工費：136,000円 ÷ 170個 × 120個 = 96,000円　　∴　合計：376,000円

製品A完成品総合原価

$$\text{直接材料費：}980{,}000\text{円} \times \frac{600\text{個} + 100\text{個}}{(600\text{個} + 100\text{個}) + (980\text{個} + 280\text{個})} = 350{,}000\text{円}$$

$$加工費：1{,}424{,}000円 \times \frac{600個 + 100個}{(600個 + 100個) + (840個 + 240個)} = 560{,}000円$$

∴　合計：910,000円

製品B完成品総合原価

$$直接材料費：980{,}000円 \times \frac{980個 + 280個}{(600個 + 100個) + (980個 + 280個)} = 630{,}000円$$

$$加工費：1{,}424{,}000円 \times \frac{840個 + 240個}{(600個 + 100個) + (840個 + 240個)} = 864{,}000円$$

∴　合計：1,494,000円

重要ポイント！！

単純総合原価計算に近い方法を採用し、かつ仕損が終点発生のケースでは、完成品原価按分の際に仕損等を含めて計算する。

⑶　組別総合原価計算に近い方法（当月製造費用按分法）

組別総合原価計算に近い方法では、以下の手順により計算する。

①　各等級製品の**当月投入データ**に、インプット基準の等価係数を適用して、その**積数の比で当月製造費用を各等級製品に按分**する。

②　等級製品ごとに完成品総合原価を算定する。

具体例

1．当月の生産データ（単位：個）

	製品A	製品B
月初仕掛品数量	100（50%）	200（25%）
当月投入数量	1,000	500
月末仕掛品数量	200（75%）	100（50%）
完成品	900	600

2．当月の原価データ　（単位：円）

	製品A	製品B
月初仕掛品原価		
直接材料費	45,000	114,500
加工費	16,750	17,000
当月製造費用		
直接材料費	700,000	
加工費	567,000	

3．等価係数

	製品A	製品B
直接材料費	1.0	1.5
加工費	1.5	1.0

4．原価配分法は先入先出法によること。

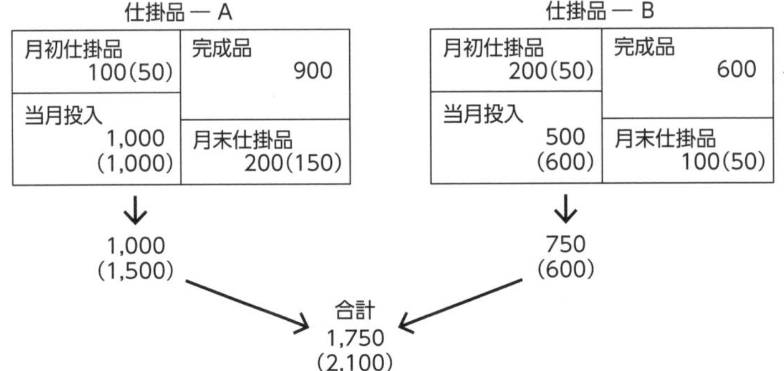

当月製造費用の配分

直接材料費

製品A：700,000円÷1,750×1,000＝400,000円

製品B：700,000円÷1,750×750＝300,000円

加工費

製品A：567,000円÷2,100×1,500＝405,000円

製品B：567,000円÷2,100×600＝162,000円

製品A月末仕掛品原価

直接材料費：400,000円÷1,000個×200個＝80,000円

加工費：405,000円÷1,000個×150個＝60,750円　　∴　合計：140,750円

製品B月末仕掛品原価

直接材料費：300,000円÷500個×100個＝60,000円

加工費：162,000円÷600個×50個＝13,500円　　　∴　合計：73,500円
製品A完成品総合原価
45,000円＋16,750円＋400,000円＋405,000円－140,750円＝726,000円
製品B完成品総合原価
114,500円＋17,000円＋300,000円＋162,000円－73,500円＝520,000円

■ 例題４　組別総合Ｃ／Ａに近い方法

重要度Ｂ

当工場では単一工程において、等級製品Ａ及びＢの市場見込生産を行っており、等級別総合原価計算を行っている。等級製品Ａ及びＢの生産は、まず工程始点で直接材料をすべて投入し、これに加工を行うことで完成する。そこで、以下の資料に基づいて、各製品の月末仕掛品原価及び完成品総合原価を算定しなさい。

1．当月の等級製品の生産データは、以下のとおりである。(単位：個)

	製品Ａ	製品Ｂ
月初仕掛品数量	500 (60%)	200 (50%)
当月投入数量	5,000	2,000
正常仕損数量	200 (50%)	100 (80%)
月末仕掛品数量	400 (75%)	200 (60%)
完成品	4,900	1,900

※（　）内は加工進捗度を示している。

2．当月の原価データ　(単位：円)

	製品Ａ	製品Ｂ
月初仕掛品原価	655,000	228,800
当月製造費用		
直接材料費	6,000,000	
加工費	4,410,000	

3．等価係数

	製品Ａ	製品Ｂ
直接材料費	1.2	1.0
加工費	1.4	1.0

4．原価配分法は先入先出法によること。

5．仕損の処理方法は、加工進捗度を加味した度外視法により、関係品に合理的に負担させること。

6．等級別総合原価計算の方法は、組別総合原価計算に近い方法によること。

■ 解答解説

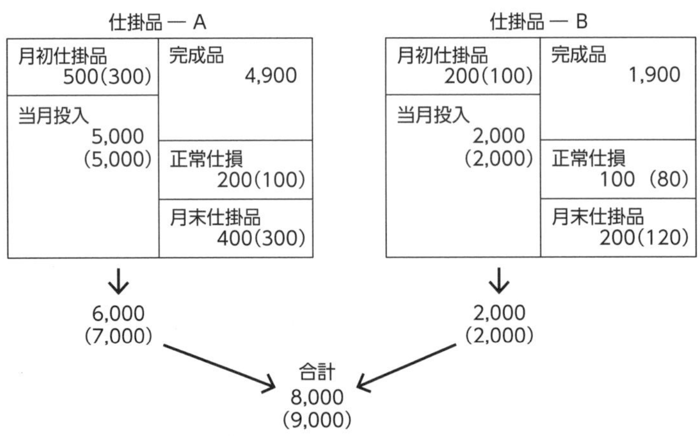

当月製造費用の配分

直接材料費

製品Ａ：6,000,000円 ÷ 8,000 × 6,000 = 4,500,000円

製品B：6,000,000円÷8,000×2,000＝1,500,000円

加工費

製品A：4,410,000円÷9,000×7,000＝3,430,000円

製品B：4,410,000円÷9,000×2,000＝980,000円

製品A月末仕掛品原価

直接材料費：4,500,000円÷（5,000個－200個）×400個＝375,000円

加工費：3,430,000円÷（5,000個－100個）×300個＝210,000円

∴　合計：585,000円

製品A完成品総合原価

655,000円＋4,500,000円＋3,430,000円－585,000円＝8,000,000円

製品B月末仕掛品原価

直接材料費：1,500,000円÷2,000個×200個＝150,000円

加工費：980,000円÷2,000個×120個＝58,800円

∴　合計：208,800円

製品B完成品総合原価

228,800円＋1,500,000円＋980,000円－208,800円＝2,500,000円

第12章

連産品

第1節　連産品とは

1　意義

連産品とは、**同一工程**において**同一原料**から**同時必然的**に生産される**異種の製品**であって、**相互に主副を明確に区別できないもの**をいう。例えば、原油を精製装置にかけると、ガソリンや灯油、軽油、重油などの製品が得られる。

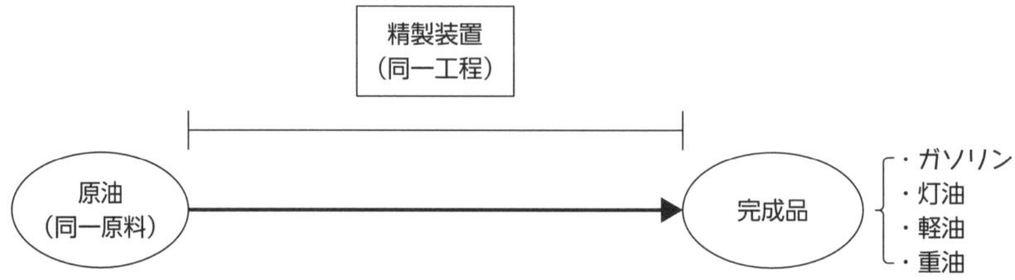

2　特徴

連産品の特徴は、2種類以上の製品が同時必然的に生産される点にある。例えば、ガソリンを生産すると、必然的に灯油や軽油も生産されることになる。逆に言えば、ガソリンだけを生産することはできず、灯油や軽油を生産するために必要な原価も発生することになる。すなわち、特定製品に原価が発生するのではなく、**連産品全体で原価が発生する**のである。

なお、**連産品全体で発生した原価**を、**結合原価（連結原価）**という。

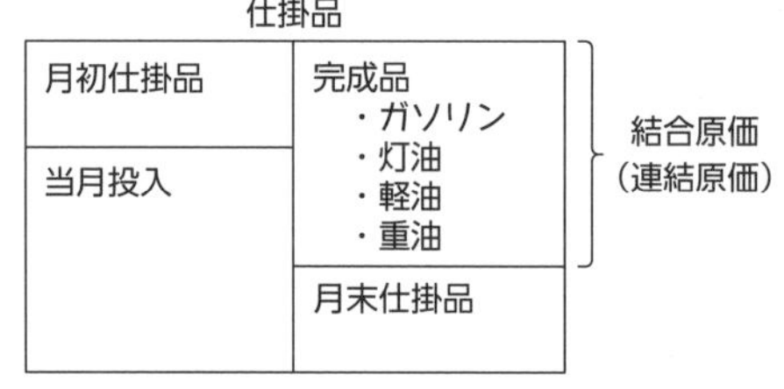

第2節　連産品原価の計算

1 連産品原価の計算手順

連産品原価は以下の手順により計算する。

① 通常の総合原価計算を行って、**結合原価を算定**する。

② **見積データ**における正常市価等の**等価係数を利用**して、結合原価按分のための**積数を計算**し、この**積数の比で結合原価を各連産品に按分**する。

③ **実際データ**における分離後の個別費により総合原価計算を行って、**各連産品の最終完成品原価を算定**する。

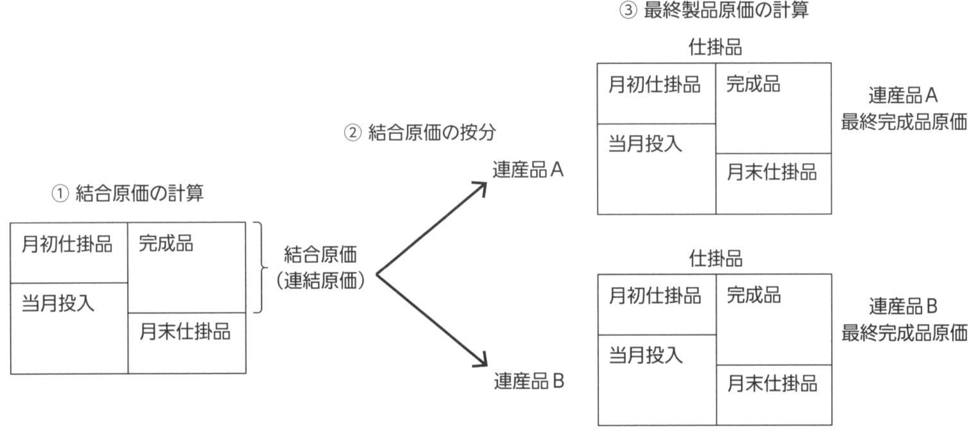

2 結合原価の按分

結合原価は、積数の比で各連産品に按分される。なお、**等価係数の設定方法の違い**により、結合原価の按分方法は、以下の5つに分けることができる。

	名称	等価係数	等価係数の基礎概念
①	生産量基準	すべて等しい	原価発生原因主義
②	物量基準	物量	原価発生原因主義
③	正常市価基準	正常市価	負担能力主義
④	分離点推定市価基準	正常市価－分離後正常個別費	負担能力主義
⑤	分離点推定価値基準	正常市価－分離後の加工による正常付加価値	負担能力主義

※ 負担能力主義とは、より高く売れるものには高い原価を負担させるという考え方である。なお、連産品原価の計算において、**基準が想定している方法は、負担能力主義による方法**である。

① **生産量基準**

生産量基準とは、**各連産品の単位原価はすべて等しいという仮定**に基づく方法である。よって、問題上は結合原価を、各連産品の**生産量の比で按分**すればよい。

> **具体例**
>
> 1．連産品の結合原価：100,000円
> 2．分離点における連産品の数量：500個（連産品A 200個、連産品B 300個）
>
> 連産品Aに按分される結合原価：100,000円÷500個×200個＝40,000円
> 連産品Bに按分される結合原価：100,000円÷500個×300個＝60,000円

② **物量基準**

物量基準とは、純分度、カロリー、比重等による等価係数を、各連産品の生産量に乗じて積数を算定し、この積数の比でもって結合原価を按分する方法である。よって、問題上は結合原価を、等級別総合原価計算（完成品原価を按分する方法）と同様に、**与えられた等価係数に生産量を乗じた積数の比で按分**すればよい。

> **具体例**
>
> 1．連産品の結合原価：100,000円
> 2．分離点における連産品の数量：500個（連産品A 200個、連産品B 300個）
> 3．等価係数・・・(連産品A 1.5)：(連産品B 1.0)
>
> 連産品Aの積数：200個×1.5＝300
> 連産品Bの積数：300個×1.0＝300　　∴　合計：600
> 連産品Aに按分される結合原価：100,000円÷600×300＝50,000円
> 連産品Bに按分される結合原価：100,000円÷600×300＝50,000円

③ **正常市価基準**

正常市価基準とは、各連産品の**正常市価（見積売価）の比を等価係数として、これに生産量を乗じて積数を算定し、この積数の比でもって結合原価を按分する**方法である。

> **具体例**
>
> 1．連産品の結合原価：100,000円
> 2．分離点における連産品の数量：500個（連産品A 200個、連産品B 300個）
> 3．見積販売価格・・・連産品A ＠400円/個、連産品B ＠800円/個
>
> 連産品Aの積数：200個×＠400円/個＝80,000
> 連産品Bの積数：300個×＠800円/個＝240,000　　∴　合計：320,000
> 連産品Aに按分される結合原価：100,000円÷320,000×80,000＝25,000円
> 連産品Bに按分される結合原価：100,000円÷320,000×240,000＝75,000円

■ 例題１　生産量・物量・正常市価基準　重要度A

当工場では単一の工程において、連産品A、B及びCの市場見込生産を行っている。連産品A、B及びCの生産は、まず工程始点で直接材料をすべて投入し、これに加工を行うことで完成する。そこで、以下の資料に基づいて、各設問に答えなさい。

1．当月の連産品の生産データは、以下のとおりである。（単位：個）

月初仕掛品数量	200（50%）	
当月投入数量	5,200	
月末仕掛品数量	400（75%）	
完成品	5,000	（内訳：A 2,250個、B 1,750個、C 1,000個）

※（　）内は加工進捗度を示している。

2．当月の原価データ　（単位：円）

月初仕掛品原価	30,150
当月製造費用	
直接材料費	652,600
加工費	522,600

3．原価配分法は先入先出法によること。

問１　当月の結合原価の金額を計算しなさい。

問２　生産量基準を適用した場合の各連産品に按分される結合原価の金額を計算しなさい。

問３　物量基準を適用した場合の各連産品に按分される結合原価の金額を計算しなさい。なお、等価係数は以下を使用すること。

	連産品A	連産品B	連産品C
等価係数	1.4	1.2	1.0

問４　正常市価基準を適用した場合の各連産品に按分される結合原価の金額を計算しなさい。なお、各連産品の正常市価は以下のとおりである。

	連産品A	連産品B	連産品C
正常市価	@750円／個	@500円／個	@250円／個

■ 解答解説

問1

仕掛品

	借方	貸方		
30,150	月初仕掛品 200(100)	完成品 5,000	連産品A：2,250個 連産品B：1,750個 連産品C：1,000個	
652,600 (522,600)	当月投入 5,200 (5,200)	月末仕掛品 400(300)	50,200 (30,150)	80,350

月末仕掛品原価

直接材料費：652,600円÷5,200個×400個＝50,200円

加工費：522,600円÷5,200個×300個＝30,150円　　∴　合計：80,350円

完成品総合原価（結合原価）

30,150円＋652,600円＋522,600円－80,350円＝1,125,000円

問2

連産品Aに按分される結合原価：1,125,000円÷5,000個×2,250個＝506,250円（@225円/個）

連産品Bに按分される結合原価：1,125,000円÷5,000個×1,750個＝393,750円（@225円/個）

連産品Cに按分される結合原価：1,125,000円÷5,000個×1,000個＝225,000円（@225円/個）

問3

連産品Aの積数：2,250個×1.4＝3,150

連産品Bの積数：1,750個×1.2＝2,100

連産品Cの積数：1,000個×1.0＝1,000　∴　積数合計：6,250

連産品Aに按分される結合原価：1,125,000円÷6,250×3,150＝567,000円（@252円/個）

連産品Bに按分される結合原価：1,125,000円÷6,250×2,100＝378,000円（@216円/個）

連産品Cに按分される結合原価：1,125,000円÷6,250×1,000＝180,000円（@180円/個）

問4

連産品Aの積数：2,250個×@750円/個＝1,687,500

連産品Bの積数：1,750個×@500円/個＝875,000

連産品Cの積数：1,000個×@250円/個＝250,000　　∴　積数合計：2,812,500

連産品Aに按分される結合原価：1,125,000円÷2,812,500×1,687,500＝675,000円（@300円/個）

連産品Bに按分される結合原価：1,125,000円÷2,812,500×875,000＝350,000円（@200円/個）

連産品Cに按分される結合原価：1,125,000円÷2,812,500×250,000＝100,000円（@100円/個）

④　分離点推定市価基準　～ 追加加工工程がある場合に適用 ～

（ⅰ）　基本的な計算方法

分離点推定市価基準とは、**各連産品の正常市価から分離点後の正常個別費（追加加工費又は追加加工費及び販管費）を控除した後の金額の比を等価係数**として、これに**分離点における生産量を乗じて積数を算定**し、**この積数の比でもって結合原価を按分する**方法である。

（ⅱ）　仕損や追加原料がある場合

仕損が発生する場合には、通常発生すると予想される仕損の発生を加味して、また、追加原料がある場合には、見積データにおける追加原料の投入も加味して、分離点における正常市価を推定する。

具体例

1．連産品の結合原価：100,000円
2．分離点における連産品の数量：700個（連産品Ａ 500個、連産品Ｂ 200個）
3．見積販売価格・・・・連産品Ａ　@400円／個、連産品Ｂ　@300円／個
4．見積追加加工費・・・連産品Ａ　@100円／個、連産品Ｂ　@50円／個

連産品Ａの積数：500個×（@400円／個－@100円／個）＝150,000
連産品Ｂの積数：200個×（@300円／個－@50円／個）＝50,000　　∴　合計：200,000
連産品Ａに按分される結合原価：100,000円÷200,000×150,000＝75,000円
連産品Ｂに按分される結合原価：100,000円÷200,000×50,000＝25,000円

重要ポイント！！
分離点における推定市価は、見積データを使用して計算する

■ 例題２　分離点推定市価基準①

重要度Ａ

当工場では第一工程において、連産品Ａ、Ｂ及びＣの市場見込生産を行っている。連産品Ａ、Ｂ及びＣの生産は、まず直接材料をすべて工程始点で投入し、これに加工を行うことで完成する。連産品Ｃは最終製品としてそのまま売却できるが、連産品Ａ及びＢについてはさらに追加加工を施すことで、最終製品Ａ、Ｂとなる。そこで、以下の資料に基づいて、各設問に答えなさい。

１．第一工程完了品原価（結合原価）は747,000円である。

２．第一工程終点における産出量は6,000個（連産品Ａ：3,000個、連産品Ｂ：2,000個、連産品Ｃ：1,000個）である。

３．分離点後のデータ

	連産品Ａ	連産品Ｂ	連産品Ｃ
見積売却価格	@500円／個	@300円／個	@100円／個
実際売却価格	@510円／個	@290円／個	@110円／個
見積追加加工費	@100円／個	@120円／個	
実際追加加工費	@105円／個	@110円／個	

４．結合原価は分離点における市価を推定し、その積数の比で按分すること。

５．期末における仕掛品在庫はない。

問１　各連産品に按分される結合原価の金額を計算しなさい。

問２　連産品Ａ及びＢの最終完成品原価を算定しなさい。

■ 解答解説

問１

連産品Ａの積数：(@500円／個－@100円／個）×3,000個＝1,200,000

連産品Ｂの積数：(@300円／個－@120円／個）×2,000個＝360,000

連産品Ｃの積数：@100円／個×1,000個＝100,000　　∴　積数合計：1,660,000

連産品Ａに按分される結合原価：747,000円÷1,660,000×1,200,000＝540,000円

連産品Ｂに按分される結合原価：747,000円÷1,660,000×360,000＝162,000円

連産品Ｃに按分される結合原価：747,000円÷1,660,000×100,000＝45,000円

問２

連産品Ａの最終完成品原価：540,000円＋@105円／個×3,000個＝855,000円

連産品Ｂの最終完成品原価：162,000円＋@110円／個×2,000個＝382,000円

重要ポイント！！
結合原価を按分した後は、実際データを使用して最終完成品原価を算定する。

■ 例題３　分離点推定市価基準②

重要度Ａ

当工場では第一工程において、連産品Ａ、Ｂの市場見込生産を行っている。連産品Ａ、Ｂの生産は、まず直接材料をすべて工程始点で投入し、これに加工を行うことで完成する。連産品Ａはそのまま外部に売却可能であるが、連産品Ｂについてはさらに第二工程において追加加工を施すことで、最終製品Ｂとなる。そこで、以下の資料に基づいて、各設問に答えなさい。

1．第一工程完了品原価（結合原価）は750,000円である。なお、第一工程完了品は3,000個であり、その内訳は、連産品Ａが1,000個、連産品Ｂが2,000個である。

2．第二工程当月生産データ

	第二工程
月初仕掛品	400個（80%）
当月投入	2,000個
合　計	2,400個
月末仕掛品	600個（20%）
完成品	1,800個

3．見積売価・原価データ

	連産品Ａ	連産品Ｂ
売却価格	@400円/個	@500円/個
第二工程加工費	—	@200円/個

4．第二工程の実際原価データ

月初仕掛品原価	153,800円
当月製造費用	
前工程費	？　円
加工費	304,000円

5．結合原価は分離点における市価を推定し、その積数の比で按分すること。

6．月末仕掛品の評価方法は先入先出法を採用している。

問１　各連産品に按分される結合原価の金額を計算しなさい。

問２　連産品Ｂの最終完成品総合原価を算定しなさい。

■ 解答解説

問１

連産品Ａの積数：@400円/個×1,000個＝400,000

連産品Ｂの積数：（@500円/個－@200円/個）×2,000個＝600,000　　∴　積数合計：1,000,000

連産品Ａに按分される結合原価：750,000円÷1,000,000×400,000＝300,000円

連産品Ｂに按分される結合原価：750,000円÷1,000,000×600,000＝450,000円

重要ポイント！！

結合原価は分離点における推定市価で按分する。

推定市価の計算に、分離後の生産データは必要ない。

問2

仕掛品

	左	右	
153,800	月初仕掛品 400(320)	完成品 1,800	
450,000 (304,000)	当月投入 2,000 (1,600)	月末仕掛品 600(120)	135,000 (22,800) } 157,800

第二工程月末仕掛品原価

前工程費：450,000円÷2,000個×600個＝135,000円

加工費：304,000円÷1,600個×120個＝22,800円　　∴　合計：157,800円

連産品Ｂ最終完成品総合原価

153,800円＋450,000円＋304,000円－157,800円＝750,000円

重要ポイント！！

結合原価按分後は、分離後の生産データが必要となる。

具体例

1．連産品の結合原価：108,000円
2．分離点における連産品の数量：700個（連産品Ａ500個、連産品Ｂ200個）
3．見積販売価格・・・・連産品Ａ　@400円／個、連産品Ｂ　@300円／個
4．見積追加加工費・・・連産品Ａ　@100円／個、連産品Ｂ　@50円／個
5．見積追加原料費（中間点投入）・・・連産品Ａ　@50円／個

〔ケース１〕連産品Ａの追加加工工程の終点において、到達数量の20％の仕損が発生する場合

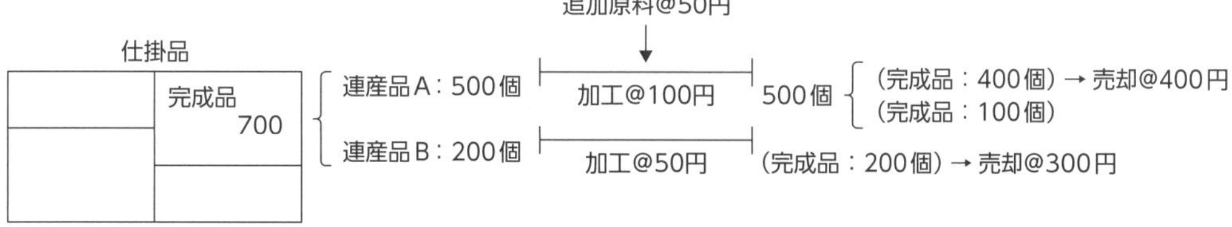

連産品Ａの仕損発生量：500個×20％＝100個
連産品Ａの積数の計算
売上高：（500個－100個）×@400円／個＝160,000
追加加工費：500個×@100円／個＝50,000
追加原料費：500個×@50円／個＝25,000　　∴　差引計：85,000
連産品Ｂの積数の計算
売上高：200個×@300円／個＝60,000
追加加工費：200個×@50円／個＝10,000　　∴　差引計：50,000
連産品Ａに按分される結合原価：108,000円÷135,000×85,000＝68,000円
連産品Ｂに按分される結合原価：108,000円÷135,000×50,000＝40,000円

〔ケース２〕連産品Ａの追加加工工程の始点において、投入数量の20％の仕損が発生する場合

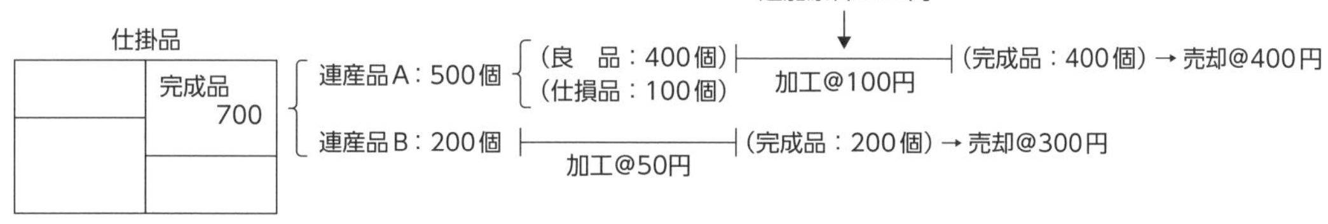

連産品Ａの仕損発生量：500個×20％＝100個
連産品Ａの積数の計算
売上高：（500個－100個）×@400円／個＝160,000
追加加工費：（500個－100個）×@100円／個＝40,000
追加原料費：（500個－100個）×@50円／個＝20,000　　∴　差引計：100,000
連産品Ｂの積数：50,000
連産品Ａに按分される結合原価：108,000円÷150,000×100,000＝72,000円
連産品Ｂに按分される結合原価：108,000円÷150,000×50,000＝36,000円

重要ポイント！！
仕損の発生地点が変わると、追加の加工量も変わることに留意すること。

■ 例題４　分離点推定市価基準③

当工場では第一工程において、連産品Ａ及びＢの市場見込生産を行っている。連産品Ａ及びＢの生産は、まず工程始点で直接材料をすべて投入し、これに加工を行うことで完成する。連産品Ａ及びＢはさらに追加加工を施すことで、最終製品Ａ、Ｂとなる。そこで、以下の資料に基づいて、各設問に答えなさい。

1．第一工程完了品原価（結合原価）は660,000円である。
2．第一工程終点における産出量は3,000個（連産品Ａ：2,000個、連産品Ｂ：1,000個）である。
3．連産品Ａの追加加工工程の終点において、不可避的に仕損が発生する。仕損の発生量は、終点に到達した加工品の20％の見込みである。なお、仕損品評価額は＠200円/個の予定である。
4．分離点後の見積データ

	製品Ａ	製品Ｂ
見積売却価格	＠500円/個	＠400円/個
見積追加加工費	＠150円/個	＠100円/個

5．分離点後の実際データ

	製品Ａ	製品Ｂ
実際売却価格	＠510円/個	＠410円/個
実際追加加工費	＠150円/個	＠105円/個
仕損の実際発生量	500個	—

6．結合原価は分離点における市価を推定し、その積数の比で按分すること。
7．月初及び月末に仕掛品、製品在庫は無いものとする。
8．特に指示のないものについては、見積と実績で相違はないものとする。

問１　各連産品に按分される結合原価の金額を計算しなさい。　重要度Ａ

問２　連産品Ａ及びＢの最終完成品原価を算定しなさい。　重要度Ｂ

問３　当月の売上総利益を算定しなさい。　重要度Ｂ

問４　仮に、連産品Ａの追加加工工程において、月初仕掛品が200個、月末仕掛品が400個あった場合の各連産品に按分される結合原価の金額を算定しなさい。なお、仕掛品は加工進捗度50％として計算すること。　重要度Ｂ

■ 解答解説

問1

仕掛品

	完成品 3,000

連産品A：2,000個 ─加工@150円→ 2,000個 {（完成品：1,600個）→売却　@500円 / （仕損品：　400個）→評価額@200円}

連産品B：1,000個 ─加工@100円→ （完成品：1,000個）→売却@400円

連産品Aの積数

売上：@500円/個×1,600個＝800,000

追加加工費：@150円/個×2,000個＝300,000

評価額：@200円/個×400個＝80,000　　　∴　積数（差引合計）：580,000

連産品Bの積数

売上：@400円/個×1,000個＝400,000

追加加工費：@100円/個×1,000個＝100,000　　∴　積数（差引）：300,000

積数合計：880,000

連産品Aに按分される結合原価：660,000円÷880,000×580,000＝435,000円

連産品Bに按分される結合原価：660,000円÷880,000×300,000＝225,000円

問2

連産品A最終完成品原価

435,000円＋@150円/個×2,000個（実際追加加工費）－@200円/個×500個（仕損品評価額）

＝635,000円

連産品B最終完成品原価

225,000円＋@105円/個×1,000個（実際追加加工費）＝330,000円

問3

連産品A売上高：@510円/個×（2,000個－500個）＝765,000円

連産品B売上高：@410円/個×1,000個＝410,000円　　　∴　売上高合計：1,175,000円

売上総利益：1,175,000円－（635,000円＋330,000円）＝210,000円

問4

結合原価の按分の際には、分離点における生産量データを使用するのであって、仕掛品の有無は関係ない。そのため、問1と計算結果は一致する。

⑤　**分離点推定価値基準　～ 追加加工工程がある場合に適用 ～**

分離点推定価値基準とは、各連産品の正常市価から分離点後加工による正常付加価値を控除した金額の比を等価係数として、これに分離点における生産量を乗じて積数を算定し、この積数の比でもって結合原価を按分する方法である。この方法は、**各連産品の売上総利益率が等しくなるように結合原価を按分する**方法である。

具体例

1．連産品の結合原価：100,000円
2．分離点における連産品の数量：700個（製品A 500個、製品B 200個）
3．見積販売価格・・・・製品A　@400円/個、製品B　@300円/個
4．見積追加加工費・・・製品A　@100円/個、製品B　@30円/個

	連産品A	連産品B	合計
売上高	200,000円	60,000円	260,000円
分離後加工費	50,000円	6,000円	56,000円
結合原価	A	B	100,000円
売上総利益	80,000円	24,000円	104,000円
利益率	40%	40%	40%

連産品Aに按分される結合原価（A）：200,000円－50,000円－80,000円＝70,000円
連産品Bに按分される結合原価（B）：60,000円－6,000円－24,000円＝30,000円

■ 例題５　分離点推定価値基準　重要度B

当工場では第一工程において、連産品Ａ及びＢの市場見込生産を行っている。連産品Ａ及びＢの生産は、まず工程始点で直接材料をすべて投入し、これに加工を行うことで完成する。連産品Ａ及びＢはさらに追加加工を施すことで、最終製品Ａ、Ｂとなる。そこで、以下の資料に基づいて、各設問に答えなさい。

１．第一工程完了品原価（結合原価）は452,000円である。

２．第一工程終点における産出量は2,000個（連産品Ａ：1,200個、連産品Ｂ：800個）である。

３．分離点後の見積データ

	製品Ａ	製品Ｂ
見積売却価格	@600円/個	@800円/個
見積追加加工費	@250円/個	@250円/個

４．分離点後の実際データ

	製品Ａ	製品Ｂ
実際売却価格	@620円/個	@790円/個
実際追加加工費	@240円/個	@240円/個

５．結合原価は、各連産品の最終完成品の売上総利益率が等しくなるように按分すること。

問１　各連産品に按分される結合原価の金額を算定しなさい。

問２　各連産品の最終完成品原価を算定しなさい。

■ 解答解説

問１

	連産品Ａ	連産品Ｂ	合計
売上高	720,000円	640,000円	1,360,000円
分離後加工費	300,000円	200,000円	500,000円
結合原価	Ａ	Ｂ	452,000円
売上総利益	216,000円	192,000円	408,000円
売上総利益率	30%	30%	30%

連産品Ａへの結合原価の按分額（Ａ）：720,000円－300,000円－216,000円＝204,000円

連産品Ｂへの結合原価の按分額（Ｂ）：640,000円－200,000円－192,000円＝248,000円

問２

連産品Ａ最終完成品原価：204,000円＋@240円/個×1,200個＝492,000円

連産品Ｂ最終完成品原価：248,000円＋@240円/個×800個＝440,000円

3 連産品を副産物とみなす場合

連産品と副産物の違いは、**その経済的重要性の違いのみ**である。そのため、**必要ある場合には、連産品の一種又は数種の価額を副産物に準じて計算し**、これを**一期間の総合原価から控除**した額をもって、**他の連産品の価額**とすることができる。

具体例

1．連産品の結合原価：115,000円
2．分離点における連産品の数量：600個（連産品A 300個、連産品B 200個、連産品C 100個）
3．見積販売価格・・・・連産品A ＠500円/個、連産品B ＠300円/個、連産品C ＠100円/個
4．結合原価の按分は正常市価基準による。ただし、連産品Cは副産物に準じて処理する。

連産品Cの評価額：＠100円/個×100個＝10,000円
連産品Aの積数：＠500円/個×300個＝150,000
連産品Bの積数：＠300円/個×200個＝60,000　　∴　積数合計：210,000
連産品Aに按分される結合原価：（115,000円－10,000円）÷210,000×150,000＝75,000円
連産品Bに按分される結合原価：（115,000円－10,000円）÷210,000×60,000＝30,000円

■ 例題６　副産物とみなす場合　重要度Ｃ

当工場では第一工程において、連産品Ａ、Ｂ及びＣの市場見込生産を行っている。連産品Ａ、Ｂ及びＣの生産は、まず工程始点で直接材料をすべて投入し、これに加工を行うことで完成する。各連産品はさらに追加加工を施すことで、最終製品Ａ、Ｂ及びＣとなる。そこで、以下の資料に基づいて、各設問に答えなさい。

1．第一工程完了品原価（結合原価）は260,000円である。

2．第一工程終点における産出量は3,500kg（連産品Ａ：2,000kg、連産品Ｂ：1,000kg、連産品Ｃ：500kg）である。

3．分離点後の見積データ

	連産品Ａ	連産品Ｂ	連産品Ｃ
見積売却価格	@500円/kg	@300円/kg	@100円/kg
見積追加加工費	@200円/kg	@150円/kg	@ 50円/kg
見積販管費	@110円/kg	@ 50円/kg	@ 10円/kg

4．結合原価は、分離点推定市価基準により各連産品に按分すること。ただし、連産品Ｃの価額については、副産物に準じて計算する。

問１　連産品Ｃの評価額（総額）を算定しなさい。

問２　連産品Ａ及びＢに按分される結合原価の金額を算定しなさい。

問３　仮に、連産品Ｃを他の連産品と同様に取り扱う場合の、各連産品に按分される結合原価の金額を算定しなさい。

■ 解答解説

問１

連産品Ｃの評価額：(@100円/kg－@50円/kg－@10円/kg）×500kg＝20,000円

問２

連産品Ａの積数：(@500円/kg－@200円/kg）×2,000kg＝600,000

連産品Ｂの積数：(@300円/kg－@150円/kg）×1,000kg＝150,000　∴　積数合計：750,000

連産品Ａに按分される結合原価：(260,000円－20,000円）÷750,000×600,000＝192,000円

連産品Ｂに按分される結合原価：(260,000円－20,000円）÷750,000×150,000＝48,000円

問３

連産品Ａの積数：600,000

連産品Ｂの積数：150,000

連産品Ｃの積数（評価額）：25,000　∴　積数合計：775,000

連産品Ａに按分される結合原価：260,000円÷775,000×600,000＝201,290円

連産品Ｂに按分される結合原価：260,000円÷775,000×150,000＝50,323円

連産品Ｃに按分される結合原価：260,000円÷775,000×25,000＝8,387円

第13章

標準原価計算

第１節　標準原価計算総論

1　実際原価計算と標準原価計算

(1)　意義

実際原価計算制度と標準原価計算制度の意義は以下のとおりである。

①　**実際原価計算制度**

実際原価計算制度とは、**製品の実際原価**を計算し、これを財務会計の主要帳簿に組み入れ、**製品原価の計算と財務会計**とが、**実際原価をもって有機的に結合**する原価計算制度である。

②　**標準原価計算制度**

標準原価計算制度とは、**製品の標準原価**を計算し、これを財務会計の主要帳簿に組み入れ、**製品原価の計算と財務会計**とが、**標準原価をもって有機的に結合**する原価計算制度である。

(2)　原価の種類

実際原価とは、原価財の実際価格（又は予定価格・正常価格）に実際消費量を乗じて計算した原価である。これに対して、標準原価とは、原価財の標準価格（予定価格・正常価格）に標準消費量を乗じて計算した原価である。

	算定方法（価格×消費量）		原価計算制度
	価格	消費量	
実際原価	実際・予定・正常価格	実際消費量	実際原価計算制度
標準原価	予定・正常価格	標準消費量	標準原価計算制度

※　実際消費量には、異常な状態を原因とする異常な消費量は含まれない。

※　標準消費量とは、科学的・統計的調査に基づいて能率の尺度として算定された消費量である。

(3)　実際原価計算制度の問題点と標準原価計算制度による解決

実際原価計算制度には、以下のような問題点があり、標準原価計算制度を採用することによりこれを解決することができる。

①　**原価管理の観点**

実際原価では、実際消費量によって製品原価を計算する。ここで、**実際消費量**には**原価の不能率**が入り込んでいるが、当該不能率が製品原価に含まれてしまい、**原価能率の良否の判定が難しい**（**製品原価自体の期間比較程度しかできない**）。

一方、標準原価計算制度では、**標準原価**と必要な段階で計算された**実際原価の比較**により、**原価能率の良否の判定が可能**となる。

②　**計算・記帳の簡略化、迅速化**

実際原価の計算は、費目別→部門別→製品別といった**転がし計算**（**通算方式**）を行う。そのため、**記帳が複雑**となる。また前段階の計算がすべて終わらなければ、次段階の計算を行うことができず、**計算が遅延**する。

標準原価の計算は、あらかじめ定められた**原価標準に生産量を乗じるだけで算定**できる（**非通算方式**）。そのため、**記帳が著しく簡略化**し、また前段階の計算を待つ必要がなくなり、**迅速な記帳**が可能となる。

2 標準原価計算の目的

標準原価計算の目的は、以下の4つである。

(1) 原価管理目的
(2) 財務諸表作成目的
(3) 予算管理目的
(4) 計算・記帳の簡略化、迅速化目的

(1) 原価管理目的

標準原価は、**科学的・統計的調査**に基づいて、**能率の尺度**となるように予定された原価であり、以下のような機能をもっている。そのため、**原価管理**に役立つ。これは標準原価計算の**最も重要な目的**である。

(2) 財務諸表作成目的

標準原価は、**科学的・統計的調査**に基づいて、**能率の尺度**となるように予定された原価であり、**予め異常な状態を排除**した原価である。そのため、**真実の原価**として**財務諸表作成**に役立つ原価となる。ただし、**標準原価差異を適正に会計処理する必要**がある。

(3) 予算管理目的

標準原価は、**科学的、統計的調査**に基づいて設定された原価である。そのため、予算編成（特に費用予算）に用いることで、**信頼性の高い予算を設定**することが可能となる。

ただし、標準原価をそのまま積み上げても適切な予算とはならない。なぜなら、標準原価は、個々の作業能率を「**努力すれば達成可能なレベル**」に設定した基準値であり、**このままでは資金計画に不備が生じる可能性が高い**からである。そのため、予算編成に標準原価を用いる場合には、これに**一定のアローワンスを加味**（予算原価＝標準原価＋予測差異）する必要がある。

(4) 計算・記帳の簡略化、迅速化目的

標準原価は、**価格及び消費量を予定**して設定した原価であるため、これを勘定体系に組み込むことにより、**各種帳票は数量だけを記録**しておけばよい。また、製品が**完成した時点で完成品標準原価が算定可能**であり、月次損益の**計算が迅速化**する。

3 標準原価の種類

(1) 原価標準と実績標準原価

厳密にいえば、標準原価は以下の2つの意味を持っている。ただし、単に標準原価といった場合、実績標準原価を指すことが多い。

① **原価標準**

原価標準とは、**一定単位の製品**について、予め設定された**原価の目標値の総額**を意味する。

② **実績標準原価**

実績標準原価とは、**原価標準と実際生産量の積**であり、**達成されるべきであった原価の目標値**を意味する。

(2) 標準の厳格度の程度に基づく分類

標準原価は、その厳格度の程度により、理想標準原価、現実的標準原価、正常原価の3つに分類される。また、理論上の標準原価ではないが、原価計算基準では、予定原価も標準原価として容認している。

① 理想標準原価

理想標準原価とは、**技術的に達成可能な最大の操業度**のもとにおいて、**最高能率**を表す**最低の原価**をいい、財貨の消費における**減損、仕損、遊休時間に対する余裕率を許容しない理想的水準**における標準原価である。

理想標準原価はタイトネス（厳格度）が厳しすぎるので、**現実的には達成が期待できるものではなく、動機付けを低下**させ、妥当な能率尺度とはなりえない。さらに、**多額の差異が発生することが予想**されるため、**真実の原価とは成りえず**財務諸表作成にも適さない。そのため、理想標準原価は**制度としての標準原価ではない**。ただし、この標準原価は、**他の標準原価を設定する際の出発点ないし指標**として利用される。

② 現実的標準原価

現実的標準原価とは、**良好な能率**のもとにおいて、**その達成が期待されうる標準原価**をいい、**通常生ずると認められる程度の減損、仕損、遊休時間等の余裕率を含む原価**であり、かつ、比較的短期における**予定操業度および予定価格を前提**として決定され、これら諸条件の変化に伴い、**しばしば改訂**される標準原価である。

現実的標準原価は、**達成可能な努力目標（達成可能高能率）**として機能するため、**原価管理に最も適する**標準原価である。また、真実の原価として信頼性が高く、**棚卸資産価額の算定**や**予算編成**にも役立つ標準原価である。ただし、予算編成に使用するためには、**一定のアローワンスを加味**する必要がある。

③ 正常原価

正常原価とは、経営における**異常な状態を排除**し、経営活動に関する**比較的長期**にわたる過去の実際数値を**統計的に平準化**し、これに**将来のすう勢を加味**した**正常能率、正常操業度**および**正常価格**に基づいて決定される原価をいう。

正常値を用いるため、**経済状態が安定している場合には、棚卸資産価額の算定のために最も適する**のみでなく、**原価管理**にも役立つ標準原価である。

④ 予定原価

標準原価として、実務上予定原価が意味される場合がある。予定原価とは、将来における**財貨の予定消費量**と**予定価格**をもって計算した原価をいう。予定原価は、**予算編成に適する**のみでなく、**原価管理**および**棚卸資産価額算定**のためにも用いられる。

予定原価は理論上の標準原価とは区別される。なぜなら、予定原価は**単なる見積原価**であり、**科学的・統計的調査に基づくものではない**からである。そのため、**原価管理や棚卸資産価額の算定への役立ちは限定**される。ただし、実際原価に近似するため、予算編成に適する標準原価である。

種類	能率	操業度	価格	原価管理	棚卸資産	予算編成	制度
理想標準原価	最高	最大 (実現可能)	理想	＼	＼	＼	不可
現実的標準原価	達成可能高能率 (良好)	短期予定 (期待実際)	当座	◎	△	△	原則
正常原価	正常	正常	正常	△	◎	＼	原則
予定原価	予定	短期予定 (期待実際)	当座	△	△	○	容認

4 標準原価計算の一連の流れ

標準原価計算のプロセス

標準原価計算は、以下の一連の流れで実施される。

① 原価標準の設定・指示	**標準原価管理**の手続 （①～⑥を繰り返す）
② 標準原価の計算	
③ 実際原価の計算	
④ 差異の算定	
⑤ 差異の分析	
⑥ 分析結果の報告と是正措置	
⑦ 原価差異の会計処理	**財務諸表作成**のための手続

5 原価標準の設定

原価管理を有効になしうるためには、設定された原価標準が**科学的**なものであり、かつ**達成可能**なものでなければならない。このためには、**科学的・統計的調査に基づき**、さらに**現場管理者を加え**、原価の発生場所別・責任者別に原価標準を設定する必要がある。

6 原価標準の指示

原価標準は、一定の文書に表示され、原価発生について責任をもつ各部署に指示されるが、これにより原価の事前管理機能が果たせるようになる。原価標準を指示する文書の種類、記載事項及び様式は経営の特質によって適当に定めるべきであるが、原価計算基準では次の４つを例示している。

(1) 標準製品原価表

製品一定単位当たりの標準原価を構成する原価要素ごとに、数量および金額により内容を表示する総括的な文書である。　→　**標準原価カード**

(2) 材料明細表

製品一定単位の生産に必要な直接材料の種類、品質その標準消費量等を表示する文書である。

→　**標準直接材料費**

(3) 標準作業表

製品一定単位の生産に必要な区分作業の種類、作業部門、使用機械工具、作業の内容、労働等級、各区分作業の標準時間を表示・指定する文書である。　→　**標準直接労務費**

(4) 製造間接費予算表

製造間接費予算を費目別に表示指定した費目別予算表と、これをさらに部門別に表示指定した部門別予算表とに分けられ、それぞれ予算期間の総額、及び各月別予算額を記載する。部門別予算表において、必要ある場合には、費目を変動費と固定費又は管理可能費と管理不能費とに区分表示する。

→　**製造間接費の標準**

第２節　製品原価の計算

1 標準原価カードの作成

原価標準は、直接材料費、直接労務費、製造間接費に分けて設定され、標準原価カードに記入されることになる。

標準原価カード					
	単　価		消費量		原価標準
直接材料費	（標準価格）	×	（標準消費量）	＝	×××円
直接労務費	（標準賃率）	×	（標準作業時間）	＝	×××円
製造間接費	（標準配賦率）	×	（標準配賦基準）	＝	×××円
合　　計					×××円

※　標準配賦率は、実際原価計算における製造間接費の予定配賦率と同様である。

具体例

製品Ｘを作成するために必要な原価は以下のとおり。

1．直接材料：５kg（@200円/kg）　直接労務費：２ｈ（@1,000円／ｈ）

2．製造間接費は直接作業時間に基づいて製品に配賦している。

3．当年度の製造間接費予算は1,000,000円であり、基準操業度は1,000直接作業時間である。

標準原価カード					
	単　価		消費量		原価標準
直接材料費	@200円/kg	×	5kg	＝	1,000円
直接労務費	@1,000円／ｈ	×	２ｈ	＝	2,000円
製造間接費	@1,000円／ｈ	×	２ｈ	＝	2,000円
合　　計					5,000円

※　製造間接費標準配賦率：@1,000円／ｈ＝1,000,000円÷1,000ｈ

2 製品原価の算定

(1) 完成品標準原価の計算

完成品標準原価は、原価標準に完成品数量を乗じて計算する。

完成品標準原価 ＝ 原価標準 × 完成品数量

(2) 月初・月末仕掛品標準原価の計算

月初・月末仕掛品標準原価は、直接材料費と加工費とに分けて計算する。

標準直接材料費 ＝ 直接材料費の原価標準 × 月末仕掛品数量（又は完成品換算量）

標準直接労務費 ＝ 直接労務費の原価標準 × 月末仕掛品完成品換算量

標準製造間接費 ＝ 製造間接費の原価標準 × 月末仕掛品完成品換算量

月初・月末仕掛品原価 ＝ 標準直接材料費 ＋ 標準直接労務費 ＋ 標準製造間接費

■ 例題1　完成品・月末仕掛品標準原価

重要度A

当工場では製品Xを生産している。製品Xは工程の始点で材料Aを投入し、これに加工を行うことで完成する。原価計算方法は標準原価計算を採用している。以下の〔**資料**〕に基づき、各設問に答えなさい。

1．標準原価カード

	単　価		消費量		原価標準
直接材料費	@500円/kg	×	4 kg	=	2,000円
直接労務費	@800円/h	×	3 h	=	2,400円
製造間接費	@1,200円/h	×	3 h	=	3,600円
合　計					8,000円

2．当月の製品Xの生産データ（単位：個）

月初仕掛品数量	100（50%）
当月投入数量	600
月末仕掛品数量	200（25%）
完成品	500

※（　）内は加工進捗度を示している。

問1　完成品標準原価を計算しなさい。

問2　月初仕掛品標準原価、月末仕掛品標準原価を計算しなさい。

■ 解答解説

問1

完成品標準原価：8,000円/個×500個＝4,000,000円

問2

仕掛品

月初仕掛品 100(50)	完成品 500
当月投入 600 (500)	月末仕掛品 200(50)

月初仕掛品標準原価：@2,000円/個×100個＋（@2,400円/個＋@3,600円/個）×50個＝500,000円

月末仕掛品標準原価：@2,000円/個×200個＋（@2,400円/個＋@3,600円/個）×50個＝700,000円

第３節　標準原価差異の算定と分析

1　標準原価差異の意義

標準原価差異とは、「**当月に発生するべきであった原価の目標値**」である当月投入の標準原価から、当月投入の実際原価を差し引くことにより算定できる。なお、標準原価差異は費目別に、直接材料費差異、直接労務費差異、及び製造間接費差異として算定する。

直接材料費差異 ＝ 標準直接材料費 － 実際直接材料費

直接労務費差異 ＝ 標準直接労務費 － 実際直接労務費

製造間接費差異 ＝ 標準製造間接費 － 実際製造間接費

■ 例題２　標準原価差異の算定　重要度A

当工場では製品Xを生産している。製品Xは工程の始点で直接材料をすべて投入し、これに加工を行うことで完成する。原価計算方法は標準原価計算を採用している。以下の〔**資料**〕に基づき、当月の標準原価差異を費目別に算定しなさい。

１．標準原価カード

	単　価		消費量		原価標準
直接材料費	@500円/kg	×	4 kg	＝	2,000円
直接労務費	@800円/ h	×	3 h	＝	2,400円
製造間接費	@1,200円/ h	×	3 h	＝	3,600円
合　　計					8,000円

２．当月の製品Xの生産データ（単位：個）

月初仕掛品数量	100（50%）
当月投入数量	600
月末仕掛品数量	200（25%）
完成品	500

※（　）内は加工進捗度を示している。

３．当月の実際原価データ

直接材料費	1,195,000円
直接労務費	1,222,000円
製造間接費	1,905,000円

第13章　標準原価計算

■ 解答解説

仕掛品

月初仕掛品 100(50)	完成品 500
当月投入 600 (500)	月末仕掛品 200(50)

直接材料費差異：@2,000円/個×600個－1,195,000円＝5,000円（有利）

直接労務費差異：@2,400円/個×500個－1,222,000円＝－22,000円（不利）

製造間接費差異：@3,600円/個×500個－1,905,000円＝－105,000円（不利）

2 標準原価差異の分析

(1) 直接材料費差異の分析

直接材料費差異は、価格差異と数量差異に分析することができる。

> 価格差異 ＝（標準価格 － 実際価格）× 実際消費量
> 　　　　 ＝ 標準価格 × 実際消費量 － 実際発生額

> 数量差異 ＝ 標準価格 ×（標準消費量 － 実際消費量）

直接材料費差異の分析図

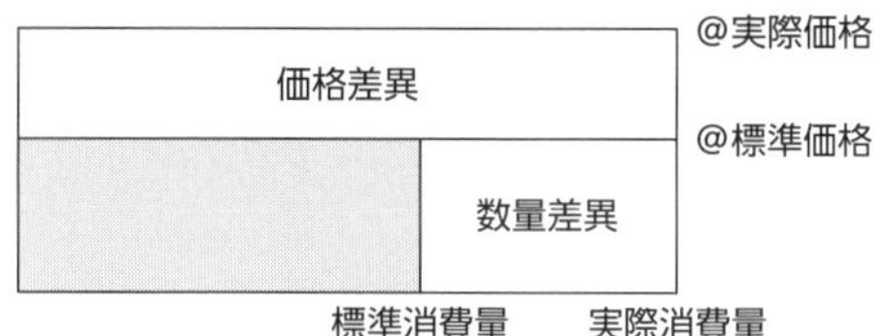

※　色塗り部分が標準原価（本来あるべき原価）
※　図全体の面積が実際原価（実際に発生した原価）

単価差異	混合差異	@実際単価
	消費量差異	@標準単価
	標準消費量	実際消費量

※　上記の混合差異には、単価差異と消費量差異の両方が混入している。原価管理上、**消費量差異を重視**して、これを純粋に把握するために、**混合差異は価格差異に含める。**

具体例

1．標準原価カード（直接材料費のみ）

標準原価カード						
	単　価		消費量		原価標準
直接材料費	@200円/kg	×	5 kg	=	1,000円

2．当月生産データ　　（単位：個）

月初仕掛品数量	100（1/2）
当月投入数量	550
月末仕掛品数量	150（1/3）
完成品	500

3．当月の直接材料費の実際発生額は551,500円（2,755kg）であった。

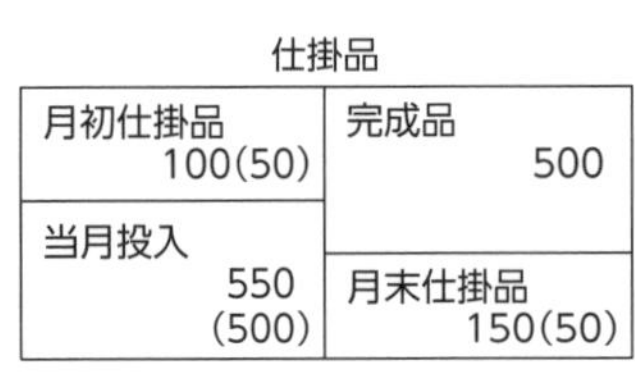

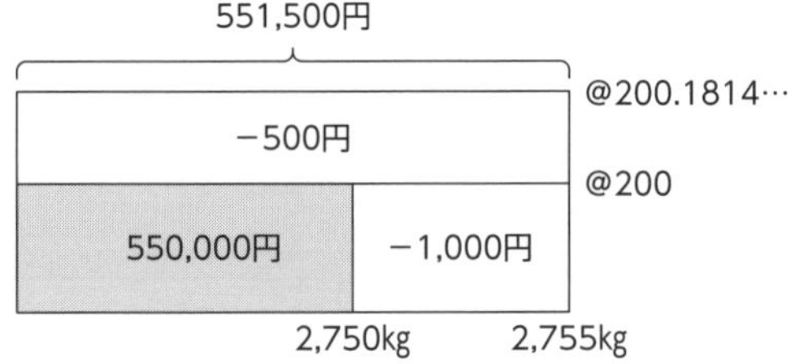

直接材料費差異：@1,000円/個×550個－551,500円＝－1,500円（不利）

直接材料費差異の分析

価格差異：@200円/kg×2,755kg－551,500円＝－500円（不利）

数量差異：(550個×5 kg－2,755kg) ×@200円/kg＝－1,000円（不利）

(2) 直接労務費差異の分析

直接労務費差異は、賃率差異と作業時間差異に分析することができる。

賃率差異 ＝ (標準賃率 － 実際賃率) × 実際作業時間
**　　　　＝ 標準賃率 × 実際作業時間 － 実際発生額**

作業時間差異 ＝ 標準賃率 × (標準作業時間 － 実際作業時間)

直接労務費差異の分析図

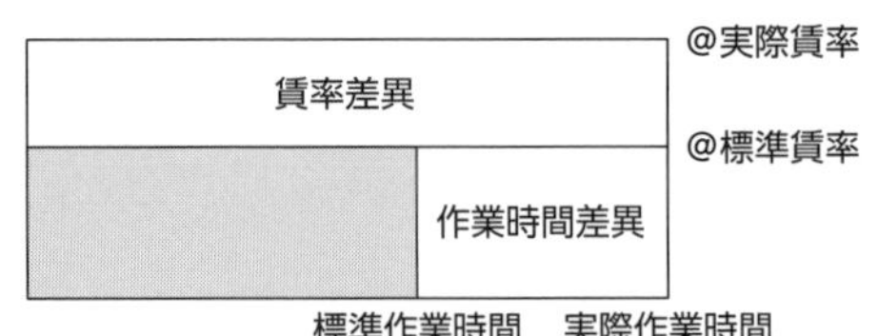

※　色塗り部分が標準原価（本来あるべき原価）

※　図全体の面積が実際原価（実際に発生した原価）

具体例

1．標準原価カード（直接労務費のみ）

標準原価カード					
	単　価		消費量		原価標準
直接労務費	@1,000円／h	×	2 h	=	2,000円

2．当月生産データ　　（単位：個）

月初仕掛品数量	100（1/2）
当月投入数量	550
月末仕掛品数量	150（1/3）
完成品	500

3．当月の直接労務費の実際発生額は1,001,000円（1,002 h）であった。

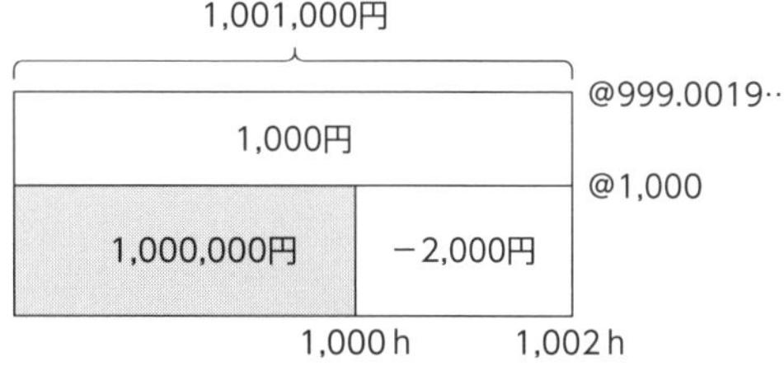

直接労務費差異：@2,000円／個×500個－1,001,000円＝－1,000円（不利）

直接労務費差異の分析

賃率差異：@1,000円／h×1,002 h －1,001,000円＝1,000円（有利）

作業時間差異：（500個×2 h －1,002 h）×@1,000円／h ＝－2,000円（不利）

■ 例題３　製造直接費差異の分析

重要度A

当工場では製品Ｘを生産している。製品Ｘは工程の始点で直接材料をすべて投入し、これに加工を行うことで完成する。原価計算方法は標準原価計算を採用している。以下の〔資料〕に基づき、各設問に答えなさい。

1．標準原価カード（製造直接費のみ）

	単　価		消費量		原価標準
直接材料費	@500円/kg	×	4kg	＝	2,000円
直接労務費	@800円/ｈ	×	3ｈ	＝	2,400円
合　計					4,400円

2．当月の製品Ｘの生産データ（単位：個）

月初仕掛品数量	100（50%）
当月投入数量	600
月末仕掛品数量	200（25%）
完成品	500

※　（　）内は加工進捗度を示している。

3．当月の実際原価データ

直接材料費	1,195,000円（2,405kg）
直接労務費	1,222,000円（1,510ｈ）

問１　直接材料費差異を分析し、価格差異と数量差異を算定しなさい。

問２　直接労務費差異を分析し、賃率差異と作業時間差異を算定しなさい。

■ 解答解説

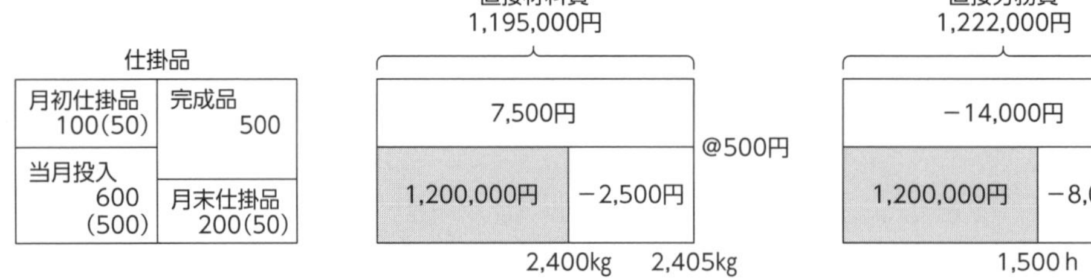

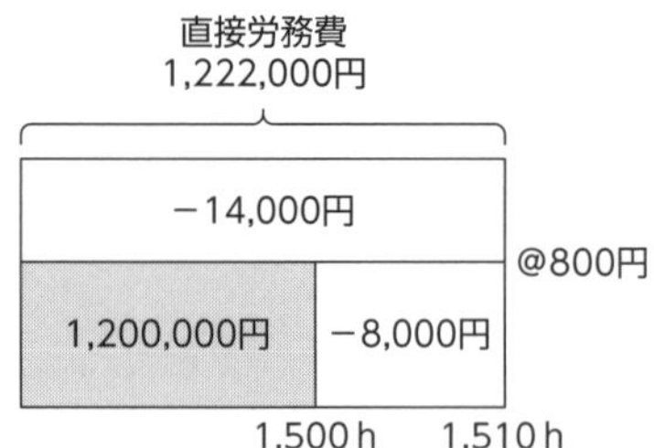

問１

直接材料費差異

価格差異：@500円/kg×2,405kg－1,195,000円＝7,500円（有利）

数量差異：(600個×4kg－2,405kg）×@500円/kg＝－2,500円（不利）

問２

直接労務費差異

賃率差異：@800円/ｈ×1,510ｈ－1,222,000円＝－14,000円（不利）

作業時間差異：(500個×3ｈ－1,510ｈ）×@800円/ｈ＝－8,000円（不利）

⑶　製造間接費差異の分析

製造間接費差異は、予算差異、操業度差異及び**能率差異**に分析することができる。

①　固定予算を採用した場合

標準原価計算において、固定予算を採用した場合の予算差異及び操業度差異の算定方法は、実際原価計算における製造間接費の予算差異及び操業度差異の算定方法と同様である。なお、**能率差異は、標準操業度と実際操業度の差に、標準配賦率を乗じること**で算定できる。

予算差異 ＝ 予算許容額 － 実際発生額

能率差異 ＝ 標準配賦率 ×（標準操業度 － 実際操業度）

操業度差異 ＝ 実際操業度における配賦額 － 予算許容額
　　　　　 ＝ 標準配賦率 ×（実際操業度 － 基準操業度）

固定予算における製造間接費差異分析図

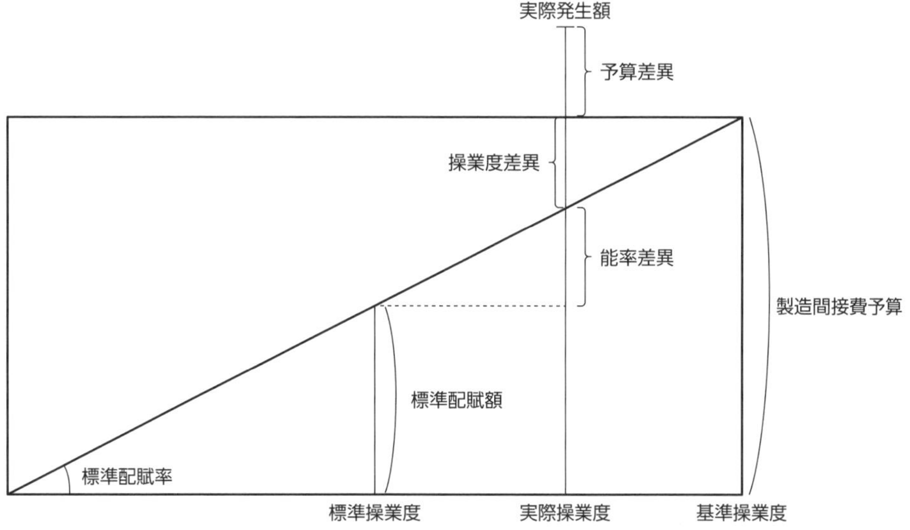

第13章　標準原価計算

具体例

1．標準原価カード（製造間接費のみ）

標準原価カード						
	単　価		消費量		原価標準
製造間接費	@1,000円／h	×	2 h	=	2,000円

2．当月生産データ　　　（単位：個）

月初仕掛品数量	100（1/2）
当月投入数量	550
月末仕掛品数量	150（1/3）
完成品	500

3．当月の実際直接作業時間は1,002 hであった。

4．当月の製造間接費の予算額は1,005,000円であり、直接作業時間を基準に予定配賦している。なお月間基準操業度は1,005 hである。

5．製造間接費の実際発生額は1,010,000円であった。

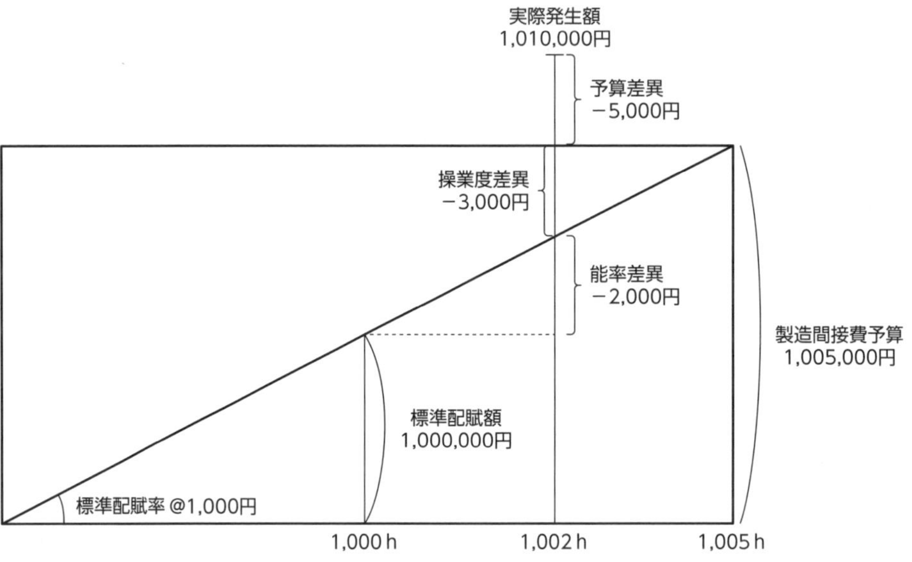

製造間接費差異：@2,000円/個×加工換算量500個－1,010,000円＝－10,000円（不利）

製造間接費差異の分析

予算差異：1,005,000円－1,010,000円＝－5,000円（不利）

能率差異：(500個×2 h－1,002 h）×@1,000円/ h ＝－2,000円（不利）

操業度差異：(1,002 h－1,005 h）×@1,000円/ h ＝－3,000円（不利）

■ 例題4　製造間接費差異の分析～固定予算～

重要度B

当工場では標準原価計算を採用している。以下の〔資料〕に基づき、製造間接費差異を予算差異、能率差異及び操業度差異に分析しなさい。

1．標準原価カード　(製造間接費のみ)

	単　価		消費量		原価標準
製造間接費	@1,200円/h	×	3h	=	3,600円

2．当月の製品Xの生産データ（単位：個）

月初仕掛品数量	100（50%）
当月投入数量	600
月末仕掛品数量	200（25%）
完成品	500

※（　）内は加工進捗度を示している。

3．当月の製造間接費予算額は1,824,000円であり、直接作業時間を基準に製品に配賦している。なお月間基準操業度は1,520hである。

4．製造間接費の実際発生額は1,905,000円である。

5．当月の直接作業時間は1,510hである。

■ 解答解説

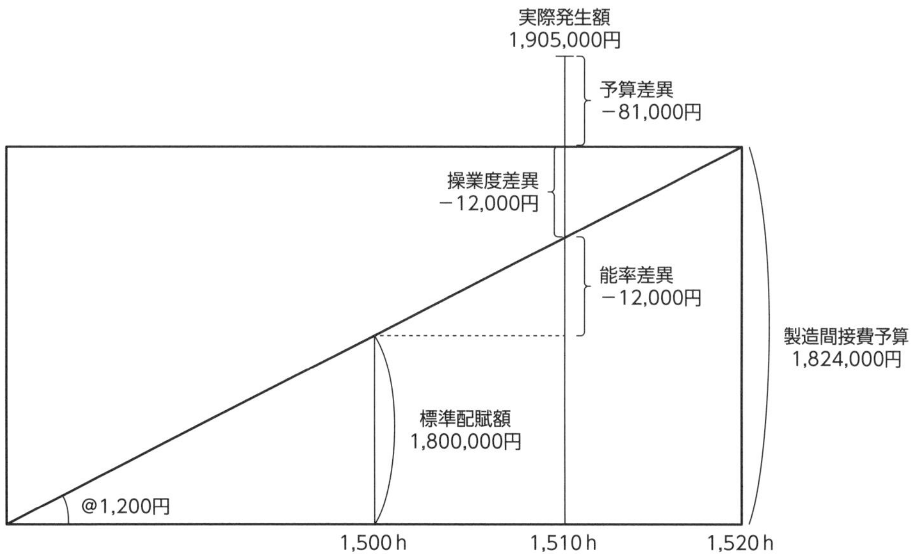

予算差異：1,824,000円－1,905,000円＝－81,000円（不利）

能率差異：（加工換算量500個×3h－1,510h）×@1,200円/h＝－12,000円（不利）

操業度差異：（1,510h－1,520h）×@1,200円/h＝－12,000円（不利）

② 公式法変動予算を採用した場合

標準原価計算において、公式法変動予算を採用した場合には、以下の4つの分析方法がある。

	名称	差異分析
i	4分法	予算差異・変動費能率差異・固定費能率差異・操業度差異
ii	3分法のⅠ	予算差異・能率差異（標準配賦率から算定）・操業度差異
iii	3分法のⅡ	予算差異・能率差異（変動費率から算定）・操業度差異（固定費能率差異部分を含む）
iv	2分法	管理可能差異・管理不能差異

4分法により製造間接費差異を分析した場合の予算差異及び操業度差異の算定方法は、実際原価計算における製造間接費の予算差異及び操業度差異の算定方法と同様である。なお、**変動費能率差異は、標準操業度と実際操業度の差に、標準変動費率を乗じることで算定**でき、**固定費能率差異は、標準操業度と実際操業度の差に、標準固定費率を乗じることで算定**できる。

予算差異 ＝ 実際操業度における予算許容額 － 実際発生額

変動費能率差異 ＝ 標準変動費率 ×（標準操業度 － 実際操業度）

固定費能率差異 ＝ 標準固定費率 ×（標準操業度 － 実際操業度）

操業度差異 ＝ 実際操業度における配賦額 － 実際操業度における予算許容額
＝ 標準固定費率 ×（実際操業度 － 基準操業度）

4分法による製造間接費差異分析図

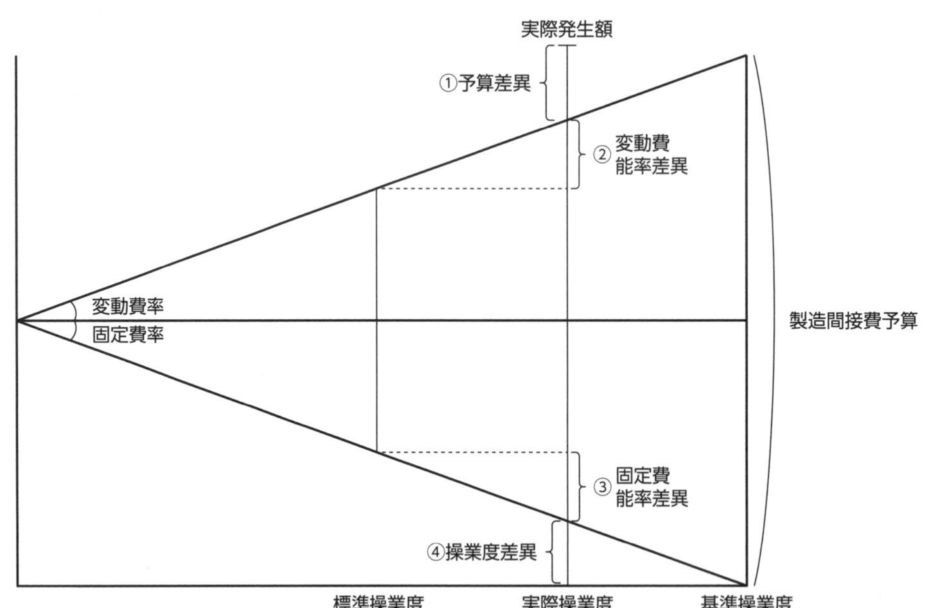

３分法のⅠⅡ及び２分法における差異分析は、４分法において分析された各差異をどのようにまとめるかの違いであるため、これを示すにとどめる。

<table>
<tr><th></th><th>４分法</th><th>３分法のⅠ</th><th>３分法のⅡ</th><th>２分法</th></tr>
<tr><td>①</td><td>予算差異</td><td>予算差異</td><td>予算差異</td><td rowspan="2">管理可能差異</td></tr>
<tr><td>②</td><td>変動費能率差異</td><td rowspan="2">能率差異</td><td>能率差異</td></tr>
<tr><td>③</td><td>固定費能率差異</td><td rowspan="2">操業度差異</td><td rowspan="2">管理不能差異</td></tr>
<tr><td>④</td><td>操業度差異</td><td>操業度差異</td></tr>
</table>

具体例

1．標準原価カード（製造間接費のみ）

標準原価カード					
	単　価		消費量		原価標準
製造間接費	@1,000円／h	×	2 h	＝	2,000円

2．当月生産データ　　（単位：個）

月初仕掛品数量	100（1/2）
当月投入数量	550
月末仕掛品数量	150（1/3）
完成品	500

3．当月の実際直接作業時間は1,002 hであった。

4．当月の製造間接費の予算額は1,005,000円（内、固定費予算額：603,000円）であり、直接作業時間を基準に予定配賦している。なお、基準操業度は1,005 hである。

5．製造間接費の実際発生額は1,010,000円であった。

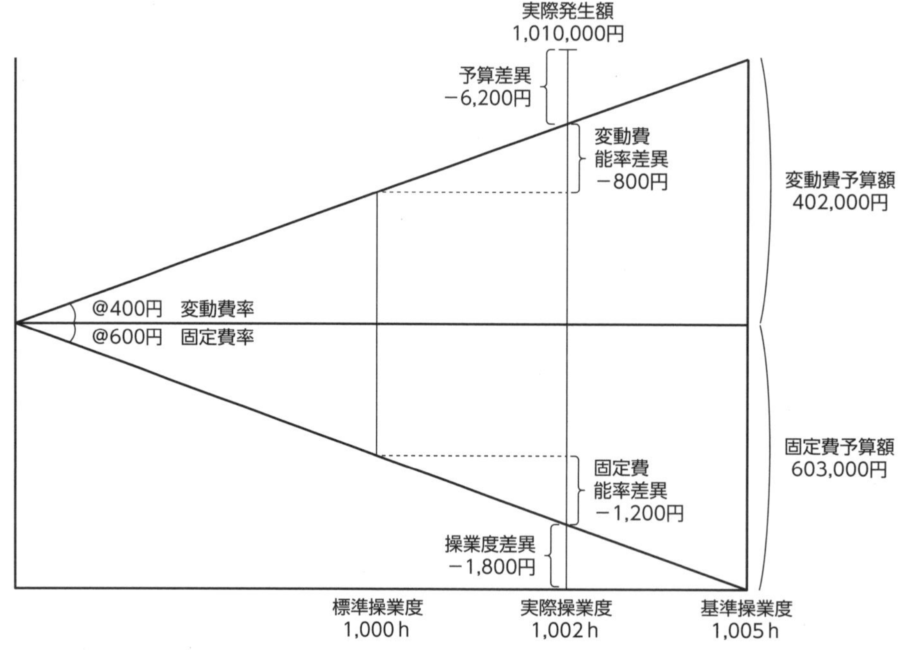

標準配賦率

変動費率：402,000円÷1,005 h＝@400円／h

固定費率：603,000円÷1,005 h＝@600円／h

製造間接費差異：@2,000円/個×500個－1,010,000円＝－10,000円（不利）

製造間接費差異の分析

予算差異：(@400円/h×1,002h＋603,000円)－1,010,000円＝－6,200円（不利）

変動費能率差異：(1,000h－1,002h)×@400円/h＝－800円（不利）

固定費能率差異：(1,000h－1,002h)×@600円/h＝－1,200円（不利）

操業度差異：(1,002h－1,005h)×@600円/h＝－1,800円（不利）

■例題5　製造間接費差異の分析 ～ 公式法変動予算 ～

当工場では標準原価計算を採用している。以下の〔資料〕に基づき、各設問に答えなさい。

1．標準原価カード　(製造間接費のみ)

	単　価		消費量		原価標準
製造間接費	@1,200円/h	×	3h	＝	3,600円

2．当月の製品Xの生産データ（単位：個）

月初仕掛品数量	100（50%）
当月投入数量	600
月末仕掛品数量	200（25%）
完成品	500

※（　）内は加工進捗度を示している。

3．当月の固定製造間接費予算額は1,064,000円である。製造間接費は直接作業時間を基準に製品に配賦しており、基準操業度は1,520hである。

4．製造間接費の実際発生額は1,905,000円である。

5．当月の直接作業時間は1,510hである。

問1　4分法により製造間接費差異を分析しなさい。　重要度B

問2　3分法により製造間接費差異を分析しなさい。ただし、操業度差異は実際操業度における配賦額と予算許容額の差額から算定すること。　重要度A

問3　3分法により製造間接費差異を分析しなさい。ただし、操業度差異は標準操業度における配賦額と予算許容額の差額から算定すること。　重要度A

問4　2分法により製造間接費差異を分析しなさい。　重要度B

■ 解答解説

問1

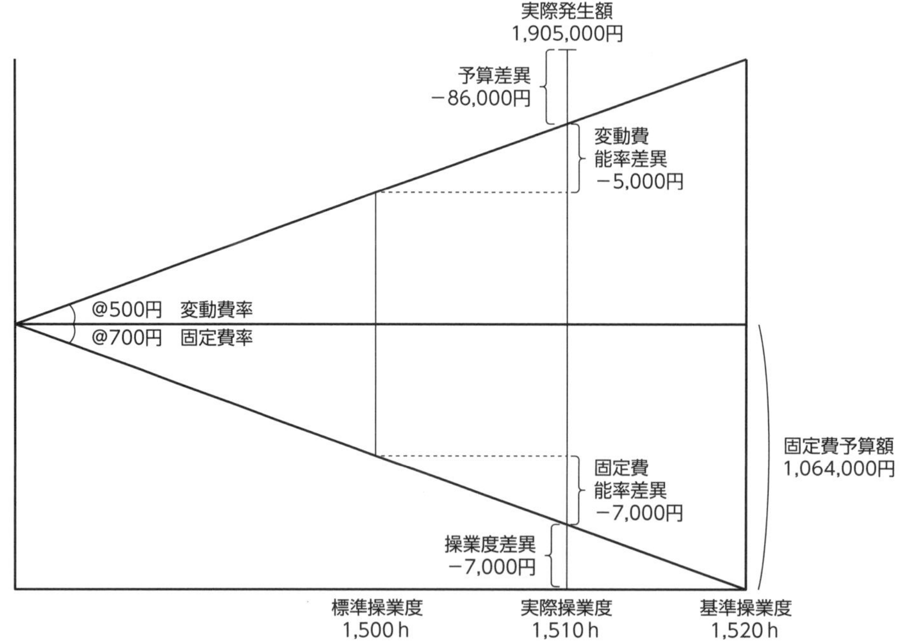

固定費率：1,064,000円÷1,520 h ＝@700円／h

変動費率：@1,200円／h －@700円／h ＝@500円／h

予算差異：(@500円／h ×1,510 h ＋1,064,000円) －1,905,000円＝－86,000円（不利）

変動費能率差異：(500個×3 h －1,510 h) ×@500円／h ＝－5,000円（不利）

固定費能率差異：(500個×3 h －1,510 h) ×@700円／h ＝－7,000円（不利）

操業度差異：(1,510 h －1,520 h) ×@700円／h ＝－7,000円（不利）

問2

予算差異：－86,000円（不利）

能率差異：－5,000円－7,000円＝－12,000円（不利）

操業度差異：－7,000円（不利）

問3

予算差異：－86,000円（不利）

能率差異：－5,000円（不利）

操業度差異：－7,000円－7,000円＝－14,000円（不利）

問4

管理可能差異：－86,000円－5,000円＝－91,000円（不利）

管理不能差異：－7,000円－7,000円＝－14,000円（不利）

③　実査法変動予算を採用した場合

標準原価計算において実査法変動予算を採用した場合の製造間接費差異の分析方法は、以下の２つがある。なお、**どちらが原則・例外といった関係ではない**点に留意すること。

ⅰ	操業度差異を実際操業度における配賦額と予算許容額の差額で算定する方法
ⅱ	操業度差異を標準操業度における配賦額と予算許容額の差額で算定する方法

(ⅰ)　操業度差異を実際操業度における、標準配賦額と予算許容額の差額で算定する方法

この方法を採用した場合、予算差異及び操業度差異の算定方法は、実際原価計算における予算差異及び操業度差異の算定方法と同様である。**能率差異は、標準操業度と実際操業度における標準配賦額の差額であるため、標準操業度と実際操業度の差に標準配賦率を乗じることで算定**する。

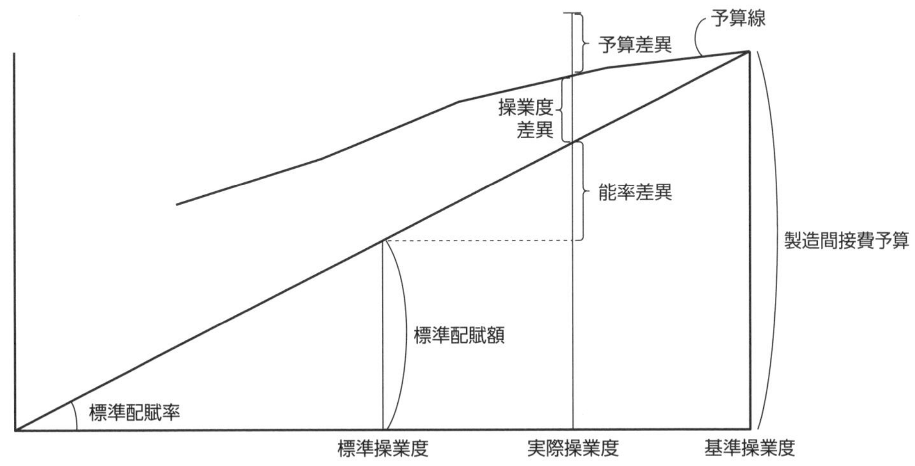

(ⅱ)　操業度差異を標準操業度における、標準配賦額と予算許容額の差額で算定する方法

この方法を採用した場合、予算差異の算定方法は、実際原価計算における予算差異の算定方法と同様であるが、**操業度差異は標準操業度における、標準配賦額と予算許容額の差額で算定**する。**能率差異は、標準操業度と実際操業度における予算許容額の差額で算定**する。

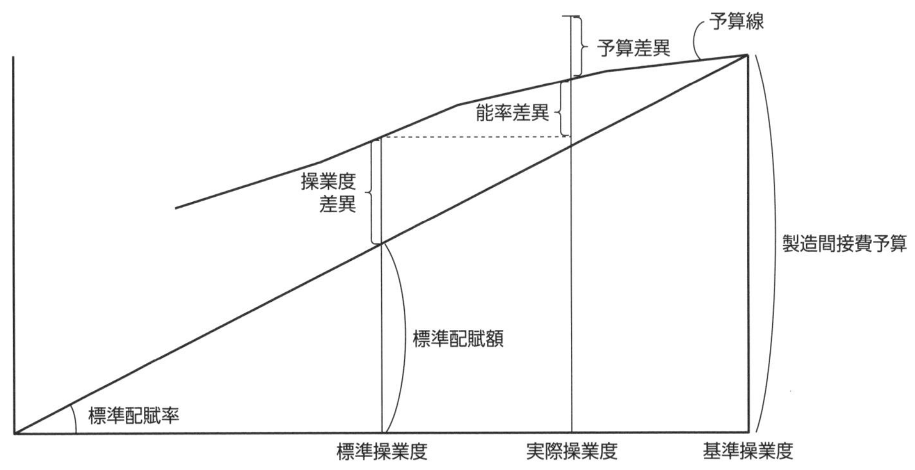

重要ポイント！！

操業度差異は、「標準配賦率×操業度」と「予算許容額」の差額である。ただし、実際操業度で算定するか、標準操業度で算定するか、で２通りの方法が考えられる。これは、公式法変動予算においても同様である（３分法のⅠⅡ)。

具体例

1．標準原価カード（製造間接費のみ）

標準原価カード						
	単　価		消費量		原価標準
製造間接費	@800円／h	×	6 h	=	4,800円

2．当月生産データ　　（単位：個）

月初仕掛品数量	50（80%）
当月投入数量	400
月末仕掛品数量	100（90%）
完成品	350

3．当月の実際直接作業時間は2,500 hであった。

4．製造間接費は直接作業時間に基づき製品に配賦している。

5．当月の製造間接費の予算額は以下のとおり。

操業圏	90%	95%	100%	105%
操業度	2,340 h	2,470 h	2,600 h	2,730 h
予算額	1,872,650円	1,977,300円	2,080,000円	2,185,000円

6．製造間接費の実際発生額は2,006,000円であった。

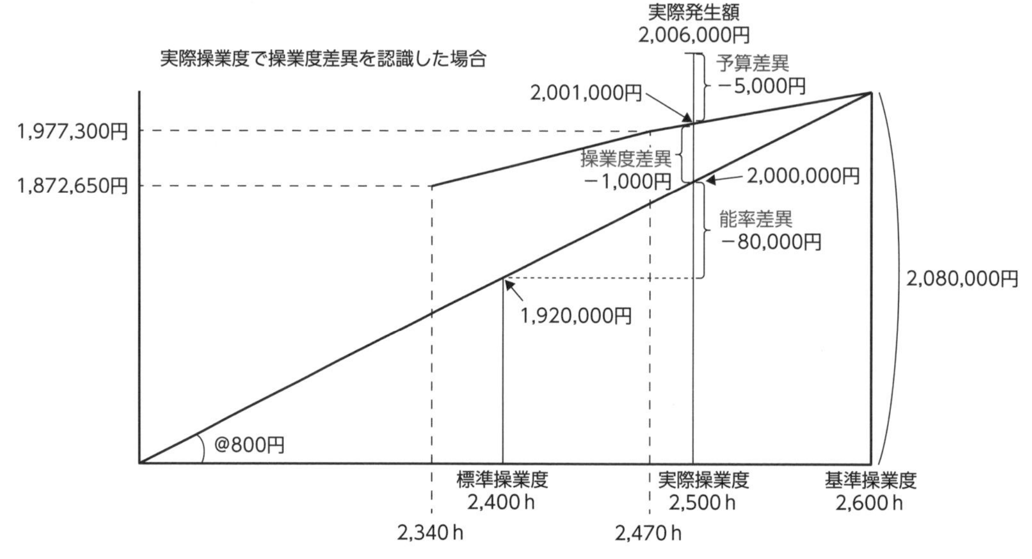

標準操業度：400個×６ h ＝2,400 h

標準操業度における配賦額：@800円／ h ×2,400 h ＝1,920,000円

実際操業度における配賦額：@800円／ h ×2,500 h ＝2,000,000円

実際操業度における予算許容額

$$(2{,}080{,}000円-1{,}977{,}300円)\times\frac{(2{,}500\ h-2{,}470\ h)}{(2{,}600\ h-2{,}470\ h)}+1{,}977{,}300円=2{,}001{,}000円$$

予算差異：2,001,000円－2,006,000円＝－5,000円（不利）

能率差異：1,920,000円－2,000,000円＝－80,000円（不利）

操業度差異：2,000,000円－2,001,000円＝－1,000円（不利）

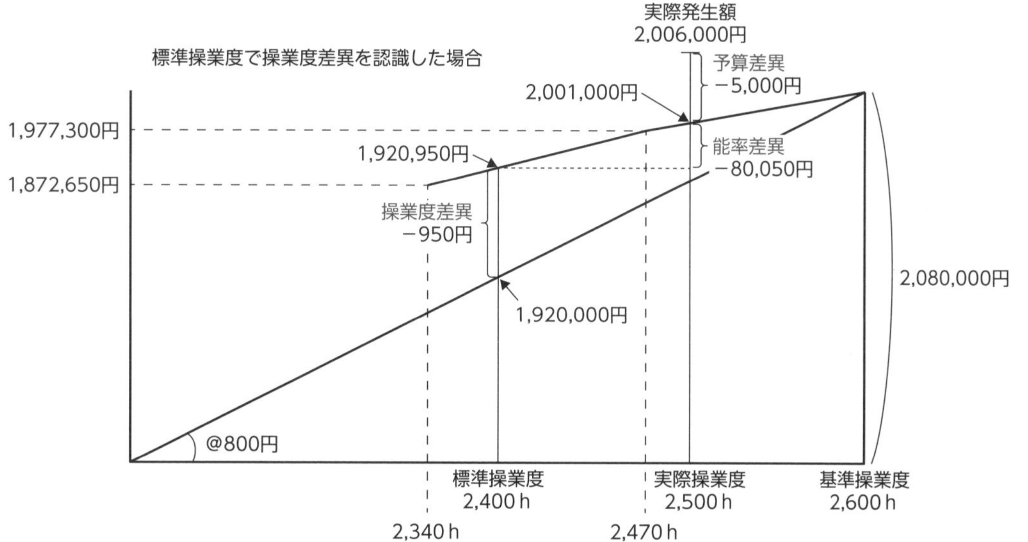

標準操業度における配賦額：1,920,000円

標準操業度における予算許容額

$$(1{,}977{,}300円-1{,}872{,}650円)\times\frac{(2{,}400\ h-2{,}340\ h)}{(2{,}470\ h-2{,}340\ h)}+1{,}872{,}650円=1{,}920{,}950円$$

実際操業度における予算許容額：2,001,000円

予算差異：－5,000円（不利）

能率差異：1,920,950円－2,001,000円＝－80,050円（不利）

操業度差異：1,920,000円－1,920,950円＝－950円（不利）

第13章　標準原価計算

■ 例題6　製造間接費差異の分析 ～実査法変動予算～

重要度C

当工場では標準原価計算を採用している。以下の〔資料〕に基づき、各設問に答えなさい。

1．標準原価カード　(製造間接費のみ)

標準原価カード					
	単　価		消費量		原価標準
製造間接費	@500 円／h	×	9 h	=	4,500 円

2．当月の製品Xの生産データ（単位：個）

月初仕掛品数量	200（50%）
当月投入数量	1,800
月末仕掛品数量	100（50%）
完成品	1,900

※（　）内は加工進捗度を示している。

3．当月の製造間接費予算額は以下のとおりである。なお、基準操業度は18,000 h である。

操業圏	90%	95%	100%	105%
予算額	8,104,500円	8,568,000円	9,000,000円	9,454,500円

4．製造間接費の実際発生額は8,880,000円である。

5．製造間接費は直接作業時間に基づいて製品に配賦している。当月の直接作業時間は17,500 h である。

問1　当月の製造間接費差異を分析しなさい。ただし、操業度差異は実際操業度における、配賦額と予算許容額の差額として認識すること。

問2　当月の製造間接費差異を分析しなさい。ただし、操業度差異は標準操業度における、配賦額と予算許容額の差額として認識すること。

■ 解答解説

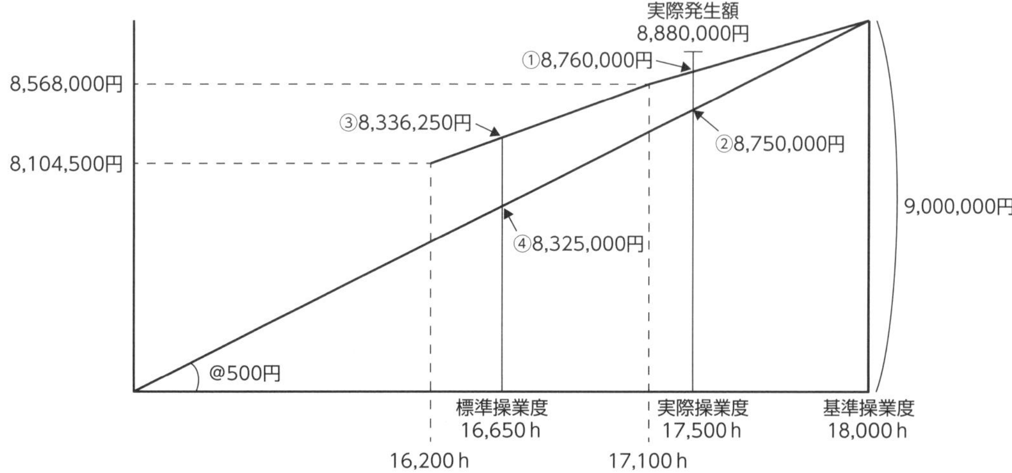

① 実際操業度における予算許容額

$$(9{,}000{,}000円 - 8{,}568{,}000円) \times \frac{(17{,}500\ h - 17{,}100\ h)}{(18{,}000\ h - 17{,}100\ h)} + 8{,}568{,}000円 = 8{,}760{,}000円$$

② 実際操業度における配賦額

@500円/h × 17,500 h = 8,750,000円

③ 標準操業度における予算許容額

$$(8{,}568{,}000円 - 8{,}104{,}500円) \times \frac{(16{,}650\ h - 16{,}200\ h)}{(17{,}100\ h - 16{,}200\ h)} + 8{,}104{,}500円 = 8{,}336{,}250円$$

④ 標準操業度における配賦額

@500円/h × 16,650 h = 8,325,000円

問1

予算差異：8,760,000円 − 8,880,000円 = − 120,000円（不利）
能率差異：8,325,000円 − 8,750,000円 = − 425,000円（不利）
操業度差異：8,750,000円 − 8,760,000円 = − 10,000円（不利）

問2

予算差異：− 120,000円（不利）
能率差異：8,336,250円 − 8,760,000円 = − 423,750円（不利）
操業度差異：8,325,000円 − 8,336,250円 = − 11,250円（不利）

第13章 標準原価計算

第4節　原価差異の把握と勘定記入

1　原価差異の把握方法

原価差異の把握方法は、以下のインプット法とアウトプット法がある。なお、両者の違いは原価差異の把握時期によるものである。

(1)　インプット法

① **意義**

インプット法とは、**原価財を生産工程に投入した時点**で差異を算定・分析する方法である。

② **長所・短所**

この方法によれば、原価差異を**早期に把握**できるため、**期中において不能率への対策ができる**という長所があるが、**相当の計算事務量を要する**という短所がある。

③ **典型的な適用例**

インプット法は、アウトプット量（標準消費量）があらかじめ確定している生産形態において適用される。そのため、適用される代表例としては、**個別原価計算における数量差異や作業時間差異**である。なお、一定期間終了後でなければ把握できない**価格差異（受入価格差異除く）**及び**賃率差異**（費目別計算が終了しないと把握できない）、**操業度差異**（実際操業度の集計後でなければ把握できない）などは、インプット法を採用した場合でも一定期間終了後でなければ算定できない（結果としてアウトプット法の適用となる）。

生産形態が個別受注生産であるような場合に適用される**個別原価計算**においては、特定製造指図書ごとに生産量が予め確定している。よって、**生産開始前**に既に目標数値である**標準消費量が確定**しており、原価財の実際消費量が標準消費量を超過した時点で不利差異を認識でき、**期中において不能率を把握**することができるのである。

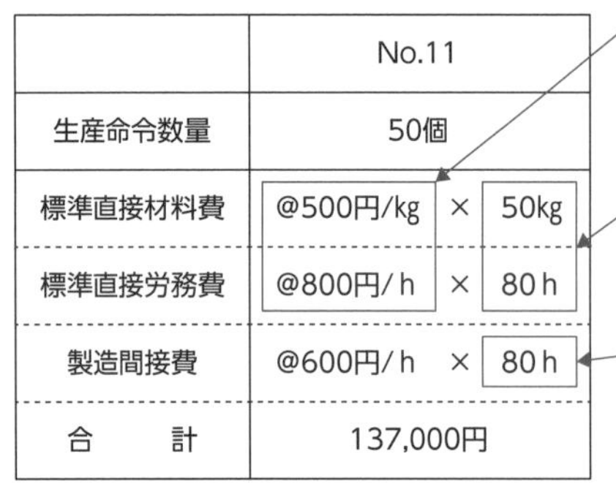

	No.11		
生産命令数量	50個		
標準直接材料費	@500円/kg	×	50kg
標準直接労務費	@800円/h	×	80h
製造間接費	@600円/h	×	80h
合　　計	137,000円		

月末の直接材料費、直接労務費の費目別計算が終わらないと、実際単価が確定しないため、原価差異を認識できない。

50kg、80hを超えた時点で数量差異、作業時簡裁を認識できる。

製造間接費については、特定の指図書に跡付けられないため、操業度差異は全ての指図書の実際操業度と基準操業度との比較で算定する。そのため、月末にならないと算定できない。

(2)　アウトプット法

① **意義**

アウトプット法とは、**一定期間終了後**に製品の生産量に基づいて差異を算定・分析する方法である。

② **長所・短所**

この方法によれば、**計算事務量が少なくてすむ**という長所があるが、**期中において不能率への対策ができない**という短所がある。

③　典型的な適用例

アウトプット法は、一定期間のアウトプット量（標準消費量）が確定していない生産形態において適用される。そのため、適用される代表例としては、**総合原価計算における数量差異や作業時間差異**である。

生産形態が市場見込生産であるような場合に適用される**総合原価計算**においては、**期末（月末）にならないと生産量が確定しない**。ここで、標準消費量は生産量に比例して増加する。よって、**期末（月末）になって**初めて目標数値である**標準消費量が確定**するため、**期中において原価差異を認識することはできない**。

2 勘定記入の方法

標準原価計算における勘定記入は、標準原価を各原価要素勘定と仕掛品勘定のどちらから組み入れるか、すなわち仕掛品勘定の借方に実際原価を記入するか、標準原価を記入するかによって、シングル・プラン、パーシャル・プラン、及び修正パーシャル・プランの３通りの方法がある。

(1)　シングル・プラン

シングル・プランとは、仕掛品勘定の借方に、**原価要素別の標準原価を記入する方法**である。この場合、仕掛品勘定には標準原価のみが記入されるため、シングル・プランと言われる。なお、標準原価差異は各**原価要素勘定に記入**される。

※　ただし、特段の指示があれば製造間接費について仕掛品勘定の借方に実際原価を記入することもある。

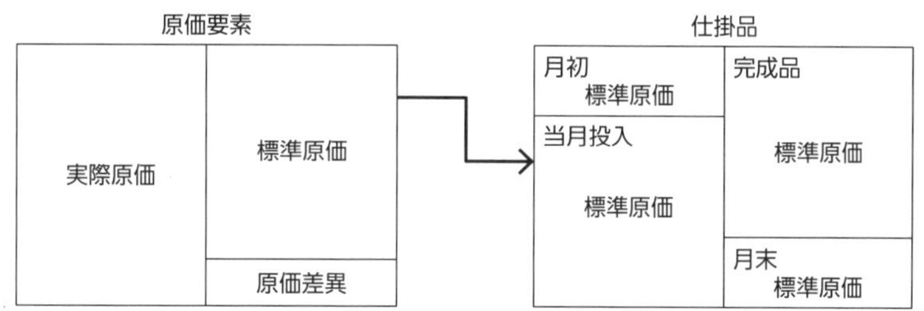

(2)　パーシャル・プラン

パーシャル・プランとは、仕掛品勘定の借方に、**原価要素別の実際原価を記入する方法**である。この場合、仕掛品勘定には標準原価と実際原価の両方が記入されるため、パーシャル・プランと言われる。なお、標準原価差異は**仕掛品勘定に記入**される。

※　ただし、特段の指示があれば製造間接費について仕掛品勘定の借方に標準原価を記入することもある。

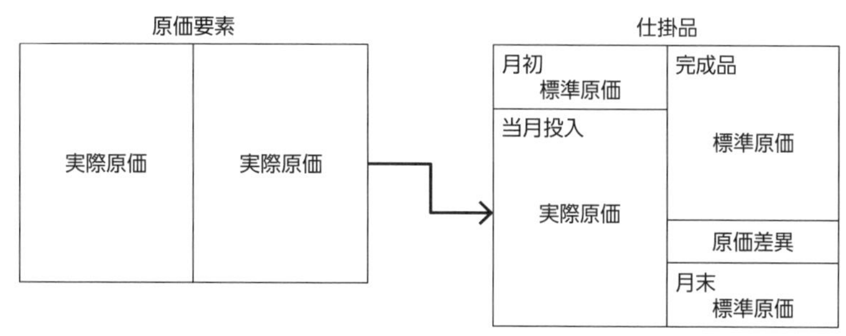

(3) 修正パーシャル・プラン

修正パーシャル・プランとは、仕掛品勘定の借方に、**原価要素別の「標準単価と実際消費量の積」を記入する方法**である。なお、価格差異と賃率差異は各原価要素勘定に記入されるため、仕掛品勘定には消費量差異のみ記入される。修正パーシャル・プランによれば、**製造現場にとって管理可能な消費量差異のみが仕掛品勘定で認識**される。一方、製造現場にとって管理不可能であり、材料購入担当者等にとってこそ管理しうる単価差異は各原価要素勘定で認識されることになる。そのため、**原価管理ないし責任会計上の観点から、修正パーシャル・プランは優れている**と言える。

なお、製造間接費については基本的に指示がある。

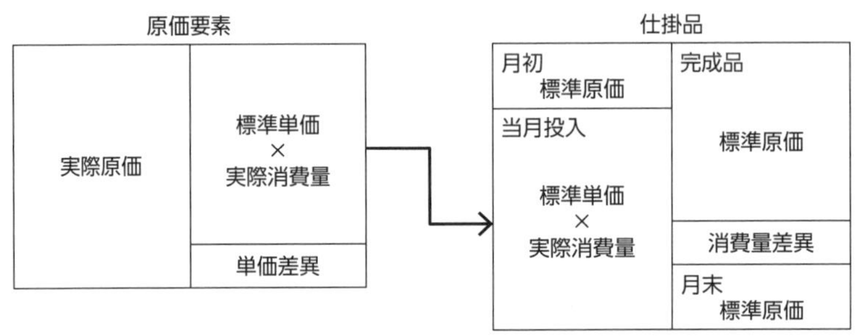

(4) 材料の予定受入価格を利用する場合の勘定記入法

材料について予定受入価格を使用する場合、どの勘定記入法を行っていたとしても、材料の価格差異は材料購入時に把握され、以後の勘定に価格差異は記入されない。

■例題7　勘定記入法

重要度A

当工場では製品Xを生産している。製品Xは工程の始点で直接材料をすべて投入し、これに加工を行うことで完成する。原価計算方法は標準原価計算を採用している。以下の〔資料〕に基づき、各問に答えなさい。

1．標準原価カード

	単　価		消費量		原価標準
直接材料費	@500円/kg	×	4kg	=	2,000円
直接労務費	@800円/h	×	3h	=	2,400円
製造間接費	@1,200円/h	×	3h	=	3,600円
合　計					8,000円

2．当月の製品Xの生産データ（単位：個）

月初仕掛品数量	100（50%）
当月投入数量	600
月末仕掛品数量	200（25%）
完成品	500

※（　）内は加工進捗度を示している。

3．当月の実際原価データ

直接材料費	1,195,000円（2,405kg）
直接労務費	1,222,000円（1,510h）
製造間接費	1,905,000円

4．当月発生の原価差異

直接材料費差異	価格差異	7,500円（有利）	数量差異	−2,500円（不利）
直接労務費差異	賃率差異	−14,000円（不利）	作業時間差異	−8,000円（不利）
製造間接費差異	予算差異	−86,000円（不利）	能率差異	−12,000円（不利）
	操業度差異	−7,000円（不利）		

問1　シングル・プランによる当月の仕掛品勘定の記入を行いなさい。

問2　パーシャル・プランによる当月の仕掛品勘定の記入を行いなさい。

問3　修正パーシャル・プランによる当月の仕掛品勘定の記入を行いなさい。なお、製造間接費については仕掛品勘定の借方に実際発生額を記入すること。

■ 解答解説

問1

仕掛品　（単位：円）

借方	金額	貸方	金額
前月繰越	500,000	完成品	4,000,000
直接材料費	1,200,000	次月繰越	700,000
直接労務費	1,200,000		
製造間接費	1,800,000		

※　前月繰越：@2,000円/個×100個＋@6,000円/個×50個＝500,000円

※　完成品：@8,000円/個×500個＝4,000,000円

※　次月繰越：@2,000円/個×200個＋@6,000円/個×50個＝700,000円

※　直接材料費差異（価格差異、数量差異）は材料勘定に記入される。

※　直接労務費差異（賃率差異、作業時間差異）は賃金勘定に記入される。

※　製造間接費差異（予算差異、能率差異、操業度差異）は製造間接費勘定に記入される。

問2

仕掛品　（単位：円）

借方	金額	貸方	金額
前月繰越	500,000	完成品	4,000,000
直接材料費	1,195,000	標準原価差異	122,000
直接労務費	1,222,000	次月繰越	700,000
製造間接費	1,905,000		

問3

仕掛品　（単位：円）

借方	金額	貸方	金額
前月繰越	500,000	完成品	4,000,000
直接材料費	1,202,500	標準原価差異	115,500
直接労務費	1,208,000	次月繰越	700,000
製造間接費	1,905,000		

※　価格差異については材料勘定に記入される。

※　賃率差異については賃金勘定に記入される。

※　標準原価差異：－122,000円－｛7,500円（価格差異）－14,000円（賃率差異）｝＝－115,500円

3 原価差異の把握方法と勘定記入の方法の関係

原価差異の把握方法と勘定記入の方法は、本来別個に決定されるものであるが、原価差異を投入時に把握できる**インプット法**は**シングル・プラン**と結びつきやすく、原価差異を一定期間終了後に把握する**アウトプット法**は**パーシャル・プラン**と結びつきやすい。

原価計算方法		原価差異の把握方法		勘定記入の方法
個別原価計算		インプット法		シングル・プラン
総合原価計算		アウトプット法		パーシャル・プラン

第５節　原価差異の会計処理

1　原価差異の意義

⑴　実際原価計算制度の場合

実際原価計算制度における原価差異とは、原価の一部を予定価格等をもって計算した場合における原価と実際発生額との間に生じる差額である。

⑵　標準原価計算制度の場合

標準原価計算制度における原価差異とは、標準原価と実際発生額との間に生じる差額である。

2　原価差異を会計処理する時期と理由

原価差異の会計処理は、**原則として会計期間末**に行われ、**専ら財務諸表作成目的**のために行われる。原価差異が生じたということは、種々の目的のために予定価格ないし標準原価を使用して、実際発生額との差額が生じたことを意味する。ここで財務報告上、予定価格ないし標準原価を使用した場合と使用していない場合で、財務諸表が大きく異なるのは適切ではない。そのため原価差異を適切に会計処理する必要がある。

3　原価差異の会計処理

原価差異の会計処理は、材料受入価格差異と材料受入価格差異以外でその方法が大きく異なる。ただし、会計処理方法が異なるのは正常な原価差異についてのみであり、異常な原価差異は非原価項目（営業外費用又は特別損失）として処理されることに留意すること。

⑴　材料受入価格差異以外の原価差異の会計処理

材料受入価格差異以外の原価差異の期末における会計処理は、比較的多額か否かで以下のように異なる。

①　原則的処理（正常かつ比較的多額でない場合）

材料受入価格差異以外の会計処理は、**原則として当年度の売上原価に賦課**する。具体的には、当年度の損益計算書における売上原価の末尾に、原価差額として記載する。

具体例

1．当年度の原価差異総額・・・5,000円（不利差異）

2．当年度の販売データ

製品販売価格：@500円/個

製品単位当たり標準原価：@300円/個

期首製品数量：200個

当期完成数量：600個

期末製品数量：300個

	仕掛品	（単位：円）
Ⅰ．売上高		250,000
Ⅱ．売上原価		
1．期首製品棚卸高	60,000	
2．当期製品製造原価	180,000	
合　計	240,000	
3．期末製品棚卸高	90,000	
差　引	150,000	
4．原価差額	5,000	155,000
売上総利益		95,000

重要ポイント！！
不利差異ならば売上原価に加算し、有利差異ならば売上原価から減算する。

② 例外的処理（正常かつ比較的多額の場合）

正常かつ比較的多額の原価差異が生じた場合には、**当年度の売上原価と期末棚卸資産に追加配賦**する。追加配賦方法には、一括調整方式もしくは段階調整方式（転がし計算方式）が存在する。

<一括調整方式>

当年度の期末において**原価差異総額を又は原価要素別に、数量又は金額を基準**にして当年度の売上原価と期末棚卸資産に**追加配賦**する方法である。

$$期末仕掛品への配賦額 = 原価差異 \times \frac{期末仕掛品在高}{期末仕掛品在高 + 期末製品在高 + 売上原価}$$

$$期末製品への配賦額 = 原価差異 \times \frac{期末製品在高}{期末仕掛品在高 + 期末製品在高 + 売上原価}$$

$$売上原価への配賦額 = 原価差異 - (期末仕掛品及び期末製品への配賦額)$$

第13章　標準原価計算

<段階調整方式>

原価差異を仕掛品から製品、製品から売上原価へと**製品生産の段階に従って順次に調整していく方式**である。この方法では、あたかも実際原価（実際価格×実際消費量）を計算しているかのように調整することになる。

具体例

1．当年度の原価差異

直接材料費差異	3,000円（不利）
加工費差異	9,900円（不利）

2．標準原価カード（製品１個当たり）

	単　価		消費量		原価標準
直接材料費	@50円/kg	×	2 kg	=	100円
加　工　費	@100円/ h	×	2 h	=	200円
合　計					300円

3．当月生産販売データ

期首仕掛品数量	0 個
当月投入	500個
期末仕掛品数量	100個　（加工進捗度50％）
期首製品数量	100個
期末製品数量	150個
販売数量	350個

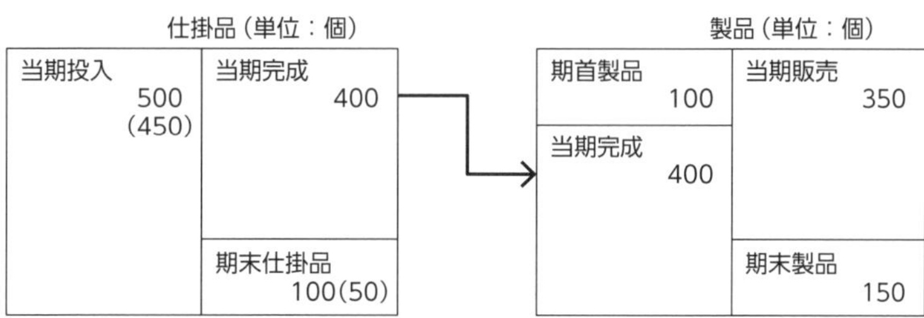

〔一括調整方式のケース〕（原価要素別に数量で一括配賦する場合）

直接材料費差異追加配賦率：3,000円÷（350個＋150個＋100個）＝@５円/個

加工費差異追加配賦率：9,900円÷（350個＋150個＋50個）＝@18円/個

期末製品への追加配賦額：（@５円/個＋@18円/個）×150個＝3,450円

期末仕掛品への追加配賦額：@５円/個×100個＋@18円/個×50個＝1,400円

売上原価への追加配賦額：3,000円＋9,900円－（3,450円＋1,400円）＝8,050円

〔段階調整方式のケース〕

月末仕掛品への配賦額

直接材料費差異：3,000円÷500個×100個＝600円

加工費差異：9,900円÷450個×50個＝1,100円

∴　合計：1,700円

期末製品への按分額

（3,000円＋9,900円－1,700円）÷400個×150個＝4,200円

売上原価への追加配賦額

3,000円＋9,900円－1,700円－4,200円＝7,000円

■例題８　原価差異の会計処理

当社は標準原価計算を採用している。現在、会計年度末を迎えており、財務諸表作成のために原価差異をどのように会計処理するかを検討中である。そこで、以下の〔**資料**〕に基づき、各設問に答えなさい。

１．当年度に発生した原価差異

直接材料費差異		
価格差異	199,500円（不利）	
数量差異	322,000円（不利）	521,500円（不利）
直接労務費差異		
賃率差異	17,000円（有利）	
作業時間差異	152,000円（不利）	135,000円（不利）
製造間接費差異		
予算差異	99,900円（有利）	
能率差異	182,400円（不利）	
操業度差異	120,000円（不利）	202,500円（不利）
合　　計		859,000円（不利）

２．標準原価カード（製品１個当たり）

	単　価		消費量		原価標準
直接材料費	@800円/kg	×	4kg	=	3,200円
直接労務費	@1,000円/h	×	2h	=	2,000円
製造間接費	@1,200円/h	×	2h	=	2,400円
合　計					7,600円

３．当年度生産販売データ

期首仕掛品	200個（加工進捗度50%）		期首製品	300個
当期着手	1,000個		当期完成量	900個
合　計	1,200個		合　計	1,200個
期末仕掛品	300個（加工進捗度50%）		期末製品	200個
当期完成品	900個		当期販売量	1,000個（販売価格：@10,000円）

４．当年度に発生した原価差異のうち、数量差異については異常な原因で生じたものであるが、それ以外は正常なものと判断された。

問１　当年度に発生した原価差異が比較的少額であると判断された場合、当年度の売上総利益及び貸借対照表に記載される棚卸資産（仕掛品、製品）の金額を答えなさい。　**重要度A**

問２　当年度に発生した原価差異が比較的多額であると判断された場合、当年度の売上総利益、及び貸借対照表に記載される棚卸資産（仕掛品、製品）の金額を答えなさい。なお、原価差異は原価要素別に一括配賦すること。　**重要度B**

問３　当年度に発生した原価差異が比較的多額であると判断された場合、当年度の売上総利益、及び貸借対照表に記載される棚卸資産（仕掛品、製品）の金額を答えなさい。なお、原価差異は総額を金額に基づいて一括配賦すること。　**重要度B**

■ 解答解説

仕掛品

期首 200(100)	当期完成 900
当期投入 1,000 (950)	
	期末 300(150)

製品

期首 300	当期販売 1,000
当期完成 900	
	期末 200

売上高：@10,000円/個×1,000個＝10,000,000円

売上原価（原価差異負担前）：@7,600円/個×1,000個＝7,600,000円

正常な原価差異：859,000円－322,000円＝537,000円（不利）

問1

売上総利益：10,000,000円－（7,600,000円＋537,000円）＝1,863,000円

製品：@7,600円/個×200個＝1,520,000円

仕掛品：@3,200円/個×300個＋（@2,000円/個＋@2,400円/個）×150個＝1,620,000円

問2

直接材料費差異（価格差異のみ）の配賦率：199,500円÷（1,000個＋200個＋300個）＝@133円/個

加工費差異の配賦率：(135,000円＋202,500円）÷（1,000個＋200個＋150個）＝@250円/個

原価差異の配賦額

　期末製品への配賦額：(@133円/個＋@250円/個）×200個＝76,600円

　期末仕掛品への配賦額：@133円/個×300個＋@250円/個×150個＝77,400円

　売上原価への配賦額：537,000円－（76,600円＋77,400円）＝383,000円

売上総利益：10,000,000円－（7,600,000円＋383,000円）＝2,017,000円

製品：@7,600円/個×200個＋76,600円＝1,596,600円

仕掛品：@3,200円/個×300個＋（@2,000円/個＋@2,400円/個）×150個＋77,400円＝1,697,400円

問3

原価差異（数量差異以外）の配賦率：(859,000円－322,000円）÷（1,620,000円＋1,520,000円＋7,600,000）

＝5％

売上総利益：10,000,000円－（7,600,000円×105％）＝2,020,000円

製品：1,520,000円×105％＝1,596,000円

仕掛品：1,620,000円×105％＝1,701,000円

(2) 材料受入価格差異の会計処理

材料受入価格差異は材料の購入時に認識されるため、原価財の消費という過程を通過しておらず、他の原価差異とは性質の異なるものである。このような理由から他の原価差異と会計処理が異なるのである。

① 期末在高と払出高への配賦

材料受入価格差異は、会計期末において当年度の材料の払出高と期末在高に配賦する。

$$期末材料への配賦額 = 材料受入価格差異 \times \frac{期末材料棚卸数量}{当期材料払出数量 + 期末材料棚卸数量}$$

$$当期の払出高への配賦額 = 材料受入価格差異 - 期末材料への配賦額$$

② 期末在高への配賦分の取り扱い

期末在高への配賦額はそのまま材料の帳簿価額を構成し、材料としてその期のＢ／Ｓに計上されることになる。さらに、翌期首において洗替処理を行うが、翌期における取り扱いは問題分の指示に従うこと。

■ 例題９　材料受入価格差異の会計処理①　重要度Ｂ

原材料に関する以下の〔資料〕に基づき、各設問に答えなさい。

１．当年度材料購入実績

	当年度
期首棚卸数量	500kg
当期購入数量	23,000kg
合　計	23,500kg
期末棚卸数量	1,350kg
当期払出高	22,150kg

２．当工場では、材料の受入について@800円/kgの予定価格を使用している。

３．当期の材料購入により発生した材料受入価格差異の合計は460,000円（不利差異）である。なお、前期末において材料に追加配賦された材料受入価格差異は14,700円（不利差異）であった。

４．差異の追加配賦に関しては、材料の払出と同様の仮定に基づくこと。

問１　材料の払出を先入先出法によった場合、当年度の材料払出高と期末在高に追加配賦される材料受入価格差異の金額、及び当年度の貸借対照表に記載される材料の金額を答えなさい。

問２　材料の払出を平均法によった場合、当年度の材料払出高と期末在高に追加配賦される材料受入価格差異の金額、及び当年度の貸借対照表に記載される材料の金額を答えなさい。

■ 解答解説

材料

期首在高 500kg	当期払出高 22,150kg
当期購入 23,000kg	
	期末在高 1,350kg

問1

期末在高に追加配賦される材料受入価格差異

460,000円 ÷ 23,000kg × 1,350kg = 27,000円

当年度の払出高に追加配賦される材料受入価格差異

14,700円 + 460,000円 − 27,000円 = 447,700円

貸借対照表に記載される材料の金額

@800円/kg × 1,350kg + 27,000円 = 1,107,000円

問2

期末在高に追加配賦される材料受入価格差異

（14,700円 + 460,000円） ÷ （500kg + 23,000kg） × 1,350kg = 27,270円

当年度の払出高に追加配賦される材料受入価格差異

14,700円 + 460,000円 − 27,270円 = 447,430円

貸借対照表に記載される材料の金額

@800円/kg × 1,350kg + 27,270円 = 1,107,270円

③　当期の払出高への配賦分の取り扱い

当期の払出高への配賦分の取り扱いは、以下の３つのケースが考えられる。

【ケース１】

当期の払出高への配賦分は、①売上原価と期末の棚卸資産（②期末仕掛品、③期末製品）へ配賦するという見解がある。なお、払出高への配賦分について、材料消費価格差異勘定を経由することもある。

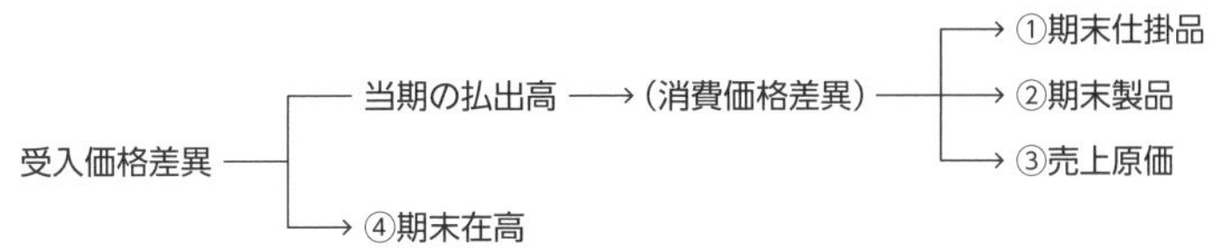

【ケース２】

標準原価計算を採用する場合、材料の払出（消費）高は、①売上原価、②期末製品、③期末仕掛品、④材料消費数量差異となっていることになる。そこで、材料の払出（消費）高を上記４項目と捉え、これと材料の期末在高を合わせた５項目に配賦するという見解がある。この場合、④材料消費数量差異に配賦された分について、その後は材料消費数量差異として処理することとなる。なお、払出高への配賦分について、材料消費価格差異勘定を経由することもある。

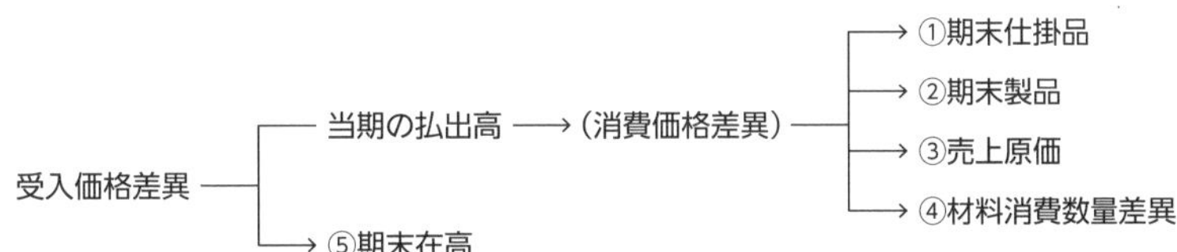

【ケース３】

材料受入価格の内、材料の払出（消費）高は、材料消費価格差異と同様の性質であることから、材料消費価格差異として処理するという見解がある。具体的には、正常かつ比較的少額であれば売上原価に賦課し、正常かつ比較的多額であれば売上原価と期末の棚卸資産に配賦する。

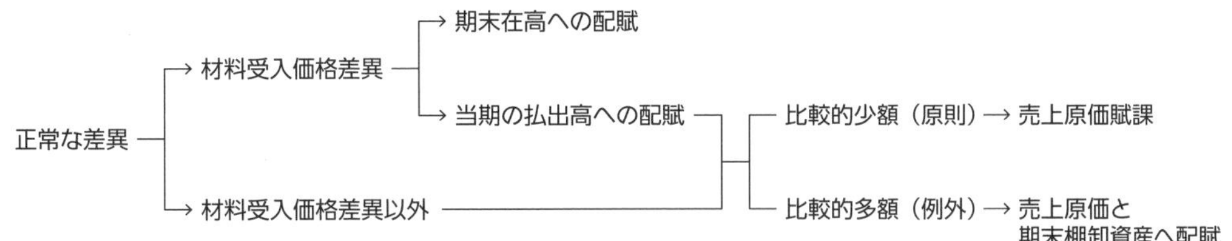

■ 例題10　材料受入価格差異の会計処理②

重要度B

原材料に関する以下の〔資料〕に基づき、各設問に答えなさい。

1．製品１個当たり標準原価カード（直接材料のみ）

	単　価		消費量		原価標準
直接材料費	@500円/kg	×	5kg	=	2,500円

2．生産データ

当期投入数量　1,000個　　期末仕掛品数量　200個　　期末製品数量　100個

3．直接材料の実際原価データ

仕入高　3,052,000円（5,600kg）　期末棚卸数量　400kg　　消費数量　5,200kg

4．当社は材料購入時に標準単価で記帳を行い、材料受入価格差異を把握している。

5．当期に発生した材料受入価格差異及び材料消費数量差異はすべて正常かつ比較的多額と判断された。

問1　材料受入価格差異を当期の払出高（売上原価、期末仕掛品、期末製品）と材料の期末棚卸高に配賦する場合の、当年度の売上原価及びB/Sに記載される材料、仕掛品、製品の金額を答えなさい。

問2　材料受入価格差異を当期の払出高（売上原価、期末仕掛品、期末製品、材料消費数量差異）と材料の期末棚卸高に配賦する場合の、当年度の売上原価及びB/Sに記載される材料、仕掛品、製品の金額を答えなさい。

問3　材料受入価格差異を当期の払出高と材料の期末棚卸高に配賦するが、当期の払出高に配賦された分は材料消費価格差異とまったく同様に取り扱う場合の、当年度の売上原価及びB/Sに記載される材料、仕掛品、製品の金額を答えなさい。

問4　問3において、仮に、当期に発生した材料受入価格差異及び材料消費数量差異が比較的少額であった場合の、当年度の売上原価及びB/Sに記載される材料、仕掛品、製品の金額を答えなさい。

■ 解答解説

材料（単位：kg）	
当期仕入 5,600	当期払出 5,200
	期末材料 400

仕掛品（単位：個）	
当期投入 1,000	当期完成 800
	期末仕掛 200

製品（単位：個）	
当期完成 800	当期販売 700
	期末製品 100

問1

(1)　材料受入価格差異の算定

5,600kg×@500円/kg－3,052,000円＝－252,000円（不利差異）

(2)　材料受入価格差異の按分

期末材料：252,000円÷5,600kg×400kg＝18,000円

期末仕掛品：（252,000円－18,000円）÷1,000個×200個＝46,800円

期末製品：（252,000円－18,000円）÷1,000個×100個＝23,400円

売上原価：（252,000円－18,000円）－46,800円－23,400円＝163,800円

(3)　材料消費数量差異の算定

（1,000個×5kg－5,200kg）×@500円/kg＝－100,000円（不利差異）

(4)　材料消費数量差異の按分

期末仕掛品：100,000円÷1,000個×200個＝20,000円

期末製品：100,000円÷1,000個×100個＝10,000円

売上原価：100,000円－20,000円－10,000円＝70,000円

(5)　F／Sの各数値

売上原価：700個×@2,500円/個＋163,800円＋70,000円＝1,983,800円

製品：100個×@2,500円/個＋23,400円＋10,000円＝283,400円

仕掛品：200個×@2,500円/個＋46,800円＋20,000円＝566,800円

材料：400kg×@500円/kg＋18,000円＝218,000円

問2

(1)　材料受入価格差異の按分

期末材料：252,000円÷5,600kg×400kg＝18,000円

期末仕掛品：（252,000円－18,000円）÷5,200kg×200個×5kg＝45,000円

期末製品：（252,000円－18,000円）÷5,200kg×100個×5kg＝22,500円

材料消費数量差異：（252,000円－18,000円）÷5,200kg×200kg＝9,000円

売上原価：（252,000円－18,000円）－45,000円－22,500円－9,000円＝157,500円

(2)　材料消費数量差異の算定

（1,000個×5kg－5,200kg）×@500円/kg－9,000円（受入価格差異）＝－109,000円（不利差異）

(3)　材料消費数量差異の按分

期末仕掛品：109,000円÷1,000個×200個＝21,800円

期末製品：109,000円÷1,000個×100個＝10,900円

売上原価：109,000円－21,800円－10,900円＝76,300円

(4)　F／Sの各数値

売上原価：700個×@2,500円／個＋157,500円＋76,300円＝1,983,800円

製品：100個×@2,500円／個＋22,500円＋10,900円＝283,400円

仕掛品：200個×@2,500円／個＋45,000円＋21,800円＝566,800円

材料：400kg×@500円/kg＋18,000円＝218,000円

問3

(1)　材料受入価格差異の按分

期末材料：252,000円÷5,600kg×400kg＝18,000円

材料消費価格差異：(252,000円－18,000円)＝234,000円

(2)　材料消費価格差異の按分

期末仕掛品：234,000円÷（700個＋100個＋200個）×200個＝46,800円

期末製品：234,000円÷（700個＋100個＋200個）×100個＝23,400円

売上原価：234,000円－（46,800円＋23,400円）＝163,800円

(3)　材料消費数量差異の按分：問１と同様

(4)　F／Sの各数値

売上原価：700個×@2,500円／個＋163,800円＋70,000円＝1,983,800円

製品：100個×@2,500円／個＋23,400円＋10,000円＝283,400円

仕掛品：200個×@2,500円／個＋46,800円＋20,000円＝566,800円

材料：400kg×@500円/kg＋18,000円＝218,000円

問4

(1)　材料受入価格差異の按分

期末材料：252,000円÷5,600kg×400kg＝18,000円

材料消費価格差異：(252,000円－18,000円)＝234,000円→売上原価へ

(2)　材料消費数量差異：－100,000円（不利差異）→売上原価へ

(3)　F／Sの各数値

売上原価：700個×@2,500円／個＋234,000円＋100,000円＝2,084,000円

製品：100個×@2,500円／個＝250,000円

仕掛品：200個×@2,500円／個＝500,000円

材料：400kg×@500円/kg＋18,000円＝218,000円

第６節　仕損（完成品を示す単位での歩減）が発生する場合

1　標準原価計算において仕損が生じる場合

標準原価計算においても、**仕損（完成品を示す単位で発生する歩減）**が発生する場合には、**正常仕損費を完成品や月末仕掛品に負担させる**ことになる。この点、標準原価計算を採用している場合には、正常な仕損の発生率（標準発生率）をあらかじめ見積もっておき、完成品（及び月末仕掛品）の計算に反映させることになる。

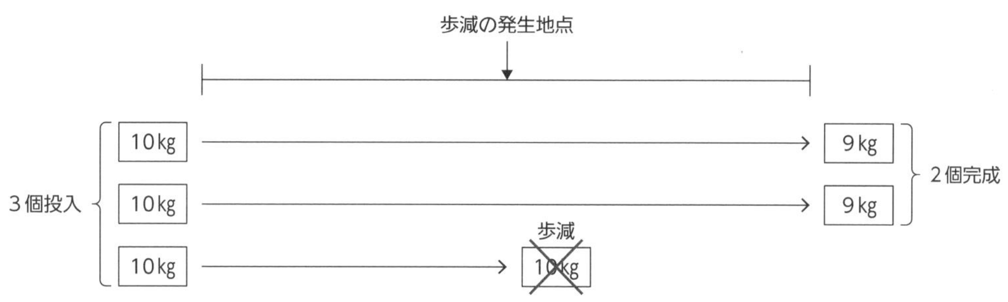

2　仕損の標準発生率

仕損の発生率は、問題上様々な表現で示される。具体的には、**投入歩留率**や**投入歩減率**、**産出歩減率**が示されることになる。

具体例

100個が仕損の発生点に到達し、20個が仕損となる場合

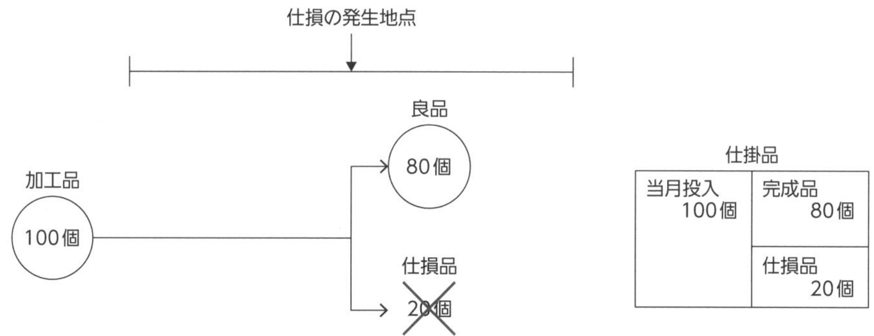

投入歩留率（仕損発生地点における加工品中の良品の割合）：80個÷100個＝80％
投入歩減率（仕損発生地点における加工品中の仕損品の割合）：20個÷100個＝20％
産出歩減率（仕損発生地点における良品に対する仕損品の割合）：20個÷80個＝25％

3 標準原価カードの作成

仕損が生じる場合の標準原価カードは、以下の2つの種類がある。

⑴ 通常生ずると認められる仕損の消費余裕分を標準消費量に含める方法

この方法は、仕損品にかかる標準消費量のうち、製品単位当たりが負担すべき分を、**原価要素別の標準消費量に含める方法**である。

⑵ 通常生ずると認められる仕損の消費余裕分を標準消費量に含めずに別建表示する方法

この方法は、仕損品標準原価のうち製品単位当たりが負担すべき分を、**標準原価カードの末尾に別建表示する方法**である。なお、この方法は通常発生すると予想される歩減のうち、最も重要なものを別建表示する方法である。

具体例

1．製品1個を作成するのに必要な原価データ（仕損費負担前）
　直接材料4kg（@500円/kg）　直接労務費2h（@1,000円/h）　製造間接費2h（@1,200円/h）
2．工程の終点で、良品に対して25%の仕損が発生する（良品：仕損品＝4：1）。

仕損の消費余裕分を標準消費量に含める場合の標準原価カード（製品1単位当たり）

	単　価		消費量		原価標準
直接材料費	@500円/kg	×	5kg	＝	2,500円
直接労務費	@1,000円/h	×	2.5h	＝	2,500円
製造間接費	@1,200円/h	×	2.5h	＝	3,000円
合　計					8,000円

※　直接材料費の標準消費量：4kg＋4kg×25%＝5kg
※　直接労務費の標準消費量：2h＋2h×25%＝2.5h
※　製造間接費の標準消費量：2h＋2h×25%＝2.5h

仕損の消費余裕分を標準消費量に含めない場合の標準原価カード（製品1単位当たり）

	単　価		消費量		原価標準
直接材料費	@500円/kg	×	4kg	＝	2,000円
直接労務費	@1,000円/h	×	2h	＝	2,000円
製造間接費	@1,200円/h	×	2h	＝	2,400円
小　計					6,400円
仕損費					1,600円
合　計					8,000円

※　仕損費1,600円＝6,400円（仕損品1単位の標準原価）×25%

重要ポイント！！
製品1単位が負担すべき仕損費は、仕損品原価（6,400円）の25%である。
これを言い換えると、
仕損品原価（6,400円）を良品の数量（4単位）で均等に負担する。

第13章　標準原価計算

4 製品原価の計算

仕損が生じる場合の製品原価の計算は、作成する標準原価カードの種類によって仕損費の取り扱いが異なる。

(1) 通常生ずると認められる仕損の消費余裕分を標準消費量に含める方法を採用した場合

この方法によれば、仕損品にかかる標準消費量のうち、製品単位当たりが負担すべき分を、各原価要素別の標準消費量に含めてある。そのため、**仕損の発生地点に関係なく、仕損費をすべての良品に負担させる**ことになるため、**度外視法的**に処理することになる。

メリット	・計算が簡単で理解しやすい ・基準が想定する仕損等の処理方法（度外視法）との整合性がある	
デメリット	正確な 製品原価計算	・標準消費量に正常仕損分が含まれているため、進捗度に関係なく、すべての良品が仕損費を負担してしまう
	原価管理	・仕損を度外視した生産データを使用して標準消費量を算定するため、達成すべきであった当月投入の標準原価が不正確になる ・仕損を無視するため、仕損費差異を分離把握することができず、これが原価要素別の消費量差異に混入してしまう

(2) 通常生ずると認められる仕損の消費余裕分を標準消費量に含めずに別建表示する方法を採用した場合

この方法によれば、仕損品標準原価のうち製品単位当たりが負担すべき分を、標準原価カードの末尾に別建表示してある。そのため、仕損費を分離して把握できることから、**進捗度比較をして、負担すべき良品にのみ仕損費を負担**させればよい。

メリット	正確な 製品原価計算	・正常仕損費を分離して把握できるので、負担すべき関係品にのみ、仕損費を負担させることができる
	原価管理	・仕損の負担関係を考慮して標準消費量を算定するため、達成すべきであった当月投入の標準原価が正確になる ・仕損費差異を把握することができる

具体例

1．標準原価カード　（中間地点において、その地点の良品に対して20％の仕損が不可避的に発生）

①　仕損の消費余裕分を標準消費量に含める場合の標準原価カード（製品１単位当たり）

	単　価		消費量		原価標準
直接材料費	@500円/kg	×	1.2kg	=	600円
直接労務費	@800円/ h	×	1.1 h	=	880円
製造間接費	@600円/ h	×	1.1 h	=	660円
合　計					2,140円

②　仕損の消費余裕分を標準消費量に含めない場合の標準原価カード（製品１単位当たり）

	単　価		消費量		原価標準
直接材料費	@500円/kg	×	1 kg	=	500円
直接労務費	@800円/ h	×	1 h	=	800円
製造間接費	@600円/ h	×	1 h	=	600円
小　計					1,900円
仕損費					240円
合　計					2,140円

2．生産データ

月初仕掛品数量	100（25％）
当月投入数量	740
正常仕損品	140（50％）
月末仕掛品数量	200（75％）
完成品	500

※（　）内は加工進捗度を示している。

〈①の場合〉

仕掛品

借方	貸方
月初 100(25)	完成品 500
当月投入 600 (625)	月末 200(150)

〈②の場合〉

仕掛品

借方	貸方
月初 100(25)	完成品 500
当月投入 740 (695)	仕損品 140（70）
	月末 200(150)

①の標準原価カードを使用した場合

完成品標準原価：@2,140円/個×500個＝1,070,000円

月初仕掛品標準原価：@600円/個×100個＋（@880円/個＋@660円/個）×25個＝98,500円

月末仕掛品標準原価：@600円/個×200個＋（@880円/個＋@660円/個）×150個＝351,000円

②の標準原価カードを使用した場合

完成品標準原価：@2,140円/個×500個＝1,070,000円

月初仕掛品標準原価：@500円/個×100個＋（@800円/個＋@600円/個）×25個＝85,000円

月末仕掛品標準原価：@500円/個×200個＋（@800円/個＋@600円/個）×150個＋@240円×200個＝358,000円

■例題11　正常仕損品がある場合　重要度A

当工場では製品Xを生産している。製品Xは工程の始点で直接材料を投入し、これに加工を行うことで完成する。原価計算方法は標準原価計算を採用している。以下の〔資料〕に基づき、各設問に答えなさい。

1．標準原価カード（仕損品分考慮前）

	単　価		消費量		原価標準
直接材料費	@600円/kg	×	9 kg	=	5,400円
直接労務費	@800円/h	×	9 h	=	7,200円
製造間接費	@1,200円/h	×	9 h	=	10,800円
合　計					23,400円

2．当月の製品Xの生産データ（単位：個）

月初仕掛品数量	400（75%）
当月投入数量	1,200
仕損品	100
月末仕掛品数量	200（25%）
完成品	1,300

※（　）内は加工進捗度を示している。

3．工程の中間地点において、その地点の加工品の10%が不可避的に仕損品となる。

問1　仕損の消費余裕分を標準消費量に含める場合の標準原価カードを作成しなさい。
問2　問1の場合の完成品原価、月末仕掛品原価及び月初仕掛品原価の金額を求めなさい。
問3　仕損の消費余裕分を標準消費量に含めない場合の標準原価カードを作成しなさい。
問4　問2の場合の完成品原価、月末仕掛品原価及び月初仕掛品原価の金額を求めなさい。

■解答解説

加工品（良品と仕損品）の10%が仕損になるため、良品と仕損の比率は9：1である。よって、1個の仕損費を9個の製品で負担する。

正常仕損（1個当たり）の消費量

直接材料費：9 kg、直接労務費：9 h × 50% = 4.5 h、製造間接費：9 h × 50% = 4.5 h

仕損品原価（1個当たり）

@600円/kg × 9 kg + @800円/h × 4.5 h + @1,200円/h × 4.5 h = 14,400円

重要ポイント！！
歩減の発生率の指示が投入歩減率（加工品に占める歩減の割合）で与えられたとしても、すべて産出歩減率（良品と歩減の比率）に変換して使用する。実際投入数量からは、歩減の標準発生量は知りえないからである。

問1

標準原価カード

	単　価		消費量		原価標準
直接材料費	@600円/kg	×	10kg	=	6,000円
直接労務費	@800円/ h	×	9.5 h	=	7,600円
製造間接費	@1,200円/ h	×	9.5 h	=	11,400円
合　計					25,000円

※　直接材料費の消費量：9 kg + 9 kg ÷ 9 個 = 10kg

※　直接労務費の消費量：9 h + 4.5 h ÷ 9 個 = 9.5 h

※　製造間接費の消費量：9 h + 4.5 h ÷ 9 個 = 9.5 h

仕掛品

借方	貸方
月初 400(300)	完成品 1,300
当月投入 1,100 (1,050)	月末 200(50)

問2

完成品標準原価：@25,000円/個×1,300個 = 32,500,000円

月初仕掛品標準原価：@6,000円/個×400個 + （@7,600円/個 + @11,400円/個）×300個 = 8,100,000円

月末仕掛品標準原価：@6,000円/個×200個 + （@7,600円/個 + @11,400円/個）×50個 = 2,150,000円

問3

標準原価カード

	単　価		消費量		原価標準
直接材料費	@600円/kg	×	9 kg	=	5,400円
直接労務費	@800円/ h	×	9 h	=	7,200円
製造間接費	@1,200円/ h	×	9 h	=	10,800円
小　計					23,400円
仕損費					1,600円
合　計					25,000円

※　仕損費：14,400円 ÷ 9 個 = 1,600円

仕掛品

借方	貸方
月初 400(300)	完成品 1,300
当月投入 1,200 (1,100)	仕損 100(50)
	月末 200(50)

問4

完成品標準原価：@25,000円/個×1,300個 = 32,500,000円

月初仕掛品標準原価：（@5,400円/個 + @1,600円）×400個 + （@7,200円/個 + @10,800円/個）
×300個 = 8,200,000円

月末仕掛品標準原価：@5,400円/個×200個 + （@7,200円/個 + @10,800円/個）×50個 = 1,980,000円

5 仕損費差異

(1) 意義

仕損費差異とは、**消費量差異**のうち、**標準仕損量と実際仕損量との差を金額的に示したもの**であり、原価差異ではなく**異常仕損費として把握することが多い**。なお、**通常生ずると認められる仕損の消費余裕分を標準消費量に含めない標準原価カード**を使用した場合に、仕損費差異を算定できる。

(2) 仕損費差異を算定する理由

仕損費差異を算定する理由は、**原価差異の相互依存性**に着目し、**仕損発生に係わる原価財の浪費部分を一度独立的に把握**して、その後の原因調査により**効果的な管理を行うため**である。

(3) 仕損費差異の算定方法

仕損費差異は、標準仕損量と実際仕損量の差に、仕損品１単位当たりの標準原価を乗じることで算定できる。（アウトプット面から算定する方法）

仕損費差異 ＝（標準仕損量 － 実際仕損量）× 仕損品１単位当たりの標準原価

仕損が標準発生量の場合の標準投入原価と、仕損が実際発生量の場合の標準投入原価との差でも求めることができる。（インプット面から算定する方法）

仕損費差異 ＝（仕損が標準発生量の場合の標準投入原価）
－（仕損が実際発生量の場合の標準投入原価）

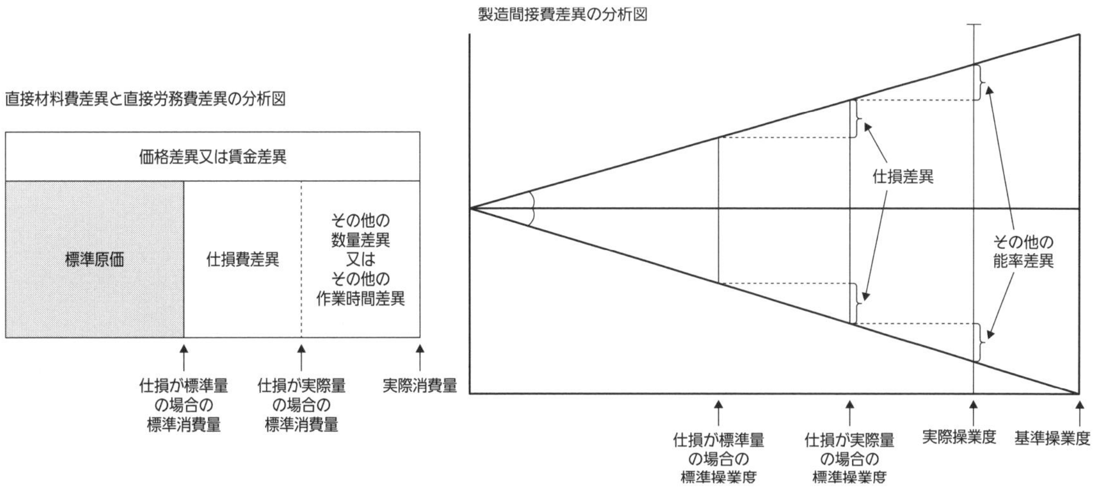

具体例

1．標準原価カード（中間地点において、その地点の良品に対して20％の仕損が不可避的に発生）
仕損の消費余裕分を標準消費量に含めない場合の標準原価カード（製品１単位当たり）

	単　価		消費量		原価標準
直接材料費	＠500円／kg	×	1 kg	＝	500円
直接労務費	＠800円／h	×	1 h	＝	800円
製造間接費	＠600円／h	×	1 h	＝	600円
小　計					1,900円
仕損費					240円
合　計					2,140円

2．生産データ（単位：個）

月初仕掛品数量	100（25％）
当月投入数量	750
正常仕損品	150（50％）
月末仕掛品数量	200（75％）
完成品	500

※（　）内は加工進捗度を示している。

3．当月実際発生額

直接材料費	378,000円
直接労務費	562,000円
製造間接費	425,000円
合　計	1,365,000円

〈仕損が実際の場合のボックス図〉

仕掛品

月初 100(25)	完成品 500
当月投入 750 (700)	仕損品 150（75）
	月末 200(150)

〈仕損が標準の場合のボックス図〉

仕掛品

月初 100(25)	完成品 500
当月投入 740 (695)	仕損品 140（70）
	月末 200(150)

標準仕損量：(100個＋750個－150個) ×20％＝140個（中間地点を通過した良品の20％）
仕損品原価から算定する方法（アウトプット面から算定する方法）
　仕損品１個当たりの標準原価：＠500円／個＋（＠800円／個＋＠600円／個）×50％＝1,200円
　仕損費差異：(140個－150個) ×＠1,200円／個＝－12,000円（不利）

ボックス図の当月投入から算定する方法（インプット面から算定する方法）
　直接材料費からの仕損費差異：(740個－750個) ×＠500円／個＝－5,000円
　加工費からの仕損費差異：(695個－700個) ×（＠800円／個＋＠600円／個）＝－7,000円
　∴　仕損費差異：－12,000円（不利）

標準原価差異（仕損費差異以外）

仕損実際の標準投入原価：750個×@500円/個＋700個×（@800円/個＋@600円/個）

＝1,355,000円

標準原価差異（仕損費差異以外）：1,355,000円－1,365,000円＝－10,000円

重要ポイント！！

仕損費差異以外の原価差異を求める際には、仕損が実際のボックス図を使用する。

なぜなら、仕損が標準のボックス図と仕損が実際のボックス図の差額は、仕損費差異として抜き出してあるからである。

完成品標準原価：@2,140円/個×500個＝1,070,000円

月初仕掛品標準原価：@500円/個×100個＋（@800円/個＋@600円/個）×25個＝85,000円

月末仕掛品標準原価：@500円/個×200個＋（@800円/個＋@600円/個）×150個＋@240円/個

×200個＝358,000円

〈パーシャル・プランにおける仕掛品勘定〉

仕掛品

前月繰越	85,000	完成品	1,070,000
直接材料費	378,000	仕損費差異	12,000
直接労務費	562,000	標準原価差異	10,000
製造間接費	425,000	次月繰越	358,000

■ 例題12　仕損費差異（異常仕損費）

重要度A

当工場では製品Xを生産している。製品Xは工程の始点で直接材料を投入し、これに加工を行うことで完成する。原価計算方法は標準原価計算を採用している。以下の〔資料〕に基づき、各設問に答えなさい。

1．標準原価カード（製品1個当たり）

	単　価		消費量		原価標準
直接材料費	@1,000円/kg	×	8 kg	=	8,000円
直接労務費	@800円/ h	×	5 h	=	4,000円
製造間接費	@1,200円/ h	×	5 h	=	6,000円
小　計					18,000円
正常仕損費					？ 円
合　計					？ 円

2．当月の製品Xの生産データ（単位：個）

月初仕掛品数量	100（50%）
当月投入数量	1,350
仕損品	150（？%）
月末仕掛品数量	300（50%）
完成品	1,000

※（　）内は加工進捗度を示している。

3．当月の製造原価の実際発生額は22,545,000円であった。

4．製造工程ではその地点の良品に対して10%の仕損が不可避的に発生する。なお、仕損品には評価額があり、その金額は@5,000円/個である。

問1　仕損が始点発生の場合の標準原価カードを完成させなさい。

問2　問1の場合のパーシャル・プランによる仕掛品勘定の記入をしなさい。なお、勘定科目は以下を使用すること。〔前月繰越、諸口、完成品、仕損品、仕損費差異、標準原価差異、次月繰越〕

問3　仕損が終点発生の場合の標準原価カードを完成させなさい。

問4　問3の場合のパーシャル・プランによる仕掛品勘定の記入をしなさい。なお、勘定科目は以下を使用すること。〔前月繰越、諸口、完成品、仕損品、仕損費差異、標準原価差異、次月繰越〕

■ 解答解説

問１

標準原価カード（製品１個当たり）

	単　価		消費量		原価標準
直接材料費	@1,000円/kg	×	8 kg	=	8,000円
直接労務費	@800円/ h	×	5 h	=	4,000円
製造間接費	@1,200円/ h	×	5 h	=	6,000円
小　計					18,000円
正常仕損費					300円
合　計					18,300円

∴　始点発生であるため、仕損費は直接材料費のみからなる。なお、評価額があることに留意すること。
１個当たりの仕損費：@8,000円/個（仕損品原価）－@5,000円/個（評価額）＝@3,000円/個
完成品１個が負担する仕損費：3,000円×10%＝300円

問２

〈仕損が実際の場合のボックス図〉

仕掛品

月初 100(50)	完成品 1,000
当月投入 1,350 (1,100)	仕損品 150 (0)
	月末 300(150)

〈仕損が標準の場合のボックス図〉

仕掛品

月初 100(50)	完成品 1,000
当月投入 1,320 (1,100)	仕損品 120 (0)
	月末 300(150)

仕損の標準発生量：(1,350個－150個) ×10%＝120個
　　又は　　　：(1,000個＋300個－100個) ×10%＝120個
仕損費差異：(120個－150個) ×@3,000円/個＝－90,000円（不利）
標準原価差異：1,350個×@8,000円/個＋1,100個×（@4,000円/個＋@6,000円/個）
－22,545,000円＝－745,000円（不利）
完成品標準原価：1,000個×@18,300円/個＝18,300,000円
前月繰越：100個×（@8,000円/個＋@300円/個）＋50個×（@4,000円/個＋@6,000円/個）
＝1,330,000円
次月繰越：300個×（@8,000円/個＋@300円/個）＋150個×（@4,000円/個＋@6,000円/個）
＝3,990,000円
仕損品（評価額）：150個×@5,000円/個＝750,000円

〈パーシャル・プランにおける仕掛品勘定〉

仕掛品

前月繰越	1,330,000	完成品	18,300,000
諸口	22,545,000	仕損費差異	90,000
		標準原価差異	745,000
		仕損品	750,000
		次月繰越	3,990,000

問3

標準原価カード（製品１個当たり）

	単　価		消費量		原価標準
直接材料費	@1,000円/kg	×	8 kg	=	8,000円
直接労務費	@800円/ h	×	5 h	=	4,000円
製造間接費	@1,200円/ h	×	5 h	=	6,000円
小　計					18,000円
正常仕損費					1,300円
合　計					19,300円

１個当たりの仕損費：@18,000円/個（仕損品原価）－@5,000円/個（評価額）＝@13,000円/個

完成品１個が負担する仕損費：@13,000円/個×10％＝1,300円

問4

〈仕損が実際の場合のボックス図〉

仕掛品

月初 100(50)	完成品 1,000
当月投入 1,350 (1,250)	仕損品 150(150)
	月末 300(150)

〈仕損が標準の場合のボックス図〉

仕掛品

月初 100(50)	完成品 1,000
当月投入 1,300 (1,200)	仕損品 100(100)
	月末 300(150)

仕損の標準発生量：1,000個×10％＝100個

仕損費差異：（100個－150個）×@13,000円/個＝－650,000円（不利）

標準原価差異：1,350個×@8,000円/個＋1,250個×（@4,000円/個＋@6,000円/個）

－22,545,000円＝755,000円（有利）

完成品原価：1,000個×@19,300円/個＝19,300,000円

前月繰越：100個×@8,000円/個＋50個×（@4,000円/個＋@6,000円/個）＝1,300,000円

次月繰越：300個×@8,000円/個＋150個×（@4,000円/個＋@6,000円/個）＝3,900,000円

仕損品（評価額）：150個×5,000円＝750,000円

〈パーシャル・プランにおける仕掛品勘定〉

仕掛品

前月繰越	1,300,000	完成品	19,300,000
諸口	22,545,000	仕損費差異	650,000
標準原価差異	755,000	仕損品	750,000
		次月繰越	3,900,000

第7節　消費量差異の分析

1　標準原価計算において原材料の減損が生じる場合

標準原価計算において、原材料の減損が発生する場合には、**自動的にそれを発生させることになった良品が減損費を負担する**ことになる。

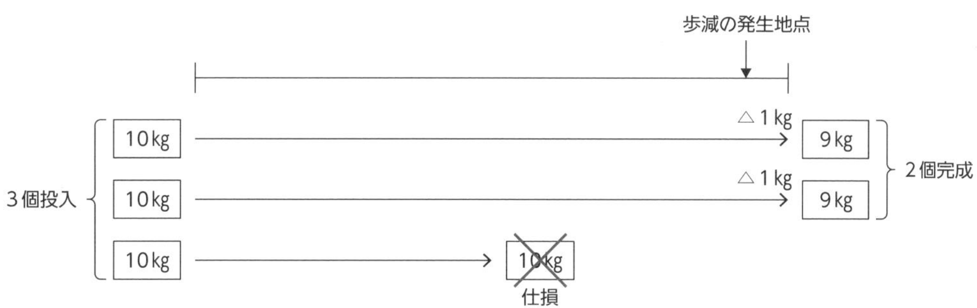

2　製品原価の計算

標準原価計算において、原材料の減損が生じる場合の製品原価の計算は、**完成品を示す単位で生産データを作成し、これに原価要素別の原価標準を乗じて算定**する。

具体例

1．製品1単位の生産には、材料10kgの投入が必要であり、工程終点において1kgが減損し9kgとなる。

2．材料10kgの加工には、10hの直接作業時間が必要。

3．標準原価カード（製品1個＝9kg当たり）

	単　価		消費量		原価標準
直接材料費	@500円/kg	×	10kg	＝	5,000円
			△1kg		
			9kg		
直接労務費	@900円/h	×	10h	＝	9,000円
製造間接費	@600円/h	×	10h	＝	6,000円
合　計					20,000円

4．生産データ　（単位：個）

月初仕掛品数量	200（25％）
当月投入数量	500
月末仕掛品数量	200（75％）
完成品	500

※（　）内は加工進捗度を示している。

完成品標準原価：@20,000円/個×500個＝10,000,000円

月初仕掛品標準原価：@5,000円/個×200個＋（@9,000円/個＋@6,000円/個）×50個
＝1,750,000円

月末仕掛品標準原価：@5,000円/個×200個＋（@9,000円/個＋@6,000円/個）×150個
＝3,250,000円

■ 例題13　減損が生じる場合の製品原価計算　重要度A

当工場では標準原価計算を採用して、製品Xを生産している。製品Xは工程の始点で直接材料を6kg投入し、これに加工を行うことで完成するが、加工途上で1kgが減損するため、最終的な製品の重量は5kgとなる。以下の〔資料〕に基づき、各設問に答えなさい。

1．標準原価カード（製品1個＝5kg当たり）

	単　価		消費量		原価標準
直接材料費	@500円/kg	×	6kg	＝	3,000円
			△1kg		
			5kg		
直接労務費	@800円/h	×	2h	＝	1,600円
製造間接費	@1,200円/h	×	2h	＝	2,400円
標準製造原価					7,000円

2．当月生産データ（単位：個）

月初仕掛品数量	150（40%）
当月投入数量	400
月末仕掛品数量	50（60%）
完成品	500

※（　）内は加工進捗度を示している。

問1　減損が始点発生の場合の、完成品標準原価、月初仕掛品標準原価、及び月末仕掛品標準原価を求めなさい。

問2　減損が終点発生の場合の、完成品標準原価、月初仕掛品標準原価、及び月末仕掛品標準原価を求めなさい。

■ 解答解説

問1

仕掛品

月初 150(60)	完成品 500
当月投入 400 (470)	
	月末 50(30)

完成品標準原価：@7,000円/個×500個＝3,500,000円

月初仕掛品標準原価：@3,000円/個×150個＋（@1,600円/個＋@2,400円/個）×60個＝690,000円

月末仕掛品標準原価：@3,000円/個×50個＋（@1,600円/個＋@2,400円/個）×30個＝270,000円

問2　問1と同様

3 数量差異の分析

(1) 材料歩留差異

① 意義

材料歩留差異とは、材料の減損が生じる場合に、**標準発生量を超えて生じた減損にかかる材料費**である。

② 材料歩留差異の算定方法

材料歩留差異は、減損の標準発生量と実際発生量の差に、減損１単位にかかる材料費（材料の単価）を乗じることで算定する。

材料歩留差異 ＝（減損の標準発生量 － 減損の実際発生量）× 標準単価

もしくは、減損の標準発生量に基づく標準消費量（本来、あるべき消費量）と実際発生量に基づく実際消費量の差に、材料１単位当たりの標準単価を乗じることで算定する。

材料歩留差異 ＝（標準消費量 － 実際消費量）× 標準単価

③ 歩留差異を算定する理由

通常発生すべき数量を超えて発生した減損を差異として金額的に把握することで、**原価管理に役立てるため**である。

具体例

1．製品1単位の生産には、材料10kgの投入が必要であり、加工途上において2kgが減損し8kgとなる。

2．標準原価カード（製品1個：製品8kg当たり）

	単価		消費量		原価標準
直接材料費	@300円/kg	×	10kg	＝	3,000円
			△2kg		
標準製造原価			8kg		3,000円

3．当月生産データ（単位：個）

月初仕掛品数量	50（20%）
当月投入数量	90
月末仕掛品数量	40（75%）
完成品	100

※（　）内は加工進捗度を示している。

4．当月原価データ

直接材料費　283,000円（950kg）

〔減損が終点発生のケース〕

ボックス図（単位：個）

実際（A）

借方	貸方
月初 50(10)	完成品 100
当月投入 90 (120)	月末 40(30)

ボックス図（単位：kg）

実際（B）

借方	貸方
月初 500(100)	完成品 800
当月投入 950 (1,250)	減損 250
	月末 400(300)

標準（C）

借方	貸方
月初 500(100)	完成品 800
当月投入 900 (1,200)	減損 200
	月末 400(300)

※　月初：50個×10kg＝500kg
※　月末：40個×10kg＝400kg
※　完成品：100個×8kg＝800kg

減損の標準発生量：800kg×2kg÷8kg＝200kg

価格差異：950kg×@300円/kg－283,000円＝2,000円（有利）

歩留差異：（900kg－950kg）×@300円/kg＝－15,000円（不利）

〔減損が始点発生のケース〕

ボックス図（単位：個）

実際（A）

月初 50(10)	完成品 100
当月投入 90 (120)	
	月末 40(30)

ボックス図（単位：kg）

実際（B）

月初 400(80)	完成品 800
当月投入 950 (960)	減損 230 (0)
	月末 320(240)

標準（C）

月初 400(80)	完成品 800
当月投入 900 (960)	減損 180 (0)
	月末 320(240)

※　月初：50個 × 8 kg = 400kg
※　月末：40個 × 8 kg = 320kg
※　完成品：100個 × 8 kg = 800kg

減損の標準発生量：(800kg + 320kg − 400kg) × 2 kg ÷ 8 kg = 180kg

価格差異：950kg ×@300円/kg − 283,000円 = 2,000円（有利）

歩留差異：(900kg − 950kg) ×@300円/kg = − 15,000円（不利）

重要ポイント！！
材料歩留差異を算定する場合には、材料を示す単位でのボックス図（BとC）を作成し、CとBの差額で算定する。

■ 例題14　数量差異の分析①　重要度A

当工場では標準原価計算を採用して、製品Xを生産している。製品Xは工程の始点で直接材料を12kg投入し、これに加工を行うことで完成するが、加工途上で減損が発生するため、最終的な重量は10kgとなる。以下の〔資料〕に基づき、各設問に答えなさい。

1．標準原価カード（製品１個当たり）

	単　価		消費量		原価標準
直接材料費	@400円/kg	×	12kg	=	4,800円
			△２kg		
標準製造原価			10kg		4,800円

2．当月生産データ（単位：個）

月初仕掛品数量	100（50%）
当月投入数量	450
月末仕掛品数量	50（50%）
完成品	500

※（　）内は加工進捗度を示している。

3．当月原価データ

直接材料費　2,220,000円（5,500kg）

問１　減損が始点発生の場合の標準減損量を求めなさい。

問２　問１の場合の直接材料費差異を、価格差異と歩留差異に分析しなさい。

問３　減損が終点発生の場合の標準減損量を求めなさい。

問４　問３の場合の直接材料費差異を、価格差異と歩留差異に分析しなさい。

■ 解答解説

問１

〈個数ベースのボックス図〉

借方	貸方
月初 100(50)	完成品 500
当月投入 450 (475)	
	月末 50(25)

〈kgベースのボックス図〉

実際

借方	貸方
月初 1,000	完成品 5,000
当月投入 5,500	減損 1,000
	月末 500

標準

借方	貸方
月初 1,000	完成品 5,000
当月投入 5,400	減損 900
	月末 500

標準減損量：（5,000kg＋500kg－1,000kg）×20%＝900kg

問２

価格差異：5,500kg×@400円/kg－2,220,000円＝－20,000円（不利）

歩留差異：（5,400kg－5,500kg）×@400円/kg＝－40,000円（不利）

問3

〈個数ベースのボックス図〉

月初 100(50)	完成品 500
当月投入 450 (475)	
	月末 50(25)

〈kgベースのボックス図〉

実際

月初 1,200	完成品 5,000
当月投入 5,500	減損 1,100
	月末 600

標準

月初 1,200	完成品 5,000
当月投入 5,400	減損 1,000
	月末 600

標準減損量：5,000kg × 20％ = 1,000kg

問4

価格差異：－20,000円（不利）

歩留差異：(5,400kg－5,500kg) ×@400円/kg =－40,000円（不利）

(2) 配合差異

① 意義

配合差異とは複数の材料を配合して製品を製造する場合の**配合割合のズレによる差異**である。配合差異は、直接材料費差異の数量差異のうち、実際消費量における標準配合量と実際配合量の差を金額的に示したものである。

② 配合差異の算定方法

まず、実際消費量合計に材料別の標準配合割合を乗じて、材料別の実際消費量における標準配合量を算定する。次いで、材料別の実際消費量における標準配合量と実際消費量における実際配合量の差に、材料別の標準単価を乗じることで算定する。

実際消費量・標準配合量 ＝ 実際消費量合計 × 材料別標準配合割合

材料別配合差異 ＝（実際消費量・標準配合量 － 実際消費量・実際配合量）× 材料別の標準単価

③ 配合差異がある場合の歩留差異の算定方法

配合差異を算定する場合の材料別歩留差異は、以下のとおり算定する。

材料別歩留差異 ＝（標準消費量・標準配合量 － 実際消費量・標準配合量）× 材料別標準単価

〈分析図〉

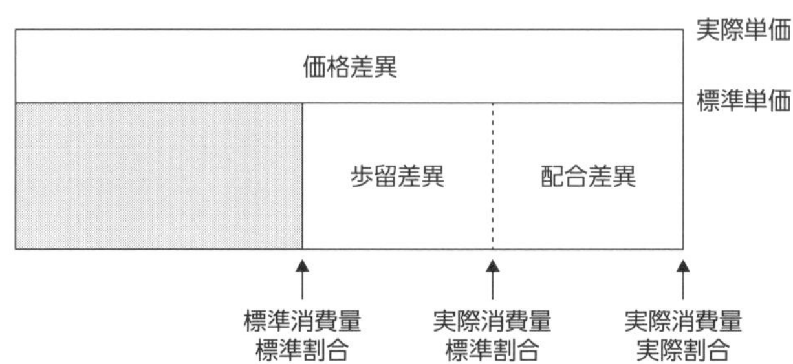

歩留差異を材料別でなく総額で求める場合には、標準消費量合計と実際消費量合計の差に加重平均標準単価を乗じることで計算できる。加重平均標準単価は、各材料の単価に標準投入割合を乗じた算定する。

歩留差異合計 ＝（標準消費量合計 － 実際消費量合計）× 加重平均標準単価

④　配合差異の算定条件

配合差異を算定するためには、以下の３つの条件を全て満たす必要がある。

配合差異の算定条件	ⅰ　製品の生産が２種類以上の原材料の配合組合せによって行われること
	ⅱ　材料間に代替可能性があること
	ⅲ　材料の測定単位が同一であること

⑤　配合差異を算定する目的

④の条件を満たした場合、**標準配合割合と実際配合割合とが一致しない**ことがある。このような場合、**数量差異には歩留の良否によって生じた差異**と、**配合割合の変更によって生じた差異**とが混在するので、**原価管理のために両者を分けて把握**する必要がある。

具体例

1．製品1単位の生産には、材料10kgの投入が必要であり、工程終点において2kgが減損し8kgとなる。

2．標準原価カード（製品1個当たり）

	単　価		消費量		原価標準
直接材料費					
材料A	@200円/kg	×	6kg	=	1,200円
材料B	@450円/kg	×	4kg	=	1,800円
合　計			10kg		
			△2kg		
標準製造原価			8kg		3,000円

3．当月生産データ　（単位：個）

月初仕掛品数量	50（20%）
当月投入数量	90
月末仕掛品数量	40（75%）
完成品	100

※（　）内は加工進捗度を示している。

4．当月原価データ

材料A	117,000円（580kg）
材料B	166,000円（370kg）

ボックス図（単位：kg）

実際

月初 500	完成品 800
当月投入 950	
	減損 250
	月末 400

標準

月初 500	完成品 800
当月投入 900	
	減損 200
	月末 400

歩　留	標準	←歩留差異→	実際		実際	
配合割合	標準		標準	←配合差異→	実際	
材料A	540kg	（−6,000円）	570kg	（−2,000円）	580kg	@200円/kg
材料B	360kg	（−9,000円）	380kg	（+4,500円）	370kg	@450円/kg
合　計	900kg	（−15,000円）	950kg	（+2,500円）	950kg	@300円/kg

減損の標準発生量：800kg × 2kg ÷ 8kg = 200kg

価格差異

材料A：580kg × @200円/kg − 117,000円 = −1,000円（不利）

材料B：370kg × @450円/kg − 166,000円 = 500円（有利）

配合差異

材料A：(570kg − 580kg) × @200円/kg = **−2,000円（不利）**

材料B：(380kg − 370kg) × @450円/kg = **4,500円（有利）**

歩留差異

総　額：(900kg − 950kg) × @300円/kg = −15,000円（不利）

＜参考＞材料別の歩留差異

材料Ａ：(540kg－570kg)×@200円/kg＝－6,000円（不利）

材料Ｂ：(360kg－380kg)×@450円/kg＝－9,000円（不利）

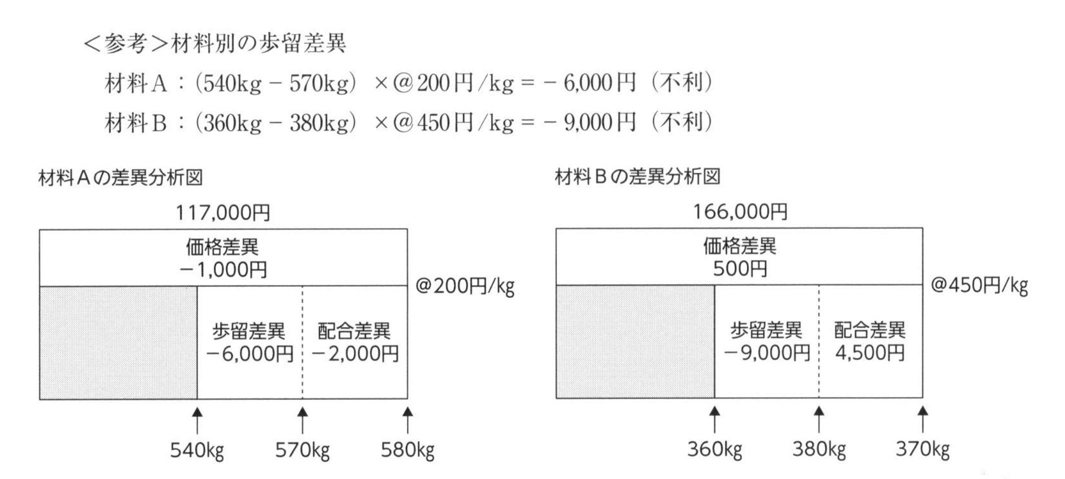

(3) 加重平均標準単価を用いた配合差異の算定方法（配合差異に経済効果を反映する方法）

単価の安い原料の実際配合割合が標準配合割合を上回った場合、**経済的には有利な影響を与えるはず**であるが、通常の方法によると**不利な配合差異**が算定されてしまう。また逆に、単価の安い原料の実際配合割合が標準配合割合を下回った場合、**経済的には不利な影響を与えるはず**が、**有利な配合差異**が算定されてしまう。

この不合理を解消するためには、加重平均標準単価を使用して以下のように配合差異を算定すればよい。

> **材料別配合差異 ＝（標準消費量・標準配合量 － 実際消費量・実際配合量）**
> **×（標準単価 － 加重平均標準単価）**

上記の分析方法をとった場合でも、**歩留差異総額の算定方法は、（2）③と同様**である。

なお、直接材料の種類別に算定する場合には、材料別の標準消費量と実際消費量との差に、加重平均標準単価を乗じて算定する。

> **材料別歩留差異 ＝（標準消費量・標準配合量 － 実際消費量・実際配合量）**
> **× 加重平均標準単価)**

〈分析図〉

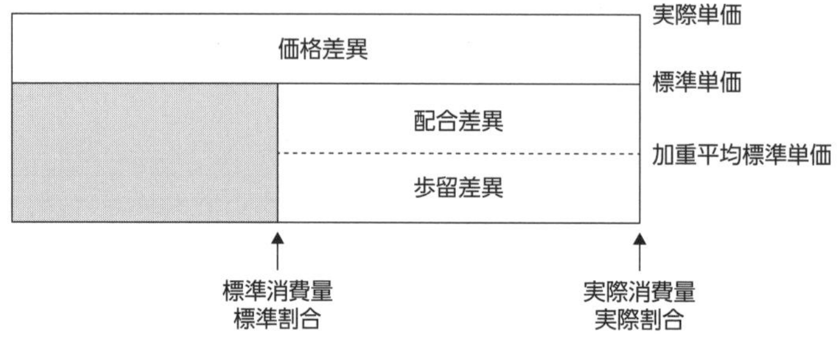

具体例

1．製品1単位の生産には、材料10kgの投入が必要であり、工程終点において2kgが減損し8kgとなる。

2．標準原価カード（製品1個当たり）

	単　価		消費量		原価標準
直接材料費					
材料A	@200円/kg	×	6kg	＝	1,200円
材料B	@450円/kg	×	4kg	＝	1,800円
合　計			10kg		
			△2kg		
標準製造原価			8kg		3,000円

3．当月生産データ　（単位：個）

月初仕掛品数量	50（20％）
当月投入数量	90
月末仕掛品数量	40（75％）
完成品	100

※（　）内は加工進捗度を示している。

4．当月原価データ

材料A	117,000円（580kg）
材料B	166,000円（370kg）

ボックス図（単位：kg）

実際

月初 500	完成品 800
当月投入 950	減損 250
	月末 400

標準

月初 500	完成品 800
当月投入 900	減損 200
	月末 400

歩　留	標準		実際	
配合割合	標準		実際	
材料A	540kg	（　4,000円）	580kg	@200円/kg
材料B	360kg	（−1,500円）	370kg	@450円/kg
合　計	900kg	（−15,000円）	950kg	@300円/kg

減損の標準発生量：800kg × 2kg ÷ 8kg = 200kg

価格差異

材料A：580kg ×@200円/kg − 117,000円 = − 1,000円（不利）

材料B：370kg ×@450円/kg − 166,000円 = 500円（有利）

配合差異

材料A：（540kg − 580kg）×（@200円/kg −@300円/kg）＝ 4,000円（有利）

材料B：（360kg − 370kg）×（@450円/kg −@300円/kg）＝ − 1,500円（不利）

歩留差異

総　額：（900kg − 950kg）×@300円/kg = − 15,000円（不利）

第13章　標準原価計算

<参考>材料別の歩留差異

材料A：(540kg－580kg) ×@300円/kg＝－12,000円（不利）

材料B：(360kg－370kg) ×@300円/kg＝－3,000円（不利）

材料Ａの差異分析図

117,000円

価格差異
－1,000円

@200円/kg

配合差異
4,000円

@300円/kg

歩留差異
－12,000円

540kg　580kg

材料Ｂの差異分析図

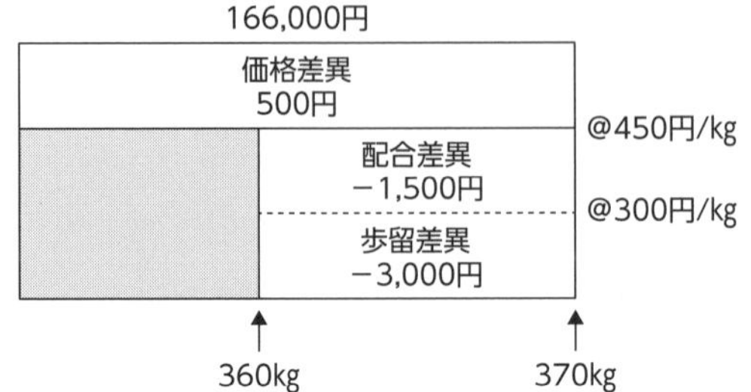

重要ポイント！！

通常の方法と経済効果を反映する方法のどちらで算定しても、配合差異の総額、歩留差異の総額、及び数量差異の金額は変わらない。

■ 例題15　数量差異の分析②

当工場では標準原価計算を採用して、製品Xを生産している。製品Xは工程の始点で2種類の直接材料を合計で10kg投入し、これに加工を行うことで完成するが、工程の終点で減損が発生するため、最終的な重量は8kgとなる。以下の〔資料〕に基づき、各設問に答えなさい。

1．標準原価カード（製品1個当たり）

	単　価		消費量		原価標準
直接材料費					
材料A	@400円/kg	×	6kg	=	2,400円
材料B	@200円/kg	×	4kg	=	800円
			10kg		
			△2kg		
標準製造原価			8kg		3,200円

2．当月生産データ（単位：個）

月初仕掛品数量	250（40％）
当月投入数量	950
月末仕掛品数量	200（50％）
完成品	1,000

※（　）内は加工進捗度を示している。

3．当月原価データ

直接材料費

材料A	2,350,000円（5,800kg）
材料B	812,000円（4,000kg）

問1　通常の方法により、材料A配合差異及び材料B配合差異を算定しなさい。また材料歩留差異を算定しなさい。　重要度A

問2　加重平均単価を使用する方法により、材料A配合差異及び材料B配合差異を算定しなさい。また材料歩留差異を算定しなさい。　重要度C

第13章　標準原価計算

■ 解答解説

問1

〈個数ベースのボックス図〉

月初 250(100)	完成品 1,000
当月投入 950 (1,000)	
	月末 200(100)

〈kgベースのボックス図〉

実際

月初 2,500	完成品 8,000
当月投入 9,800	減損 2,300
	月末 2,000

標準

月初 2,500	完成品 8,000
当月投入 9,500	減損 2,000
	月末 2,000

標準減損量：8,000kg ÷ 8 kg × 2 kg = 2,000kg

歩 留	標準 ⟵ 歩留差異 ⟶ 実際		実際	
配合割合	標準	標準 ⟵ 配合差異 ⟶	実際	
材料A	5,700kg	5,880kg	5,800kg	@400円/kg
材料B	3,800kg	3,920kg	4,000kg	@200円/kg
合 計	9,500kg	9,800kg	9,800kg	@320円/kg

加重平均標準単価：3,200円 ÷ 10kg = @320円/kg

配合差異

材料A：(5,880kg − 5,800kg) ×@400円/kg = 32,000円（有利）

材料B：(3,920kg − 4,000kg) ×@200円/kg = − 16,000円（不利）

歩留差異

(9,500kg − 9,800kg) ×@320円/kg = − 96,000円（不利）

問2

配合差異

材料A：(@400円/kg − @320円/kg) × (5,700kg − 5,800kg) = − 8,000円（不利）

材料B：(@200円/kg − @320円/kg) × (3,800kg − 4,000kg) = 24,000円（有利）

歩留差異

(9,500kg − 9,800kg) ×@320円/kg = − 96,000円（不利）

4 作業時間差異の分析

労働歩留差異

① 意義

労働歩留差異とは、材料の減損が生じる場合に、**標準発生量を超えて生じた減損にかかる直接労務費**である。労働歩留差異を算定する場合、作業時間差異は**労働歩留差異**と**能率差異**（その他の作業時間差異）の２つに分析する。

② 労働歩留差異の算定方法

労働歩留差異は、減損の標準発生量と実際発生量の差に、減損１単位にかかる直接労務費を乗じて算定する。

> 労働歩留差異 ＝（減損の標準発生量 − 減損の実際発生量）× 減損１単位当たり直接労務費

もしくは、材料を示す単位の生産データにおける、減損の標準発生量に基づく標準作業時間（本来、あるべき作業時間）と実際発生量に基づく標準作業時間の差に、標準賃率を乗じることで算定する。

> 労働歩留差異 ＝（減損標準発生量・標準作業時間 − 減損実際発生量・標準作業時間）× 標準賃率

③ 労働歩留差異がある場合の能率差異（その他の作業時間差異）の算定方法

労働歩留差異を算定する場合の能率差異（その他の作業時間差異）は以下のように算定する。

> 能率差異 ＝（減損実際発生量・標準作業時間 − 実際作業時間）× 標準賃率

〈分析図〉

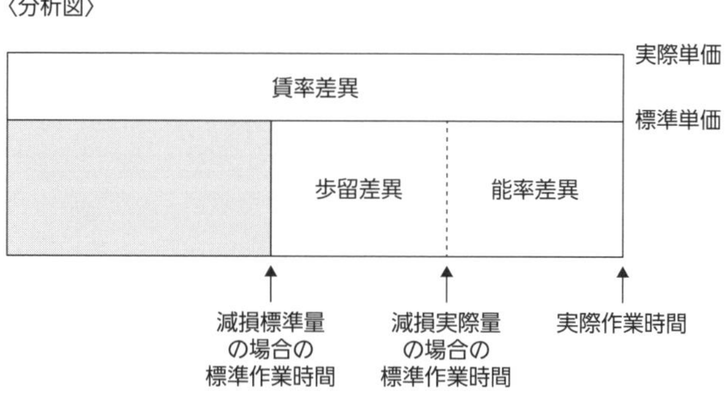

④ 労働歩留差異を算定する理由

通常発生すべき数量を超えて減損が発生したことによって発生した作業時間差異（労働歩留差異）と、その他の原因で生じた作業時間差異（能率差異）を別々に把握することで、**原価管理に役立てるため**である。**減損の発生量を減少させることで、労働歩留差異は解消できるが能率差異は解消できない。**

具体例

1. 製品1単位の生産には、材料10kgの投入が必要であり、工程終点において2kgが減損し8kgとなる。
2. 標準原価カード（製品1個：製品8kg当たり）

	単 価		消費量		原価標準
直接材料費	@300円/kg	×	10kg	=	3,000円
			△2kg		
			8kg		
直接労務費	@1,000円/h	×	5h	=	5,000円
合 計					8,000円

※ 材料の投入量に比例して、直接作業時間は増加する。

3. 当月生産データ（単位：個）

月初仕掛品数量	50（20%）
当月投入数量	90
月末仕掛品数量	40（75%）
完成品	100

※ （ ）内は加工進捗度を示している。

4. 当月原価データ

直接材料費	283,000円（950kg）
直接労務費	640,000円（630h）

ボックス図（単位：個）

実際（A）

月初 50(10)	完成品 100
当月投入 90 (120)	
	月末 40(30)

ボックス図（単位：kg）

実際（B）

月初 500(100)	完成品 800
当月投入 950 (1,250)	減損 250
	月末 400(300)

標準（C）

月初 500(100)	完成品 800
当月投入 900 (1,200)	減損 200
	月末 400(300)

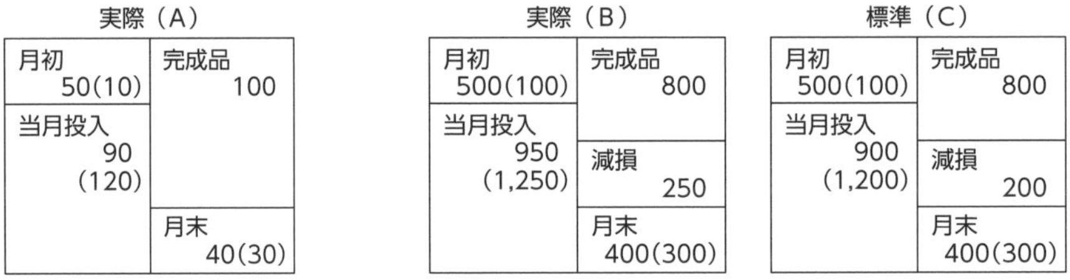

※ 月初：50個×10kg＝500kg
※ 月末：40個×10kg＝400kg
※ 完成品：100個×8kg＝800kg

減損の標準発生量：800kg×2kg÷8kg＝200kg
賃率差異：630h×@1,000円/h－640,000円＝－10,000円（不利）
材料1kgを完成させるのに必要な直接作業時間：5h÷10kg＝@0.5h/kg
標準作業時間
　減損が標準発生量の場合：1,200kg×@0.5h/kg＝600h
　減損が実際発生量の場合：1,250kg×@0.5h/kg＝625h
労働歩留差異：（600h－625h）×@1,000円/h＝－25,000円（不利）
労働能率差異：（625h－630h）×@1,000円/h＝－5,000円（不利）

重要ポイント！！
　標準作業時間は、材料を示す単位のボックス図（BとC）の当月投入の加工換算量に材料1kgを完成させるのに必要な直接作業時間を乗じることで算定する。
　なお、AとCのボックス図における標準作業時間は一致する。

■ 例題16　作業時間差異の分析①

重要度A

当工場では標準原価計算を採用して、製品Ｘを生産している。製品Ｘは工程の始点で直接材料を５kg投入し、これに加工を行うことで完成するが、加工途中で減損が発生するため、最終的な重量は４kgとなる。以下の〔資料〕に基づき、各設問に答えなさい。

１．標準原価カード（製品１個当たり）

	単　価		消費量		原価標準
直接材料費	@200円/kg	×	5kg	=	1,000円
			△1kg		
			4kg		
直接労務費	@800円/h	×	5h	=	4,000円
合　計					5,000円

２．当月生産データ（単位：個）

月初仕掛品数量	250（3/5）
当月投入数量	1,050
月末仕掛品数量	300（1/2）
完成品	1,000

※（　）内は加工進捗度を示している。

３．当月原価データ

直接材料費	1,050,000円（5,300kg）
直接労務費	4,080,000円（5,075h）

問１　減損が終点で発生する場合の、労働歩留差異及び労働能率差異を算定しなさい。なお、直接作業時間は、材料の投入量に比例して増加する。

問２　減損が始点で発生する場合の、労働歩留差異及び労働能率差異を算定しなさい。なお、直接作業時間は、材料の投入量に比例して増加する。

■ 解答解説

問１

〈個数ベースのボックス図〉

借方	貸方
月初 250(150)	完成品 1,000
当月投入 1,050 (1,000)	
	月末 300(150)

〈kgベースのボックス図〉

実際

借方	貸方
月初 1,250(750)	完成品 4,000
当月投入 5,300 (5,050)	減損 1,050
	月末 1,500(750)

標準

借方	貸方
月初 1,250(750)	完成品 4,000
当月投入 5,250 (5,000)	減損 1,000
	月末 1,500(750)

標準減損量：4,000kg ÷ 4kg × 1kg = 1,000kg

材料１kgを完成させるのに必要な直接作業時間：５h ÷ ５kg ＝@１h/kg

労働歩留差異：(5,000kg ×@１h/kg − 5,050kg ×@１h/kg) ×@800円/h ＝ − 40,000円（不利）

労働能率差異：(5,050kg ×@１h/kg − 5,075h) ×@800円/h ＝ − 20,000円（不利）

問2

〈個数ベースのボックス図〉

月初 250(150)	完成品 1,000
当月投入 1,050 (1,000)	
	月末 300(150)

〈kgベースのボックス図〉

実際

月初 1,000(600)	完成品 4,000
当月投入 5,300 (4,000)	減損 1,100 (0)
	月末 1,200(600)

標準

月初 1,000(600)	完成品 4,000
当月投入 5,250 (4,000)	減損 1,050 (0)
	月末 1,200(600)

材料１kgを完成させるのに必要な直接作業時間：５ｈ÷４kg＝@1.25ｈ/kg

労働歩留差異：発生しない（減損が始点発生のため）

労働能率差異：(4,000kg×@1.25ｈ/kg－5,075ｈ）×@800円/ｈ＝－60,000円（不利）

5 製造間接費差異の分析

製造間接費歩留差異

① 意義

製造間接費歩留差異とは、材料の減損が生じる場合に、**標準発生量を超えて生じた減損にかかる製造間接費**である。製造間接費歩留差異を算定する場合、仮に３分法のⅠを採用すれば、製造間接費差異はさらに歩留差異を算定して４つに分けられる。

② 製造間接費歩留差異の算定方法

製造間接費歩留差異は、減損の標準発生量と実際発生量の差に、減損１単位に配賦される製造間接費を乗じて算定する。

> 製造間接費歩留差異 ＝（減損の標準発生量 － 減損の実際発生量）
> × 減損１単位に配賦される製造間接費

もしくは、材料を示す単位の生産データにおける、減損の標準発生量に基づく標準操業度（本来、あるべき操業度）と実際発生量に基づく標準操業度の差に、標準配賦率を乗じることで算定する。

> 製造間接費歩留差異 ＝（減損標準発生量・標準操業度 － 減損実際発生量・標準操業度）
> × 標準配賦率

③ 製造間接費歩留差異と能率差異

３分法のⅠを前提にすれば、製造間接費歩留差異を算定する場合の（その他の）能率差異は以下のように算定する。

> 能率差異 ＝（減損実際発生量・標準操業度 － 実際操業度）× 標準配賦率

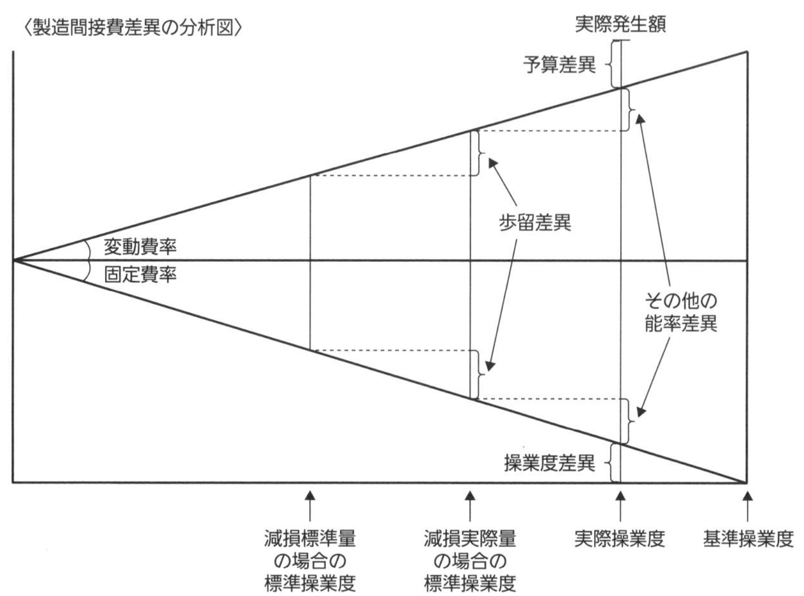

④　製造間接費歩留差異を算定する理由

通常発生すべき数量を超えて減損が発生したことによって発生した能率差異（歩留差異）と、その他の原因で生じた能率差異（その他の能率差異）を別々に把握することで、**原価管理に役立てるためである。減損の発生量を減少させることで、歩留差異は解消できるがその他の能率差異は解消できない。**

具体例

1．製品１単位の生産には、材料10kgの投入が必要であり、工程終点において２kgが減損し８kgとなる。

2．標準原価カード（製品１個：製品８kg当たり）

	単　価		消費量		原価標準
直接材料費	@300円/kg	×	10kg	=	3,000円
			△２kg		
			８kg		
直接労務費	@1,000円/ｈ	×	５ｈ	=	5,000円
製造間接費	@1,200円/ｈ	×	５ｈ	=	6,000円
合　計					14,000円

3．当月生産データ（単位：個）

月初仕掛品数量	50（20%）
当月投入数量	90
月末仕掛品数量	40（75%）
完成品	100

※（　）内は加工進捗度を示している。

4．当月原価データ

直接材料費	283,000円（950kg）
直接労務費	640,000円（630ｈ）
製造間接費	764,000円

5．製造間接費は直接作業時間を基準に製品に標準配賦している。固定製造間接費予算は320,000円であり、月間基準操業度は640ｈである。製造間接費は公式法変動予算により管理しており、差異分析は能率差異を標準配賦率から算定するタイプの３分法により行っている。

ボックス図（単位：kg）

実際

月初 500(100)	完成品 800
当月投入 950 (1,250)	減損 250
	月末 400(300)

標準

月初 500(100)	完成品 800
当月投入 900 (1,200)	減損 200
	月末 400(300)

材料１kgを完成させるのに必要な直接作業時間：５ｈ÷10kg＝@0.5ｈ/kg

実際歩留・標準作業時間：1,250kg×@0.5ｈ/kg＝625ｈ

標準歩留・標準作業時間：1,200kg×@0.5ｈ/kg＝600ｈ

製造間接費標準配賦率

変動費率：@1,200円/ｈ－@500円/ｈ＝@700円/ｈ

固定費率：320,000円÷640ｈ＝@500円/ｈ

予算差異：(@700円/ｈ×630ｈ＋320,000円）－764,000円＝－3,000円（不利）

歩留差異：(600ｈ－625ｈ）×@1,200円/ｈ＝－30,000円（不利）

能率差異：(625 h － 630 h) ×@1,200円／ h ＝－ 6,000円（不利）

操業度差異：(630 h － 640 h) ×@500円／ h ＝－ 5,000円（不利）

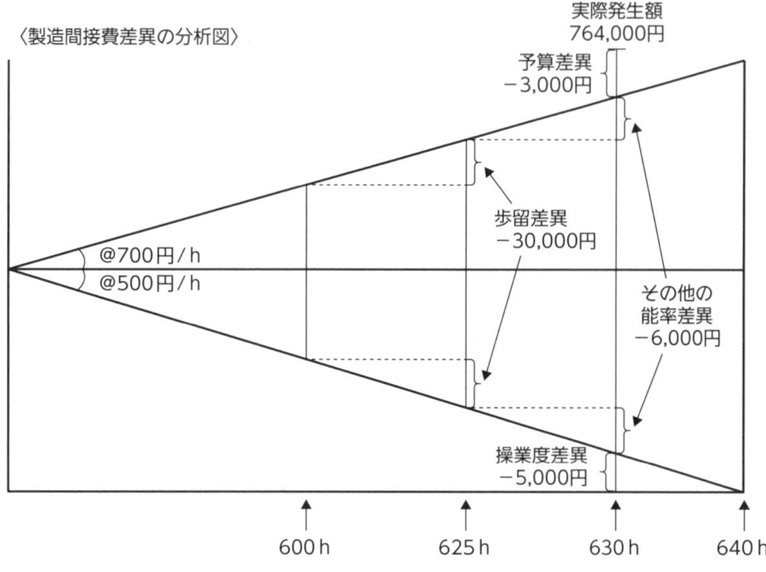

■ 例題17　製造間接費差異の分析

当工場では標準原価計算を採用して、製品Xを生産している。製品Xは工程の始点で直接材料を12kg投入し、これに加工を行うことで完成するが、工程の終点で減損が発生するため、最終的な重量は10kgとなる。以下の〔**資料**〕に基づき、各設問に答えなさい。

1．標準原価カード（製品1個当たり）

	単　価		消費量		原価標準
直接材料費	@200円/kg	×	12kg	=	2,400円
			△2kg		
			10kg		
直接労務費	@400円/h	×	4.5 h	=	1,800円
製造間接費	@800円/h	×	4.5 h	=	3,600円
標準製造原価					7,800円

2．当月生産データ（単位：個）

月初仕掛品数量	300（50%）
当月投入数量	2,500
月末仕掛品数量	200（25%）
完成品	2,600

※（　）内は加工進捗度を示している。

3．当月原価データ

直接材料費	6,000,000円（30,200kg）
直接労務費	4,500,000円（11,350 h）
製造間接費	9,200,000円

4．その他

① 製造間接費は、直接作業時間に基づき製品に標準配賦している。

② 製造間接費は公式法変動予算によって管理しており、年間固定費予算額は69,000,000円である。なお、年間の基準操業度は138,000 hである。

③ 月間予算は、年間予算の12分の1として計算すること。

④ 材料の投入量に比例して直接作業時間は増加する。

問1　製造間接費を4分法によって管理した場合、製造間接費差異を予算差異、変動費能率差異、固定費能率差異、操業度差異、歩留差異に分析しなさい。　重要度B

問2　製造間接費を3分法によって管理した場合、製造間接費差異を予算差異、能率差異、操業度差異、歩留差異に分析しなさい。ただし、能率差異は標準配賦率から算定すること。　重要度A

問3　製造間接費を3分法によって管理した場合、製造間接費差異を予算差異、能率差異、操業度差異、歩留差異に分析しなさい。ただし、能率差異は変動費率から算定すること。　重要度A

■ 解答解説

問１

〈個数ベースのボックス図〉

月初 300(150)	完成品 2,600
当月投入 2,500 (2,500)	
	月末 200(50)

〈kgベースのボックス図〉

実際

月初 3,600(1,800)	完成品 26,000
当月投入 30,200 (30,200)	減損 5,400
	月末 2,400(600)

標準

月初 3,600(1,800)	完成品 26,000
当月投入 30,000 (30,000)	減損 5,200
	月末 2,400(600)

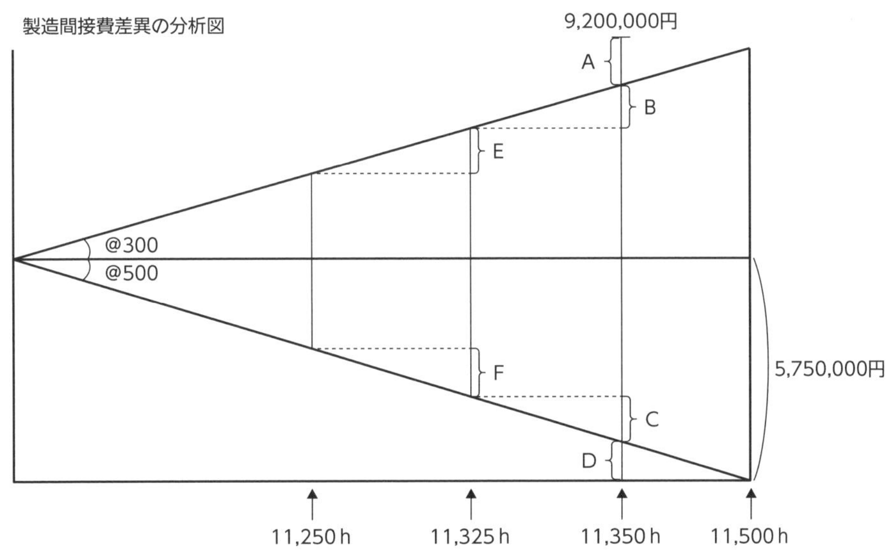

製造間接費基準操業度：138,000 h ÷ 12 ヶ月 = 11,500 h

製造間接費配賦率

　固定費率：69,000,000円 ÷ 138,000 h = @500円／h

　変動費率：@800円／h − @500円／h = @300円／h

直接材料 1 kgを完成させるのに必要な直接作業時間：4.5 h ÷ 12kg = @0.375 h /kg

歩留標準・標準直接作業時間

　30,000kg × @0.375 h /kg = 11,250 h

歩留実際・標準直接作業時間

　30,200kg × @0.375 h /kg = 11,325 h

各記号の数値

　A→予算差異：(@300円／h × 11,350 h + @500円／h × 11,500 h) − 9,200,000円 = − 45,000円（不利）

　B→変動費能率差異：(11,325 h − 11,350 h) × @300円／h = − 7,500円（不利）

　C→固定費能率差異：(11,325 h − 11,350 h) × @500円／h = − 12,500円（不利）

　D→操業度差異：(11,350 h − 11,500 h) × @500円／h = − 75,000円（不利）

　E→ (11,250 h − 11,325 h) × @300円／h = − 22,500円（不利）

　F→ (11,250 h − 11,325 h) × @500円／h = − 37,500円（不利）

　E + F→歩留差異： − 60,000円（不利）

問2

A→予算差異：－45,000円（不利）

B＋C→能率差異：－20,000円（不利）

D→操業度差異：－75,000円（不利）

E＋F→歩留差異：－60,000円（不利）

問3

A→予算差異：－45,000円（不利）

B→能率差異：－7,500円（不利）

C＋D→操業度差異：－87,500円（不利）

E＋F→歩留差異：－60,000円（不利）

■ 例題18　歩留差異総合問題　重要度A

当工場では製品Xを生産している。製品Xの生産では、工程の始点で直接材料を12kg投入するが製造工程で減損が生じ10kgとなる。原価計算方法は標準原価計算を採用している。以下の〔**資料**〕に基づき、各設問に答えなさい。

1．標準原価カード（製品1個当たり）

	単　価		消費量		原価標準
直接材料費	@1,000円/kg	×	12kg	=	12,000円
			△2kg		
			10kg		
直接労務費	@1,000円/h	×	6h	=	6,000円
製造間接費	@1,200円/h	×	6h	=	7,200円
標準製造原価					25,200円

2．当月の製品Xの生産データ（単位：個）

月初仕掛品数量	200	(1/2)
当月投入数量	1,200	
月末仕掛品数量	150	(1/3)
完成品	1,250	

※（　）内は加工進捗度を示している。

3．当月の製造原価の実際発生額

直接材料費	14,612,000円	(14,600kg)
直接労務費	7,380,000円	(7,400h)
製造間接費	8,980,000円	

4．製造間接費は、直接作業時間に基づき製品に標準配賦している。当月の固定製造間接費予算は4,500,000円であり、基準操業度は7,500hである。なお、製造間接費は3分法による公式法変動予算で管理している。ただし、能率差異は標準配賦率から算定すること。

5．材料投入量に比例して直接作業時間は増減する。

問1　減損が始点発生の場合の完成品原価、月初・月末仕掛品原価を算定しなさい。

問2　問1の場合の標準原価差異を分析しなさい。

問3　減損が終点発生の場合の完成品原価、月初・月末仕掛品原価を算定しなさい。

問4　問3の場合の標準原価差異を分析しなさい。

■ 解答解説

問1

〈個数ベース・ボックス図〉

仕掛品

月初仕掛品 200(100)	完成品 1,250
当月投入 1,200 (1,200)	月末仕掛品 150(50)

〈kgベース・実際のボックス図〉

仕掛品

月初仕掛品 2,000(1,000)	完成品 12,500
当月投入 14,600 (12,000)	減損 2,600 (0)
	月末仕掛品 1,500(500)

〈kgベース・標準のボックス図〉

仕掛品

月初仕掛品 2,000(1,000)	完成品 12,500
当月投入 14,400 (12,000)	減損 2,400 (0)
	月末仕掛品 1,500(500)

※ 減損の標準発生量：(12,500kg + 1,500kg − 2,000kg) × 20% = 2,400kg

月初仕掛品原価

200個×@12,000円/個＋100個×（@6,000円/個＋@7,200円/個）＝3,720,000円

月末仕掛品原価

150個×@12,000円/個＋50個×（@6,000円/個＋@7,200円/個）＝2,460,000円

完成品総合原価

1,250個×@25,200円/個＝31,500,000円

問2

製造間接費固定費率：4,500,000円÷7,500 h ＝@600円/ h

製造間接費変動費率：@1,200円/ h －@600円/ h ＝600円/ h

直接材料費差異

価格差異：14,600kg×@1,000円/kg－14,612,000円＝－12,000円（不利）

歩留差異：(14,400kg－14,600kg) ×@1,000円/kg＝－200,000円（不利）

直接労務費差異

賃率差異：7,400 h ×@1,000円/ h －7,380,000円＝20,000円（有利）

歩留差異：発生しない

能率差異：(1,200個×@6 h/個－7,400 h) ×@1,000円/ h ＝－200,000円（不利）

製造間接費差異

予算差異：(7,400 h ×@600円/ h ＋4,500,000円) －8,980,000円＝－40,000円（不利）

歩留差異：発生しない

能率差異：(1,200個×@6 h/個－7,400 h) ×@1,200円/ h ＝－240,000円（不利）

操業度差異：(7,400 h －7,500 h) ×@600円/ h ＝－60,000円（不利）

問3 問1と同様である

月初仕掛品原価：3,720,000円

月末仕掛品原価：2,460,000円

完成品総合原価：31,500,000円

問４

〈個数ベース・ボックス図〉

仕掛品

借方	貸方
月初仕掛品 200(100)	完成品 1,250
当月投入 1,200 (1,200)	月末仕掛品 150(50)

〈kgベース・実際のボックス図〉

仕掛品

借方	貸方
月初仕掛品 2,400(1,200)	完成品 12,500
当月投入 14,600 (14,600)	減損 2,700
	月末仕掛品 1,800(600)

〈kgベース・標準のボックス図〉

仕掛品

借方	貸方
月初仕掛品 2,400(1,200)	完成品 12,500
当月投入 14,400 (14,400)	減損 2,500
	月末仕掛品 1,800(600)

※　減損の標準発生量：12,500kg × 20% = 2,500kg

直接材料費差異

　価格差異：14,600kg ×@1,000円/kg − 14,612,000円 = − 12,000円（不利）

　歩留差異：(14,400kg − 14,600kg) ×@1,000円/kg = − 200,000円（不利）

直接労務費差異

　賃率差異：7,400 h ×@1,000円/ h − 7,380,000円 = 20,000円（有利）

　歩留差異：(14,400kg − 14,600kg) ÷ 12kg × 6 h ×@1,000円/ h = − 100,000円（不利）

　能率差異：(14,600kg ÷ 12kg × 6 h − 7,400 h) ×@1,000円/ h = − 100,000円（不利）

製造間接費差異

　予算差異：(7,400 h ×@600円/ h + 4,500,000円) − 8,980,000円 = − 40,000円（不利）

　歩留差異：(14,400kg − 14,600kg) ÷ 12kg × 6 h ×@1,200円/ h = − 120,000円（不利）

　能率差異：(14,600kg ÷ 12kg × 6 h − 7,400 h) ×@1,200円/ h = − 120,000円（不利）

　操業度差異：(7,400 h − 7,500 h) ×@600円/ h = − 60,000円（不利）

第８節　工程別標準原価計算・作業点別標準原価計算

1　工程別標準原価計算

標準原価計算では、原価標準が予め定められているので、生産量が確定すれば、それに原価標準を乗じることで製品原価が計算できる。したがって、**累加法を採用する場合でも**、実際原価計算のように**前工程の計算が終了しないと次工程の計算ができなくなるということはない**。また、月初仕掛品と当月投入に同一の原価標準が適用されるため、**累加法と非累加法との計算結果は一致**する。

2　作業点別標準原価計算

作業現場が作業区分に分かれている場合、**原価管理を有効に行うためには、作業区分ごとに管理**を行う必要がある。一般に**直接労務費は作業区分ごとに差異を把握**するが、**製造間接費は工程全体で管理**することになる。

■ 例題19　工程別標準原価計算

当工場では標準原価計算を採用して製品Ｘを生産している。以下の〔資料〕に基づき、各設問に答えなさい。

1．標準原価カード（製品１個当たり）

		単　価		消費量		原価標準
直接材料費	材料Ａ	@500円/kg	×	2 kg	=	1,000円
	材料Ｂ	@400円/kg	×	2 kg	=	800円
直接労務費	第一工程	@800円/ h	×	1 h	=	800円
	第二工程	@1,000円/ h	×	1.5 h	=	1,500円
製造間接費	第一工程	@1,000円/ h	×	1 h	=	1,000円
	第二工程	@1,200円/ h	×	1.5 h	=	1,800円
合　計						6,900円

※　材料Ａは第一工程の始点で投入され、材料Ｂは第二工程の始点で投入される。

2．当月の製品Ｘの生産データ（単位：個）

	第一工程	第二工程
月初仕掛品数量	100（50%）	300（40%）
当月投入数量	800	700
月末仕掛品数量	200（75%）	100（20%）
完成品	700	900

※（　）内は加工進捗度を示している。

3．当月の製造原価の実際発生額

直接材料費	材料Ａ：	800,000円	(1,620kg)
	材料Ｂ：	570,000円	(1,420kg)
直接労務費	第一工程：	650,000円	(795 h)
	第二工程：	1,205,000円	(1,200 h)
製造間接費	第一工程：	800,000円	
	第二工程：	1,500,000円	

4．製造間接費について

工程	変動費率	固定費率	配賦基準	基準操業度
第一工程	@500円/ h	@500円/ h	直接作業時間	800 h
第二工程	@500円/ h	@700円/ h	直接作業時間	1,250 h

※　製造間接費は両工程とも３分法による公式法変動予算で管理している。ただし、能率差異は標準配賦率から算定すること。

問１　累加法について、第一工程及び第二工程の仕掛品勘定の記入をパーシャル・プランによって行いなさい。なお、原価差異は工程ごとに一括して記入すること。　重要度Ａ

問２　問１における標準原価差異を分析しなさい。　重要度Ａ

問３　非累加法について、第一工程及び第二工程の仕掛品勘定の記入をパーシャル・プランによって行いなさい。なお、原価差異は工程ごとに一括して記入すること。（参考問題）　重要度Ｃ

第13章　標準原価計算

■ 解答解説

問1

第一工程

月初 100(50)	完成品 700
当月投入 800 (800)	月末 200(150)

第二工程

月初 300(120)	完成品 900
当月投入 700 (800)	月末 100(20)

第一工程―仕掛品　（単位：円）

前月繰越	190,000	第二工程	1,960,000
材料A	800,000	標準原価差異	10,000
直接労務費	650,000	次月繰越	470,000
製造間接費	800,000		

第二工程―仕掛品　（単位：円）

前月繰越	1,476,000	製品	6,210,000
第一工程	1,960,000	標準原価差異	75,000
材料B	570,000	次月繰越	426,000
直接労務費	1,205,000		
製造間接費	1,500,000		

第一工程

前月繰越：100個×@1,000円/個＋50個×（@800円/個＋@1,000円/個）＝190,000円

次月繰越：200個×@1,000円/個＋150個×（@800円/個＋@1,000円/個）＝470,000円

完成品（第二工程）：700個×@2,800円/個（第一工程標準原価）＝1,960,000円

標準原価差異：800個×@1,000円/個＋800個×（@800円/個＋@1,000円/個）
－800,000円－650,000円－800,000円＝－10,000円（不利）

第二工程

前月繰越：300個×（@2,800円/個＋@800円/個）＋120個×（@1,500円/個＋@1,800円/個）
＝1,476,000円

次月繰越：100個×（@2,800円/個＋@800円/個）＋20個×（@1,500円/個＋@1,800円/個）
＝426,000円

完成品（製品）：900個×@6,900円/個＝6,210,000円

標準原価差異：700個×@800円/個＋800個×（@1,500円/個＋@1,800円/個）
－570,000円－1,205,000円－1,500,000円＝－75,000円（不利）

重要ポイント！！
第二工程月初・月末仕掛品は、第一工程の標準原価をすべて負担する。

問2

第一工程

直接材料費差異

価格差異：1,620kg×@500円/kg－800,000円＝10,000円（有利）

数量差異：（800個×@2kg/個－1,620kg）×@500円/kg＝－10,000円（不利）

直接労務費差異

賃率差異：795h×@800円/h－650,000円＝－14,000円（不利）

作業時間差異：（800個×@1h/個－795h）×@800円/h＝4,000円（有利）

製造間接費差異

予算差異：795ｈ×@500円／ｈ＋800ｈ×@500円／ｈ－800,000円＝－2,500円（不利）

能率差異：(800個×@１ｈ／個－795ｈ）×@1,000円／ｈ＝5,000円（有利）

操業度差異：(795ｈ－800ｈ）×@500円／ｈ＝－2,500円（不利）

第二工程

直接材料費差異

価格差異：1,420kg×@400円/kg－570,000円＝－2,000円（不利）

数量差異：(700個×@２kg/個－1,420kg）×@400円/kg＝－8,000円（不利）

直接労務費差異

賃率差異：1,200ｈ×@1,000円／ｈ－1,205,000円＝－5,000円（不利）

作業時間差異：(800個×@1.5ｈ／個－1,200ｈ）×@1,000円／ｈ＝０円

製造間接費差異

予算差異：1,200ｈ×@500円／ｈ＋1,250ｈ×@700円／ｈ－1,500,000円＝－25,000円（不利）

能率差異：(800個×@1.5ｈ／個－1,200ｈ）×@1,200円／ｈ＝０円

操業度差異：(1,200ｈ－1,250ｈ）×@700円／ｈ＝－35,000円（不利）

問３

第一工程費

月初 400(350)	完成品 900
当月投入 800 (800)	月末 300(250)

第二工程費

月初 300(120)	完成品 900
当月投入 700 (800)	月末 100(20)

第一工程費　（単位：円）

前月繰越	1,030,000	製品	2,520,000
材料A	800,000	標準原価差異	10,000
直接労務費	650,000	次月繰越	750,000
製造間接費	800,000		

第二工程費　（単位：円）

前月繰越	636,000	製品	3,690,000
材料B	570,000	標準原価差異	75,000
直接労務費	1,205,000	次月繰越	146,000
製造間接費	1,500,000		

第一工程費

前月繰越：400個×@1,000円／個＋350個×（@800円／個＋@1,000円／個）＝1,030,000円

次月繰越：300個×@1,000円／個＋250個×（@800円／個＋@1,000円／個）＝750,000円

製　品：900個×@2,800円／個＝2,520,000円

標準原価差異：問１参照

第二工程費

前月繰越：300個×@800円／個＋120個×（@1,500円／個＋@1,800円／個）＝636,000円

次月繰越：100個×@800円／個＋20個×（@1,500円／個＋@1,800円／個）＝146,000円

製　品：900個×@4,100円／個（第二工程標準原価）＝3,690,000円

標準原価差異：問１参照

第13章 標準原価計算

■ 例題20　作業点別標準原価計算

重要度B

当工場では製品Xを生産している。原価計算方法は標準原価計算を採用している。以下の〔資料〕に基づき、各設問に答えなさい。

1．標準原価カード（製品1個当たり）

	単　価		消費量		原価標準
直接材料費	@250円/kg	×	8 kg	＝	2,000円
直接労務費					
第一作業	@600円/h		2 h	＝	1,200円
第二作業	@800円/h	×	3 h	＝	2,400円
製造間接費	@500円/h	×	5 h	＝	2,500円
合　計					8,100円

※　製造間接費は直接作業時間を基準に製品に配賦している。月間の基準操業度は6,800 hであり、変動費率は@200円/hである。なお、変動費からのみ能率差異を算定する方法により差異分析を行う。

2．当月の製品Xの生産データ（単位：個）

月初仕掛品数量	100	（第一作業の1/2）
当月投入数量	1,300	
月末仕掛品数量	150	（第二作業の1/3）
完成品	1,250	

3．当月の製造原価の実際発生額

直接材料費	2,620,000円	（10,420kg）
直接労務費		
第一作業	1,635,000円	（2,720 h）
第二作業	3,195,000円	（3,980 h）
製造間接費	3,420,000円	

問1　仕掛品勘定の記入をパーシャル・プランにより行いなさい。なお、原価差異は一括して記入すること。

問2　問1における標準原価差異を分析しなさい。

■ 解答解説

問1

第一作業（単位：個）

月初 100(50)	第二作業 1,400
当月投入 1,300 (1,350)	

第二作業（単位：個）

当月投入 1,400 (1,300)	完成品 1,250
	月末 150(50)

工程全体（単位：個）

月初 100(20)	完成品 1,250
当月投入 1,300 (1,320)	月末 150(90)

仕掛品　（単位：円）

借方	金額	貸方	金額
前月繰越	310,000	製品	10,125,000
直接材料費	2,620,000	標準原価差異	230,000
直接労務費（第一作業）	1,635,000	次月繰越	825,000
直接労務費（第二作業）	3,195,000		
製造間接費	3,420,000		

前月繰越：100個×@2,000円/個＋50個×@1,200円/個＋20個×@2,500円/個＝310,000円

次月繰越：150個×（@2,000円/個＋@1,200円/個）＋50個×@2,400円/個＋90個×@2,500円/個
＝825,000円

製　　品：1,250個×@8,100円/個＝10,125,000円

標準原価差異

1,300個×@2,000円/個＋1,350個×@1,200円/個＋1,300個×@2,400円/個
＋1,320個×@2,500円/個－10,870,000円（当月投入原価合計）＝－230,000円（不利）

問2

直接材料費差異

価格差異：10,420kg×@250円/kg－2,620,000円＝－15,000円（不利）

数量差異：（1,300個×@8kg/個－10,420kg）×@250円/kg＝－5,000円（不利）

直接労務費差異

第一作業

賃率差異：2,720h×@600円/h－1,635,000円＝－3,000円（不利）

作業時間差異：（1,350個×@2h/個－2,720h）×@600円/h＝－12,000円（不利）

第二作業

賃率差異：3,980h×@800円/h－3,195,000円＝－11,000円（不利）

作業時間差異：（1,300個×@3h/個－3,980h）×@800円/h＝－64,000円（不利）

製造間接費差異

予算差異：（6,700h×@200円/h＋6,800h×@300円/h）－3,420,000円＝－40,000円（不利）

能率差異：（1,320個×@5h/個－2,720h－3,980h）×@200円/h＝－20,000円（不利）

操業度差異：（1,320個×@5h/個－6,800h）×@300円/h＝－60,000円（不利）

重要ポイント！！

作業点別標準原価計算では、作業区分ごとのボックス図と、工程全体のボックス図を作成して計算する。

第14章
直接原価計算

第１節　直接原価計算総論

1 直接原価計算の意義

直接原価計算とは、原価（製造原価と販売費及び一般管理費）を、会計機構の上で、**主として変動費である直接原価**と、**主として固定費である期間原価とに区分**し、**限界利益（貢献利益）**と**営業利益**という計算段階に分けて計算する損益計算方法である。

直接原価計算の損益計算書では、変動製造原価を売上原価に計上し、売上高から売上原価を控除し、変動製造マージンを算定する。変動製造マージンから変動販売費を差し引いて限界利益（貢献利益）を算定する。そして、限界利益（貢献利益）から固定費（固定製造原価及び固定販売費及び一般管理費）を控除して営業利益が算定される。

全部原価計算

Ⅰ　売上高		×××
Ⅱ　売上原価		
1．期首製品棚卸高	×××	
2．当期製品製造原価	×××	
計	×××	
3．期末製品棚卸高	×××	×××
売上総利益		×××
Ⅲ　販売費及び一般管理費		×××
営業利益		×××

直接原価計算

Ⅰ　売上高		×××
Ⅱ　変動売上原価		
1．期首製品棚卸高	×××	
2．当期製品製造原価	×××	
計	×××	
3．期末製品棚卸高	×××	×××
製造マージン		×××
Ⅲ　変動販売費		×××
限界利益		×××
Ⅳ　固定費		
1．製造原価	×××	
2．販売費及び一般管理費	×××	×××
営業利益		×××

2 直接原価計算の必要性

短期利益計画を設定する上では、ＣＶＰ分析が有用である。ここで、ＣＶＰ分析を行うためには、原価要素が固定費と変動費に分かれていなければならないが、直接原価計算によれば、原価要素の固定費と変動費の区分が勘定組織に組み込まれ、常時継続的に計算・記録されるため、**即座にＣＶＰ関係の情報を得ることができる**。

3 直接原価計算の特徴

直接原価計算の特徴は、以下の４つを挙げることができる。

① 原価を変動費と固定費とに区分する。

② 変動製造原価のみで製品原価を算定する。

③ 固定製造原価は、期間費用として発生時に費用計上する。

④ 売上高から変動費のみを控除し、限界利益（貢献利益）を算定する。

4 直接原価計算の長所

直接原価計算の長所は以下の３つである。

長　所	・短期利益計画に有用な情報が提供できる ・意思決定に有用な情報が提供できる ・原価管理に役立つ

⑴ 短期利益計画に有用な情報が提供できる

直接原価計算によれば、原価要素の固定費と変動費の区分が勘定組織に組み込まれ、常時継続的に計算・記録されるため、**即座にＣＶＰ関係の情報を得ることができる**。また、セグメント別の限界利益・貢献利益を示すため、**セグメントの業績が評価できる**。さらに、利益が売上高に比例して増加するため、**経営者の感覚に合致する**。

⑵ 意思決定に有用な情報が提供できる

変動費は差額原価、固定費は埋没原価となりやすいので、最適セールスミックスや価格決定、その他の差額原価収益分析といった意思決定に、有用な原価情報を提供できる。

⑶ 原価管理に有用な情報が提供できる

固定費と変動費では、その管理責任者と管理方法が異なるが、直接原価計算ではこれを区別しているため、**原価管理をする上で有用**である。

すなわち、変動費は現場管理者にとって管理可能であるものが多く、固定費は現場管理者にとって管理不能であり、より上位の役職者によってのみ管理可能であることが多い。また、変動費は標準原価計算によって管理し、固定費は長期経営計画や予算によって管理することができる。

5 直接原価計算の短所

直接原価計算の短所は以下の３つである。

短　所	・固定費と変動費の区分に恣意性が介入してしまう ・長期的な観点からの価格決定に不向き ・財務諸表作成には、結局全部原価計算が必要となる

⑴　固定費と変動費の区分の恣意性

直接原価計算においては、**原価を固定費と変動費に分解**しなければならないが、準固定費や準変動費など、どうしても**恣意的にならざるを得ない**部分がある。

⑵　価格決定

直接原価計算における利益情報は短期的な価格決定に有用である。しかし、**長期的には固定費も回収しなければならず**、そのことを常に注意する必要がある。

⑶　財務諸表作成

直接原価計算を採用しても、**公表用財務諸表は全部原価計算で作成**しなければならず、両者の併用は事務的なコストがかさむ。

6 原価計算制度及び製品別計算との関わり

直接原価計算は実際原価計算制度と標準原価計算制度のどちらの下でも採用することが可能であり、さらに製品別計算との関わりも含めて示すと以下のようになる。

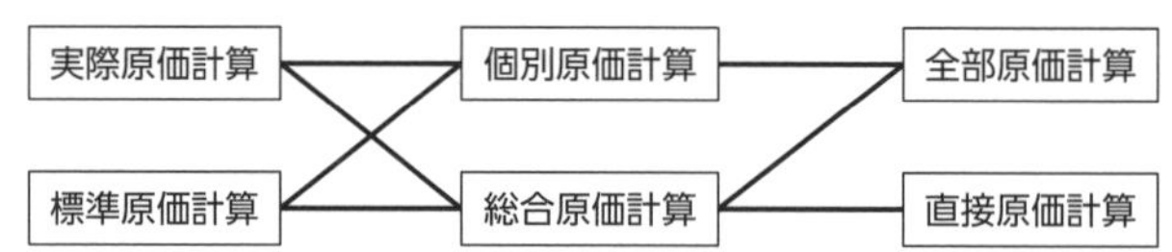

第２節　全部原価計算と直接原価計算の営業利益の相違

1　全部原価計算と直接原価計算の損益計算構造

全部原価計算は、すべての製造原価を製品原価とし、すべての販売費及び一般管理費を発生時の費用（期間原価）とする原価計算方法であり、直接原価計算は、変動製造原価のみを製品原価とし、固定製造原価及びすべての販売費及び一般管理費を発生時の費用（期間原価）とする原価計算方法である。

つまり、全部原価計算と直接原価計算の**営業利益に相違が生じる要因**は、**製造原価のうち固定費の取り扱い**にある。

<全部原価計算と直接原価計算の比較>

<table>
<tr><th colspan="2">原価の分類</th><th colspan="2">全部原価計算</th><th colspan="2">直接原価計算</th></tr>
<tr><td rowspan="2">製造原価</td><td>変動費</td><td rowspan="2">製品原価</td><td rowspan="2">販売分のみ費用計上
在庫分は資産計上</td><td>製品原価</td><td>販売分のみ費用計上
在庫分は資産計上</td></tr>
<tr><td>固定費</td><td>期間原価</td><td>発生時に費用計上</td></tr>
<tr><td rowspan="2">販売費及び一般管理費</td><td>変動費</td><td rowspan="2">期間原価</td><td rowspan="2">発生時に費用計上</td><td rowspan="2">期間原価</td><td rowspan="2">発生時に費用計上</td></tr>
<tr><td>固定費</td></tr>
</table>

■ 例題1　直接原価計算の損益計算書

重要度A

当社では、製品Xを大量生産しており、単純総合原価計算を行っている。以下の資料に基づいて、各問に答えなさい。

1．当月の生産販売データ（単位：個）

月初仕掛品	0		月初製品	200
当月投入	500		当月完成	400
計	500		計	600
月末仕掛品	100	(1/2)	月末製品	100
当月完成	400		当月販売	500

※（　）内は加工進捗度を表している。

2．月初棚卸資産帳簿価額

月初製品原価　520,000円　（内、固定費120,000円）

3．当月製造費用

直接材料費　500,000円
直接労務費　250,000円
変動製造間接費　200,000円
固定製造間接費　225,000円

4．当月販売費及び一般管理費

販売費　150,000円（内、固定費50,000円）
一般管理費　50,000円（すべて固定費）

5．その他

(1)　原価配分の仮定は先入先出法によって行うこと。
(2)　製品Xの販売価格は@3,000円/個である。
(3)　直接材料費及び直接労務費はすべて変動費である。

問1　直接原価計算による当月の損益計算書を作成しなさい。
問2　全部原価計算による当月の損益計算書を作成しなさい。

■ 解答解説

問１

直接原価計算による損益計算書

Ⅰ　売上高		1,500,000円
Ⅱ　変動売上原価		
１．月初製品	400,000円	
２．当月完成	800,000円	
合　計	1,200,000円	
３．月末製品	200,000円	1,000,000円
変動製造マージン		500,000円
Ⅲ　変動販売費		100,000円
限界利益		400,000円
Ⅳ　固定費		
１．製造費用	225,000円	
２．販売費	50,000円	
３．一般管理費	50,000円	325,000円
営業利益		75,000円

(1)　ボックス図

(2)　月末仕掛品原価

直接材料費：500,000円÷500個×100個＝100,000円

変動加工費：(250,000円＋200,000円）÷450個×50個＝50,000円　　∴　150,000円

(3)　当月完成品原価

500,000円＋250,000円＋200,000円－150,000円＝800,000円

（250,000円＋200,000円＝450,000）

(4)　月末製品原価：800,000円÷400個×100個＝200,000円

(5)　変動販売費：150,000円－50,000円＝100,000円

問2

全部原価計算における損益計算書

Ⅰ　売上高		1,500,000円
Ⅱ　売上原価		
1．月初製品	520,000円	
2．当月完成	1,000,000円	
合　計	1,520,000円	
3．月末製品	250,000円	1,270,000円
売上総利益		230,000円
Ⅲ　販売費及び一般管理費		200,000円
営業利益		30,000円

(1)　ボックス図

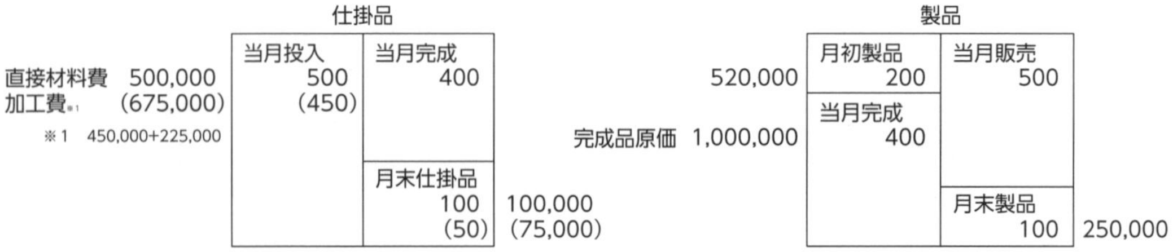

仕掛品

	借方	貸方	
直接材料費 500,000 加工費※1 (675,000)	当月投入 500 (450)	当月完成 400	
		月末仕掛品 100 (50)	100,000 (75,000)

※1　450,000+225,000

製品

	借方	貸方	
520,000	月初製品 200	当月販売 500	
完成品原価 1,000,000	当月完成 400		
		月末製品 100	250,000

(2)　月末仕掛品原価

直接材料費：500,000円÷500個×100個＝100,000円

変動加工費：(250,000円＋200,000円)÷450個×50個＝50,000円

固定加工費：225,000円÷450個×50個＝25,000円　　∴　175,000円

(3)　当月完成品原価

500,000円＋250,000円＋200,000円＋225,000円－175,000円＝1,000,000円

（250,000円＋200,000円＋225,000円＝675,000）

(4)　月末製品原価：1,000,000円÷400個×100個＝250,000円

2 全部原価計算と直接原価計算の営業利益の相違

(1) 営業利益が相違する要因

全部原価計算と直接原価計算は、製造固定費の取り扱いのみが異なる。そのため、営業利益に相違を与える要因も**製造固定費が費用化されるタイミング**の違いとなる。

① **全部原価計算の場合**

製造固定費は製品原価（資産）として処理され、**最終的に販売されたときに**始めて費用として処理されることになる。

② **直接原価計算の場合**

製造固定費は、**製品の販売に関係なく、発生したその期**の費用として処理される。

〈直接原価計算における固定製造費用の流れ〉

〈全部原価計算における固定製造費用の流れ〉

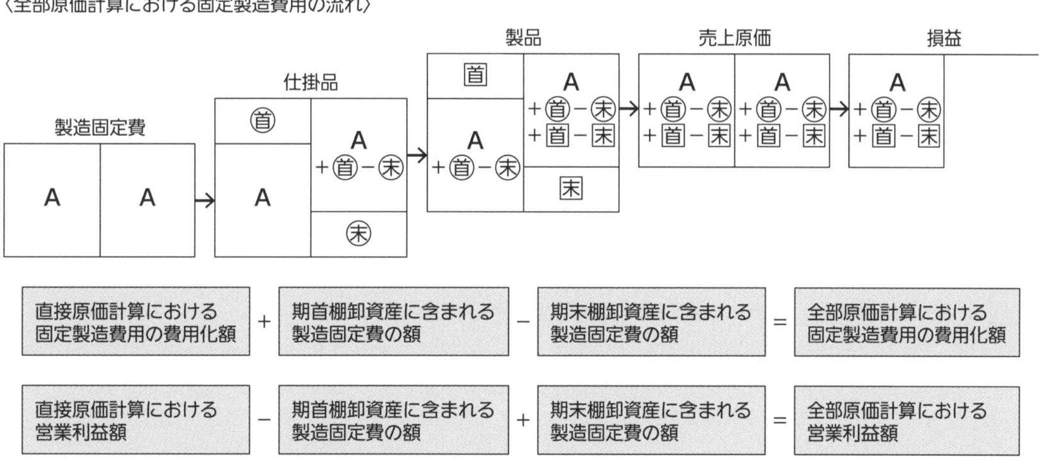

よって、全部原価計算と直接原価計算の営業利益の差額は、以下の公式で表わすことができる。

全部原価計算による営業利益 － **直**接原価計算による営業利益 ＝ 期**末**棚卸資産に含まれる製造固定費 － 期**首**棚卸資産に含まれる製造固定費

■ 例題2　全部原価計算と直接原価計算の営業利益の差額①　重要度A

当社では、製品Xを大量生産しており、単純総合原価計算を行っている。以下の資料に基づいて、各問に答えなさい。

月初仕掛品	0	月初製品	200
当月投入	500	当月完成	400
計	500	計	600
月末仕掛品	100 (1/2)	月末製品	100
当月完成	400	当月販売	500

※　(　) 内は加工進捗度を表している。

2. 月初棚卸資産帳簿価額

月初製品原価　　520,000円（内、固定費120,000円）

3. 当月製造費用

直接材料費　　500,000円
直接労務費　　250,000円
変動製造間接費　　200,000円
固定製造間接費　　225,000円

4. その他

(1) 原価配分の仮定は先入先出法によって行うこと。
(2) 製品Xの販売価格は@3,000円/個である。
(3) 直接費はすべて変動費である。

問1　月初棚卸資産に含まれる製造固定費の金額を答えなさい。
問2　月末棚卸資産に含まれる製造固定費の金額を答えなさい。
問3　当月の全部原価計算と直接原価計算の営業利益の差額（全部原価計算－直接原価計算）を求めなさい。

■ 解答解説

問1

月初棚卸資産に含まれる製造固定費
120,000円（製品のみ）

問2

(1) ボックス図（数値は製造固定費のみ）

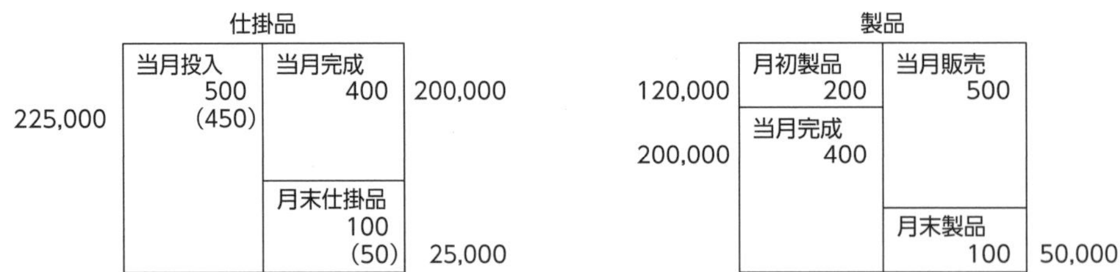

⑵　月末仕掛品に含まれる製造固定費

225,000円÷450個×50個＝25,000円

⑶　当月完成品に含まれる製造固定費

225,000円－25,000円＝200,000円

⑷　月末製品に含まれる製造固定費

200,000円÷400個×100個＝50,000円

⑸　月末棚卸資産に含まれる製造固定費

25,000円（仕掛品）＋50,000円（製品）＝75,000円

問３

全部原価計算と直接原価計算による営業利益の差額

75,000円（月末）－120,000円（月初）＝－45,000円

⑵　生産量と販売量の大小関係と営業利益の大小関係

固定製造費用を標準配賦（予定配賦）している場合には、以下のような関係が成立する。

生産量と販売量の大小関係	営業利益
生産量＝販売量 （期末棚卸資産量＝期首棚卸資産量）	全部原価計算＝直接原価計算
生産量＞販売量 （期末棚卸資産量＞期首棚卸資産量）	全部原価計算＞直接原価計算
生産量＜販売量 （期末棚卸資産量＜期首棚卸資産量）	全部原価計算＜直接原価計算

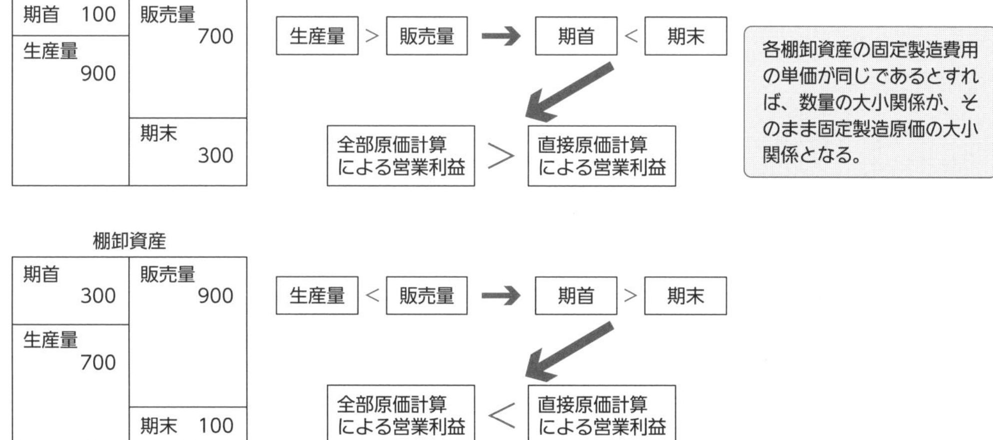

※　固定製造費用を実際配賦している場合には、期首棚卸資産の単価が異なってしまうため、上記のような関係は、必ずしも成立しないため注意すること。

第14章　直接原価計算

(3) **製造間接費を予定配賦している場合**

製造間接費を予定配賦したとしても、直接原価計算を採用している場合には、**固定製造間接費は実際発生額がすべて費用化**される。一方、全部原価計算では**予定配賦額が製品原価として処理され、販売した分だけ費用化**される。また、**予定配賦額と実際発生額との差額**については、**原価差異として認識**される。

通常、原価差異が正常かつ比較的少額であれば、その全額を売上原価に賦課することになる。すなわち、固定製造間接費から生じる**原価差異はすべて当期に費用化**されることになる。

〈直接原価計算における固定製造費用の流れ〉

〈全部原価計算における固定製造費用の流れ〉

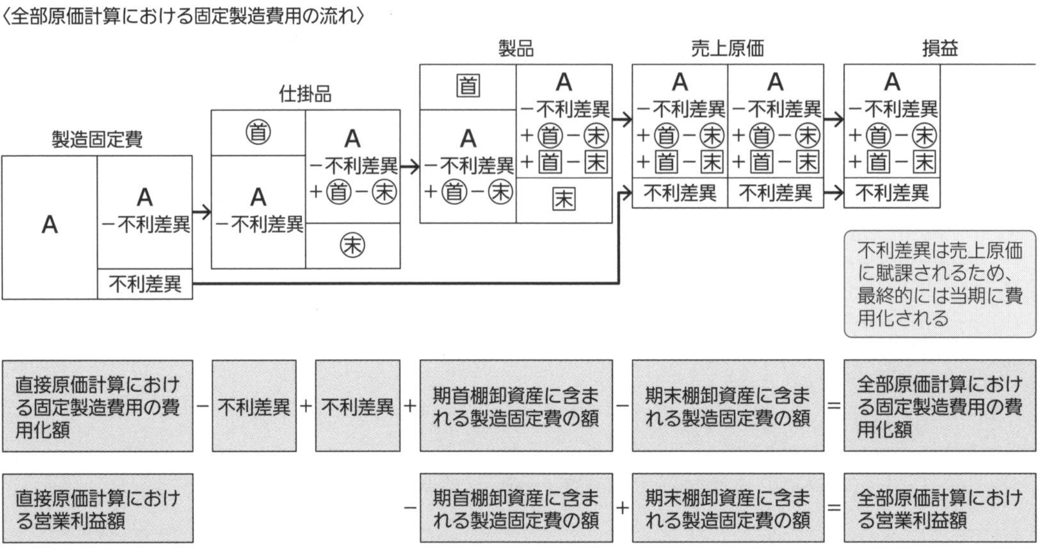

※ 原価差異調整前の全部原価計算における営業利益は、直接原価計算における営業利益と比較して、製造固定費から生じる不利益差異の金額だけ大きくなるが、固定費から生じる原価差異を売上原価に賦課する場合には、同額だけ営業利益が小さくなる。
そのため、結果として両計算の利益の差額は、期首・期末の棚卸資産に含まれる製造固定費の金額の差額になる。

上記から判明するように、**製造固定費から生じる原価差異は**、これを**売上原価に賦課する場合**には、全部原価計算と直接原価計算の**営業利益に差額が生じる要因とならず**、期首期末の棚卸資産に含まれる固定製造原価だけで説明できる。

全部原価計算の営業利益 － **直**接原価計算の営業利益 ＝ 期**末**棚卸資産に含まれる製造固定費 － 期**首**棚卸資産に含まれる製造固定費

■ 例題3　全部原価計算と直接原価計算の営業利益の差額②　重要度A

当社では、製品Xを大量生産しており、単純総合原価計算を行っている。以下の資料に基づいて、全部原価計算と直接原価計算の営業利益の差額（全部原価計算－直接原価計算）を求めなさい。

1．

期首仕掛品	400（1/4）	期首製品	0
当期投入	2,000	当期完成	1,900
計	2,400	計	1,900
期末仕掛品	500（3/5）	期末製品	400
当期完成	1,900	当期販売	1,500

※（　）内は加工進捗度を表している。

2．製造間接費予算について

(1) 製造間接費は、機械稼働時間を基準として製品に予定配賦している。

(2) 製造間接費予算は、変動費率が@500円／h、固定費予算額は600,000円であり、基準操業度は1,500 hである。

3．その他のデータ

(1) 期首仕掛品原価に含まれる製造間接費は87,750円（内、固定費額は39,000円）である。

(2) 当期の機械稼働時間は1,470 hであった。

(3) 当期の製造間接費の実際発生額は1,340,000円（内、固定費額は600,100円）であった。

(4) 原価配分法は平均法を採用するものとする。

(5) 製造間接費配賦差異をすべて売上原価に賦課する場合

■ 解答解説

(1) ボックス図（数値は固定費のみ、単位は個数）

仕掛品

	借方	貸方	
39,000	期首仕掛品 400 (100)	当期完成 1,900	(6) 541,500
(3) 588,000	当期投入 2,000 (2,100)	期末仕掛品 500 (300)	(5) 85,500

製品

	借方	貸方	
541,500	当期完成 1,900	当期販売 1,500	427,500
		期末製品 400	(7) 114,000

(2) 固定製造間接費予定配賦率の算定

600,000円 ÷ 1,500 h ＝ @400円／h

(3) 固定製造間接費予定配賦額

@400円／h × 1,470 h ＝ 588,000円

(4) 固定製造間接費配賦差異

588,000円 − 600,100円 ＝ − 12,100円（不利）

(5) 期末仕掛品に含まれる固定費

（39,000円 + 588,000円）÷（100個 + 2,100個）× 300個 ＝ 85,500円

(6) 当期完成品に含まれる固定費

39,000円 + 588,000円 − 85,500円 ＝ 541,500円

⑺　期末製品に含まれる固定費

541,500円÷1,900個×400個＝114,000円

⑻　期末棚卸資産に含まれる固定費

85,500円（仕掛品）＋114,000円（製品）＝199,500円

⑼　全部原価計算と直接原価計算の営業利益の差額

199,500円－39,000円＝160,500円

3 固定費調整

(1) 意義

固定費調整とは、直接原価計算を採用している場合において、**直接原価計算により算定された営業利益から全部原価計算の営業利益を算定すること**である。具体的には、**期首及び期末の棚卸資産（仕掛品及び製品）に含まれている固定費（固定製造原価）を調整する**ことにより、直接原価計算の営業利益から全部原価計算の営業利益を算定することになる。

(2) 必要性

現行制度上、**公表用財務諸表は全部原価計算に基づいて算定した利益により作成する必要**があるため、直接原価計算による財務諸表は認められていない。よって、直接原価計算を採用している場合には、固定費調整により全部原価計算による利益に修正する必要がある。

(3) 計算式

固定費調整は、直接原価計算による営業利益に、期末棚卸資産に含まれる製造固定費を加算し、期首棚卸資産に含まれる製造固定費を減算して、全部原価計算による営業利益を算定することで行われる。

直接原価計算による営業利益	＋	期末棚卸資産に含まれる製造固定費	－	期首棚卸資産に含まれる製造固定費	＝	全部原価計算による営業利益

(4) 損益計算書への固定費調整の反映

固定費調整を損益計算書に反映させる場合、損益計算書の末尾で以下のように調整する。

営業利益（直接原価計算）	×××	
Ⅴ　固定費調整		
1．期末棚卸資産固定製造原価	×××	←― 加算する
2．期首棚卸資産固定製造原価	×××	←― 減算する
営業利益（全部原価計算）	×××	

(5) 調整方法

固定費調整の方法（期末棚卸資産の固定製造原価の算定方法）には、一括調整法と転がし計算法の２つがある。

① 転がし計算法（段階式調整法）

転がし計算法とは、**固定製造原価だけで通常の総合原価計算と同様の計算**を行い、期末棚卸資産の固定製造原価を計算する方法である。

② 一括調整法

製造固定費を売上原価と期末製品及び期末仕掛品の科目別に、**追加配賦率（固定加工費調整比率）を用いて一括的に配賦する方法**である。配賦基準としては、変動製造原価や変動加工費が考えられる。この方法によると、実際に全部原価計算をやり直した場合と計算結果は、基本的に一致しない。

期末棚卸資産製造固定費 ＝ 追加配賦率 × 配賦基準

なお、追加配賦率の算定式は、先入先出法や平均法といった原価配分法によっても異なり、例えば、以下のような方法がある。

<先入先出法を採用し、変動加工費を配賦基準とする場合>

$$追加配賦率 = \frac{当期製造固定費}{当期変動加工費}$$

<平均法を採用し、変動加工費を配賦基準とする場合>

$$追加配賦率 = \frac{期首棚卸資産製造固定費 + 当期製造固定費}{期首棚卸資産変動加工費 + 当期変動加工費}$$

■ 例題4　固定費調整　重要度B

当社では、製品Xを大量生産しており、直接原価計算による単純総合原価計算を行っている。以下の資料に基づいて、各問に答えなさい。

1．当期の生産販売データ（単位：個）

期首仕掛品	200（1/2）	期首製品	200
当期投入	1,000	当期完成	800
計	1,200	計	1,000
期末仕掛品	400（3/4）	期末製品	400
当期完成	800	当期販売	600

※（　）内は加工進捗度を表している。

2．期首棚卸資産帳簿価額

	直接材料費	変動加工費	固定加工費
期首仕掛品原価	34,000円	19,500円	61,000円
期首製品原価	40,000円	30,000円	187,750円

3．当期製造費用

	直接材料費	変動加工費	固定加工費
当期製造費用	200,000円	250,000円	500,000円

4．原価配分法は先入先出法を採用している。

5．直接原価計算による営業利益は100,000円であった。

問1　転がし調整法によって固定費調整を行い、全部原価計算による営業利益を算定しなさい。

問2　変動加工費を配賦基準とする一括調整法によって固定費調整を行い、全部原価計算による営業利益を算定しなさい。

■ 解答解説

問1

(1) ボックス図と固定加工費の流れ

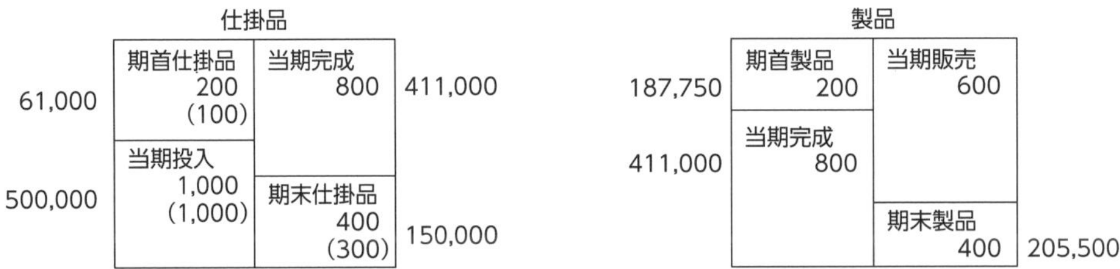

(2) 期末仕掛品固定加工費：500,000円÷1,000個×300個＝150,000円

(3) 当期完成品固定加工費：61,000円＋500,000円－150,000円＝411,000円

(4) 期末製品固定加工費：411,000円÷800個×400個＝205,500円

(5) 全部原価計算による営業利益

100,000円＋150,000円（期末仕掛品）＋205,500円（期末製品）
－61,000円（期首仕掛品）－187,750円（期首製品）＝206,750円

問2

(1) ボックス図と変動加工費の流れ

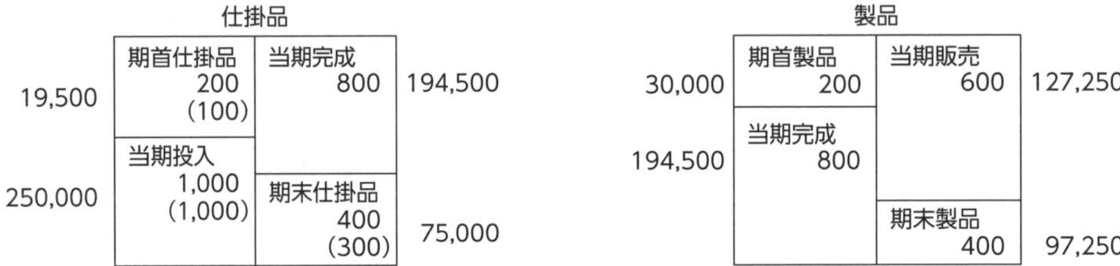

(2) 期末仕掛品変動加工費：250,000円÷1,000個×300個＝75,000円

(3) 当期完成品変動加工費：19,500円＋250,000円－75,000円＝194,500円

(4) 期末製品変動加工費：194,500円÷800個×400個＝97,250円

(5) 固定加工費追加配賦率：500,000円÷250,000円＝200%

(6) 期末仕掛品固定加工費：75,000円×200%＝150,000円

(7) 期末製品固定加工費：97,250円×200%＝194,500円

(8) 全部原価計算による営業利益

100,000円＋150,000円（期末仕掛品）＋194,500円（期末製品）
－61,000円（期首仕掛品）－187,750円（期首製品）＝195,750円

第３節　直接標準原価計算

1 意義

直接標準原価計算とは、直接原価計算の枠組の中で、部分的に標準原価計算を組み込んだものである。**標準**は、**変動製造原価**だけでなく**変動販売費**にも**設定する**ことがある。なお、固定製造原価には標準は設定しない。

2 長所

直接標準原価計算の目的は、**直接原価計算の利益管理**に資するという長所を享受した上で、さらに**標準を用いることで原価管理**に役立てることである。

具体的には、直接原価計算による明確なＣＶＰ関係のもと、販売指向的な利益管理が可能となり、さらに直接材料費や直接労務費等の変動費については科学的・統計的調査により算定された原価標準により物量管理を、固定費については予算による金額管理を行うことが可能となる。

長　所	・利益計画や利益管理、意思決定の基礎資料が得られる ・事業部制のもとでは、計画と統制により各事業部の業績評価に役立つ ・各部門の変動費差異は原価効率を示し、原価統制の重要な資料として役立つ ・部門別の固定費予算と実績を比較することにより固定費管理に役立つ

3 表示

直接標準原価計算の損益計算書の表示は、変動販売費差異を算定するか否かによって、以下の２つが考えられる。

〈変動販売費差異を算定する場合〉

損益計算書

Ⅰ　売上高		×××
Ⅱ　標準変動売上原価		
１．期首製品棚卸高	×××	
２．当期製品製造原価	×××	
計	×××	
３．期末製品棚卸高	×××	×××
標準製造マージン		×××
Ⅲ　標準変動販売費		×××
標準限界利益		×××
Ⅳ　標準変動費差異		×××
実際限界利益		×××
Ⅴ　固定費		
１．製造原価	×××	
２．販売費及び一般管理費	×××	×××
直接原価計算による営業利益		×××
Ⅵ　固定費調整		
１．期末棚卸資産固定製造原価		×××
２．期首棚卸資産固定製造原価		×××
全部原価計算による営業利益		×××

〈変動販売費差異を算定しない場合〉

損益計算書

Ⅰ　売上高		×××
Ⅱ　標準変動売上原価		
１．期首製品棚卸高	×××	
２．当期製品製造原価	×××	
計	×××	
３．期末製品棚卸高	×××	×××
標準製造マージン		×××
Ⅲ　標準変動費差異		×××
変動実際製造マージン		×××
Ⅳ　実際変動販売費		×××
実際限界利益		×××
Ⅴ　固定費		
１．製造原価	×××	
２．販売費及び一般管理費	×××	×××
直接原価計算による営業利益		×××
Ⅵ　固定費調整		
１．期末棚卸資産固定製造原価		×××
２．期首棚卸資産固定製造原価		×××
全部原価計算による営業利益		×××

4 直接標準原価計算における固定費調整

直接標準原価計算を採用した場合にも、固定費調整の方法は実際原価計算を採用する場合と原則として同様であるが、**期首・期末の棚卸資産に含まれる標準製造固定費の差額を利用すること**に留意する。

直接原価計算による営業利益 ＋ 期末棚卸資産に含まれる標準固定費 － 期首棚卸資産に含まれる標準製造固定費 ＝ 全部原価計算による営業利益

■ 例題5　直接標準原価計算における固定費調整　重要度A

当社では、製品Xを大量生産しており、標準原価計算を行っている。以下の資料に基づいて、問に答えなさい。

1．製品単位当たり標準原価カード

	単　価		消費量		原価標準
直接材料費	@200円/kg	×	5 kg	=	1,000円
直接労務費	@1,000円/ h	×	2 h	=	2,000円
製造間接費	@1,200円/ h	×	2 h	=	2,400円
合　計					5,400円

2．製造間接費について

⑴　製造間接費は直接作業時間に基づいて標準配賦している。

⑵　固定製造間接費の年間予算額は520,000円であり、基準操業度は1,040 hである。

3．当期の生産販売データ（単位：個）

期首仕掛品	50 (1/2)	期首製品	100
当期投入	500	当期完成	450
計	550	計	550
期末仕掛品	100 (3/4)	期末製品	200
当期完成	450	当期販売	350

※　(　) 内は加工進捗度を表している。

4．当期製造費用

	直接材料費	直接労務費	変動製造間接費	固定製造間接費
当期製造費用	550,000円	1,020,000円	750,000円	520,000円

5．直接原価計算による営業利益は250,000円であった。

問　当期発生の原価差異はすべて正常かつ比較的少額であると判断された場合、全部標準原価計算による営業利益を算定しなさい。

■ 解答解説

問

⑴　ボックス図（単位：個）

仕掛品

期首仕掛品 50 (25)	当期完成 450
当期投入 500 (500)	期末仕掛品 100 (75)

製品

期首製品 100	当期販売 350
当期完成 450	期末製品 200

⑵　製品単位当たり標準固定製造間接費

520,000円÷1,040 h × 2 h ＝@1,000円/個

⑶　期末棚卸資産に含まれる標準固定製造間接費

（75個＋200個）×@1,000円/個＝275,000円

⑷　期首棚卸資産に含まれる標準固定製造間接費

（25個＋100個）×@1,000円/個＝125,000円

⑸　全部原価計算による営業利益

250,000円＋275,000円（期末固定費）－125,000円（期首固定費）＝400,000円

第4節　セグメント別損益計算書

1 意義

セグメントとは、収益区分単位のことであり、製品別、地域別、得意先別、工場別、事業部別などの区分単位を意味する。このような**セグメントごとの収益性を把握するために作成する損益計算書**をセグメント別損益計算書という。

2 セグメント別損益計算書の種類

セグメント別損益計算書を作成する上で、セグメントごとに原価が把握できるものとできないものを区別することが重要である。ここで、**変動費は主としてセグメントごとに把握できる**ものであるが、**固定費は各セグメントに跡付けられるか否か**によって**個別固定費**と**共通固定費**に分けられる。

固定費	個別固定費	セグメントごとに把握することができる固定費
	共通固定費	セグメントごとに把握することができない固定費

これら固定費の取り扱いによって以下に示す2つの損益計算書が考えられる。

(1) 純益法による損益計算書

全部原価計算に基づくセグメント別損益計算書を**純益法**による損益計算書という。通常、固定費の多くは各セグメントにおいて共通的に発生したものであり、セグメント別に集計された値は恣意的な配賦計算によって算定されたものである。そのため、**セグメント別の収益性を正確に把握することはできない**。

	製品A	製品B	合　計	
Ⅰ 売上高	×××	×××	×××	
Ⅱ 売上原価	×××	×××	×××	← 共通的に発生する固定費を各セグメントに配賦している
売上総利益	×××	×××	×××	
Ⅲ 販売費及び一般管理費	×××	×××	×××	←
営業利益	×××	×××	×××	

(2) 貢献利益法（総益法）による損益計算書

直接原価計算の考え方を利用して、売上高から変動費を差し引いて限界利益を表示し、限界利益からさらに個別固定費を差し引いて貢献利益を表示する形式のセグメント別損益計算書を、**貢献利益法**による損益計算書という。

	製品A	製品B	合　計	
Ⅰ 売上高	×××	×××	×××	
Ⅱ 変動費	×××	×××	×××	
限界利益	×××	×××	×××	← 短期利益計画に役立つ利益
Ⅲ 個別固定費	×××	×××	×××	← セグメントごと把握できる固定費
貢献利益	×××	×××	×××	← 問題提起用の利益
Ⅳ 共通固定費			×××	← セグメントごと把握できない固定費
営業利益			×××	

貢献利益法においては、限界利益と貢献利益という２つの利益概念が示されることになる。

限界利益が短期利益計画に大きく役立つことは第17章（ＣＶＰ分析）で説明するが、貢献利益については、問題提起用の利益として有用である。なぜなら、**個別固定費**は各セグメントに直接跡付けられる費用であり、一般に**当該セグメントを廃止した場合に、多くが回避可能な原価**である。**貢献利益**は限界利益からこの**個別固定費を控除して計算されるため、正確な収益性を示す指標**となる。

なお、限界利益を貢献利益、貢献利益をセグメント・マージンと呼ぶことがある。

<まとめ>

限界利益	限界利益は短期利益計画用の利益であり、当該セグメントの継続を前提とした場合に、短期的な収益性を示す指標となる。
貢献利益	貢献利益は問題提起用の利益であり、当該セグメントの継続の可否を検討する場合に、正確な収益性を示す指標となる。すなわち、セグメントの業績評価に役立つ利益となる。

■ 例題６　セグメント別損益計算書

重要度Ａ

以下の資料に基づいて、貢献利益法による損益計算書を作成しなさい。

製品Ａ及び製品Ｂに関するデータ

	製品Ａ	製品Ｂ
製品１個当たり販売価格	3,000円	5,000円
販売数量	1,500個	2,000個
製品１個当たり変動製造原価	2,000円	2,000円
製品１個当たり変動販売費	400円	500円
個別固定費	1,000,000円	1,200,000円
共通固定費	3,000,000円	

■ 解答解説

損益計算書　（単位：円）

	製品Ａ	製品Ｂ	合計
Ⅰ　売上高	4,500,000	10,000,000	14,500,000
Ⅱ　変動売上原価	3,000,000	4,000,000	7,000,000
製造マージン	1,500,000	6,000,000	7,500,000
Ⅲ　変動販売費	600,000	1,000,000	1,600,000
限界利益	900,000	5,000,000	5,900,000
Ⅳ　個別固定費	1,000,000	1,200,000	2,200,000
貢献利益	－100,000	3,800,000	3,700,000
Ⅴ　共通固定費			3,000,000
営業利益			700,000

付　録

原価計算基準

前文　原価計算基準の設定について

わが国における原価計算は、従来、財務諸表を作成するに当たつて真実の原価を正確に算定表示するとともに、価格計算に対して資料を提供することを主たる任務として成立し、発展してきた。

しかしながら、近時、経営管理のため、とくに業務計画および原価管理に役立つための原価計算への要請は、著しく強まつてきており、今日原価計算に対して与えられる目的は、単一でない。すなわち、企業の原価計算制度は、真実の原価を確定して財務諸表の作成に役立つとともに、原価を分析し、これを経営管理者に提供し、もつて業務計画および原価管理に役立つことが必要とされている。したがつて、原価計算制度は、各企業がそれに対して期待する役立ちの程度において重点の相違はあるが、いずれの計算目的にもともに役立つように形成され、一定の計算秩序として常時継続的に行なわれるものであることを要する。ここに原価計算に対して提起される諸目的を調整し、原価計算を制度化するため、実践規範としての原価計算基準が設定される必要がある。

原価計算基準は、かかる実践規範として、わが国現在の企業における原価計算の慣行のうちから、一般に公正妥当と認められるところを要約して設定されたものである。

しかしながら、この基準は、個々の企業の原価計算手続を画一に規定するものではなく、個々の企業が有効な原価計算手続を規定し実施するための基本的なわくを明らかにしたものである。したがつて、企業が、その原価計算手続を規定するに当たつては、この基準が弾力性をもつものであることの理解のもとに、この基準にのつとり、業種、経営規模その他当該企業の個々の条件に応じて、実情に即するように適用されるべきものである。

この基準は、企業会計原則の一環を成し、そのうちとくに原価に関して規定したものである。それゆえ、すべての企業によつて尊重されるべきであるとともに、たな卸資産の評価、原価差額の処理など企業の原価計算に関係ある事項について、法令の制定、改廃等が行なわれる場合にも、この基準が充分にしん酌されることが要望される。

昭和三十七年十一月八日

企業会計審議会

第１章　原価計算の目的と原価計算の一般的基準

1　原価計算の目的

原価計算には、各種の異なる目的が与えられるが、主たる目的は、次のとおりである。

（一）　企業の出資者、債権者、経営者等のために、過去の一定期間における損益ならびに期末における財政状態を財務諸表に表示するために必要な真実の原価を集計すること。

（二）　価格計算に必要な原価資料を提供すること。

（三）　経営管理者の各階層に対して、原価管理に必要な原価資料を提供すること。ここに原価管理とは、原価の標準を設定してこれを指示し、原価の実際の発生額を計算記録し、これを標準と比較して、その差異の原因を分析し、これに関する資料を経営管理者に報告し、原価能率を増進する措置を講ずることをいう。

（四）　予算の編成ならびに予算統制のために必要な原価資料を提供すること。ここに予算とは、予算期間における企業の各業務分野の具体的な計画を貨幣的に表示し、これを総合編成したものをいい、予算期間における企業の利益目標を指示し、各業務分野の諸活動を調整し、企業全般にわたる総合的管理の要具となるものである。予算は、業務執行に関する総合的な期間計画であるが、予算編成の過程は、たとえば製品組合せの決定、部品を自製するか外注するかの決定等個々の選択的事項に関する意思決定を含むことは、いうまでもない。

（五）　経営の基本計画を設定するに当たり、これに必要な原価情報を提供すること。ここに基本計画とは、経済の動態的変化に適応して、経営の給付目的たる製品、経営立地、生産設備等経営構造に関する基本的事項について、経営意思を決定し、経営構造を合理的に組成することをいい、随時的に行なわれる決定である。

2　原価計算制度

この基準において原価計算とは、制度としての原価計算をいう。原価計算制度は、財務諸表の作成、原価管理、予算統制等の異なる目的が、重点の相違はあるが相ともに達成されるべき一定の計算秩序である。かかるものとしての原価計算制度は、財務会計機構のらち外において随時断片的に行なわれる原価の統計的、技術的計算ないし調査ではなくて、財務会計機構と有機的に結びつき常時継続的に行なわれる計算体系である。原価計算制度は、この意味で原価会計にほかならない。

原価計算制度において計算される原価の種類およびこれと財務会計機構との結びつきは、単一でないが、しかし原価計算制度を大別して実際原価計算制度と標準原価計算制度とに分類することができる。

実際原価計算制度は、製品の実際原価を計算し、これを財務会計の主要帳簿に組み入れ、製品原価の計算と財務会計とが、実際原価をもつて有機的に結合する原価計算制度である。原価管理上必要ある場合には、実際原価計算制度においても必要な原価の標準を勘定組織のわく外において設定し、これと実際との差異を分析し、報告することがある。

標準原価計算制度は、製品の標準原価を計算し、これを財務会計の主要帳簿に組み入れ、製品原価の計算と財務会計とが、標準原価をもつて有機的に結合する原価計算制度である。標準原価計算制度は、必要な計算段階において実際原価を計算し、これと標準との差異を分析し、報告する計算体系である。

企業が、この基準にのつとつて、原価計算を実施するに当たつては、上述の意味における実際原価計算制度又は標準原価計算制度のいずれかを、当該企業が原価計算を行なう目的の重点、その他企業の個々の条件に応じて適用するものとする。

広い意味での原価の計算には、原価計算制度以外に、経営の基本計画および予算編成における選択的事項の決定に必要な特殊の原価たとえば差額原価、機会原価、付加原価等を、随時に統計的、技術的に調査測定することも含まれる。しかしかかる特殊原価調査は、制度としての原価計算の範囲外に属するものとして、この基準には含めない。

3 原価の本質

原価計算制度において、原価とは、経営における一定の給付にかかわらせて、は握された財貨又は用役（以下これを「財貨」という。）の消費を、貨幣価値的に表わしたものである。

（一） 原価は、経済価値の消費である。経営の活動は、一定の財貨を生産し販売することを目的とし、一定の財貨を作り出すために、必要な財貨すなわち経済価値を消費する過程である。原価とは、かかる経営過程における価値の消費を意味する。

（二） 原価は、経営において作り出された一定の給付に転嫁される価値であり、その給付にかかわらせて、は握されたものである。ここに給付とは、経営が作り出す財貨をいい、それは経営の最終給付のみでなく、中間的給付をも意味する。

（三） 原価は、経営目的に関連したものである。経営の目的は、一定の財貨を生産し販売することにあり、経営過程は、このための価値の消費と生成の過程である。原価は、かかる財貨の生産、販売に関して消費された経済価値であり、経営目的に関連しない価値の消費を含まない。財務活動は、財貨の生成および消費の過程たる経営過程以外の、資本の調達、返還、利益処分等の活動であり、したがつてこれに関する費用たるいわゆる財務費用は、原則として原価を構成しない。

（四） 原価は、正常的なものである。原価は、正常な状態のもとにおける経営活動を前提として、は握された価値の消費であり、異常な状態を原因とする価値の減少を含まない。

4 原価の諸概念

原価計算制度においては、原価の本質的規定にしたがい、さらに各種の目的に規定されて、具体的には次のような諸種の原価概念が生ずる。

（一） 実際原価と標準原価

原価は、その消費量および価格の算定基準を異にするにしたがつて、実際原価と標準原価とに区別される。

1 実際原価とは、財貨の実際消費量をもつて計算した原価をいう。ただし、その実際消費量は、経営の正常な状態を前提とするものであり、したがつて、異常な状態を原因とする異常な消費量は、実際原価の計算においてもこれを実際消費量と解さないものとする。

実際原価は、厳密には実際の取得価格をもつて計算した原価の実際発生額であるが、原価を予定価格等をもつて計算しても、消費量を実際によつて計算する限り、それは実際原価の計算である。ここに予定価格とは、将来の一定期間における実際の取得価格を予想することによつて定めた価格をいう。

2 標準原価とは、財貨の消費量を科学的、統計的調査に基づいて能率の尺度となるように予定し、かつ、予定価格又は正常価格をもつて計算した原価をいう。この場合能率の尺度としての標準とは、その標準が適用される期間において達成されるべき原価の目標を意味する。

標準原価計算制度において用いられる標準原価は、現実的標準原価又は正常原価である。

現実的標準原価とは、良好な能率のもとにおいて、その達成が期待されうる標準原価をいい、通常生ずると認められる程度の減損、仕損、遊休時間等の余裕率を含む原価であり、かつ、比較的短期における予定操業度および予定価格を前提として決定され、これら諸条件の変化に伴い、しばしば改訂される標準原価である。現実的標準原価は、原価管理に最も適するのみでなく、たな卸資産価額の算定および予算の編成のためにも用いられる。

正常原価とは、経営における異常な状態を排除し、経営活動に関する比較的長期にわたる過去の実際数値を統計的に平準化し、これに将来のすう勢を加味した正常能率、正常操業度および正常価格に基づいて決定される原価をいう。正常原価は、経済状態の安定している場合に、たな卸資産価額の算定のために最も適するのみでなく、原価管理のための標準としても用いられる。

標準原価として、実務上予定原価が意味される場合がある。予定原価とは、将来における財貨の予定消費量と予定価格とをもつて計算した原価をいう。予定原価は、予算の編成に適するのみでなく、原価管理およびたな卸資産価額の算定のためにも用いられる。

原価管理のために時として理想標準原価が用いられることがあるが、かかる標準原価は、この基準にいう制度としての標準原価ではない。理想標準原価とは、技術的に達成可能な最大操業度のもとにおいて、最高能率を表わす最低の原価をいい、財貨の消費における減損、仕損、遊休時間等に対する余裕率を許容しない理想的水準における標準原価である。

（二）　製品原価と期間原価

原価は、財務諸表上収益との対応関係に基づいて、製品原価と期間原価とに区別される。

製品原価とは、一定単位の製品に集計された原価をいい、期間原価とは、一定期間における発生額を、当期の収益に直接対応させて、は握した原価をいう。

製品原価と期間原価との範囲の区別は相対的であるが、通常、売上品およびたな卸資産の価額を構成する全部の製造原価を製品原価とし、販売費および一般管理費は、これを期間原価とする。

（三）　全部原価と部分原価

原価は、集計される原価の範囲によつて、全部原価と部分原価とに区別される。

全部原価とは、一定の給付に対して生ずる全部の製造原価又はこれに販売費および一般管理費を加えて集計したものをいい、部分原価とは、そのうち一部分のみを集計したものをいう。

部分原価は、計算目的によつて各種のものを計算することができるが、最も重要な部分原価は、変動直接費および変動間接費のみを集計した直接原価（変動原価）である。

5　非原価項目

非原価項目とは、原価計算制度において、原価に算入しない項目をいい、おおむね次のような項目である。

（一）　経営目的に関連しない価値の減少、たとえば

1　次の資産に関する減価償却費、管理費、租税等の費用

（1）　投資資産たる不動産、有価証券、貸付金等

（2）　未稼働の固定資産

（3）　長期にわたり休止している設備

（4）　その他経営目的に関連しない資産

2　寄付金等であつて経営目的に関連しない支出

3　支払利息、割引料、社債発行割引料償却、社債発行費償却、株式発行費償却、設立費償却、開業費償却、支払保証料等の財務費用

4　有価証券の評価損および売却損

(二) 異常な状態を原因とする価値の減少、たとえば

1 異常な仕損、減損、たな卸減耗等

2 火災、震災、風水害、盗難、争議等の偶発的事故による損失

3 予期し得ない陳腐化等によつて固定資産に著しい減価を生じた場合の臨時償却費

4 延滞償金、違約金、罰課金、損害賠償金

5 偶発債務損失

6 訴訟費

7 臨時多額の退職手当

8 固定資産売却損および除却損

9 異常な貸倒損失

(三) 税法上とくに認められている損金算入項目、たとえば

1 価格変動準備金繰入額

2 租税特別措置法による償却額のうち通常の償却範囲額をこえる額

(四) その他の利益剰余金に課する項目、たとえば、

1 法人税、所得税、都道府県民税、市町村民税

2 配当金

3 役員賞与金

4 任意積立金繰入額

5 建設利息償却

6 原価計算の一般的基準

原価計算制度においては、次の一般的基準にしたがつて原価を計算する。

(一) 財務諸表の作成に役立つために、

1 原価計算は、原価を一定の給付にかかわらせて集計し、製品原価および期間原価を計算する。すなわち、原価計算は原則として

(1) すべての製造原価要素を製品に集計し、損益計算書上売上品の製造原価を売上高に対応させ、貸借対照表上仕掛品、半製品、製品等の製造原価をたな卸資産として計上することを可能にさせ、

(2) また、販売費および一般管理費を計算し、これを損益計算書上期間原価として当該期間の売上高に対応させる。

2 原価の数値は、財務会計の原始記録、信頼しうる統計資料等によつて、その信ぴよう性が確保されるものでなければならない。このため原価計算は、原則として実際原価を計算する。この場合、実際原価を計算することは、必ずしも原価を取得価格をもつて計算することを意味しないで、予定価格等をもつて計算することもできる。また必要ある場合には、製品原価を標準原価をもつて計算し、これを財務諸表に提供することもできる。

3 原価計算において、原価を予定価格等又は標準原価をもつて計算する場合には、これと原価の実際発生額との差異は、これを財務会計上適正に処理しなければならない。

4 原価計算は、財務会計機構と有機的に結合して行なわれるものとする。このために勘定組織には、原価に関する細分記録を統括する諸勘定を設ける。

(二) 原価管理に役立つために、

5 原価計算は、経営における管理の権限と責任の委譲を前提とし、作業区分等に基づく部門を管理責任の区分とし、各部門における作業の原価を計算し、各管理区分における原価発生の責任を

明らかにさせる。

6　原価計算は、原価要素を、機能別に、また直接費と間接費、固定費と変動費、管理可能費と管理不能費の区分に基づいて分類し、計算する。

7　原価計算は、原価の標準の設定、指示から原価の報告に至るまでのすべての計算過程を通じて、原価の物量を測定表示することに重点をおく。

8　原価の標準は、原価発生の責任を明らかにし、原価能率を判定する尺度として、これを設定する。原価の標準は、過去の実際原価をもつてすることができるが、理想的には、標準原価として設定する。

9　原価計算は、原価の実績を、標準と対照比較しうるように計算記録する。

10　原価の標準と実績との差異は、これを分析し、報告する。

11　原価計算は、原価管理の必要性に応じて、重点的、経済的に、かつ、迅速にこれを行なう。

(三)　予算とくに費用予算の編成ならびに予算統制に役立つために、

12　原価計算は、予算期間において期待されうる条件に基づく予定原価又は標準原価を計算し、予算とくに、費用予算の編成に資料を提供するとともに、予算と対照比較しうるように原価の実績を計算し、もつて予算統制に資料を提供する。

第２章　実際原価の計算

7　実際原価の計算手続

実際原価の計算においては、製造原価は、原則として、その実際発生額を、まず費目別に計算し、次いで原価部門別に計算し、最後に製品別に集計する。販売費および一般管理費は、原則として、一定期間における実際発生額を、費目別に計算する。

第一節　製造原価要素の分類基準

8　製造原価要素の分類基準

原価要素は、製造原価要素と販売費および一般管理費の要素に分類する。

製造原価要素を分類する基準は次のようである。

（一）　形態別分類

形態別分類とは、財務会計における費用の発生を基礎とする分類、すなわち原価発生の形態による分類であり、原価要素は、この分類基準によつてこれを材料費、労務費および経費に属する各費目に分類する。

材料費とは、物品の消費によつて生ずる原価をいい、おおむね次のように細分する。

1　素材費（又は原料費）

2　買入部品費

3　燃料費

4　工場消耗品費

5　消耗工具器具備品費

労務費とは、労働用役の消費によつて生ずる原価をいい、おおむね次のように細分する。

1　賃金（基本給のほか割増賃金を含む）

2　給料

3　雑給

4　従業員賞与手当

5　退職給与引当金繰入額

6　福利費（健康保険料負担金等）

経費とは、材料費、労務費以外の原価要素をいい、減価償却費、たな卸減耗費および福利施設負担額、賃借料、修繕料、電力料、旅費交通費等の諸支払経費に細分する。

原価要素の形態別分類は、財務会計における費用の発生を基礎とする分類であるから、原価計算は、財務会計から原価に関するこの形態別分類による基礎資料を受け取り、これに基づいて原価を計算する。この意味でこの分類は、原価に関する基礎的分類であり、原価計算と財務会計との関連上重要である。

（二）　機能別分類

機能別分類とは、原価が経営上のいかなる機能のために発生したかによる分類であり、原価要素は、この分類基準によつてこれを機能別に分類する。この分類基準によれば、たとえば、材料費は、主要材料費、および修繕材料費、試験研究材料費等の補助材料費、ならびに工場消耗品費等に、賃金は、作業種類別直接賃金、間接作業賃金、手待賃金等に、経費は、各部門の機能別経費に分類される。

（三）　製品との関連における分類

製品との関連における分類とは、製品に対する原価発生の態様、すなわち原価の発生が一定単位の製品の生成に関して直接的に認識されるかどうかの性質上の区別による分類であり、原価要素は、この分類基準によつてこれを直接費と間接費とに分類する。

1　直接費は、これを直接材料費、直接労務費および直接経費に分類し、さらに適当に細分する。

2　間接費は、これを間接材料費、間接労務費および間接経費に分類し、さらに適当に細分する。

必要ある場合には、直接労務費と製造間接費とを合わせ、又は直接材料費以外の原価要素を総括して、これを加工費として分類することができる。

（四）　操業度との関連における分類

操業度との関連における分類とは、操業度の増減に対する原価発生の態様による分類であり、原価要素は、この分類基準によつてこれを固定費と変動費とに分類する。ここに操業度とは、生産設備を一定とした場合におけるその利用度をいう。固定費とは、操業度の増減にかかわらず変化しない原価要素をいい、変動費とは、操業度の増減に応じて比例的に増減する原価要素をいう。

ある範囲内の操業度の変化では固定的であり、これをこえると急増し、再び固定化する原価要素たとえば監督者給料等、又は操業度が零の場合にも一定額が発生し、同時に操業度の増加に応じて比例的に増加する原価要素たとえば電力料等は、これを準固定費又は準変動費となづける。

準固定費又は準変動費は、固定費又は変動費とみなして、これをそのいずれかに帰属させるか、もしくは固定費と変動費とが合成されたものであると解し、これを固定費の部分と変動費の部分とに分類する。

（五）　原価の管理可能性に基づく分類

原価の管理可能性に基づく分類とは、原価の発生が一定の管理者層によつて管理しうるかどうかの分類であり、原価要素は、この分類基準によつてこれを管理可能費と管理不能費とに分類する。下級管理者層にとつて管理不能費であるものも、上級管理者層にとつては管理可能費となることがある。

第二節　原価の費目別計算

9　原価の費目別計算

原価の費目別計算とは、一定期間における原価要素を費目別に分類測定する手続をいい、財務会計における費用計算であると同時に、原価計算における第一次の計算段階である。

10　費目別計算における原価要素の分類

費目別計算においては、原価要素を、原則として、形態別分類を基礎とし、これを直接費と間接費とに大別し、さらに必要に応じ機能別分類を加味して、たとえば次のように分類する。

直接費
　直接材料費
　　主要材料費（原料費）
　　買入部品費
　直接労務費
　　直接賃金（必要ある場合には作業種類別に細分する。）
　直接経費
　　外注加工賃
間接費
　間接材料費
　　補助材料費
　　工場消耗品費
　　消耗工具器具備品費
　間接労務費
　　間接作業賃金
　　間接工賃金
　　手待賃金
　　休業賃金
　　給料
　　従業員賞与手当
　　退職給与引当金繰入額
　　福利費（健康保険料負担金等）
　間接経費
　　福利施設負担額
　　厚生費
　　減価償却費
　　賃借料
　　保険料
　　修繕料
　　電力料
　　ガス代
　　水道料

租税公課
旅費交通費
通信費
保管料
たな卸減耗費
雑費

間接経費は、原則として形態別に分類するが、必要に応じ修繕費、運搬費等の複合費を設定することができる。

11 材料費計算

(一) 直接材料費、補助材料費等であつて、出入記録を行なう材料に関する原価は、各種の材料につき原価計算期間における実際の消費量に、その消費価格を乗じて計算する。

(二) 材料の実際の消費量は、原則として継続記録法によつて計算する。ただし、材料であつて、その消費量を継続記録法によつて計算することが困難なもの又はその必要のないものについては、たな卸計算法を適用することができる。

(三) 材料の消費価格は、原則として購入原価をもつて計算する。

同種材料の購入原価が異なる場合、その消費価格の計算は、次のような方法による。

1　先入先出法
2　移動平均法
3　総平均法
4　後入先出法
5　個別法

材料の消費価格は、必要ある場合には、予定価格等をもつて計算することができる。

(四) 材料の購入原価は、原則として実際の購入原価とし、次のいずれかの金額によつて計算する。

1　購入代価に買入手数料、引取運賃、荷役費、保険料、関税等材料買入に要した引取費用を加算した金額

2　購入代価に引取費用ならびに購入事務、検収、整理、選別、手入、保管等に要した費用（引取費用と合わせて以下これを「材料副費」という。）を加算した金額。ただし、必要ある場合には、引取費用以外の材料副費の一部を購入代価に加算しないことができる。

購入代価に加算する材料副費の一部又は全部は、これを予定配賦率によつて計算することができる。予定配賦率は、一定期間の材料副費の予定総額を、その期間における材料の予定購入代価又は予定購入数量の総額をもつて除して算定する。ただし、購入事務費、検収費、整理費、選別費、手入費、保管費等については、それぞれに適当な予定配賦率を設定することができる。

材料副費の一部を材料の購入原価に算入しない場合には、これを間接経費に属する項目とし又は材料費に配賦する。

購入した材料に対して値引又は割戻等を受けたときには、これを材料の購入原価から控除する。ただし、値引又は割戻等が材料消費後に判明した場合には、これを同種材料の購入原価から控除し、値引又は割戻等を受けた材料が判明しない場合には、これを当期の材料副費等から控除し、又はその他適当な方法によつて処理することができる。

材料の購入原価は、必要ある場合には、予定価格等をもつて計算することができる。

他工場からの振替製品の受入価格は、必要ある場合には、正常市価によることができる。

(五) 間接材料費であつて、工場消耗品、消耗工具器具備品等、継続記録法又はたな卸計算法による出入記録を行なわないものの原価は、原則として当該原価計算期間における買入額をもつて計算する。

12 労務費計算

(一)　直接賃金等であつて、作業時間又は作業量の測定を行なう労務費は、実際の作業時間又は作業量に賃率を乗じて計算する。賃率は、実際の個別賃率又は、職場もしくは作業区分ごとの平均賃率による。平均賃率は、必要ある場合には、予定平均賃率をもつて計算することができる。

直接賃金等は、必要ある場合には、当該原価計算期間の負担に属する要支払額をもつて計算することができる。

(二)　間接労務費であつて、間接工賃金、給料、賞与手当等は、原則として当該原価計算期間の負担に属する要支払額をもつて計算する。

13 経費計算

(一)　経費は、原則として当該原価計算期間の実際の発生額をもつて計算する。ただし、必要ある場合には、予定価格又は予定額をもつて計算することができる。

(二)　減価償却費、不動産賃借料等であつて、数カ月分を一時に総括的に計算し又は支払う経費については、これを月割り計算する。

(三)　電力料、ガス代、水道料等であつて、消費量を計量できる経費については、その実際消費量に基づいて計算する。

14 費目別計算における予定価格等の適用

費目別計算において一定期間における原価要素の発生を測定するに当たり、予定価格等を適用する場合には、これをその適用される期間における実際価格にできる限り近似させ、価格差異をなるべく僅少にするように定める。

第三節　原価の部門別計算

15 原価の部門別計算

原価の部門別計算とは、費目別計算においては握された原価要素を、原価部門別に分類集計する手続をいい、原価計算における第二次の計算段階である。

16 原価部門の設定

原価部門とは、原価の発生を機能別、責任区分別に管理するとともに、製品原価の計算を正確にするために、原価要素を分類集計する計算組織上の区分をいい、これを諸製造部門と諸補助部門とに分ける。製造および補助の諸部門は、次の基準により、かつ、経営の特質に応じて適当にこれを区分設定する。

(一)　製造部門

製造部門とは、直接製造作業の行なわれる部門をいい、製品の種類別、製品生成の段階、製造活動の種類別等にしたがつて、これを各種の部門又は工程に分ける。たとえば機械製作工場における鋳造、鍛造、機械加工、組立等の各部門はその例である。

副産物の加工、包装品の製造等を行なういわゆる副経営は、これを製造部門とする。

製造に関する諸部門は、必要ある場合には、さらに機械設備の種類、作業区分等にしたがつて、これを各小工程又は各作業単位に細分する。

（二）　補助部門

補助部門とは、製造部門に対して補助的関係にある部門をいい、これを補助経営部門と工場管理部門とに分け、さらに機能の種類別等にしたがつて、これを各種の部門に分ける。

補助経営部門とは、その事業の目的とする製品の生産に直接関与しないで、自己の製品又は用役を製造部門に提供する諸部門をいい、たとえば動力部、修繕部、運搬部、工具製作部、検査部等がそれである。

工具製作、修繕、動力等の補助経営部門が相当の規模となつた場合には、これを独立の経営単位とし、計算上製造部門として取り扱う。

工場管理部門とは、管理的機能を行なう諸部門をいい、たとえば材料部、労務部、企画部、試験研究部、工場事務部等がそれである。

17　部門個別費と部門共通費

原価要素は、これを原価部門に分類集計するに当たり、当該部門において発生したことが直接的に認識されるかどうかによつて、部門個別費と部門共通費とに分類する。

部門個別費は、原価部門における発生額を直接に当該部門に賦課し、部門共通費は、原価要素別に又はその性質に基づいて分類された原価要素群別にもしくは一括して、適当な配賦基準によつて関係各部門に配賦する。部門共通費であつて工場全般に関して発生し、適当な配賦基準の得がたいものは、これを一般費とし、補助部門費として処理することができる。

18　部門別計算の手続

（一）　原価要素の全部又は一部は、まずこれを各製造部門および補助部門に賦課又は配賦する。この場合、部門に集計する原価要素の範囲は、製品原価の正確な計算および原価管理の必要によつてこれを定める。たとえば、個別原価計算においては、製造間接費のほか、直接労務費をも製造部門に集計することがあり、総合原価計算においては、すべての製造原価要素又は加工費を製造部門に集計することがある。

各部門に集計された原価要素は、必要ある場合には、これを変動費と固定費又は管理可能費と管理不能費とに区分する。

（二）　次いで補助部門費は、直接配賦法、階梯式配賦法、相互配賦法等にしたがい、適当な配賦基準によつて、これを各製造部門に配賦し、製造部門費を計算する。

一部の補助部門費は、必要ある場合には、これを製造部門に配賦しないで直接に製品に配賦することができる。

（三）　製造部門に集計された原価要素は、必要に応じさらにこれをその部門における小工程又は作業単位に集計する。この場合、小工程又は作業単位には、その小工程等において管理可能の原価要素又は直接労務費のみを集計し、そうでないものは共通費および他部門配賦費とする。

第四節　原価の製品別計算

19　原価の製品別計算および原価単位

原価の製品別計算とは、原価要素を一定の製品単位に集計し、単位製品の製造原価を算定する手続をいい、原価計算における第三次の計算段階である。

製品別計算のためには、原価を集計する一定の製品単位すなわち原価単位を定める。原価単位は、これを個数、時間数、度量衡単位等をもつて示し、業種の特質に応じて適当に定める。

20　製品別計算の形態

製品別計算は、経営における生産形態の種類別に対応して、これを次のような類型に区分する。

(一)　単純総合原価計算

(二)　等級別総合原価計算

(三)　組別総合原価計算

(四)　個別原価計算

21　単純総合原価計算

単純総合原価計算は、同種製品を反復連続的に生産する生産形態に適用する。単純総合原価計算にあつては、一原価計算期間（以下これを「一期間」という。）に発生したすべての原価要素を集計して当期製造費用を求め、これに期首仕掛品原価を加え、この合計額（以下これを「総製造費用」という。）を、完成品と期末仕掛品とに分割計算することにより、完成品総合原価を計算し、これを製品単位に均分して単位原価を計算する。

22　等級別総合原価計算

等級別総合原価計算は、同一工程において、同種製品を連続生産するが、その製品を形状、大きさ、品位等によつて等級に区別する場合に適用する。

等級別総合原価計算にあつては、各等級製品について適当な等価係数を定め、一期間における完成品の総合原価又は一期間の製造費用を等価係数に基づき各等級製品にあん分してその製品原価を計算する。

等価係数の算定およびこれに基づく等級製品原価の計算は、次のいずれかの方法による。

(一)　各等級製品の重量、長さ、面積、純分度、熱量、硬度等原価の発生と関連ある製品の諸性質に基づいて等価係数を算定し、これを各等級製品の一期間における生産量に乗じた積数の比をもつて、一期間の完成品の総合原価を一括的に各等級製品にあん分してその製品原価を計算し、これを製品単位に均分して単位原価を計算する。

(二)　一期間の製造費用を構成する各原価要素につき、又はその性質に基づいて分類された数個の原価要素群につき、各等級製品の標準材料消費量、標準作業時間等各原価要素又は原価要素群の発生と関連ある物量的数値等に基づき、それぞれの等価係数を算定し、これを各等級製品の一期間における生産量に乗じた積数の比をもつて、各原価要素又は原価要素群をあん分して、各等級製品の一期間の製造費用を計算し、この製造費用と各等級製品の期首仕掛品原価とを、当期における各等級製品の完成品とその期末仕掛品とに分割することにより、当期における各等級製品の総合原価を計算し、これを製品単位に均分して単位原価を計算する。

この場合、原価要素別又は原価要素群別に定めた等価係数を個別的に適用しないで、各原価要素又は原価要素群の重要性を加味して総括し、この総括的等価係数に基づいて、一期間の完成品の総合原価を一括的に各等級製品にあん分して、その製品原価を計算することができる。

23 組別総合原価計算

組別総合原価計算は、異種製品を組別に連続生産する生産形態に適用する。

組別総合原価計算にあつては、一期間の製造費用を組直接費と組間接費又は原料費と加工費とに分け、個別原価計算に準じ、組直接費又は原料費は、各組の製品に賦課し、組間接費又は加工費は、適当な配賦基準により各組に配賦する。次いで一期間における組別の製造費用と期首仕掛品原価とを、当期における組別の完成品とその期末仕掛品とに分割することにより、当期における組別の完成品総合原価を計算し、これを製品単位に均分して単位原価を計算する。

24 総合原価計算における完成品総合原価と期末仕掛品原価

単純総合原価計算、等級別総合原価計算および組別総合原価計算は、いずれも原価集計の単位が期間生産量であることを特質とする。すなわち、いずれも継続製造指図書に基づき、一期間における生産量について総製造費用を算定し、これを期間生産量に分割負担させることによつて完成品総合原価を計算する点において共通する。したがつて、これらの原価計算を総合原価計算の形態と総称する。

総合原価計算における完成品総合原価と期末仕掛品原価は、次の手続により算定する。

(一)　まず、当期製造費用および期首仕掛品原価を、原則として直接材料費と加工費とに分け、期末仕掛品の完成品換算量を直接材料費と加工費とについて算定する。

期末仕掛品の完成品換算量は、直接材料費については、期末仕掛品に含まれる直接材料消費量の完成品に含まれるそれに対する比率を算定し、これを期末仕掛品現在量に乗じて計算する。加工費については、期末仕掛品の仕上り程度の完成品に対する比率を算定し、これを期末仕掛品現在量に乗じて計算する。

(二)　次いで、当期製造費用および期首仕掛品原価を、次のいずれかの方法により、完成品と期末仕掛品とに分割して、完成品総合原価と期末仕掛品原価とを計算する。

1　当期の直接材料費総額（期首仕掛品および当期製造費用中に含まれる直接材料費の合計額）および当期の加工費総額（期首仕掛品および当期製造費用中に含まれる加工費の合計額）を、それぞれ完成品数量と期末仕掛品の完成品換算量との比により完成品と期末仕掛品とにあん分して、それぞれ両者に含まれる直接材料費と加工費とを算定し、これをそれぞれ合計して完成品総合原価および期末仕掛品原価を算定する（平均法)。

2　期首仕掛品原価は、すべてこれを完成品の原価に算入し、当期製造費用を、完成品数量から期首仕掛品の完成品換算量を差し引いた数量と期末仕掛品の完成品換算量との比により、完成品と期末仕掛品とにあん分して完成品総合原価および期末仕掛品原価を算定する（先入先出法)。

3　期末仕掛品の完成品換算量のうち、期首仕掛品の完成品換算量に相当する部分については、期首仕掛品原価をそのまま適用して評価し、これを超過する期末仕掛品の完成品換算量と完成品数量との比により、当期製造費用を期末仕掛品と完成品とにあん分し、期末仕掛品に対してあん分された額と期首仕掛品原価との合計額をもつて、期末仕掛品原価とし、完成品にあん分された額を完成品総合原価とする（後入先出法)。

4　前三号の方法において、加工費について期末仕掛品の完成品換算量を計算することが困難な場合には、当期の加工費総額は、すべてこれを完成品に負担させ、期末仕掛品は、直接材料費のみをもつて計算することができる。

5　期末仕掛品は、必要ある場合には、予定原価又は正常原価をもつて評価することができる。

6　期末仕掛品の数量が毎期ほぼ等しい場合には、総合原価の計算上これを無視し、当期製造費用をもつてそのまま完成品総合原価とすることができる。

25 工程別総合原価計算

総合原価計算において、製造工程が二以上の連続する工程に分けられ、工程ごとにその工程製品の総合原価を計算する場合（この方法を「工程別総合原価計算」という。）には、一工程から次工程へ振り替えられた工程製品の総合原価を、前工程費又は原料費として次工程の製造費用に加算する。この場合、工程間に振り替えられる工程製品の計算は、予定原価又は正常原価によることができる。

26 加工費工程別総合原価計算

原料がすべて最初の工程の始点で投入され、その後の工程では、単にこれを加工するにすぎない場合には、各工程別に一期間の加工費を集計し、それに原料費を加算することにより、完成品総合原価を計算する。この方法を加工費工程別総合原価計算（加工費法）という。

27 仕損および減損の処理

総合原価計算においては、仕損の費用は、原則として、特別に仕損費の費目を設けることをしないで、これをその期の完成品と期末仕掛品とに負担させる。

加工中に蒸発、粉散、ガス化、煙化等によつて生ずる原料の減損の処理は、仕損に準ずる。

28 副産物等の処理と評価

総合原価計算において、副産物が生ずる場合には、その価額を算定して、これを主産物の総合原価から控除する。副産物とは、主産物の製造過程から必然に派生する物品をいう。

副産物の価額は、次のような方法によつて算定した額とする。

（一）　副産物で、そのまま外部に売却できるものは、見積売却価額から販売費および一般管理費又は販売費、一般管理費および通常の利益の見積額を控除した額

（二）　副産物で、加工の上売却できるものは、加工製品の見積売却価額から加工費、販売費および一般管理費又は加工費、販売費、一般管理費および通常の利益の見積額を控除した額

（三）　副産物で、そのまま自家消費されるものは、これによつて節約されるべき物品の見積購入価額

（四）　副産物で、加工の上自家消費されるものは、これによつて節約されるべき物品の見積購入価額から加工費の見積額を控除した額

軽微な副産物は、前項の手続によらないで、これを売却して得た収入を、原価計算外の収益とすることができる。

作業くず、仕損品等の処理および評価は、副産物に準ずる。

29 連産品の計算

連産品とは、同一工程において同一原料から生産される異種の製品であつて、相互に主副を明確に区別できないものをいう。連産品の価額は、連産品の正常市価等を基準として定めた等価係数に基づき、一期間の総合原価を連産品にあん分して計算する。この場合、連産品で、加工の上売却できるものは、加工製品の見積売却価額から加工費の見積額を控除した額をもつて、その正常市価とみなし、等価係数算定の基

礎とする。ただし、必要ある場合には、連産品の一種又は数種の価額を副産物に準じて計算し、これを一期間の総合原価から控除した額をもつて、他の連産品の価額とすることができる。

30 総合原価計算における直接原価計算

総合原価計算において、必要ある場合には、一期間における製造費用のうち、変動直接費および変動間接費のみを部門に集計して部門費を計算し、これに期首仕掛品を加えて完成品と期末仕掛品とにあん分して製品の直接原価を計算し、固定費を製品に集計しないことができる。

この場合、会計年度末においては、当該会計期間に発生した固定費額は、これを期末の仕掛品および製品と当年度の売上品とに配賦する。

31 個別原価計算

個別原価計算は、種類を異にする製品を個別的に生産する生産形態に適用する。

個別原価計算にあつては、特定製造指図書について個別的に直接費および間接費を集計し、製品原価は、これを当該指図書に含まれる製品の生産完了時に算定する。

経営の目的とする製品の生産に際してのみでなく、自家用の建物、機械、工具等の製作又は修繕、試験研究、試作、仕損品の補修、仕損による代品の製作等に際しても、これを特定指図書を発行して行なう場合は、個別原価計算の方法によつてその原価を算定する。

32 直接費の賦課

個別原価計算における直接費は、発生のつど又は定期に整理分類して、これを当該指図書に賦課する。

（一）　直接材料費は、当該指図書に関する実際消費量に、その消費価格を乗じて計算する。消費価格の計算は、第二節一一の（三）に定めるところによる。

　自家生産材料の消費価格は、実際原価又は予定価格等をもつて計算する。

（二）　直接労務費は、当該指図書に関する実際の作業時間又は作業量に、その賃率を乗じて計算する。賃率の計算は、第二節一二の（一）に定めるところによる。

（三）　直接経費は、原則として当該指図書に関する実際発生額をもつて計算する。

33 間接費の配賦

（一）　個別原価計算における間接費は、原則として部門間接費として各指図書に配賦する。

（二）　間接費は、原則として予定配賦率をもつて各指図書に配賦する。

（三）　部門間接費の予定配賦率は、一定期間における各部門の間接費予定額又は各部門の固定間接費予定額および変動間接費予定額を、それぞれ同期間における当該部門の予定配賦基準をもつて除して算定する。

（四）　一定期間における各部門の間接費予定額又は各部門の固定間接費予定額および変動間接費予定額は、次のように計算する。

1　まず、間接費を固定費および変動費に分類して、過去におけるそれぞれの原価要素の実績をは握する。この場合、間接費を固定費と変動費とに分類するためには、間接費要素に関する各費目を調査し、費目によつて固定費又は変動費のいずれかに分類する。準固定費又は準変動費は、実際値の変化の調査に基づき、これを固定費又は変動費とみなして、そのいずれかに帰属させるか、もしくはその固定費部分および変動費率を測定し、これを固定費と変動費とに分解する。

2　次に、将来における物価の変動予想を考慮して、これに修正を加える。

3　さらに固定費は、設備計画その他固定費に影響する計画の変更等を考慮し、変動費は、製造条件の変更等変動費に影響する条件の変化を考慮して、これを修正する。

4　変動費は、予定操業度に応ずるように、これを算定する。

（五）　予定配賦率の計算の基礎となる予定操業度は、原則として、一年又は一会計期間において予期される操業度であり、それは、技術的に達成可能な最大操業度ではなく、この期間における生産ならびに販売事情を考慮して定めた操業度である。

操業度は、原則として直接作業時間、機械運転時間、生産数量等間接費の発生と関連ある適当な物量基準によつて、これを表示する。

操業度は、原則としてこれを各部門に区分して測定表示する。

（六）　部門間接費の各指図書への配賦額は、各製造部門又はこれを細分した各小工程又は各作業単位別に、次のいずれかによつて計算する。

1　間接費予定配賦率に、各指図書に関する実際の配賦基準を乗じて計算する。

2　固定間接費予定配賦率および変動間接費予定配賦率に、それぞれ各指図書に関する実際の配賦基準を乗じて計算する。

（七）　一部の補助部門費を製造部門に配賦しないで、直接に指図書に配賦する場合には、そのおのおのにつき適当な基準を定めてこれを配賦する。

34 加工費の配賦

個別原価計算において、労働が機械作業と密接に結合して総合的な作業となり、そのため製品に賦課すべき直接労務費と製造間接費とを分離することが困難な場合その他必要ある場合には、加工費について部門別計算を行ない、部門加工費を各指図書に配賦することができる。部門加工費の指図書への配賦は、原則として予定配賦率による。予定加工費配賦率の計算は、予定間接費配賦率の計算に準ずる。

35 仕損費の計算および処理

個別原価計算において、仕損が発生する場合には、原則として次の手続により仕損費を計算する。

（一）　仕損が補修によつて回復でき、補修のために補修指図書を発行する場合には、補修指図書に集計された製造原価を仕損費とする。

（二）　仕損が補修によつて回復できず、代品を製作するために新たに製造指図書を発行する場合において

1　旧製造指図書の全部が仕損となつたときは、旧製造指図書に集計された製造原価を仕損費とする。

2　旧製造指図書の一部が仕損となつたときは、新製造指図書に集計された製造原価を仕損費とする。

（三）　仕損の補修又は代品の製作のために別個の指図書を発行しない場合には、仕損の補修等に要する製造原価を見積つてこれを仕損費とする。

前記（二）又は（三）の場合において、仕損品が売却価値又は利用価値を有する場合には、その見積額を控除した額を仕損費とする。

軽微な仕損については、仕損費を計上しないで、単に仕損品の見積売却価額又は見積利用価額を、当該製造指図書に集計された製造原価から控除するにとどめることができる。

仕損費の処理は、次の方法のいずれかによる。

（一）　仕損費の実際発生額又は見積額を、当該指図書に賦課する。

（二）　仕損費を間接費とし、これを仕損の発生部門に賦課する。この場合、間接費の予定配賦率の計算において、当該製造部門の予定間接費額中に、仕損費の予定額を算入する。

36　作業くずの処理

個別原価計算において、作業くずは、これを総合原価計算の場合に準じて評価し、その発生部門の部門費から控除する。ただし、必要ある場合には、これを当該製造指図書の直接材料費又は製造原価から控除することができる。

第五節　販売費および一般管理費の計算

37　販売費および一般管理費要素の分類基準

販売費および一般管理費の要素を分類する基準は、次のようである。

（一）　形態別分類

販売費および一般管理費の要素は、この分類基準によつて、たとえば、給料、賃金、減耗品費、減価償却費、賃借料、保険料、修繕料、電力料、租税公課、運賃、保管料、旅費交通費、通信費、広告料等にこれを分類する。

（二）　機能別分類

販売費および一般管理費の要素は、この分類基準によつて、たとえば、広告宣伝費、出荷運送費、倉庫費、掛売集金費、販売調査費、販売事務費、企画費、技術研究費、経理費、重役室費等にこれを分類する。

この分類にさいしては、当該機能について発生したことが直接的に認識される要素を、は握して集計する。たとえば広告宣伝費には、広告宣伝係員の給料、賞与手当、見本費、広告設備減価償却費、新聞雑誌広告料、その他の広告料、通信費等が集計される。

（三）　直接費と間接費

販売費および一般管理費の要素は、販売品種等の区別に関連して、これを直接費と間接費とに分類する。

（四）　固定費と変動費

（五）　管理可能費と管理不能費

38　販売費および一般管理費の計算

販売費および一般管理費は、原則として、形態別分類を基礎とし、これを直接費と間接費とに大別し、さらに必要に応じ機能別分類を加味して分類し、一定期間の発生額を計算する。その計算は、製造原価の費目別計算に準ずる。

39　技術研究費

新製品又は新技術の開拓等の費用であつて企業全般に関するものは、必要ある場合には、販売費および一般管理費と区別し別個の項目として記載することができる。

第3章　標準原価の計算

40 標準原価算定の目的

標準原価算定の目的としては、おおむね次のものをあげることができる。

(一)　原価管理を効果的にするための原価の標準として標準原価を設定する。これは標準原価を設定する最も重要な目的である。

(二)　標準原価は、真実の原価として仕掛品、製品等のたな卸資産価額および売上原価の算定の基礎となる。

(三)　標準原価は、予算とくに見積財務諸表の作成に、信頼しうる基礎を提供する。

(四)　標準原価は、これを勘定組織の中に組み入れることによつて、記帳を簡略化し、じん速化する。

41 標準原価の算定

標準原価は、直接材料費、直接労務費等の直接費および製造間接費について、さらに製品原価について算定する。

原価要素の標準は、原則として物量標準と価格標準との両面を考慮して算定する。

(一)　標準直接材料費

1　標準直接材料費は、直接材料の種類ごとに、製品単位当たりの標準消費量と標準価格とを定め、両者を乗じて算定する。

2　標準消費量については、製品の生産に必要な各種素材、部品等の種類、品質、加工の方法および順序等を定め、科学的、統計的調査により製品単位当たりの各種材料の標準消費量を定める。標準消費量は、通常生ずると認められる程度の減損、仕損等の消費余裕を含む。

3　標準価格は、予定価格又は正常価格とする。

(二)　標準直接労務費

1　標準直接労務費は、直接作業の区分ごとに、製品単位当たりの直接作業の標準時間と標準賃率とを定め、両者を乗じて算定する。

2　標準直接作業時間については、製品の生産に必要な作業の種類別、使用機械工具、作業の方式および順序、各作業に従事する労働の等級等を定め、作業研究、時間研究その他経営の実情に応ずる科学的、統計的調査により製品単位当たりの各区分作業の標準時間を定める。標準時間は、通常生ずると認められる程度の疲労、身体的必要、手待等の時間的余裕を含む。

3　標準賃率は、予定賃率又は正常賃率とする。

(三)　製造間接費の標準

製造間接費の標準は、これを部門別(又はこれを細分した作業単位別、以下これを「部門」という。)に算定する。部門別製造間接費の標準とは、一定期間において各部門に発生すべき製造間接費の予定額をいい、これを部門間接費予算として算定する。その算定方法は、第二章第四節三三の(四)に定める実際原価の計算における部門別計算の手続に準ずる。部門間接費予算は、固定予算又は変動予算として設定する。

1　固定予算

製造間接費予算を、予算期間において予期される一定の操業度に基づいて算定する場合に、これを固定予算となづける。各部門別の固定予算は、一定の限度内において原価管理に役立つのみでなく、製品に対する標準間接費配賦率の算定の基礎となる。

2　変動予算

製造間接費の管理をさらに有効にするために、変動予算を設定する。変動予算とは、製造間接費予算を、予算期間に予期される範囲内における種々の操業度に対応して算定した予算をいい、実際間接費額を当該操業度の予算と比較して、部門の業績を管理することを可能にする。

変動予算の算定は、実査法、公式法等による。

（1）　実査法による場合には、一定の基準となる操業度（以下これを「基準操業度」という。）を中心として、予期される範囲内の種々の操業度を、一定間隔に設け、各操業度に応ずる複数の製造間接費予算をあらかじめ算定列記する。この場合、各操業度に応ずる間接費予算額は、個々の間接費項目につき、各操業度における額を個別的に実査して算定する。この変動予算における基準操業度は、固定予算算定の基礎となる操業度である。

（2）　公式法による場合には、製造間接費要素を第二章第四節三三の（四）に定める方法により固定費と変動費とに分け、固定費は、操業度の増減にかかわりなく一定とし、変動費は、操業度の増減との関連における各変動費要素又は変動費要素群の変動費率をあらかじめ測定しておき、これにそのつどの関係操業度を乗じて算定する。

（四）　標準製品原価

標準製品原価は、製品の一定単位につき標準直接材料費、標準直接労務費等を集計し、これに標準間接費配賦率に基づいて算定した標準間接費配賦額を加えて算定する。標準間接費配賦率は固定予算算定の基礎となる操業度ならびにこの操業度における標準間接費を基礎として算定する。

標準原価計算において加工費の配賦計算を行なう場合には、部門加工費の標準を定める。その算定は、製造間接費の標準の算定に準ずる。

42　標準原価の改訂

標準原価は、原価管理のためにも、予算編成のためにも、また、たな卸資産価額および売上原価算定のためにも、現状に即した標準でなければならないから、常にその適否を吟味し、機械設備、生産方式等生産の基本条件ならびに材料価格、賃率等に重大な変化が生じた場合には、現状に即するようにこれを改訂する。

43　標準原価の指示

標準原価は、一定の文書に表示されて原価発生について責任をもつ各部署に指示されるとともに、この種の文書は、標準原価会計機構における補助記録となる。標準原価を指示する文書の種類、記載事項および様式は、経営の特質によつて適当に定めるべきであるが、たとえば次のようである。

（一）　標準製品原価表

標準製品原価表とは、製造指図書に指定された製品の一定単位当たりの標準原価を構成する各種直接材料費の標準、作業種類別の直接労務費の標準および部門別製造間接費配賦額の標準を数量的および金額的に表示指定する文書をいい、必要に応じ材料明細表、標準作業表等を付属させる。

（二）　材料明細表

材料明細表とは、製品の一定単位の生産に必要な直接材料の種類、品質、その標準消費数量等を表示指定する文書をいう。

（三）　標準作業表

標準作業表とは、製品の一定単位の生産に必要な区分作業の種類、作業部門、使用機械工具、作業の内容、労働等級、各区分作業の標準時間等を表示指定する文書をいう。

（四）　製造間接費予算表

製造間接費予算表は、製造間接費予算を費目別に表示指定した費目別予算表と、これをさらに部門別に表示指定した部門別予算表とに分けられ、それぞれ予算期間の総額および各月別予算額を記載する。部門別予算表において、必要ある場合には、費目を変動費と固定費又は管理可能費と管理不可能費とに区分表示する。

第４章　原価差異の算定および分析

44 原価差異の算定および分析

原価差異とは実際原価計算制度において、原価の一部を予定価格等をもつて計算した場合における原価と実際発生額との間に生ずる差額、ならびに標準原価計算制度において、標準原価と実際発生額との間に生ずる差額（これを「標準差異」となづけることがある。）をいう。

原価差異が生ずる場合には、その大きさを算定記録し、これを分析する。その目的は、原価差異を財務会計上適正に処理して製品原価および損益を確定するとともに、その分析結果を各階層の経営管理者に提供することによつて、原価の管理に資することにある。

45 実際原価計算制度における原価差異

実際原価計算制度において生ずる主要な原価差異は、おおむね次のように分けて算定する。

（一）　材料副費配賦差異

材料副費配賦差異とは、材料副費の一部又は全部を予定配賦率をもつて材料の購入原価に算入することによつて生ずる原価差異をいい、一期間におけるその材料副費の配賦額と実際額との差額として算定する。

（二）　材料受入価格差異

材料受入価格差異とは、材料の受入価格を予定価格等をもつて計算することによつて生ずる原価差異をいい、一期間におけるその材料の受入金額と実際受入金額との差額として算定する。

（三）　材料消費価格差異

材料消費価格差異とは、材料の消費価格を予定価格等をもつて計算することによつて生ずる原価差異をいい、一期間におけるその材料費額と実際発生額との差額として算定する。

（四）　賃率差異

賃率差異とは、労務費を予定賃率をもつて計算することによつて生ずる原価差異をいい、一期間におけるその労務費額と実際発生額との差額として算定する。

（五）　製造間接費配賦差異

製造間接費配賦差異とは、製造間接費を予定配賦率をもつて製品に配賦することによつて生ずる原価差異をいい、一期間におけるその製造間接費の配賦額と実際額との差額として算定する。

（六）　加工費配賦差異

加工費配賦差異とは、部門加工費を予定配賦率をもつて製品に配賦することによつて生ずる原価差異をいい、一期間におけるその加工費の配賦額と実際額との差額として算定する。

（七）　補助部門費配賦差異

補助部門費配賦差異とは、補助部門費を予定配賦率をもつて製造部門に配賦することによつて生ずる原価差異をいい、一期間におけるその補助部門費の配賦額と実際額との差額として算定する。

（八）　振替差異

振替差異とは、工程間に振り替えられる工程製品の価額を予定原価又は正常原価をもつて計算することによつて生ずる原価差異をいい、一期間におけるその工程製品の振替価額と実際額との差額として算定する。

46 標準原価計算制度における原価差異

標準原価計算制度において生ずる主要な原価差異は、材料受入価額、直接材料費、直接労務費および製造間接費のおのおのにつき、おおむね次のように算定分析する。

(一) 材料受入価格差異

材料受入価格差異とは、材料の受入価格を標準価格をもつて計算することによつて生ずる原価差異をいい、標準受入価格と実際受入価格との差異に、実際受入数量を乗じて算定する。

(二) 直接材料費差異

直接材料費差異とは、標準原価による直接材料費と直接材料費の実際発生額との差額をいい、これを材料種類別に価格差異と数量差異とに分析する。

1 価格差異とは、材料の標準消費価格と実際消費価格との差異に基づく直接材料費差異をいい、直接材料の標準消費価格と実際消費価格との差異に、実際消費数量を乗じて算定する。

2 数量差異とは、材料の標準消費数量と実際消費数量との差異に基づく直接材料費差異をいい、直接材料の標準消費数量と実際消費数量との差異に、標準消費価格を乗じて算定する。

(三) 直接労務費差異

直接労務費差異とは、標準原価による直接労務費と直接労務費の実際発生額との差額をいい、これを部門別又は作業種類別に賃率差異と作業時間差異とに分析する。

1 賃率差異とは、標準賃率と実際賃率との差異に基づく直接労務費差異をいい、標準賃率と実際賃率との差異に、実際作業時間を乗じて算定する。

2 作業時間差異とは、標準作業時間と実際作業時間との差異に基づく直接労務費差異をいい、標準作業時間と実際作業時間との差異に、標準賃率を乗じて算定する。

(四) 製造間接費差異

製造間接費差異とは、製造間接費の標準額と実際発生額との差額をいい、原則として一定期間における部門間接費差異として算定し、これを能率差異、操業度差異等に適当に分析する。

第５章　原価差異の会計処理

47 原価差異の会計処理

（一）　実際原価計算制度における原価差異の処理は、次の方法による。

1　原価差異は、材料受入価格差異を除き、原則として当年度の売上原価に賦課する。

2　材料受入価格差異は、当年度の材料の払出高と期末在高に配賦する。この場合、材料の期末在高については、材料の適当な種類群別に配賦する。

3　予定価格等が不適当なため、比較的多額の原価差異が生ずる場合、直接材料費、直接労務費、直接経費および製造間接費に関する原価差異の処理は、次の方法による。

①　個別原価計算の場合

次の方法のいずれかによる。

イ　当年度の売上原価と期末におけるたな卸資産に指図書別に配賦する。

ロ　当年度の売上原価と期末におけるたな卸資産に科目別に配賦する。

②　総合原価計算の場合

当年度の売上原価と期末におけるたな卸資産に科目別に配賦する。

（二）　標準原価計算制度における原価差異の処理は、次の方法による。

1　数量差異、作業時間差異、能率差異等であつて異常な状態に基づくと認められるものは、これを非原価項目として処理する。

2　前記１の場合を除き、原価差異はすべて実際原価計算制度における処理の方法に準じて処理する。

索　引

数字

あ

か

さ

た

な

は

ま

や

ら

〈編著者紹介〉

CPA会計学院

公認会計士試験資格スクールとして、圧倒的な合格実績を誇る。
創設は昭和43年。わが国で初めて全日制による公認会計士受験指導を始めたスクールとして誕生した。本質が理解できる講義・教材により、全国の学生・社会人から支持を得ている。
創設以来、全国展開をせず、受講生一人ひとりを手厚くするフォローする戦略により、合格者の過半数以上を輩出。
2023年公認会計士試験では全体合格者1,544名の内、786名の合格者の輩出、総合合格1位合格者の輩出など圧倒的な実績を残している。
「CPAラーニング」を通じて、簿記・会計教育の浸透に取り組んでいる。

いちばんわかる日商簿記１級
工業簿記・原価計算の教科書　第Ⅰ部

2023年５月18日　初版第１刷発行
2024年７月25日　　　第２刷発行

編著者　CPA会計学院

発行者　CPA出版
住所：〒160-0022　東京都新宿区新宿3-14-20 新宿テアトルビル5F
アドレス：cpa-learning@cpa-net.jp
URL：https://www.cpa-learning.com/

発売　サンクチュアリ出版
〒113-0023　東京都文京区向丘2-14-9
電話：03-5834-2507　FAX：03-5834-2508

印刷・製本　シナノ書籍印刷株式会社

ISBN978-4-8014-9390-2